Jacopo Pezzan & Giacomo Brunoro

MISTERI ITALIANI

la case books

MISTERI ITALIANI
Jacopo Pezzan & Giacomo Brunoro

Copyright © 2021 LA CASE
Copyright © 2010-2021 LA CASE
ISBN 9781953546753
Tutti i diritti riservati

2021 - 1a Edizione Cartacea
2021 - 1a Edizione eBook

LA CASE Books
PO BOX 931416, Los Angeles, CA, 90093
info@lacasebooks.com || www.lacasebooks.com

INDICE

IL DELITTO DI VIA POMA
Un giallo senza fine

LA PRIMA SENTENZA

«La terza Corte d'Assise di Roma, visti gli articoli 533 e 535 del codice di procedura penale, condanna Raniero Busco alla pena di 24 anni di reclusione e al pagamento delle spese processuali. Dichiara il predetto interdetto in perpetuo e per la durata della pena dai pubblici uffici con sospensione dell'esercizio della potestà genitoriale. Condanna Busco al risarcimento del danno delle parti civili Paola Cesaroni, Anna Di Giambattista e il Comune di Roma da liquidarsi in separata sede. La Corte assegna a Paola Cesaroni una provvisionale immediatamente esecutiva di 100mila euro, e una provvisionale immediatamente esecutiva di 50mila euro ad Anna Di Giambattista. Rigetta la richiesta di provvisionale avanzata dal comune di Roma e rigetta l'istanza del sequestro conservativo dei beni di Raniero Busco chiesto dalle parti civili. La Corte condanna infine il Busco alla refusione in favore delle parti civili delle spese legali della stessa sentenza che liquida per la parte civile Paola Cesaroni in complessivi 10mila euro, per la parte civile Anna Di Giambattista, in complessivi 18mila euro, e per il comune di Roma, in complessivi 5mila euro».

S e questo fosse un film, questa sentenza precederebbe i titoli di coda e metterebbe la parola fine ad ogni polemica. Se questo fosse un romanzo thriller avremmo la rassicurante sensazione che il colpevole è stato assicurato alla giustizia al di là di ogni ragionevole di dubbio. Ma questa non è fiction. Questa, purtroppo, è la realtà, e questa sentenza non rappresenta affatto un punto di arrivo. Anzi.

Questo è senza dubbio uno dei casi più famosi e complicati degli ultimi 20 anni, un giallo che per moltissimo tempo è stato il cold case per eccellenza della storia italiana. Stiamo parlando di una storia cominciata in una giornata d'estate del 1990, l'estate delle "notti magiche" dei Mondiali di Baggio e Schillaci e, come dimostrano le sentenze dei processi che si sono succeduti in questi anni, non è ancora finita.

Questa è la storia del delitto di via Poma.

UN GIALLO SENZA FINE

Alle volte basta poco. Qualcuno sposta un oggetto o cammina laddove non dovrebbe, e tutta la scena di un crimine viene modificata. Le indagini non riescono a prendere la direzione giusta. Sfiorano la verità, le passano accanto senza vederla e poi proseguono per anni seguendo teoremi e ricostruzioni che si rivelano puntualmente inesatti. Sono casi maledetti questi, difficili e aperti a ogni scenario.

Il giallo di via Poma è proprio uno di questi anzi, forse è il più famoso ed emblematico di questi casi. Ma c'è dell'altro. Quando si legge la storia del delitto di via Poma non si può fare a meno di provare una profonda sensazione di impotenza e disagio.

Questo è il giallo maledetto per eccellenza della storia criminale italiana. Ogni volta che sembra di essere sul punto di scrivere la parola fine su questo delitto ci si accorge che, invece, la verità è ancora lontana. Lontanissima.

Il delitto di via Poma è del 1990, quindi abbastanza recente rispetto a molti altri gialli del secolo scorso. Eppure sembra sia avvenuto nella preistoria delle investigazioni. Per esempio nella scena del crimine venne repertato del sangue non appartenete alla vittima, ma non fu possibile analizzarlo al di là di ogni ragionevole dubbio perché le analisi sul DNA all'epoca erano molto rudimentali e poco sicure.

Ci sono poi delle telefonate che sono partite dall'ufficio dove venne ritrovato il cadavere, ma la tecnologia dell'epoca non consentiva di tracciare queste chiamate. Insomma viene quasi da pensare che se questo orribile fatto fosse avvenuto solo alcuni anni dopo forse la giustizia avrebbe inchiodato l'assassino alle sue responsabilità abbastanza velocemente. Forse...

LA SCOPERTA DEL DELITTO

Nell'agosto del 1990 Simonetta Cesaroni è una ragazza di 20 anni che vive con il padre Claudio, la madre Anna e la sorella Paola in zona Don Bosco, nell'estrema periferia di Roma. Simonetta ha una vita normale: la comitiva di amici, il bar dove si ritrovano, le uscite in compagnia, la discoteca, le vacanze al mare. Ha un diploma in lingue straniere e un attestato di analista contabile. Niente di speciale, una ragazza come tante. Una ragazza qualunque.

Da alcuni mesi, nei giorni di lunedì, mercoledì e venerdì, Simonetta lavora come segretaria tutto fare presso lo studio commerciale Reli gestito da Ermanno Bizzocchi e Salvatore Volponi. Dal 24 giugno i martedì e giovedì pomeriggio si reca, sempre per conto della Reli, nel cuore di Roma in Via Poma 2 palazzina B dove ha sede l'ufficio regionale dell'Associazione Italiana Alberghi della Gioventù, meglio nota come AIAG.

Il suo lavoro consiste nell'immettere dati contabili nel computer. Nelle ore in cui Simonetta si reca in via Poma l'ufficio è chiuso quindi, a parte un primo periodo in cui è stata affiancata da un collega che le ha insegnato cosa fare, la ragazza si trova nella più assoluta solitudine.

Il 7 agosto 1990 è un martedì e Simonetta all'ora di pranzo si sta preparando per raggiungere l'ufficio di via Poma. Non farà più ritorno a casa.

Simonetta, come abbiamo già detto, abitava nella periferia di Roma. Un luogo lontano non solo fisicamente dai palazzi e dalle persone del quartiere dove ha sede l'AIAG, ovvero il quartiere Prati, uno dei più ricchi ed eleganti di tutta Roma. Normalmente per recarsi al lavoro Simonetta usava la sua automobile, una FIAT 126. Quel giorno la macchina è dal meccanico e quindi la ragazza prende la metropolitana che la lascerà alla fermata Lepanto, a pochi minuti a piedi da via Poma.

A pranzo non mangia molto, qualche cucchiaiata di riso e un po' di pizza. Poi tra le 14:30 e le 15:00 esce di casa assieme alla sorella e si reca alla fermata della metropolitana. Durante il breve tragitto le ragazze parlano del più e del meno. Simonetta dice alla sorella che quello è l'ultimo pomeriggio di lavoro prima delle vacanze e che tutto deve essere finito in giornata, tant'è vero che Salvatore Volponi, il titolare della Reli, dovrebbe passare in ufficio a darle una mano.

Volponi si era si offerto di andare ad aiutarla, ma poi per quel pomeriggio aveva un altro impegno dato che doveva lavorare nella tabaccheria di famiglia in zona Termini. Simonetta a quanto pare aveva rifiutato l'aiuto dicendo che poteva cavarsela benissimo da sola, ma comunque aveva promesso di chiamarlo proprio in tabaccheria verso le 6 e mezza, prima di uscire, per confermare che tutto fosse a posto.

Simonetta lascia la sorella dicendole che subito dopo il lavoro passerà in officina a ritirare la macchina che le serve proprio quella sera. Le ragazze si salutano e Simonetta scende in metropolitana. Non siamo in grado di ricostruire con esattezza a che ora la ragazza sia arrivata presso l'ufficio dell'AIAG. Siamo nel bel mezzo dell'estate e il complesso di via Poma è in gran parte disabitato perché gli inquilini hanno raggiunto le località di villeggiatura. Molti uffici sono già chiusi per le ferie e così nessuno vede Simonetta entrare. Assumendo che la ragazza abbia effettivamente preso la metropolitana, si può stimare che sia arrivata presso gli uffici di via Poma tra le 15:30 e le 15:50. Di questo però non possiamo essere del tutto sicuri in quanto non è stato ritrovato nessun biglietto obliterato all'interno della borsetta di Simonetta, quindi non abbiamo conferme sul tragitto seguito dalla ragazza né su eventuali orari. Qualcuno ha pure avanzato l'ipotesi, teoricamente possibile, che la ragazza sia scesa ad una fermata intermedia e abbia proseguito in macchina con qualcuno fino a via Poma.

Alle 17:15 Simonetta chiama a casa una collega perché ha bisogno di conoscere un determinato codice contabile. La collega non conosce la risposta, ma gentilmente contatta una terza collega e richiama Simonetta verso le 17:30, fornendole l'indicazione richiesta. Da quel momento nessuno sentirà più la voce di Simonetta. Nessuno tranne il suo assassino.

Come abbiamo detto quel 7 agosto Simonetta non aveva molto lavoro da fare. Come dimostreranno le indagini quel pomeriggio aveva inserito un paio di fatture e alcune prime note. Abbiamo detto che aveva preso l'impegno di andare dal meccanico a ritirare l'auto e, infatti, aveva appuntamento con il padre in officina verso le 19:30. Considerato il lungo tragitto che dal centro di Roma l'avrebbe riportata alla periferia possiamo pensare che avesse in programma di lasciare l'AIAG verso le 18.30, ovvero subito dopo aver chiamato Volponi come d'accordo.

Intorno alle 20:00 a casa Cesaroni sono già in agitazione. Il padre ha aspettato Simonetta in officina fino alle 19:40. Poi, non vedendola arrivare, è rientrato a casa. La cosa appare subito strana perché Simonetta è una ragazza molto puntuale e scrupolosa. Se ritarda, anche di pochi minuti, avverte sempre. I familiari non sanno con esattezza dove lavori Simonetta al pomeriggio e la ragazza non ha un telefono cellulare, quindi non c'è alcun modo di rintracciarla. La tensione sale minuto dopo minuto.

Intorno alle 20:30 chiama un amico di Simonetta: avevano un appuntamento telefonico per quella sera ma lei non si è fatta sentire.

Verso le 20.45 rientra anche la sorella Paola assieme al fidanzato Antonello. I due fanno un paio di volte il tragitto casa-fermata della metropolitana per andare incontro alla ragazza, ma di lei non c'è nessuna traccia. Paola allora rintraccia il numero di telefono di Salvatore Volponi. Prova a chiamarlo ma la linea è sempre occupata.

Verso le 9 la sorella di Simonetta e il fidanzato, stanchi di provare a telefonare senza successo, decidono di recarsi direttamente a casa di Volponi per chiedere notizie. Paola conosce l'indirizzo perché tempo prima vi aveva accompagnato la sorella che doveva consegnare dei documenti.

Al citofono Volponi cerca di tranquillizzare i ragazzi: c'era del lavoro da finire e probabilmente la ragazza si sarà attardata. Poi però d'un tratto si ricorda che Simonetta lo doveva chiamare in tabaccheria e che quella telefonata non è mai arrivata. Inizia a preoccuparsi anche lui e fa entrare i due ragazzi. Paola sale in casa mentre Antonello aspetta davanti al portone. Volponi appare subito agitato: si attacca al telefono e cerca di mettersi in contatto con qualcuno. La ragazza chiede dove si trovi l'ufficio nel quale prestava servizio sua sorella ma Volponi sembra non saperlo perché di questa consulenza esterna se ne era occupato sempre e solo l'altro socio, Ermanno Bizzocchi che in quei giorni era in ferie fuori Roma.

Ecco cos'ha dichiarato a proposito la sorella di Simonetta:

«Faccio notare a Volponi che avevo chiamato per un po' la sua utenza, trovandola sempre occupata. Lui mi spiega che il suo telefono ogni tanto non va. Continua a telefonare e intanto gli chiedo se poteva darmi l'indirizzo dove stava Simonetta ma lui risponde di non conoscerlo, di non essere mai stato là».

I minuti passano e verso le dieci Volponi propone di andare presso gli uffici della Reli. Qui all'interno di un'agenda dovrebbe avere il numero della ex moglie di Bizzocchi, la quale forse poteva aiutarli a rintracciarlo visto che solo lui conosceva l'indirizzo dell'ufficio dove si recava Simonetta. Al gruppo formato da Paola, Antonello e Volponi si unisce suo figlio Luca rientrato da poco a casa. I quattro si spostano quindi in via Maggi dove ha sede la Reli. Il tempo passa ancora e dopo alcune telefonate e molte ricerche il gruppo riesce a risalire al nome e all'indirizzo dell'ufficio; l'AIAG in via Poma 2. Rintracciano anche Bizzocchi che era in ferie in Calabria: Bizzocchi li informa che il complesso di via Poma 2 è molto grande e che loro devo andare al terzo piano della scala B.

I quattro arrivano davanti al cancello di via Poma probabilmente intorno alle 23. Suonano qualche campanello, tra cui quello della portineria, ma nel palazzo quasi deserto non sembra esserci anima viva. Luca Volponi riesce a scavalcare il cancello e a individuare il pulsante interno per l'apertura del portoncino. A quel punto entrano tutti nel cortile. Si intravede una luce che fuoriesce da una finestra all'altezza del suolo. È l'appartamento del portiere, Pietrino Vanacore. Lui però non è in casa in quel momento, si trova presso l'appartamento dell'architetto Cesare Valle, un anziano inquilino del palazzo che ha paura di dormire a casa da solo. In casa però ci sono la moglie di Vanacore, Giuseppa De Luca, con il figlio di Vanacore, Mario, e sua moglie. Volponi e Paola Cesaroni spiegano velocemente la situazione e chiedono di poter entrare nell'appartamento.

Su questo episodio e sugli eventi immediatamente successivi le ricostruzione date dai protagonisti divergono in alcuni particolari. Secondo alcune ricostruzioni per convincere la moglie di Vanacore. a dargli le chiavi Volponi avrebbe addirittura detto qualcosa tipo «*Signora...si ricorda di me?*». Questo episodio è stato confermato anche da Mario Vanacore, il figlio del portiere, durante la trasmissione televisiva Matrix il 27 settembre 2010. La Signora De Luca durante il processo Busco ha poi confermato di aver visto Volponi frequentare spesso gli uffici dell'AIAG prima di quella sera. Volponi, dal canto suo, ha sempre sostenuto di non essersi mai recato a quell'indirizzo prima di quella sera.

La moglie del portiere telefona allora a casa dell'architetto Valle per consultarsi col marito. Alla fine prende le chiavi di scorta e accompagna i quattro davanti alla porta dell'ufficio dell'AIAG. Tra una cosa e l'altra si sono fatte circa le 23:15. Il portone è chiuso con 3 o, forse, 4 mandate. Il primo a entrare è Salvatore Volponi. L'ufficio è immerso nel buio. Dalla stanza di fronte alla porta d'ingresso però filtra una luce.

Secondo la ricostruzione di Paola Cesaroni Volponi sarebbe entrato in questa stanza e trovandola vuota si sarebbe diretto immediatamente nella stanza in fondo al corridoio. Secondo Volponi invece nell'ufficio sarebbero entrati quasi tutti e si sarebbero divisi nelle varie stanze alla ricerca di Simonetta. Pare comunque che sia stato Volponi a scoprire il cadavere di Simonetta nella stanza in fondo al corridoio. Secondo Mario Vanacore, che in quel momento era sul pianerottolo fuori dalla porta di ingresso, Volponi uscendo dall'ufficio dove giaceva il cadavere di Simonetta avrebbe esclamato "bastardo". Si tratta di un'esclamazione senza valore o si riferiva a qualcuno in particolare?

La scena che si materializza di fronte ai presenti è comunque agghiacciante: Simonetta è morta, massacrata da 29 coltellate sferrate particolare con violenza su varie parti del corpo. È quasi nuda, indossa solo i calzini e il reggiseno. Giace supina con le braccia aperte. Adagiato sull'addome un corpetto di cotone.

LA SCENA DEL CRIMINE
E LE INDAGINI SCIENTIFICHE

Sono due le cose che sorprendono subito gli investigatori accorsi in via Poma quella notte: l'ordine quasi perfetto che regna nell'ufficio, come se l'omicidio fosse avvenuto altrove o l'assassino avesse rimesso tutto posto, e poi la quasi totale mancanza di sangue sul pavimento, nonostante il gran numero di coltellate inferte alla povera ragazza. La prima impressione è che qualcuno abbia ripulito la scena del crimine. Tra l'altro non si repertano impronte digitali di estranei all'ufficio, se si escludono quelle di chi ha rinvenuto il cadavere. Si profila quasi da subito l'idea che l'assassino abbia pensato di trafugare il cadavere. Per quale motivo? Perché perdere così tanto tempo compiendo quelle azioni con il rischio che qualcuno potesse sopraggiungere? A che scopo spostare un cadavere quando un qualsiasi controllo o analisi scientifica, (anche se i mezzi di allora non erano quelli di adesso) avrebbe sicuramente rivelato che l'omicidio era avvenuto nell'ufficio dove la ragazza si recava due volte a settimana? Si volevano forse allontanare le indagini dall'AIAG o da quel palazzo, oppure si è trattato solo di un tentativo di depistaggio? Ma, soprattutto chi o che cosa poteva garantire all'assassino o comunque a chi ha ripulito la scena del crimine, che nessuno sarebbe sopraggiunto cogliendolo in flagrante?

In uno stanzino vengono trovati degli stracci umidi e strizzati "con perizia" come dirà qualcuno. Sugli stracci però non c'è traccia di sangue. Non sarà mai possibile chiarire con certezza se gli stracci siano stati usati o meno per ripulire il sangue di Simonetta.

Il fatto però che siano stati ritrovati umidi nonostante la stagione estiva ha fatto propendere per l'idea che fossero stati usati da poco, ma anche su questo particolare non abbiamo certezze dato che quell'estate romana era particolarmente umida. L'aver rilevato poi che gli stracci erano stati strizzati e piegati ad arte ha spinto in molti a credere in un coinvolgimento di Vanacore, considerato, a torto o a ragione, capace di una pulitura di tipo professionale visto il suo ruolo di portiere.

L'ufficio è molto grande, circa 170 mq distribuiti su 7 stanze. Il corpo della ragazza viene trovato nella stanza di Corrado Carboni il capo ufficio dell'AIAG. In realtà l'ufficio in cui Simonetta immetteva i dati nel computer era un altro, e cioè quello trovato con la luce accesa la notte in cui è stato scoperto il cadavere. Perché dunque il corpo della ragazza si trova nell'ufficio di Carboni? Non c'era nessun motivo apparente perché lei entrasse in quell'ufficio. Non sono visibili tracce di trascinamento del corpo quindi o l'omicidio è avvenuto nella stanza in cui è stata ritrovata la ragazza, oppure vi è stata portata di peso e qui adagiata o gettata.

L'autopsia stabilirà che Simonetta è stata raggiunta da un colpo violento al capo, probabilmente un pugno, a seguito del quale con ogni probabilità ha perso conoscenza. Le ferite sono localizzate sul viso, sul collo, sul torso e sugli organi genitali. Non ci sono tracce di fibre tessili all'interno delle ferite, segno che Simonetta era nuda quando è stata colpita. Sul capezzolo sinistro viene rilevata un'escoriazione che potrebbe essere il risultato di un morso. Viene accertato inoltre che non è stata violentata e non ha avuto rapporti sessuali consenzienti. Non ci sono segni di difesa: le sue unghie curate sono in perfetto stato, il che fa pensare che Simonetta sia stata effettivamente raggiunta dalle coltellate quando era priva di conoscenza.

Le ferite sono profonde una decina di centimetri e sembrano essere state prodotte da un oggetto con lama non affilata. Si pensa subito a un'arma occasionale, magari un tagliacarte come ce ne sono tanti negli uffici. Ne viene anche repertato e fotografato uno che purtroppo però verrà incredibilmente smarrito. È certo comunque che venne ritrovato perfettamente pulito e privo di impronte. C'è pero dell'altro su questo tagliacarte. L'oggetto si trovava di solito sulla scrivania di un'altra impiegata dell'AIAG di nome Maria Luisa Sibilia. Secondo le dichiarazioni della stessa Maria Luisa, riportate da Igor Patruno nel suo libro *"Il delitto di via Poma: Trent'anni dopo"*, la mattina del 7 agosto il tagliacarte non era dove venne poi ritrovato quella notte dalla scientifica:

«Sulla mia scrivania usualmente c'era un tagliacarte di color metallico chiaro tipo argentato, munito di manico di metallo, più spesso della lama. [...] Il tagliacarte era al suo posto prima che andassi in ferie il 17 luglio. Quando tornai il 7 agosto 1990 cercai il tagliacarte perché mi serviva, ma non o trovai né sulla mia scrivania né sulle altre. [...] Nella foto al foglio 32 degli atti della polizia scientifica sul tavolinetto laterale della mia scrivania si vede il tagliacarte di cui ho parlato prima, posto sulla destra su un blocco notes con la scritta Mediolanum a fianco di una spillatrice. Escludo che il tagliacarte sia stato lasciato in tale posizione da me proprio per quello che ho detto prima, perché lo cercai senza trovalo»[1].

In sostanza quella che sembra a tutti gli effetti l'arma del delitto sparisce per poi tornare sul tavolo della proprietaria. Se confermato, ovvero se avessimo la certezza che quella fosse l'arma del delitto, quello che potrebbe sembrare un dettaglio insignificante aprirebbe invece scenari nuovi. L'assassino, infatti, avrebbe utilizzato il tagliacarte che con ogni probabilità era effettivamente sulla scrivania di Carboni. Magari era stato spostato, come spesso succede negli uffici, da qualche collega che ne aveva bisogno. Quando però ha rimesso tutto a posto l'assassino lo avrebbe lasciato laddove in realtà si sarebbe dovuto trovare in una normale giornata di lavoro. Perché? C'è solo una spiegazione plausibile: l'assassino conosceva l'ufficio molto bene e stava rimettendo in ordine seguendo la forza dell'abitudine. L'assassino insomma sarebbe qualcuno che ruotava intorno all'ufficio dell'AIAG.

A che ora è morta Simonetta? Secondo il medico che ha condotto l'autopsia, Ozrem Carella Prada, l'ora del decesso sarebbe da collocarsi tra le 16:00 e le 19:00. Questo sulla base dei resti del pranzo non ancora digeriti presenti nello stomaco di Simonetta e ad altre rilevanze scientifiche. Alle 17:30 circa Simonetta era sicuramente viva perché, come abbiamo visto, ha parlato con la collega. Alle 18:30 circa doveva chiamare Volponi, ma quella telefonata non è mai arrivata. Ne possiamo dedurre che l'omicidio si sia consumato nello spazio di tempo che va dalle 17:30 alle 18:30.

Nella stanza in cui viene ritrovato il corpo oltre ai calzini, al reggiseno che la ragazza indossa e al corpetto adagiato su di lei, vengono trovate anche le scarpe. Sono appaiate e ben riposte in un angolo della stanza. C'è anche la cintura, ben appoggiata sullo schienale della sedia di Carboni. A giudicare da questi elementi sembrerebbe dunque che la ragazza si fosse spogliata volontariamente. Non sarebbe pensabile un'azione ordinata come quella di appaiare le scarpe se la ragazza fosse stata denudata con la forza o indotta a farlo sotto una minaccia di qualche tipo. L'assassino per qualche motivo ha portato con se il resto degli indumenti che, infatti, non vengono ritrovati. Per un po' si pensò addirittura che gli abiti potessero in qualche modo condurre all'assassino, ma si scoprì in fretta che Simonetta non faceva acquisti in un negozio particolare

[1] Igor Patruno, *Il delitto di via Poma: Trent'anni dopo*, 2020, Armando Editore.

e gli abiti che indossava quel giorno li aveva comprati su Postalmarket. Oltre ai vestiti mancano anche i soldi, tutti i gioielli d'oro della ragazza e una cartellina porta documenti che la sorella Paola ricorda di avere visto sotto braccio a Simonetta prima di salutarla davanti alla stazione. All'interno della borsetta della ragazza vengono ritrovati i negativi di alcuni scatti che ritraggono Simonetta al mare e la prescrizione per la pillola anticoncezionale. Mancano però le chiavi dell'ufficio. Sulla porta non ci sono tracce di scasso, segno che l'assassino è entrato assieme Simonetta, oppure lei lo ha fatto entrare. Ci sono però altre inquietanti ipotesi, ovvero l'assassino potrebbe essere entrato da solo perché aveva anche lui le chiavi. Oppure poteva trovarsi già nell'ufficio quando Simonetta è entrata.

Attorno al corpo della ragazza ci sono dei segni rosacei lasciati da qualche straccio usato per ripulire il pavimento dal sangue. Alcuni sostengono che per questa operazione possano essere stati usati proprio i vestiti della vittima che, infatti, non verranno mai ritrovati. Oltre a questi segni di sangue sul pavimento vengono repertati sbaffi, striature e macchie ematiche in diversi punti dell'appartamento: sulla maniglia e sullo stipite esterno della porta dell'ufficio di Carboni, su un quadro, sotto alla finestra e sulla tastiera del telefono dell'ufficio dove lavorava Simonetta. Per la cronaca, quello nell'ufficio di Simonetta era l'unico telefono in grado di fare e ricevere telefonate esterne quel giorno dato che tutte le altre linee erano state girate sulla segreteria.

Non vengono repertate tracce di sangue su altri apparecchi telefonici, quasi ad indicare che l'assassino sapesse perfettamente quale apparecchio usare. Si trovano tracce di sangue anche su un vetro dell'ascensore. In alcuni casi il sangue è solo quello di Simonetta, in altri c'è una commistione ematica come se il sangue dell'assassino si fosse mescolato a quello della vittima.

Poche settimane dopo l'omicidio due giornalisti della rivista Visto, mentre intervistano Vanacore, vedono quella che sembra una scolatura di colore rosso sulla muro della guardiola. La scolatura verrà però grattata dall'intonaco prima di poter essere analizzata. Accanto al computer su cui lavorava Simonetta viene trovato un foglio su cui qualcuno ha scritto le parole "CE DEAD OK" accanto al disegno di una specie di fiore con sembianze umane. Secondo alcuni criminologi questa potrebbe essere una specie di firma dell'assassino: "CE" starebbe per Cesaroni, "DEAD" in inglese significa "morta" e "OK" indicherebbe il compimento dell'azione. L'immagine infantile rimanderebbe poi a un soggetto con gravi problemi psichici. Quello che sembra certo comunque è che la calligrafia non è di Simonetta. Alcuni tecnici informatici dicono che in realtà potrebbe trattarsi di una serie di istruzioni date al computer per interrompere una qualche operazione. Questa spiegazione però non convince però del tutto gli investigatori e, nei mesi successivi, prenderà piede l'ipotesi che Simonetta avesse potuto conoscere qualcuno chattando sulla linea Videotel, l'antesignana delle moderne comunità internet. Alcuni utenti di una chat room ricordano infatti un utente che si faceva chiamare Death particolarmente aggressivo e violento nei modi che si sarebbe invaghito di un'altra utente della chat che si faceva chiamare Veronica, nome dietro cui si sarebbe celata Simonetta. Stando a questa ricostruzione Death si sarebbe vantato di aver ucciso Simonetta all'interno della chat room per poi sparire. Nonostante si sia appurato che il computer di Simonetta non fosse collegato in rete questa teoria legata a internet ha avuto un certo seguito per molto tempo, finché il programma RAI "Chi l'ha Visto?" ha risolto questo mistero. Il disegno e le parole misteriose sarebbero in realtà stati fatti da un membro delle forze dell'ordine giunto sul luogo dell'omicidio e che, in una pausa di lavoro, avrebbe fatto lo schizzo, per poi dimenticarlo dove venne trovato. Il disegno e le parole non significherebbero quindi niente di particolare.

Nella stanza dove lavorava Simonetta viene trovato anche un computer acceso. Il giorno dopo il computer si spegne da solo. Probabilmente uno degli investigatori intervenuti sulla scena del crimine ha inavvertitamente staccato la spina della corrente durante i rilevamenti. Il terminale ha funzionato comunque per alcune ore alimentato dal gruppo di continuità per poi spegnersi prima di poter essere analizzato nel dettaglio. Un paio di società incaricate di eseguire una perizia stabiliranno che il programma di contabilità è stato lanciato per l'ultima volta alle 16:37 di quel martedì, anche se a quanto pare in quel modello di computer l'orario di accensione andava inserito a mano. Ammesso che Simonetta sia arrivata in ufficio tra le 15:30 e le 15:50, in molti si sono chiesti cosa abbia fatto nel frattempo e se fosse già insieme a qualcuno. Questo "buco" di quasi di circa 40 minuti è ancora oggi avvolto nel più fitto mistero.

Un'ultima nota. È confermato che quel martedì 7 agosto nel del complesso di via Poma vi fossero circa 30 persone presenti. Non tutti però vennero interrogati dalle forze dell'ordine. Nei giorni successivi al delitto molti furono addirittura sentiti solo al citofono senza nemmeno essere convocati in Questura. Resta il dubbio che qualcuno all'interno del complesso abbia potuto vedere o sentire qualcosa, ma che non abbia mai contribuito alle indagini, magari solo perché convinto che un dettaglio di cui era a conoscenza fosse privo di importanza. *Il nome dell'assassino è nascosto nelle carte dell'inchiesta e va cercato tra la gente che frequentava quel palazzo».* A pronunciare queste parole è stato Claudio Cesaroni, il padre di Simonetta: l'uomo era convinto che questa fosse la chiave di volta del caso ma, purtroppo, è morto nel 2005 senza sapere chi avesse ucciso in quel modo barbaro e crudele sua figlia.

LE INDAGINI

Su un cosa gli investigatori non hanno dubbi fin da subito: questo è un caso molto difficile. Il delitto potrebbe essere classificato come di natura passionale o, comunque, a sfondo sessuale, ma non si riesce ad identificare con chiarezza un movente: nessuna pista dunque può essere esclusa a priori. Quel palazzo, anzi quel complesso di palazzi come sarebbe più giusto chiamarlo, è talmente grande da aver bisogno di ben due portinerie e ha molte potenziali vie di fuga. Nei diversi piani di quel complesso sono tanti gli studi di professionisti e sono molte le persone che, per motivi diversi, potrebbero avervi transitato senza dare nell'occhio. Va ricordato però che in quei giorni quasi tutti gli uffici erano chiusi per ferie. Insomma non doveva essere difficile vedere estranei all'interno del palazzo.

Le dimensioni e la complessità architettonica della costruzione poi fanno pensare che l'assassino possa essere qualcuno che aveva una certa familiarità con lo stabile, visto che un estraneo si sarebbe probabilmente smarrito al suo interno con una certa facilità. Quello che inquieta di più però quando si ripensa a questo delitto, anche oggi che sono passati così tanti anni, è il comportamento inspiegabilmente duplice dell'assassino. Da un lato sembra essere un individuo che perde il controllo e, infatti, forse è in preda a un raptus quando tramortisce e poi pugnala a morte Simonetta. Poi, però, superato questo momento di totale e offuscante follia, recupera freddezza e lucidità. Pulisce la casa, forse usa il telefono, cancella le sue tracce, prende con sé i vestiti di Simonetta, esce chiudendo a chiave la porta e svanisce nel nulla.

Sono così diversi e antitetici questi comportamenti che in molti hanno pensato che in realtà si possa essere trattato di due persone distinte. La seconda, il cosiddetto pulitore, potrebbe essere intervenuta in un momento successivo su richiesta dell'assassino. Sarebbe stato questo misterioso secondo soggetto ad aver in qualche modo compromesso la scena del crimine, creando equivoci, false tracce e depistaggi.

C'è poi il tagliacarte, quella che con ogni probabilità è l'arma utilizzata dall'assassino, anche se non possiamo esserne sicuri. Questo particolare tipo di oggetto fa pensare che l'omicidio non fosse premeditato ma piuttosto frutto di una reazione violenta e improvvisa. Qualcuno che avesse pianificato l'omicidio della ragazza si sarebbe munito di un'arma diversa e più idonea allo scopo.

Il portiere della scala B del Palazzo di via Poma è tra i primi a essere interrogato. Gli inquirenti vogliono sapere chi era presente nel palazzo il giorno dell'omicidio e se ha visto entrare o uscire qualcuno. In Questura chiaramente gli chiedono anche notizie sui suoi spostamenti. Vanacore dichiara di non aver visto nessuno entrare o uscire e che il palazzo, se si esclude l'anziano architetto Valle, è quasi deserto. Per quanto riguarda i suoi movimenti durante la giornata del 7 agosto racconta di essersi alzato intorno alle 6:30 per gettare la spazzatura del palazzo nei cassonetti di Via Poma. Verso le 8:30 dice di essere andato in edicola per acquistare dei giornali per Cesare Valle e, tra un lavoretto e l'altro, sostiene di aver chiuso la portineria alle 13:00. Alle 15:30 avrebbe riaperto la portineria e, poco dopo, si sarebbe recato presso uno studio medico a fare una seduta di fisioterapia. Rientrato verso le 16:00 si sarebbe seduto in cortile in compagnia dell'altro portinaio, Nicolino Grimaldi, e delle rispettive mogli fino quasi alle 20:00. Emergono da subito alcune contraddizioni evidenti. L'altro portiere, interrogato poco dopo, fornisce agli inquirenti una versione diversa. Secondo Nicolino Grimaldi lui e Vanacore sarebbero andati assieme in un negozio di ferramenta per fare degli acquisti verso le 17:30. Gli investigatori fanno delle verifiche e recuperano pure lo scontrino con l'ora dell'acquisto. I due sarebbero quindi rientrati a via Poma verso le 18:00. I portieri a questo punto si sarebbero salutati e Grimaldi sarebbe andato ad annaffiare delle piante, mentre Vanacore rientrava a casa. Poco prima delle 19:00 i due si sarebbero incontrati di nuovo.

Vanacore a questo punto viene riconvocato in Questura. Gli investigatori vogliono sapere come abbia potuto dimenticare così tanti particolari e, soprattutto, vogliono sapere cosa abbia fatto tra le 18:00 e le 19:00 circa, ovvero in un orario compatibile con l'omicidio. Il portiere cade in contraddizione e non riesce a ricostruire i suoi movimenti in quel lasso di tempo. Dice di essere andato ad annaffiare delle piante in un certo appartamento, ma quando gli investigatori vanno a verificare trovano le piante secche da giorni. Allora dice di essere sicuro di avere annaffiato delle piante solo che non ricorda dove. Sui pantaloni dell'uomo, gli stessi che indossava il giorno che il corpo di Simonetta è stata uccisa, gli investigatori scorgono delle macchie scure e pensano si possa trattare di sangue. I pantaloni così vengono immediatamente sequestrati e analizzati. Dopo questi episodi sospetti prende corpo il teorema Vanacore. Gli inquirenti sono convinti che il portiere, un uomo all'apparenza freddo e poco incline alle emozioni ("occhi di ghiaccio" lo definiranno i giornali dell'epoca), si sia invaghito della giovane Simonetta, la bella ragazza che vede passare davanti alla sua guardiola due volte a settimana. Salito al terzo piano della scala B avrebbe quindi aperto la porta con le chiavi di riserva in suo possesso, oppure si sarebbe fatto aprire con una banale scusa, e avrebbe tentato un approccio di tipo sessuale. Vistosi respinto avrebbe perso il controllo uccidendo la ragazza. A inchiodarlo il buco di circa un'ora nel suo alibi proprio in un orario coincidente con il delitto. E così Vanacore viene sottoposto a fermo il 10 agosto.

Viene sentito anche l'anziano architetto Valle che però non rammenta con esattezza a che ora Vanacore sia salito da lui. L'unica cosa che ricorda è che ha ricevuto una telefonata da parte della moglie del portiere poco prima che il portiere arrivasse.

«Forse involontariamente l'ho cacciato nei pasticci, in parte facendolo venire a dormire in casa mia e in parte perché ho creato un altro buco nel suo alibi, quello tra le 22:30 e le 23:30. Ma non posso mentire, sono sicuro che a quell'ora non era ancora salito in casa mia. Sua moglie è una tipa ansiosa. Mentre Paola gridava che aprissero il portone, la moglie del portiere ha telefonato da me per sapere cosa dovesse fare. Ma lui non era ancora salito. E questa cosa della successione dei tempi mi fa diventare matto. Non era da me, non era in casa sua... sarà stato per le scale».

La posizione di Vanacore si fa sempre più difficile perché il figlio Mario aveva dichiarato che il padre era uscito di casa per raggiungere l'appartamento di Valle verso del 22:15, mentre la telefonata della signora De Luca non può essere stata fatta prima delle 23.10 circa, quando Volponi, Paola Cesaroni e gli altri sono arrivati a via Poma. Vanacore non può aver impiegato quasi un'ora per salire pochi piani di scale. Qualcosa non torna. Per la polizia è chiaro; in quel lasso di tempo Vanacore sarebbe tornato nell'ufficio a ripulire professionalmente ogni traccia e ad eliminare eventuali prove.

Vanacore viene sottoposto a duri interrogatori ma non emerge niente più di quanto già detto, finché il portiere il giorno 11 agosto tra le lacrime chiede di poter rilasciare una dichiarazione. Tutti si aspettano una confessione, ma in realtà Vanacore riporta una confidenza fattagli dalla moglie poco prima dell'arresto. La moglie gli avrebbe confessato di aver visto uscire qualcuno dalla palazzina

È proprio quel martedì 7 agosto. È notte inoltrata ma la signora De Luca viene immediatamente prelevata e condotta in Questura. La domanda che le rivolgono gli investigatori è chiarissima. La donna si ricorda se sono entrate o uscite persone dal complesso di via Carlo Poma il pomeriggio del 7 agosto 1990?

«Rammento con un ulteriore sforzo di aver visto nell'orario in cui mio marito era assente un uomo alto sul metro e 80 , con un cappello a visiera, che procedeva con la testa un po' abbassata. [...] Mi sembrava il geometra Forza».

A questo punto alla donna viene chiesta una descrizione dell'uomo:

«Avrà avuto 40 anni, alto, zoppicava leggermente, come chi ha i piedi piatti, aveva un'aria furtiva e portava con sé un fagotto. Finora non ho detto niente perché non l'ho visto bene e non volevo coinvolgere un innocente...».

Gli uomini della Squadra Mobile si mettono sulle tracce di Fabio Forza, un grafico, che lavorava nel palazzo di via Poma. Lui però è in ferie in Turchia dal 31 luglio. Successivi controlli presso le biglietterie dell'Alitalia confermeranno il suo imbarco. La situazione di Vanacore si fa via via più pesante e il 14 agosto ne viene convalidato l'arresto. A questo punto dalla memoria del portiere emerge un altro dettaglio. Quando stava innaffiando le piante intorno alle 18:30 è stato visto da un ragazzo che abita nel complesso di via Poma. Gli investigatori verificano con il ragazzo e, ancora una volta, i ricordi di Vanacore non trovano alcun riscontro. Il ragazzo conferma infatti di averlo visto, ma aggiunge anche erano all'incirca le 20:00 e che Vanacore si trovava in portineria.

I risultati delle analisi fatte sulle macchie sui pantaloni di Vanacore arrivano dopo alcuni giorni. Si tratta di sangue, questo è certo, ma è il sangue del portiere misto a batteri. La spiegazione sembra essere molto semplice: Vanacore ha un problema di emorroidi e probabilmente ha macchiato i pantaloni. In mancanza di prove concrete Vanacore viene rilasciato il 30 agosto. Il fatto che l'uomo fosse in condizione di commettere l'omicidio, come il buco nel suo alibi dimostrerebbe, non significa certo che l'abbia effettivamente compiuto. Il portiere di via Poma torna a casa. Può finalmente riprendere il suo lavoro e quella brutta faccenda sembra finita. Non sa ancora che la sua vita non sarà più la stessa. L'interesse morboso dei media e degli investigatori sul caso di via Poma resterà sempre altissimo e ogni volta che si tornerà a parlare di questo omicidio il suo nome salterà fuori.

A insospettire polizia e giornalisti restano i tanti silenzi e tutti quei ricordi affiorati man mano che la sua posizione si aggravava, ma anche alcuni tratti del suo carattere che poteva apparire a volte freddo e a volte eccessivamente docile e remissivo. Sono in molti a credere che Vanacore avrebbe potuto avere delle informazioni sull'omicidio, o forse magari avrebbe giocato un ruolo importante in quel delitto. Per molti poi Vanacore avrebbe mentito alla polizia, magari non per coprire se stesso o qualcun altro, ma solo per tentare maldestramente di restare fuori da questa storia.

Le indagini comunque ripartono e questa volta gli inquirenti spostano le loro attenzioni su Volponi, i cui comportamenti, prima e dopo il ritrovamento del cadavere, non convincono del tutto. A proposito della sera dell'omicidio, Paola Cesaroni dichiara:

«Volponi in macchina continuava a essere agitato, parlava continuamente della mancata telefonata quotidiana di Simonetta. [...] Ricordo che teneva le mani serrate tra le gambe, poi gesticolava e si toccava i capelli. Mostrava un'agitazione che in quel momento non aveva ragion d'essere. Infatti in quel momento ero sì preoccupata, ma non certo disperata».

Ci sono poi le dichiarazione rilasciate all'epoca da Giuseppa De Luca, la moglie di Vanacore. La signora De Luca dice che Volponi quella sera si sarebbe fatto riconoscere come uno che era già stato nel palazzo. Sarebbe stato proprio questo dettaglio che l'avrebbe convinta ad accompagnarlo all'ufficio, cosa che non avrebbe mai fatto se si fosse trovata in presenza di un estraneo. Peccato però che in un precedente verbale la signora De Luca avesse dichiarato di non aver mai visto prima nessuno dei quattro che si erano presentati quella sera…

Volponi riceve un avviso di garanzia il 25 settembre. Ma la sua posizione è quanto meno solida. In orario compatibile al delitto lavorava in tabaccheria da tutt'altra parte della città come in molti possono confermare. Il suo alibi è forte, non può essere lui l'assassino. Restano comunque molte interrogativi sui suoi comportamenti di quella sera, ma si sa che le persone reagiscono in modo diverso e spesso strano in situazioni di grosso stress. Come Vanacore prima di lui, anche Volponi sarà destinato a rimanere per sempre legato a questa storia: ombre e dubbi sulla sua posizione verranno sollevati parecchie volte nel corso degli anni.

Passano i mesi e da un'indagine diversa salta fuori la testimonianza di qualcuno che dice di avere informazioni utili riguardo al caso dell'omicidio di Simonetta Cesaroni. Il presunto supertestimone si chiama Roland Voller, fa l'importatore di auto ed è un cittadino austriaco con precedenti penali per truffa che vive e risiede in Italia. Voller è un personaggio noto in Questura e durante un blitz a casa sua saltano fuori dei documenti riservati riguardanti un altro famoso caso di cronaca nera, il delitto dell'Olgiata[2]. Interrogato, Voller dice di aver avuto quei documenti da un poliziotto per farli filtrare alle stampa. In altre parole Voller voleva cercare di vendere a qualche giornale alcuni verbali sottoposti a segreto istruttorio. Gli investigatori non sembrano essere troppo convinti di questa ricostruzione ed ecco che Voller cala l'asso che teneva nella manica. Del delitto dell'Olgiata, dice, non sa nulla ma è in possesso di informazioni importanti sull'altro famoso giallo romano ancora irrisolto, il delitto di Via Poma.

Questa nuova ricostruzione parte dal fatto che, per una serie di circostanze fortuite, Voller avrebbe conosciuto al telefono una donna di nome Giuliana Ferrara. Tra i due nasce una certa amicizia mista a complicità e le loro telefonate diventano sempre più frequenti. Voller parla con la signora Ferrara anche il 7 agosto nel pomeriggio. La Ferrara si lamenta del fatto che uno dei suoi figli, Federico, non è ancora rientrato a casa e lei è molto preoccupata. I due si sarebbero sentiti di nuovo anche in serata e la signora avrebbe confermato a Voller che il figlio era rientrato sporco di sangue e con una ferita.

«Ricordo con precisione che nel pomeriggio dell'agosto del 1990 […] chiamai Giuliana verso le 15:00 o 16:00. Giuliana mi disse che suo figlio non c'era perché era andato dai nonni ed era preoccupata perché non era ancora rientrato. Disse anche che sperava che non avesse combinato guai. […] verso le 16:30 o le 17:00 finimmo di parlare. Poi richiamai verso le 19:00 […] e chiesi a Giuliana del figlio; lei mi disse che era rientrato da poco, che era macchiato di sangue, che aveva i vestiti stropicciati e che aveva lavato la macchina. Disse anche che suo figlio era ferito […]».

Gli investigatori prendono per buona la versione di Voller e mettono sotto osservazione il figlio della signora Ferrara, Federico Valle. Il ragazzo è in effetti un frequentatore del palazzo di via Poma perché proprio lì suo padre, l'avvocato Raniero, ha uno studio. In quella casa vive anche il nonno del ragazzo, che altri non è se non l'architetto Valle da cui andava a dormire Vanacore. Secondo gli inquirenti Federico avrebbe sofferto molto per la separazione dei genitori e per questo sarebbe caduto in una specie di depressione sfociata poi in un caso di anoressia. Debilitato nel fisico e forse

---

[2] Si veda a questo proposito *Il delitto dell'Olgiata. Il giallo della porta chiusa*, di Jacopo Pezzan e Giacomo Brunoro, 2011, LA CASE Books (disponibile anche in formato audiolibro).

nella mente si sarebbe auto convinto che il padre intrattenesse una relazione con Simonetta Cesaroni, cosa per altro smentita dallo stesso Raniero Valle. La sua visione distorta della realtà lo avrebbe portato a introdursi nell'ufficio di via Poma quel 7 agosto per far giustizia di quella ragazza che ai suoi occhi avrebbe rovinato la vita sua e della sua famiglia.

Il teorema Valle però non è supportato da prove concrete perché se è vero che il ragazzo aveva forse una certa familiarità con il luogo, non sembra però che lo frequentasse così spesso. Soprattutto quello che non torna è la presunta dinamica dell'omicidio. Secondo questa teoria Federico avrebbe immaginato e pensato a lungo l'omicidio prima di compierlo, a meno di non pensare che con tutto il suo furore e tutta la sua rabbia si fosse presentato in quell'ufficio solo per fare una chiacchierata. A questo punto è difficile conciliare questa premeditazione con la meccanica stessa dell'omicidio. Per esempio c'è quel tagliacarte, ovvero un'arma di fortuna rimediata sul posto e che quindi esclude di fatto un'azione premeditata. Gli investigatori si domandano poi come un comportamento e una dinamica come quelle ipotizzate dalla versione di Voeller si possano conciliare con l'estrema razionalità della pulizia della scena del crimine. In poche parole è difficile immaginare che un individuo che abbia macerato per settimane o forse mesi un sentimento di odio nei confronti di una persona al punto tale di arrivare a fare quello che ha fatto, possa poi recuperare in pochi minuti il controllo e la disciplina necessari per ripulire l'ufficio. A questo punto salta fuori di nuovo il nome di Vanacore. Sarebbe stato lui, infatti, che avrebbe ripulito in un secondo momento la scena del crimine. Il motivo? Forse è da ricercarsi nello stretto rapporto che lega il portiere con il nonno di Federico. Ma anche questa pista si rivelerà preso inconsistente. Gli indizi sono pochi, il superteste Voller poco attendibile e le analisi sul sangue trovato sul luogo del delitto scagionano Federico Valle, che esce definitivamente dalle indagini nel 1993. Anni dopo emergeranno particolari sconcertanti sulla figura di Voller. Si parlerà di traffici loschi e di contatti che avrebbe avuto con apparati più o meno deviati dei servizi segreti. Pare infatti che l'austriaco avesse nelle sue disponibilità un cellulare intestato al Ministero degli Interni e una cassetta di sicurezza presso la Banca Nazionale del Lavoro ottenuta grazie a una lettera di raccomandazione scritta su un foglio di carta intestata "Questura di Roma". Tra le altre cose all'interno di questa cassetta parc avesse una fascetta usata per avvolgere le banconote con un numero non emesso dalla Banca d'Italia, forse proveniente da alcuni fondi speciali del Ministero dell'Interno. Stranezze, ombre, sospetti e insinuazione, ma nulla ci concreto. Con Voller nel caso di via Poma irrompe l'ombra dei Servizi Segreti che, secondo alcuni osservatori, avrebbero avuto un ruolo in tutta questa vicenda. Questi sospetti torneranno ciclicamente negli anni e ancora oggi trovano un certo credito, anche se non si sono mai trasformati in una pista investigativa concreta.

Ogni volta che si è quasi sicuri di aver trovato il bandolo della matassa ecco che invece tutto sembra più ingarbugliato di prima. Quando si era trovato un probabile assassino con un movente, per quanto discutibile, che aveva una familiarità col territorio e un complice in grado di favorirlo, ecco che invece tutto si azzera di nuovo e ci si ritrova al punto di partenza.

A questo punto le posizioni di tutti i possibili sospettati sono state vagliate. Le indagini sono ferme. C'è la sensazione che il nome dell'assassino sia in qualche modo nascosto nelle carte dell'inchiesta, c'è il sospetto che qualcuno sappia qualcosa ma taccia. Purtroppo però non si fanno passi concreti in avanti fino al 2004, quando gli indumenti ritrovati addosso a Simonetta vengono riesaminati con l'ausilio delle moderne tecnologie che, nel frattempo, hanno fatto passi da gigante nel campo dell'analisi dei residui organici. Si analizzano il corpetto e il reggiseno che in tutti questi anni sono stati tenuti a contatto all'interno della stessa busta di plastica favorendo, dicono alcuni, il rischio di contaminazione biologica. La speranza è che si riesca a risalire ad un profilo genetico diverso da quello di Simonetta e, in effetti, qualcosa viene fuori. Si isola un profilo minoritario sia sul corpetto che sul reggiseno. I RIS confrontano questo profilo con quello di 31 persone che in qualche modo si ritengono sospettate. Uno risulta sovrapponibile con quello ritrovato sul corpetto. Si tratta del DNA di Raniero Busco l'ex fidanzato di Simonetta. Da quel momento la vita di Busco cambierà drammaticamente.

Viene sottoposta ad analisi anche la macchia di sangue sulla porta e si isola un profilo "compatibile" con quello di Busco. Attenzione però, "compatibile" non significa una sovrapposizione perfetta tra i due profili. In sostanza l'appartenenza delle tracce a fluidi biologici di Busco non viene né esclusa né accertata con sicurezza. Si recuperano e si analizzano anche le foto del presunto morso sul capezzolo di Simonetta rinvenuto durante l'autopsia. Anche in questo caso i periti credono di vedere una compatibilità sul piano teorico con l'arcata dentale di Busco. Le tracce biologiche di Busco poi sono state repertate sul reggiseno in una zona coincidente con quella del morso, come dichiarato dal generale Garofano del RIS durante la trasmissione televisiva Quarto Grado del 19 settembre 2010. Ora, dato che il morso o comunque l'escoriazione è stata prodotta quasi con certezza durante le fasi dell'omicidio, il valore di queste tracce sarebbe, secondo questa interpretazione, molto significativo per provare la responsabilità di Busco.

La posizione di Busco si fa sempre più difficile, specie perché l'uomo viene interrogato a distanza di molti anni dai fatti e, di conseguenza, non riesce a ricordare con esattezza i suoi spostamenti quel giorno. Un altro particolare lascia tutti molto perplessi in questa vicenda. Sembra che non siano state verbalizzate le dichiarazioni che Busco aveva fatto alla polizia subito dopo l'omicidio, probabilmente a causa della fretta degli agenti. Certo è che, comunque la si veda, dopo così tanti anni è molto difficile, se non addirittura impossibile, ricordare e ricostruire nei minimi dettagli una giornata, per quanto drammatica possa essere stata. A differenza di quelle precedenti, quella contro Raniero Busco è un'indagine che cerca di basarsi il più possibile sulle prove scientifiche ritenute incontrovertibili, come l'analisi del DNA. Si tratta di analisi un tempo non disponibili con lo stesso grado di certezza dei giorni nostri e che sono sicuramente determinanti nella risoluzione di molti casi di cronaca nera.

Busco e il suo legale comunque non mettono assolutamente in dubbio che il DNA sugli indumenti intimi di Simonetta sia quello di Busco. La loro spiegazione è molto semplice: all'epoca i due erano fidanzati e solo pochi giorni prima avevano avuto un incontro intimo, quindi non è impossibile che tracce di Busco siano rimaste sulla ragazza e sui suoi indumenti. Immancabilmente salta fuori ancora il nome di Vanacore perché, secondo alcune indiscrezioni, sul luogo del delitto sarebbe stata rinvenuta un'agendina telefonica con il nome della Lavazza sulla copertina. All'inizio l'agendina era stata resa alla famiglia pensando fosse di Simonetta, ma poi si era capito che in realtà apparteneva al portiere. In un primo momento si pensò a un errore burocratico e l'agendina, che si credette essere stata prelevata a casa Vanacore durante una perquisizione, venne resa al proprietario con tante scuse. Nel corso degli anni però sono emersi nuovi dettagli inquietanti.

Mario Macinati, un collaboratore del direttore dell'AIAG, l'avvocato Francesco Caracciolo di Sarno, è stato infatti sottoposto a intercettazione telefonica per motivi non inerenti il caso di via Poma. Da queste intercettazioni emergere che la notte del 7 agosto Macinati avrebbe ricevuto due telefonate da qualcuno che si sarebbe qualificato come "uno degli ostelli" e che cercava l'avvocato Caracciolo, in quel momento irreperibile perché presso una sua abitazione non provvista di telefono. È lo stesso Macinati, intercettato, a raccontare l'episodio. A questo punto i magistrati mettono in relazione l'agendina di Vanacore e le telefonate. Per loro l'agendina sarebbe stata effettivamente ritrovata sulla scena del crimine e per questo restituita ai familiari di Simonetta. Non ci sarebbe stato nessun errore quindi e con ogni probabilità la piccola rubrica sarebbe stata lasciata accanto al telefono di Simonetta da Vanacore, che l'avrebbe usata per tentare di contattare l'avvocato di Sarno. Il portiere avrebbe quindi in qualche modo scoperto il delitto prima dell'arrivo della sorella di Simonetta e, forse, a lui vanno imputate la pulizia e il riordino dell'ufficio. Purtroppo, come abbiamo già avuto modo di ricordare, le centraline telefoniche dell'epoca non permettevano di rintracciare il traffico in entrata e in uscita, quindi anche queste telefonate, come quelle fatte da Simonetta alle colleghe, si basano solo sui ricordi degli interessati e non possono essere collocate in un momento preciso.

Restano una serie di domande inquietanti: ammettendo che Vanacore avesse scoperto il cadavere prima di tutti, per quale motivo avrebbe dovuto chiamare qualcuno proprio da quell'ufficio? Perché poi rischiare un'incriminazione di favoreggiamento o peggio per qualcuno con cui a quanto pare il portiere aveva rapporti limitati e sporadici? Quale sarebbe il legame forte che unirebbe Vanacore all'avvocato di Sarno o ad altre persone dell'AIAG o della società Reli? La pulizia dell'ufficio sarebbe stata poi un'iniziativa di Vanacore o sarebbe stata fatta su richiesta di qualcuno con cui il portiere si sarebbe finalmente messo in contatto? E, soprattutto, perché Vanacore si sarebbe qualificato al telefono come "uno degli ostelli"?

Purtroppo a queste e molte altre domande Vanacore non potrà più rispondere. Il 9 marzo 2010 il portiere di via Poma si è tolto la vita lasciandosi annegare nelle acque del golfo di Taranto, sua zona d'origine, dove da alcuni anni era tornato a vivere. L'ex portiere di via Poma prima di uccidersi lascia un biglietto:

«Vent'anni di sofferenze e di sospetti ti portano al suicidio».

Alcuni giorni dopo avrebbe dovuto testimoniare nell'aula bunker del carcere di Rebibbia durante il processo Busco. Per molti si è portato nella tomba alcuni segreti, per altri era solo un uomo distrutto da una storia più grande di lui.

In tanti poi hanno sollevato molti dubbi sul suo suicidio, dato che è avvenuto in circostanze particolari e mai del tutto chiarite. Tra i tanti a non credere all'ipotesi del suicidio anche il celebre criminologo Francesco Bruno:

«Con la morte di Pietrino Vanacore il vero assassino di Simonetta Cesaroni sarà ora più tranquillo. Siamo alla vigilia del processo che vede imputato l'ex fidanzato della Cesaroni, Raniero Busco. Vanacore avrebbe dovuto testimoniare e, chissà, stavolta magari raccontare finalmente qualcosa di interessante.

[…] C'è un principio che dice che tutto ciò che non è chiaramente un suicidio è un omicidio... In questo caso, tutto sembra eccessivamente scenografico. Il veleno, poi la corda legata al piede e fissata a un albero prima di buttarsi in pochi centimetri di mare. Quasi a voler dimostrare che si tratti davvero di un suicidio.

[…] Chi decide di farla finita solitamente non pensa al dopo. Non sta a perdere tempo per essere certo che il suo cadavere venga trovato subito. Mi devono dare le prove che si sia tolto la vita da solo, o che nessuno l'abbia spinto a farlo, perché altrimenti io non ci credo.

[…] 20 anni perseguitati senza nessuna colpa. È un messaggio assolutamente anomalo. Lo capirei nel caso di un politico, di un uomo pubblico travolto da uno scandalo di cui si sente vittima innocente. Dunque un ultimo messaggio per dire: Ecco, voi mi avete perseguitato e io mi ammazzo per colpa vostra. Ma qui non centra assolutamente nulla, Vanacore ormai era un personaggio, diciamo così, dimenticato. Un tranquillo pensionato che vive in un paesello.

Non penso che doversi presentare come testimone a un processo possa spiegare un gesto simile. Sia nei tempi che nelle modalità»[3].

---

[3] *«Questo è un delitto camuffato L'ex portinaio sapeva troppo»*, Andrea Acquarone, Il Giornale, 11 marzo 2010.

Anche Massimo Sarcinella, il medico legale che ha eseguito l'autopsia su Pietro Vanacore, ha espresso molti dubbi su questo suicidio:

«Sono 20 anni che faccio questo mestiere e in effetti ogni caso è diverso dall'altro, ma questo presenta davvero tanti lati oscuri [...] Non entro nel merito nelle indagini, ma parlo in base alla mia esperienza: in effetti sono state rilevate alcune anomalie. Per prima cosa lascia perplessi la zona scelta per togliersi la vita. In quel punto l'acqua è davvero bassa, arriva quasi a sfiorare gli scogli.

[...] Di certo non è in discussione la morte per annegamento, che è stata accertata con l'autopsia, ma suscita qualche dubbio la decisione di lasciarsi andare in quel tratto di mare. Di solito una persona che intende suicidarsi preferisce non correre il rischio di non portare a termine il suo tragico progetto e cerca in qualche modo di prevenire l'istinto di conservazione, quello alla sopravvivenza: quindi è strano che sia stata individuata proprio quella zona. Ma non è tutto.

[...] «Parlo da medico e legale, quindi ritengo che i dubbi possano essere fugati solo con accertamenti tecnici specifici. E comunque a mio avviso anche quei biglietti per certi versi sono anomali. Sono molto grandi, troppo visibili. In casi di questo genere di solito non è così. Allo stesso modo non è comune la lucidità mostrata da Vanacore nel predisporre il suicidio, il modo in cui si è premurato di far ritrovare il corpo legandosi una caviglia con una fune fissata a un albero»[4].

Dubbi e domande che, molto probabilmente, sono destinati a rimanere per sempre senza risposta.

---

[4] *Via Poma, medico legale su Vanacore "Caso di suicidio troppo imperfetto"*, Bepi Castellaneta, Il Giornale, 19 marzo 2010.

IL PROCESSO BUSCO

Il primo processo contro Raniero Busco si è aperto il 3 febbraio 2010. In aula l'accusa ha portato una nuova ricostruzione dei fatti. Il pubblico ministero Ilaria Calò ha basato tutta l'accusa sulla prove scientifiche, prove che ai tempi dell'omicidio non erano ancora disponibili. Secondo il pm dunque non c'è nessun dubbio: Busco sarebbe inchiodato dalle tracce di DNA trovate sul corpetto e sul reggiseno di Simonetta.

I RIS di Parma hanno accertato infatti che il DNA ritrovato sugli indumenti è compatibile con quello dell'ex fidanzato di Simonetta, anche se naturalmente la difesa ha sostenuto che il fatto che sia "compatibile" non dà affatto la certezza che sia di Busco. Senza dimenticare poi che all'epoca i due ragazzi erano fidanzati e quindi era normalissimo che sui vestiti di Simonetta ci fossero tracce che riconducessero direttamente a Busco. Sempre i RIS di Parma poi hanno accertato che sulla porta della stanza dove fu trovato il cadavere è stata rinvenuta una traccia di DNA parzialmente compatibile con quello di Busco. L'ultima prova portata in questo caso è stata la traccia di un morso riscontrata sul seno sinistro di Simonetta, traccia che corrisponderebbe all'arcata dentale di Raniero Busco.

Durante le udienze i RIS di Parma e i consulenti dell'università La Sapienza di Roma hanno inoltre fornito una nuova ricostruzione del delitto. Secondo questa nuova teoria Simonetta e Raniero si sarebbero appartati per un incontro sessuale all'interno dell'appartamento di via Poma. A quel punto Busco avrebbe morso con forza Simonetta, che avrebbe reagito in malo modo. Busco allora avrebbe risposta prima con uno schiaffo violento e poi, in preda a un raptus incontrollabile, avrebbe massacrato la povera ragazza con 30 coltellate. Sì perché secondo il professor Moriani dell'Istituto di Medicina Legale della Sapienza, le ferite sarebbero 30 e non 29 come è stato sempre riportato: 6 al volto, 3 al collo, 7 al torace, 8 all'addome e 6 ai genitali.

Secondo questa nuova ricostruzione tutti i colpi sono stati inferti in maniera omogenea, in uno spazio temporale molto breve, a ulteriore testimonianza del fatto che l'omicidio venne commesso nella stanza in cui è stato poi ritrovato il corpo. Com'è possibile notare subito si tratta di un impianto accusatorio molto debole, come ha anche sottolineato in aula Paolo Loria, difensore di Busco:

«[...] la contestualità tra il morso sul seno e l'evento morte, e l'attribuzione a Busco dell'impronta lasciata dai denti sono dei passaggi logici fatti sulla base di un risultato tecnico che non sta in piedi [...] quell'impronta, a nostro parere, è sovrapponibile con la dentatura di chiunque, non solo con quella di Busco»[5].

Prove molto deboli dunque, come del resto il presunto movente del delitto. Secondo il pm, infatti, la causa scatenante sarebbe stata una presunta gravidanza di Simonetta, elemento che pare poco probabile dato che Busco era a conoscenza del fatto che la ragazza prendesse la pillola

---

[5] *Via Poma, Raniero Busco fa ricorso contro la sentenza*, La Repubblica, 11 giugno 2011.

anticoncezionale. Per tutti questi motivi l'opinione pubblica era convinta che il processo si sarebbe chiuso con un'assoluzione. Il 26 gennaio 2011 invece arriva la notizia bomba: dopo 3 ore e mezza di consulta la terza sessione della corte d'assise di Roma condanna Busco a 24 anni di galera per l'omicidio di Simonetta Cesaroni:

«*La terza Corte d'Assise di Roma, visti gli articoli 533 e 535 del codice di procedura penale, condanna Raniero Busco alla pena di 24 anni di reclusione e al pagamento delle spese processuali. Dichiara il predetto interdetto in perpetuo e per la durata della pena dai pubblici uffici con sospensione dell'esercizio della potestà genitoriale. Condanna Busco al risarcimento del danno delle parti civili Paola Cesaroni, Anna Di Giambattista e il Comune di Roma da liquidarsi in separata sede. La Corte assegna a Paola Cesaroni una provvisionale immediatamente esecutiva di 100mila euro, e una provvisionale immediatamente esecutiva di 50mila euro ad Anna Di Giambattista. Rigetta la richiesta di provvisionale avanzata dal comune di Roma e rigetta l'istanza del sequestro conservativo dei beni di Raniero Busco chiesto dalle parti civili. La Corte condanna infine il Busco alla refusione in favore delle parti civili delle spese legali della stessa sentenza che liquida per la parte civile Paola Cesaroni in complessivi 10mila euro, per la parte civile Anna Di Giambattista, in complessivi 18mila euro, e per il comune di Roma, in complessivi 5mila euro*».

Subito dopo la lettura della sentenza Raniero Busco ha accusato un malore ed è stato trascinato via dall'aula della terza Corte d'assise di Roma dal fratello. Caso chiuso dunque? Assolutamente no, ovviamente, perché come sempre in questi casi il legale di Busco si è appellato alla corte d'Assise d'appello di Roma.

Il processo di secondo grado si apre il 24 novembre 2011 e si gioca tutto sull'impronta del morso sul corpo di Simonetta, impronta che secondo i periti dell'accusa sarebbe compatibile con l'arcata dentale di Raniero Busco e che era stata il perno del processo di primo grado. Viene disposta una nuova perizia tecnica ma i periti della difesa smontano pezzo per pezzo il lavoro dei tecnici dell'accusa. I periti della corte arrivano a smentire poi che quel segno sia il risultato di un morso, assestando un colpo durissimo alla tesi dell'accusa e anche alle tracce di DNA trovate sul reggiseno. I legali di Busco inoltre sottolineano con forza come manchi completamente il movente dell'omicidio. A questo punto la sentenza appare a tutti scontata, tanto che alla fine del processo è la stessa accusa che chiede di annullare la sentenza perché era mancata una "corretta elaborazione delle prove". E così il 27 aprile 2012 Raniero Busco viene assolto con formula piena dall'accusa di aver ucciso Simonetta Cesaroni, per non aver commesso il fatto. Per l'Avv. Franco Coppi, legale di Busco, si tratta di una sentenza riparatrice dopo il macroscopico errore della sentenza di primo grado:

«*Era preferibile che questo risultato ci fosse già in primo grado, ma l'importante è che il sistema giudiziario permetta di correggere eventuali errori. Siamo soddisfatti di questo pronunciamento. Era preferibile, però, che questo risultato ci fosse stato già in primo grado. L'importante è che abbiamo un sistema che permette la correzione di eventuali errori. Oggi è stata fatta piena giustizia nei confronti dell'imputato. Come ho già detto nel mio intervento di ieri, non è un delitto senza colpevole, un colpevole c'è, circola liberamente e vive nascosto dietro la sua vigliaccheria. Abbiamo avuto una perizia che ha aiutato molto nell'accertare la verità. Se la Corte ha deciso per una nuova perizia è perché riteneva insufficienti le prove acquisite in primo grado*»[6].

Il 18 ottobre 2012 il sostituto Procuratore Generale della Repubblica di Roma Alberto Cozzella

---

[6] Avv. Franco Coppi, intervista rilasciata ai microfoni di Sky TG24 il 27 aprile 2012.

(Pubblico ministero del dibattimento di secondo grado) deposita il ricorso, presso la Corte di Cassazione. Qualche giorno dopo fanno la stessa cosa anche gli avvocati Massimo Lauro e Federica Mondani (legali di Parte civile della madre e della sorella di Simonetta Cesaroni). Il 23 maggio 2013 comincia dunque il terzo grado di giudizio, che si conclude il 26 febbraio 2014 con la conferma dell'assoluzione per Raniero Busco.

Vediamo nel dettaglio i punti chiave della sentenza di Cassazione:

«*[...] la Corte territoriale, proprio su questo ultimo aspetto, applicava i principi in materia di valutazione della prova scientifica, sottolineando che, attualmente, non vi à accordo nella comunità scientifica internazionale sull'idoneità dell'analisi "bitemark" a fornire elementi di compatibilità tali da costituire prova a carico di un sospetto; affermava che ne caso di specie, non vi era garanzia di validità scientifica quanto alla postulata compatibilità e concludeva sulla mancanza di prova che la lesione sul seno della Cesaroni fosse stata determinata da un morso e, comunque, che - anche ritenendo che le escoriazioni fossero state provocate dal contatto con i denti - esse fossero attribuibili alla dentatura di Busco. Quanto alle tracce di DNA su corpetto e reggiseno, i periti concordavano che le non ottimali modalità di conservazione dei capi di vestiario non inficiavano la loro valutabilità, pur evidenziando la necessità di cautela in presenza di DNA scarso e invecchiato e quella di possibili contaminazioni in laboratorio.*

[...] La Corte territoriale aderiva alla conclusione dei periti sull'impossibilità di stabilire la natura delle cellule da cui era derivato il DNA dell'imputato: non era stata, infatti, confermata l'ipotesi accusatoria dell'origina salivare del DNA, sia perché l'analisi specifica compiuta a questo scopo dai consulenti del P.M. aveva dato esito negativo, sia in quanto l'identificazione di tale origine da parte degli stessi consulenti era conseguenza dell'adesione all'ipotesi del morso al capezzolo della vittima, che avrebbe depositato saliva sul reggiseno e sul corpetto.

[...] In definitiva: non era sicura la presenza di Busco in occasione dell'azione omicida; la prova della condizione degli indumenti non era stata raggiunta e, quindi, reggiseno e corpetto indossati dalla vittima quel giorno potevano non essere immuni da tracce di DNA; le tracce attribuibili ad altre due persone introducevano ulteriori elementi di incertezza. [...] In definitiva, secondo la Corte, non vi erano elementi per ritenere l'imputato colpevole al di là di ogni ragionevole dubbio [....]».

Per la legge italiana dunque non è stato Raniero Busco a uccidere Simonetta Cesaroni. Per Busco si tratta della fine di un incubo giudiziario, per la famiglia di Simonetta invece l'incubo non finisce mai.

LE TEORIE ALTERNATIVE

Finora oltre alla ricostruzione fornita nel processo Busco abbiamo elencato i principali filoni di indagine, quelli diciamo che hanno impegnato il maggior numero di risorse e sforzi da parte degli inquirenti. Negli anni però a livello giornalistico,, o come spunti di indagine sono state formulate alcune ipotesi e teorie alternative. Vediamo quali sono.

La pista telematica

Secondo questa teoria, come abbiamo ricordato in precedenza, il delitto di Simonetta Cesaroni sarebbe in qualche modo collegato a delle sue presunte frequentazioni nelle chat line Videotel, ovvero il precursore di internet. Siamo nel 1990 ed i computer dell'epoca erano ben lontani per prestazioni e tecnologia da quelli oggi in commercio. Prima che il fenomeno delle community e dei forum online divenisse così di moda alcune persone, poche migliaia probabilmente, esploravano questo moderno mezzo di comunicazione muniti di modem.
Secondo alcune testimonianze un utente di uno di questi forum si sarebbe vantato di aver ucciso Simonetta. Il computer di Simonetta all'AIAG non è risultato connesso a nessun modem quindi non sembra avere spessore l'ipotesi per cui la ragazza avesse conosciuto un estraneo a cui dare appuntamento in via Poma. Questa teoria probabilmente sconta da una parte l'ignoranza che all'epoca c'era riguardo a questi mezzi di comunicazione, e dall'altro una paura atavica per la persona conosciuta a distanza e che un giorno irrompe nelle nostre vite. È bene precisare che sostegno di questa pista non sono mai emersi indizi concreti.

La persona conosciuta per caso

Secondo questa ipotesi Simonetta potrebbe essere stata abbordata da qualcuno durante il suo tragitto in metropolitana. Questa persona, magari con una scusa, si sarebbe introdotta nell'ufficio e, in seguito a un raptus magari motivato da un rifiuto della ragazza ad un suo approccio, l'avrebbe massacrata per poi sparire poi nel nulla. A sostegno di questa tesi non c'è praticamente niente anzi, tutte le evidenze del caso portano a pensare che Simonetta conoscesse il suo aggressore. Perché Simonetta avrebbe dovuto portare nel posto di lavoro uno sconosciuto con il rischio che un collega rientrasse all'improvviso per qualche motivo in ufficio, o anche solo qualcuno del palazzo li vedesse assieme e poi magari lo riferisse ai suoi colleghi? E, ancora, perché lavorare e addirittura telefonare alla collega per avere quei codici contabili mentre nell'ufficio c'era un estraneo? Se effettivamente si fosse trattato di una specie di colpo di fulmine o di una passione improvvisa per un individuo conosciuto pochi minuti prima di arrivare in ufficio, la dinamica e le tempistiche dell'omicidio sarebbero completamente diverse. Sarebbe più logico immaginare che l'approccio, l'eventuale rifiuto della ragazza e il suo omicidio sarebbero stati compiuti poco dopo il loro ingresso nell'ufficio e non dopo circa un'ora e mezza.

Il ragazzo che doveva rinnovare la tessera degli ostelli

Alle 16:00 circa di quel pomeriggio un colonnello dei servizi segreti residente in via Poma sta aspettando il suo autista. In quel mentre arriva un ragazzo a bordo, pare, di una Peugeot station wagon. Il ragazzo si rivolge con modi bruschi e nervosi al colonnello, che non era in divisa, e gli chiede dove sia la sede degli ostelli. Il militare non sa rispondere e consiglia al ragazzo di chiedere in portineria. Il giovane entra così nella palazzina B per uscire poi alcuni minuti dopo, visto questa volta anche dall'autista del colonnello che, nel frattempo, era sopraggiunto in via Poma.

Gli orari non combaciano con quelli del delitto ma per un po' si è diffuso il sospetto che potesse essere lui l'assassino di Simonetta. Il ragazzo, o qualcuno che si spacciava per lui, avrebbe chiamato il 3 dicembre la redazione del quotidiano La Repubblica. La telefonata con la sua voce viene trasmessa il giorno dopo durante la trasmissione "Telefono Giallo" condotta da Corrado Augias che quel giorno si occupava appunto del caso di via Poma:

«L'ora indicata è giusta: le 16 del 7 agosto. Anche la descrizione della mia macchina è sostanzialmente esatta ma non voglio aggiungere altro. Dunque nel pomeriggio ero andato in via Poma per due motivi: chiedere alcune informazione e anche prendere la tessera degli ostelli. La mia fretta, scambiata per nervosismo, era dovuta soprattutto al fatto che avevo parcheggiato l'auto in doppia fila, proprio accanto ai cassonetti dell'immondizia. [...] Mi sono subito imbattuto in un uomo alto e distinto vestito di blu. Credo che fosse appunto il colonnello che mi ha descritto. Gli ho chiesto degli uffici dell'AIAG e lui mi ha indirizzato verso la portineria della scala B. Io sono entrato nell'androne e ho indugiato davanti alla portineria. Non vedevo nessuno. Sicuramente non ho visto il portiere Pietrino Vanacore. Non sapendo che fare sono entrato in guardiola e lì ho visto la portiera [...]. Mi ha detto che gli uffici degli ostelli erano chiusi e mi ha invitato a tornare il giorno dopo. Così sono andato via».

Il ragazzo a quanto risulta non è mai stato identificato. Va detto che gli orari non corrispondono a quelli del delitto e con ogni probabilità un assassino avrebbe cercato di destare meno sospetti nei modi e negli atteggiamenti. Resta il fatto che una persona che ha transitato nelle vicinanze del luogo di un delitto e di cui si avevano molti elementi per la sua identificazione non è stata mai rintracciata né tantomeno interrogata, cosa che fa quantomeno pensare.

L'amante misterioso

In molti si sono chiesti se Simonetta avesse cominciato da poco una relazione con una persona sconosciuta. Le amiche e i confidenti più intimi di Simonetta non sembrano avere avuto nessuna informazione in questo senso dalla ragazza, ma l'ipotesi non si può scartare del tutto. Pare poi che la nipote di Volponi abbia raccolto una confidenza di Simonetta durante una giornata di lavoro alla Reli poco prima dell'assassino in cui Simonetta le diceva di aver conosciuto qualcuno. Poche informazioni che non bastano a identificare una persona in particolare.

Il serial Killer

Secondo il magistrato Otello Lupacchini e il giornalista Max Parisi, in quegli anni si sarebbe aggirato per Roma un serial killer a cui sarebbero da imputare alcuni tra omicidi e scomparse di persona più famosi avvenuti nella capitale, da Emanuela Orlandi a Mirella Gregori. Nel loro libro "Dodici donne un solo assassino"[7], partendo dai ricordi della nipote di Volponi si ipotizza che Simonetta avesse intrecciato da qualche tempo una relazione con un uomo sposato, probabilmente una persona benestante. Quest'uomo avrebbe in qualche modo contribuito al buon tenore di vita di Simonetta fatto di discoteche alla moda e vacanze che, secondo gli autori di questo libro, è difficilmente giustificabile con il misero stipendio, circa 600.000 lire, che Simonetta percepiva dalla Reli. Secondo questa ricostruzione quel 7 agosto Simonetta avrebbe incontrato il suo amante per un chiarimento prima delle ferie, la discussione sarebbe degenerata e il resto lo conosciamo. Il particolare di aver ripulito con estrema attenzione il sangue nell'appartamento sarebbe un comportamento già adottato in precedenza da questo misterioso killer quando si era trovato a spostare il cadavere di un'altra vittima.

Il killer sarebbe dunque un assassino seriale che avrebbe agganciato diverse delle sue vittime promettendo loro impieghi presso la ditta di cosmetici Avon. A tal proposito si può dire che Simonetta prima di essere assunta alla Reli lavorava presso una profumeria, ma si tratta comunque di un legame molto labile. I due autori poi evidenziano alcune singolari coincidenze tra i luoghi dove viveva e si muoveva Simonetta e quelli frequentati dal presunto serial killer trovando così un punto di contatto tra questi e la vittima.

L'ombra dei servizi segreti

Come in tante altre brutte storie italiana anche nel caso del giallo di via Poma spunta l'ombra dei servizi segreti. C'è chi sostiene Simonetta sarebbe stata eliminata perché lavorando al programma di contabilità dell'AIAG avrebbe visto qualcosa che non doveva vedere. In sostanza si è avanzata l'ipotesi che questo ufficio nascondesse dei misteri legati alla gestione di fondi neri o a un traffico d'armi a opera dei servizi segreti. Simonetta avrebbe capito qualcosa e, a quel punto, si sarebbe resa necessaria la sua soppressione. A conferma di ciò ci sarebbe quella cartella porta documenti che Simonetta aveva con sé quando è uscita di casa e che, è bene ricordarlo, non è mai stata ritrovata. In questa cartella, come affermano i sostenitori di questa teoria, ci potrebbero essere stati alcuni fogli compromettenti trovati da Simonetta durante il suo lavoro.

L'ipotesi è molto fantasiosa, soprattutto per le modalità dell'omicidio: è difficile immaginare che soggetti ben addestrati commettano un omicidio del genere, un delitto capace di sollevare tanto clamore e pieno di indizi. L'unica risposta sensata potrebbe essere che tutto è stato creato ad arte per depistare le indagini, ma restiamo comunque nell'ambito delle ipotesi. In ogni caso se lo scopo era quello di allontanare l'attenzione dall'ufficio di via Poma si sarebbero potuti trovare altri contesti ed altre modalità per portare a termine un'azione del genere.

---

[7] Otello Lupacchini e Max Parisi, *Dodici donne un solo assassino: da Emanuela Orlandi a Simonetta Cesaroni*, 2015 Koinè Nuove Edizioni.

La complice dell'assassino

Si è profilata poi addirittura l'ipotesi che a fare e ricevere la telefonata delle 17:30 circa del pomeriggio di quel 7 agosto non sia stata Simonetta ma un'altra ragazza. La collega che ha ricevuto la telefonata, infatti, non aveva mia parlato prima con Simonetta quindi non ne poteva conoscere la sua voce. La profondità delle coltellate ha sempre fatto credere che sia stato un uomo a commettere l'omicidio, quindi non resta che pensare che a fare le telefonate sia stata un'eventuale complice dell'assassino. Che fosse stata presente al delitto o che sia intervenuta successivamente poco importa, quello che ci si chiede è per quale motivo fare una telefonata del genere. La risposta può essere una sola: così facendo si sarebbe voluto spostare in avanti l'orario dell'omicidio, creando così un alibi a qualcuno che, in questo modo, sarebbe uscito pulito dalle indagini.

L'ipotesi è affascinante, purtroppo però la domanda rivolta alla collega dell'AIAG era molto tecnica e denotava una conoscenza approfondita della contabilità dell'ufficio. Quindi delle due l'una: o la voce era effettivamente di Simonetta, oppure chi ha chiamato doveva in qualche modo far parte di quell'ufficio, o aver avuto un'imbeccata precisa da qualcuno dell'AIAG. In tutti i casi il rischio di un'operazione di questo genere è molto alto, soprattutto perché la collega ha dovuto richiamare l'ufficio e a quel punto un'eventuale falsa Simonetta ha dovuto rispondere al telefono per sostenere il gioco. Poteva arrivare anche una telefonata da un amico o un parente di Simonetta: e se questi avesse chiesto di parlare con lei? Non c'è dubbio che l'inganno sarebbe stato scoperto immediatamente, o comunque si sarebbe lasciata una traccia troppo compromettente. Non va dimenticato che i telefoni dell'epoca non avevano la possibilità di riconoscere il numero di chi chiamava, quindi quando il telefono suonava si doveva rispondere "alla cieca". In queste condizioni il coefficiente di rischio era troppo elevato. Se le telefonate, come sembra assodato, quel giorno ci sono state è quasi certo che a farle sia stata davvero Simonetta.

CONCLUSIONE

Sono passati più di trent'anni da quel maledetto pomeriggio di agosto. Trent'anni di indagini, di processi, di sospetti, di situazioni poco chiare. Ma, soprattutto, trent'anni di dolore e sgomento per i familiari di Simonetta. Si riuscirà mai a scrivere la parola fine su questa brutta storia? A nostro avviso è molto difficile, anche se Federica Mondani, avvocato di parte civile della famiglia, ha rivolto un accorato appello agli inquirenti proprio nel trentennale dell'assassinio di Simonetta:

«*Resta il dolore e restano tanti dubbi: il pm dia un segnale, un segnale che in questi ultimi anni non è mai arrivato. L'assassinio di via Poma rappresenta una sconfitta per tutto il sistema giudiziario italiano, una sconfitta per lo Stato. Bastava qualche approfondimento in più ma ciò non è stato fatto*»[8].

Rileggendo le carte di questo giallo senza fine resta una forte amarezza per i tanti errori e per le macroscopiche imprecisioni commesse a caldo dagli investigatori. Molto probabilmente se le indagini fossero state condotte con più attenzione questa storia avrebbe preso tutta un'altra piega. Non si può non provare infine un senso di disagio per le tante ombre, le mezze verità e gli inquietanti silenzi che hanno segnato profondamente una giallo destinato a restare drammaticamente aperto ancora a lungo.

---

[8] *Delitto di via Poma, 30 anni dopo la verità (ancora) impossibile sulla morte di Simonetta Cesaroni. Appello ai pm: "Diano un segnale"*, Il fatto quotidiano, 7 agosto 2020.

IL DELITTO DEL DAMS
Il sogno infranto di una generazione

AMORE E MORTE

«Faccio il mio testamento di amore e di morte perché ho sempre sentito l'amore come morte (e la morte come amore?). Non voglio morire... e non posso amare».

Dal diario di Francesca Alinovi, 20 dicembre 1982

C i sono misteri che all'apparenza sembrano semplici, ma che in realtà non lo sono affatto. Ci sono mosaici che, anche quando sono terminati, ci lasciano insoddisfatti. Sentiamo dentro di noi che manca ancora qualcosa. Magari basterebbe soltanto spostare qualche tassello e l'immagine cambierebbe completamente, assumendo all'improvviso nuovi e inaspettati significati. Ma, purtroppo, è soltanto una sensazione.

Ci sono casi di cronaca nera che vengono risolti nei tribunali ma che ci tormentano ancora con domande a cui non riusciamo a dare una risposta. Questo, forse, è uno di questi casi.

LA SCOPERTA DEL CADAVERE

Siamo a Bologna via del Riccio 7. È estate e in quei giorni fa molto caldo. A quell'indirizzo c'è un appartamento che da qualche giorno sembra disabitato, con la posta che si accumula, il campanello che suona senza risposta e il telefono che squilla sempre a vuoto. È un fatto abbastanza strano perché chi abita all'interno di questo appartamento è una persona molto attiva e con un sacco di amici. Di solito, lì in via del Riccio 7 c'è sempre un certo movimento.

Ci vive un critico d'arte, una professoressa che ha molti studenti: partecipa spesso a eventi e un'agenda sempre fitta di impegni. Da qualche giorno però sembra sparita nel nulla. La realtà, purtroppo, è un'altra: quella donna non è sparita. È sempre rimasta a casa sua. La casa di via del Riccio infatti non è disabitata, non è abbandonata. Al suo interno però non c'è più nessuno che possa rispondere al telefono, né al campanello. Il motivo è molto semplice: quella donna è stata assassinata. Si chiama Francesca Alinovi e quella in via del Riccio numero 7 è casa sua.

Francesca Alinovi è una critica d'arte. Insegna al DAMS, il corso di laurea in discipline dell'arte della musica e dello spettacolo di Bologna. Ha alle spalle un solido percorso di studi ed accademico e nel suo lavoro è apprezzata a livello internazionale.

Francesca ha una vita molto intensa. La passione con cui svolge il suo lavoro unita al suo carattere aperto e disponibile la rendono un'insegnante particolarmente amata dai suoi studenti, che spesso vengono ricevuti anche a casa della professoressa. Francesca è un nome nel mondo dell'arte, e non solo a Bologna. Come critico è stimata per la grande competenza e l'indiscussa imparzialità dei suoi lavori. Francesca, insomma, è una donna che può costruire o distruggere una carriera artistica con una certa facilità.

Il suo cadavere viene rinvenuto il 15 giugno 1983. È importante però chiarire subito un particolare importante. L'omicidio di Francesca Alinovi è a tutti gli effetti un caso chiuso. Per la giustizia italiana un colpevole c'è, si chiama Francesco Ciancabilla e ha materialmente commesso il fatto oltre ogni ragionevole dubbio. Per le leggi dello Stato italiano questa è una certezza che nessuno può più mettere in discussione. Ma spesso le cose non sono così semplici come potrebbe sembrare a prima vista. Francesco Ciancabilla, infatti, si è sempre proclamato innocente e per alcuni sarebbe stato vittima di un tremendo errore giudiziario. Per altri invece la verità processuale corrisponde, per lo meno nella dinamica dei fatti, a quello che è successo in quel drammatico 12 giugno 1983.

I FATTI

Il sabato prima di morire, sabato 11 giungo, Francesca aveva inaugurato una mostra di dipinti e fotografie presso il Circolo degli Artisti di via Clavature. Al Circolo Alinovi è nel suo ambiente naturale circondata da amici, studenti, appassionati ed esperti d'arte.

Alle 21:00 il gruppo si sposta alla galleria Neon dove Francesca inaugura un'altra mostra, questa volta dedicata ad artisti italiani emergenti. Una serata di grande successo e con una grande partecipazione di pubblico. L'euforia è alle stelle.

Alle 23:00 alcune persone che avevano partecipato alle mostre si spostano in un locale del quartiere Barca. Anche Francesca raggiunge il locale dove, oltre a parecchi amici e studenti, incontra anche quello che tutti conoscono come il suo fidanzato, Francesco Ciancabilla. I due però non passano molto tempo assieme e preferiscono intrattenersi con i rispettivi amici.

Francesca rincasa in via del Riccio 7 con due conoscenti che vivono fuori città ed hanno bisogno di un posto dove passare la notte. La cosa non è affatto insolita, dato che, come abbiamo già detto, Francesca conosce tantissime persone e la sua casa è un po' un porto di mare. Verso le 2:30 Francesco la chiama per parlare un po' della serata e darle la buona notte. Per Alinovi quella è stata una bella serata, serena e motivante. Purtroppo per lei però sarà anche l'ultima della sua vita.

Francesca Alinovi era nata a Parma nel 1948 dove aveva compiuto tutti gli studi fino alla maturità. Aveva quindi frequentato l'Università di Bologna, facoltà di Lettere, e si era specializzata in Storia e Critica dell'Arte. In seguito aveva intrapreso la carriera universitaria e, dall'anno accademico 1982/83, insegnava Storia dell'Arte nella facoltà di Lettere.

A lei si devono importanti studi sull'arte contemporanea, in particolare sulla tecnica dei graffiti. Francesca non era certo un topo da biblioteca: per i suoi studi non si era tirata indietro e aveva approfondito direttamente a New York nel 1982 la sua conoscenza dei graffiti con i giovani artisti pionieri della street art. A detta di tutti era una bella donna. Amava vestirsi spesso di scuro e grazie a delle acconciature particolari assumeva un look da dark lady.

Francesco Ciancabilla invece è nato a Napoli nel 1959, ma all'epoca dei fatti risiede con la famiglia a Pescara. Una volta ultimato il liceo decide di iscriversi al DAMS per seguire le sue tendenze artistiche. In particolare sente una vocazione come pittore. Per permettergli di integrarsi al meglio nella nuova città i genitori gli acquistano un piccolo appartamento. Nel 1981 conosce Francesca Alinovi con la quale entra subito in confidenza. Il rapporto, per lo meno per Francesca, è un autentico colpo di fulmine, come scrive in un celebre passo del suo diario del 25 febbraio di quell'anno:

«Francesco, [...] romano, napoletano chi sa da dove. Un amore da racconti di Pasolini. Folklore, amore romantico, pittoresco. Un ragazzino, 10-15 anni di differenza di età. Ha il mio nome e mi assomiglia nell'italico aspetto bruno [...] Non so nulla di lui. Fino a ieri non sapevo nemmeno il suo nome. Sapevo solo che mi somigliava. E che mi piaceva perché mi somigliava. Poi ho saputo, il suo nome è Francesco [...]»

Quella domenica Alinovi era rientrata a casa in compagnia dei suoi ospiti nelle primissime ore della mattina, l'avevano vista in molti. Dopo poche ore di sonno i due amici erano rientrati nelle rispettive città e Francesca aveva fatto e ricevuto una serie di telefonate. Nel primo pomeriggio era andata a prendere Ciancabilla per andare a fare una gita prima che lui si recasse in stazione a prendere il treno per Pescara. I due poi avevano deciso di passare un pomeriggio in casa a chiacchierare. Durante quelle ore si susseguono diverse telefonate.

Alle 19.30 circa Ciancabilla lascia l'appartamento in via del Riccio e va in stazione dove viene visto da diversi testimoni. Quando lascia l'appartamento Francesca è viva, o così per lo meno sostiene Ciancabilla. Da quel momento però Francesca Alinovi scompare. Viene inghiottita da una fitta nebbia da cui riapparirà, cadavere, solo 3 giorni dopo.

Verso le 20, ovvero una mezzora dopo la partenza di Ciancabilla, Francesca era attesa al Circolo Degli Artisti per aiutare a disallestire la mostra della sera precedente. La aspettano invano perché lei non arriva. Gli amici si stizziscono un po' perché non aveva nemmeno chiamato per far sapere che non sarebbe andata. Chissà come mai si comporta in questo modo, pensano gli amici del circolo, Francesca non si è mai comportata così, non è da lei.

Il giorno dopo, lunedì 13, uno dei suoi studenti le deve portare delle fotografie. Il ragazzo chiama più volte nel corso della giornata per sapere a che ora passare, ma il telefono squilla sempre a vuoto. Strano, avrà pensato, forse la prof. aveva un altro impegno e si dimenticata di avvisarmi.

Martedì 15 passano da casa sua due ragazzi, Claudio e Silvia, amici di Francesca. Erano rimasti d'accordo di andare assieme a Narni dove Francesca avrebbe tenuto una conferenza dopo uno spettacolo teatrale in cui i ragazzi recitavano. Il campanello suona ripetutamente a vuoto. È molto tardi e se non partono subito rischiano di non fare in tempo, quindi decidono di lasciarle un messaggio nella cassetta delle lettere. Dicono a Francesca che l'hanno aspettata ma che sono dovuti partire perché ormai si era fatto tardi. Claudio e Silvia però sono molto preoccupati. L'appuntamento era stato fissato con molto anticipo ed è davvero strano che Francesca se ne sia dimenticata. Senza avvisare nessuno poi… No, i conti non tornano. C'è qualcosa che non va.

Il giorno dopo, da Narni, sperando di avere informazioni chiamano pure Ciancabilla a Pescara. Lui però non ne sa niente e, cosa strana, non sembra neppure molto preoccupato. Sempre lo stesso giorno, mercoledì 15, Francesca avrebbe dovuto presenziare a una riunione in facoltà. Anche in questo caso non si è presentata e non ha chiamato per avvisare della sua assenza. In molti si erano già insospettiti ma è soltanto dopo quell'ultimo episodio che cominciano tutti a preoccuparsi sul serio. In quel silenzio, in quella non presenza c'è qualcosa che non va. È sicuramente successo qualcosa.

Il corpo senza vita di Francesca Alinovi viene ritrovato il 15 giugno 1983 verso le 18.30, dopo che i vigili del fuoco hanno fatto irruzione nell'appartamento di via del Riccio 7 su segnalazione di un amico della donna, Marcello Jori, allarmato appunto dalla prolungata assenza della professoressa. Il cadavere di Francesca giace in un lago di sangue riverso su un fianco, con la testa vicino al televisore. Sul suo corpo, come stabilirà l'autopsia, si trovano i segni di 47 coltellate. Di queste 47 solo una, quella che le ha reciso l'arteria giugulare, le ha causato una ferita mortale. Le altre 46 sono profonde soltanto pochi centimetri e non hanno leso organi vitali. La morte, secondo le perizie, è avvenuta in circa dieci minuti. Dieci minuti infiniti di straziante agonia. Ma chi le ha fatto questo, se possibile, ha fatto anche di peggio. Le ha messo due cuscini sulla testa, probabilmente perché non sopportava la vista di quella povera donna agonizzante. Questi cuscini però hanno accelerato l'asfissia. In pratica Francesca ha assistito impotente alla sua morte.

L'appartamento di via del Riccio è un mini con un soggiorno-ingresso, camera da letto, bagno e cucina. Sulla serratura non vengono rilevate tracce di scasso. Il corpo è già in stato di putrefazione

MISTERI ITALIANI - IL DELITTO DEL DAMS

avanzata. Al polso della vittima un orologio Rolex. Vengono rilevate tracce di sangue sul televisore, sulla parete di fronte e anche su un interruttore della luce. All'interno del piccolo bagno viene rilevata e fotografata una scritta di colore scuro, fatta sul vetro della finestra : "YOUR NOT ALONE ANY WAY". La finestra in cucina viene trovata aperta e sul fornello si nota una piccola caffettiera. Sul tavolo due bicchieri. Non viene ritrovato denaro né all'interno della borsetta né in nessun altro luogo della casa. All'appello mancano anche un asciugamano in bagno ed un coltello in cucina. Per il resto è tutto in ordine. Non ci sono segni di lotta.

39

LE INDAGINI

Gli investigatori cominciano a setacciare a 360 gradi la vita di Alinovi e i suoi ultimi giorni di vita in cerca di una traccia o di un qualsiasi indizio che gli permetta di risalire all'assassino. Partono gli interrogatori. Sono molto dettagliati e precisi perché tutto questo complicato rompicapo si gioca sul filo dei dei giorni, dei minuti. Gli investigatori devono riuscire a seguire quel filo invisibile che, a seconda di come viene calcolato, può collocare qualcuno nella scena del crimine e magari decretarne la colpevolezza, oppure lo può escludere completamente, facendolo uscire per sempre dalle indagini. A seguito di queste prime testimonianze gli inquirenti cominciano a farsi un quadro più preciso del 12 giugno, l'ultimo giorno in cui qualcuno ha visto o sentito Francesca. Le indagini proseguono a ritmo serrato e gli inquirenti acquisiscono importanti dettagli sulla sua vita e le sue relazioni.

Gino Gianuizzi, un grande amico della vittima, sostiene di averla chiamata intorno alle 14:00 chiedendole se sarebbe passata alla Circolo degli Artisti proprio quella sera, quando invece l'avrebbe attesa invano. Un altro amico sostiene di averle parlato intorno alle 17:00 e di averla chiamata inutilmente il lunedì successivo verso mezzogiorno, senza però avere nessuna risposta. Una terza amica racconta di aver provato a chiamarla domenica verso le 21:30, ma il telefono aveva suonato a vuoto. Le testimonianze permettono agli investigatori di elaborare il ritratto di una persona molto prudente, una donna che prima di aprire la porta si affacciava sempre dal balcone per assicurarsi di conoscere la persona.

Iniziano a emergere anche dei dettagli sulla sua relazione con Ciancabilla. Si tratta però di dettagli inquietanti: la relazione con il fidanzato era molto tesa e tra i due c'erano stati episodi di liti violente. Durante una di queste liti furiose Ciancabilla le aveva addirittura fratturato una costola. Poi c'è il problema del sesso: pare infatti che Francesca avesse lamentato la mancanza di rapporti sessuali. Sembra infatti che Ciancabilla fosse molto restio a fare sesso con Francesca per qualche inspiegabile motivo. La ragazza, infine, era molto preoccupata dall'eccesso di uso di sostanze stupefacenti da parte di Francesco. Su una cosa tutti i testimoni sono assolutamente d'accordo: quel 12 giungo Francesca dava l'idea di essere serena e tranquilla.

Naturalmente viene interrogato anche Ciancabilla che, in sostanza, sostiene di essere rimasto nell'appartamento di via del Riccio fino alle 19:30. Da lì, verso le 19:15 aveva chiamato la sua coinquilina per trovarsi in stazione dopo pochi minuti. L'incontro c'è effettivamente stato, anche se all'inizio Ciancabilla sorvola sul fatto che la ragazza gli aveva procurato una dose di eroina che lui aveva poi provveduto a iniettarsi in treno durante il viaggio di rientro. Dice poi di ricordare le varie telefonate ricevute da Francesa quel pomeriggio, anche se nella sua memoria confusa colloca quella di Gino Gianuizzi intorno alle 18:00 e non alle 14:00, come invece sostiene il diretto interessato. Le centraline della SIP dell'epoca non erano ancora in grado di registrare il traffico di chiamate per tanto gli investigatori non possono verificare con esattezza questo elemento. Da questo primo giro di interrogatori e deposizioni spontanee emergono alcuni dati temporali che permettono di avere un primo quadro della situazione: innanzitutto Francesca era sicuramente viva fino alle 17:00. Alle 21.30 poi aveva ricevuto a casa una telefonata a cui non aveva risposto e, nonostante il proposito di incontrare Gianuizzi al Circolo degli Artisti non vi si era presentata. Quindi a quell'ora o era uscita, ma nessuna l'aveva vista in giro, oppure era in casa ma non poteva rispondere, oppure era già morta.

La storia della bella professoressa barbaramente uccisa viene seguita con fiato sospeso in tutta Bologna e non solo. I giornali si interessano da subito la vicenda, con i cronisti che iniziano a fare dei collegamenti tra questo caso e quello di Angelo Fabbri. Anche lui era un giovane ricercatore del DAMS, tra l'altro assistente di Umberto Eco. Anche lui, come Francesca Alinovi, è stato brutalmente assassinato. Ma torniamo indietro per un attimo, andiamo alla notte fra il 30 e il 31 dicembre 1982. Fabbri si sente telefonicamente con suo amico e lo informa che l'indomani partirà per Roma dove andrà a festeggiare la notte di Capodanno. Sembra tranquillo e non manifesta nessun turbamento. Da quel momento, era circa mezzanotte e mezza, si perdono le sue tracce. L'unica cosa che si sa è che esce dalla sua abitazione e scompare nel nulla… Nessuno ricorda di averlo visto o sentito. Nessuno nota se è solo o in compagnia. Il giorno dopo il cadavere di Fabbri viene ritrovato in un dirupo in Val di Zena. È stato massacrato da dodici coltellate. I suoi assassini non verranno mai individuati.

Il Resto Del Carlino è il quotidiano di Bologna e, naturalmente, è il giornale italiano che segue il caso Alinovi con particolare interesse. Già all'indomani della scoperta del cadavere il quotidiano bolognese alimentava pesanti sospetti che i due omicidi fossero collegati e, in un articolo dal titolo "Assassinata a Bologna Docente del DAMS", si legge:

«*Le prime indagini hanno già individuato importanti punti di contatto con l'assassinio di Angelo Fabbri, lo studente del DAMS massacrato a coltellate l'antivigilia di Capodanno*»[1].

A Bologna si diffonde rapidamente la paura che ci sia un assassino che in qualche modo sia collegato agli ambienti del DAMS. D'altronde questo corso di laurea, così diverso da quelli tradizionali e frequentato da personaggi bizzarri e anticonformisti, aveva sempre attirato la curiosità e le maldicenze della gente comune, anche in una città aperta ed anticonformista come Bologna. I giornali riproporranno questa tesi quando, pochi mesi dopo Alinovi, un'atra studentessa del DAMS, Leonarda Polvani, verrà assassinata in circostanze misteriose: Leonarda lavorava in uno studio orafo ed era iscritta al DAMS che però, per esigenze lavorative, non frequentava con regolarità. Il 29 novembre del 1983 rientra dal lavoro, parcheggia l'auto nel garage e scompare nel nulla mentre il marito l'aspetta in casa a pochi metri di distanza. Il corpo senza vita di Leonarda viene ritrovato dopo quattro giorni di ricerche sui colli bolognesi, impietosamente gettato all'interno di una grotta artificiale. Polvani è nuda dal seno in giù, gli abiti tirati sul capo, un laccio attorno al collo e un piccolo foro di proiettile all'altezza del cuore. Si avanzano parecchie ipotesi ma anche per questo caso non verranno mai individuati i colpevoli.

I tre delitti, che giornalisticamente sono conosciuti come "I delitti del DAMS" in realtà, nonostante alcune similitudini superficiali, non sono collegati tra loro. Non è mai stata esibita nessuna prova di una eventuale relazione tra le vittime e le modalità e le dinamiche dei delitti non sembrano essere riconducibili a una stessa mano. A lungo però, e non solo a Bologna, serpeggiò il sospetto che all'interno del DAMS ci fosse un serial killer. Probabilmente questa convinzione fu dovuta più a una sorta di stereotipo negativo legato a quell'ambiente anticonformista e non certo

---

[1] *Assassinata a Bologna Docente del DAMS*, Il Resto del Carlino, 16 giugno 1983.

sulla base di prove o indizi chiari. Resta comunque il fatto che in meno di un anno si sono registrati 3 casi di morte violenta tutti ricollegabili direttamente al DAMS di Bologna.

Intanto le indagini sull'omicidio di Alinovi proseguono a tutto campo. Si scava a fondo nella vita e nelle relazioni di Francesca per capire chi possa aver maturato un tale odio omicida nei suoi confronti. Alcuni amici di Alinovi fanno il nome di un uomo, un corteggiatore respinto, che avrebbe infastidito la professoressa in parecchie occasioni. Ma gli inquirenti abbandonano praticamente subito questa pista. L'uomo per quei giorni ha un alibi di ferro confermato da parecchie persone e così esce di scena. Qualcuno allora insinua malignamente che si possa trattare di una specie di gioco erotico finito male, una sorta di tortura consenziente, ma la vittima ha evidenti ferite da difesa sulle braccia quindi non ci sono dubbi sul fatto che sia stata aggredita e che abbia tentato disperatamente di opporsi al suo carnefice. Si indaga a lungo anche su quella misteriosa frase in inglese scritta sul vetro della finestra del bagno, "YOUR NOT ALONE ANY WAY". C'è chi ipotizza che sia stato addirittura l'assassino a lasciarla, come se si trattasse di una specie di macabra firma. Pare infati che i due ospiti di Francesca non l'abbiano vista quando hanno usato il bagno la mattina del 12 prima di lasciare l'appartamento. Si fanno delle indagini approfondite e alla fine risulta che a scriverla era stato qualche tempo prima un amico di Francesca, un pittore di Trento. L'uomo però ricorda di averla scritta sullo specchio del bagno e non sulla finestra. Ulteriori accertamenti e una perizia calligrafica toglieranno ogni dubbio: la scritta è stata vergata proprio da lui. Forse il pittore non ricorda bene dove l'aveva fatta e i due amici di Francesca non l'hanno vista, o semplicemente non ci hanno fatto caso. Anche la posizione del pittore di Trento viene comunque vagliata dagli inquirenti, ma per quei giorni ha un alibi comprovato da più persone e così esce anche lui dall'indagine.

Qualcuno fa notare che in casa non sono stati trovati soldi e che quindi l'assassino potrebbe essere stato un ladro, un malintenzionato introdottosi a casa di Alinovi per rubare. Francesca potrebbe averlo scoperto, il ladro avrebbe perso il controllo e così quella che doveva essere una semplice rapina sarebbe degenerata in tragedia. Ma anche questa teoria investigativa non regge alla prova dei fatti. Mancano i soldi, è vero, e questo potrebbe far pensare ad una rapina finita male. Tutto il resto però non torna. Troppo cruenta ed efferata la modalità con cui Francesca è stata uccisa, troppe le coltellate inferte per giustificare uno scenario del genere e, soprattutto, al polso della vittima c'era un Rolex che sicuramente valeva di più dei contanti che la vittima poteva avere nella borsetta. E, ancora, non ci sono segni di lotta nell'appartamento, come non c'è niente che faccia pensare che l'assassino abbia frugato nei cassetti. No, non è stato un ladro. L'assassino è qualcuno che conosceva bene la vittima e di cui lei si fidava, tanto da accoglierlo in casa. Il killer è da cercare nella cerchia delle persone frequentate da Francesca. Su questo gli investigatori ormai non hanno alcun dubbio.

Viene disposta l'autopsia che conferma che solo un colpo, quello inferto alla giugulare è stato mortale e ha provocato un'emorragia interna. Gli altri 46 colpi sono stati inflitti con poca forza, particolare che per alcuni dimostrerebbe una mancanza di volontà omicida da parte dell'autore del fatto. In pratica l'assassino sarebbe stato animato soltanto una voglia macabra di punire e straziare il corpo della vittima. Un altro dettaglio inoltre lascia molto perplessi gli inquirenti. I colpi sono tutti concentrati sul lato destro del corpo. L'arma è un coltello compatibile con un coltello da cucina la cui lama è stata affondata poco sul corpo della vittima. Un'arma occasionale, non certo da professionista. Quest'ultimo particolare inoltre proverebbe che non si tratti di un delitto premeditato.

La posizione di Ciancabilla intanto si aggrava di ora in ora, il cerchio intorno a lui si stringe. A suo carico tutta una serie di indizi e testimonianze che sembrano indicare che il colpevole sia proprio il giovane studente.

Innanzi tutto c'è il suo rapporto malato con Alinovi che, come abbiamo già sottolineato, si era lamentata anche con amici e partenti di quella relazione poco soddisfacente. Ne aveva lasciata traccia anche nel suo diario. L'8' aprile, poche settimane prima del fatto, si legge:

«Non è nemmeno l'eroina. Non è nemmeno l'omosessualità. Non è la perversione, lo schifo, l'immondezza. È solo il nulla. Il nulla eterno di un rapporto che non scorre, che non è... non esiste. E io sono più confusa, e ora brutta, sciupata e piangente. L'ho baciato, accarezzato. E lui niente. Gli ho chiesto di dormire con me ma senza fremiti di passione. Devo dire basta e riavermi. Ma... quando lo vedo mi fa tenerezza, mi commuove. Anche se è freddo quando lo bacio, inerte mentre lo accarezzo. Non so fare a meno di questa parte angosciosa. Non mi sembra mai di aver avuto una disperazione come questa. Ho paura ancora!».

Scavando nel passato della coppia si scoprono brutte storie fatte di furiose litigate e soprattutto salta fuori un precedente. Un brutto episodio. Durante uno di questi accesi scontri Francesco aveva addirittura minacciato Alinovi con delle forbici. Ma questi sono solo indizi e non bastano a provare la colpevolezza di Ciancabilla. Serve qualcosa di più. Servono delle prove. Come abbiamo detto questo è un giallo che si gioca sul filo dei minuti ed è per tanto fondamentale capire esattamente quando la vittima è stata uccisa con il minor grado di approssimazione possibile.

Ciancabilla dice di aver lasciato l'appartamento alle 19.30 e, in base alle testimonianze di chi l'ha incontrato in stazione, sappiamo che questo è vero. Quindi se l'omicidio è avvenuto prima di quell'ora Ciancabilla è colpevole, altrimenti è innocente. La perizia medica sul cadavere della vittima è resa difficile dal fatto che l'ambiente era esposto all'aria esterna proveniente dalle finestre dell'appartamento trovate aperte, dal gran caldo di quei giorni e dal fatto che il corpo giacesse sulla moquette. Tutti elementi che hanno accelerato il processo di decomposizione del cadavere. In queste condizioni si può comunque supporre che la vittima sia stata uccisa tra le 17:00/18:00 e le 22:00/23:00 di domenica 12 giugno. La finestra temporale è ancora abbastanza ampia e per restringerla ulteriormente viene sottoposto a perizia anche il Rolex che Francesca aveva al polso.

L'orologio in questione è un modello a carica automatica, ovvero è in grado di ricaricarsi sfruttando il movimento del polso del suo possessore. Una volta che questo movimento finisce l'orologio non assorbe ulteriori impulsi e, quando si esaurisce la carica, smette di funzionare e si ferma del tutto. La massima carica di un orologio dipende dal modello, dalle condizioni meccaniche e dal livello di usura. Viene appurato che la vittima era solita tenere sempre al polso quell'orologio senza toglierlo neppure per andare a letto. Si può così assumere che nel momento in cui è venuto a mancare qualsiasi movimento, ovvero nel momento della morte, l'orologio fosse a tutti gli effetti carico al massimo livello. Si effettuano delle prove empiriche e si verificano anche gli ingranaggi. Alla fine per i periti non ci sono dubbi: la massima carica possibile per quell'orologio è di 35 ore.

In buona sostanza il movimento del polso sarebbe cessato 35 ore prima del momento in cui l'orologio si è fermato ovvero alle 18:12 di domenica 12 o alle 6:12 del giorno 13. Ma per quale motivo ci sono due possibili orari? Al momento del rinvenimento del cadavere l'orologio della vittima era stato trovato con le lancette ferme sulle 5:12 del giorno 14. Purtroppo però non si era rilevato subito se si trattasse effettivamente delle 5:00 di mattino o delle 17:00 del pomeriggio, operazione questa abbastanza semplice. In questi casi infatti basta far muovere le lancette in avanti fino alle 12:00 e verificare se il datario cambiava o meno di giorno. Se la data cambia significa che abbiamo passato la mezzanotte, e quindi in partenza l'orologio segnava le 17:00, se non cambia significa che abbiamo passato solo mezzogiorno, e quindi inizialmente l'orologio segnava le 5:00 di mattina. Comunque la morte è avvenuta o alle 18:12 del giorno 12 o alle 6:12 del giorno 13. Assolutamente no, diranno i legali di Ciancabilla perché secondo loro il Rolex non è stato trattato con la dovuta cura. L'orologio infatti è stato sfilato dal polso di Francesca e restituito ai parenti poco dopo il rinvenimento del cadavere. L'orologio ha compiuto tutta una serie di movimenti, il meccanismo quindi ha cominciato a ricaricarsi e le lancette hanno ricominciato a camminare. Insomma, non è possibile effettuare perizie oggettive e al di là di ogni ragionevole dubbio su quel Rolex. I periti hanno poi cercato di calcolare in quanti minuti di carica tutti questi movimenti si possono essere tradotti per determinare l'ora in cui le lancette si sono fermate a seguito dell'omicidio, ma ovviamente in tutto questo non ci può essere nessuna certezza e ci si deve accontentare di un buon grado di approssimazione. Gli avvocati di Ciancabilla dunque concluderanno che il dato della perizia non può essere considerato un elemento determinante. Gli inquirenti però rilevano subito che le 18:12 sono un orario compatibile con la perizia medica effettuata sul cadavere. E così le 18:12 per gli investigatori sono l'ora della morte di Francesca. A questo punto per le forze dell'ordine non ci sono più dubbi, Ciancabilla è l'assassino.

I PROCESSI

Il 3 gennaio 1985 comincia il processo e, come ci si poteva aspettare, in aula accusa e difesa si sfidano a colpi di perizie tecniche, controperizie e ricostruzioni. I legali di Ciancabilla ribattono punto per punto a tutti i capi di accusa. I due avevano sì un rapporto bizzarro, ma questo di per sé non prova nulla dato che tante persone hanno delle affettività contorte ma non per questo la gente si ammazza. Sugli orari della morte poi c'è molto da discutere perché sono stati calcolati in condizioni climatiche variabili dovute al fatto che le finestre erano aperte e in quei giorni faceva molto caldo. L'orologio poi non è stato maneggiato con cura e la sua analisi tardiva lascia spazio più a dubbi che a certezze. Manca infine un movente chiaro. Francesca aveva lanciato artisticamente Ciancabilla e lui le doveva tutto il suo successo: allora perché mai Francesco avrebbe dovuto uccidere la sua "gallina dalle uova d'oro", la sua scopritrice, colei che poteva garantirgli un posto nel firmamento artistico italiano e non solo?

Ma gli elementi a discolpa di Ciancabilla non finiscono qui, ci sarebbe il sangue repertato sull'interruttore della luce. Perché, si chiede la difesa di Ciancabilla, perché usare la luce di una lampadina quando alle 7 e mezzo di sera in giugno è ancora chiaro fuori? E, ancora, Ciancabilla è stato visto in stazione da dei testimoni e tutti lo ricordano come tranquillo e sereno e, soprattutto, non aveva la minima traccia di sangue addosso.

È tutto vero, risponde l'accusa. Ma anche sulla ricostruzione fatta dalla difesa ci sono delle ombre. Innanzi tutto perché Ciancabilla va in stazione con i mezzi pubblici e non si fa accompagnare di Alinovi come al solito? Sui vestiti poi bisogna notare un'altra cosa, ovvero che la dinamica stessa dell'omicidio ha verosimilmente prodotto pochi spruzzi di sangue e, di conseguenza, l'assassino non doveva essere imbrattato dalla testa ai piedi. Bastava ripulirsi le braccia e nessuno avrebbe notato nulla. E, comunque, dal bagno dell'appartamento di via del Riccio manca un asciugamano, segno che chi ha commesso il fatto si è probabilmente pulito prima di andarsene.

Al termine del dibattimento la corte assolve Francesco Ciancabilla per insufficienza di prove. Per lui, la sua famiglia e i suoi amici è un tripudio di gioia che si traduce in un lungo applauso quando in aula viene letta la sentenza. Ma la faccenda non finisce qui.

L'accusa non demorde e ricorre in appello. Vengono rivisti tutti i dettagli del caso, ripercorsi i momenti salenti della giornata del 12 giugno e alla fine la sentenza del primo processo viene ribaltata. Il 3 dicembre 1986 la Corte emette una nuova sentenza:

«[...] si dichiara l'imputato colpevole di delitto di omicidio doloso, aggravato e (...) lo si condanna a 15 anni di reclusione e (...) si dispone che a pena espiata sia assegnato ad una casa di cura per un tempo non inferiore a 3 anni».

Tutto sembra finito. Ma dovranno passare molti anni ancora prima che su questa vicenda si possa scrivere la parola fine. Ciancabilla, infatti, nel frattempo è scappato. Prima della lettura della sentenza il giovane ha fatto perdere le sue tracce. Passerà i successivi 10 anni da latitante, prima in Sud America poi in Spagna, dove verrà arrestato ed infine estradato soltanto nel 1997. Viveva a Madrid sotto falsa identità, lavorando come barista in un locale gay. Gli inquirenti hanno poi appurato che Ciancabilla aveva continuato a mantenere rapporti molto stretti con la sua famiglia, come per altro ha ammesso anche il padre in un'intervista rilasciata al Corriere della Sera proprio in occasione dell'arresto:

«L'ultima volta l'ho sentito quattro giorni fa. Mi ha detto che era stato assunto come barista a Madrid. Ora spero di rivederlo presto. Non gli ho mai consigliato di rientrare in Italia: solo lui sapeva se poteva sopportare il carcere. Io so che se undici anni fa avesse accettato di entrarci ora sarebbe già libero».

Nel frattempo la Cassazione ha confermato la sentenza e quindi al suo rientro in Italia per Ciancabilla si aprono inesorabili le porte del carcere. Dal 18 gennaio 2006, scontata la sua pena, Ciancabilla è tornato ad essere un uomo libero. Per la Stato Italiano non ci sono più dubbi, è lui l'assassino di Francesca Alinovi. È stato lui a massacrare con 47 coltellata la giovane professoressa del DAMS il 12 giugno 1982 alle 18:12.

UN'ALTRA VERITÀ?

Nonostante tutto c'è chi non è convinto che le cose siano andate effettivamente così. Per alcuni Francesca potrebbe aver ricevuto qualcuno in casa dopo che Ciancabilla era partito, oppure potrebbe essere uscita ed essere rientrata assieme a questa persona. Lo proverebbero l'abbigliamento ricercato, inusuale per chi resta in casa, e una giacca indossata sebbene fossero giornate afose. Ecco come potrebbero essere andate le cose per chi non crede nella colpevolezza di Ciancabilla.

In quella calda serata di giugno fuori è già buio e per questo c'è bisogno di accendere le luci in casa. Il misterioso ospite di Alinovi, per non meglio specificato motivo, perde il controllo e uccide Francesca. Poi se ne va, ma prima di uscire spegne la luce e lascia una macchia di sangue vicino all'interruttore. Chiude la porta e scompare nel nulla. Forse c'è qualcuno nel suo ambiente molto arrabbiato con Francesca per la sua storia con quel ragazzo così strano e ha deciso di fargliela pagare. Magari qualcuno sempre rimasto nell'ombra o, forse, solo sfiorato dalle indagini, ma tagliato fuori da perizie e calcoli sui tempi tutt'altro che certi. Non dimentichiamo che durante tutti questi anni Francesco Ciancabilla si è sempre dichiarato innocente.

Nel 1989 ci fu anche un colpo di scena: al termine della trasmissione Telefono Giallo di Corrado Augias, una donna misteriosa chiamò i Ciancabilla dicendo di conoscere elementi inediti sul delitto Alinovi.

La madre di Ciancabilla incontrò questa donna misteriosa, ecco il resoconto di quell'incontro:

«Mi disse che un amico pugliese, appartenente a un gruppo di artisti che facevano capo a un circolo culturale di Borgo Panigale, un comune vicino a Bologna, la sera dell'omicidio aveva incontrato il pittore trentino sotto casa di Francesca e che i due testimoni erano di comodo. Uno di questi aveva addirittura confessato alla mia confidente di aver confermato l'alibi del pittore anche se non era vero. La donna mi disse che non voleva uscire allo scoperto. Io il suo nome non l'ho mai rivelato».

LA FINE DELL'INNOCENZA

Ma il delitto di Francesca Alinovi nel corso degli anni ha assunto una valenza simbolica: è diventato un'icona, è stato considerato lo spartiacque che ha segnato la fine di un sogno, un brusco risveglio alla cruda realtà della vita, la fine dell'innocenza per un'intera generazione che stava cercando di uscire dall'incubo degli anni di piombo affidandosi alla potenza salvifica dell'arte.

Come abbiamo ricordato in precedenza il DAMS rappresentava in quegli anni un mondo libero e libertario, mal visto dal corpo accademico istituzionale e dai ceti più conservatori della popolazione. C'è stato chi ha approfittato di quel delitto per criminalizzare un'intera categoria, e chi l'ha utilizzato per trasformare Francesca Alinovi in un'icona in cui, molto probabilmente, lei non si sarebbe mai riconosciuta.

Rileggendo oggi i tanti dettagli di questo strano omicidio emergono fin troppi dubbi, ma forse le parole giuste per chiudere questa brutta storia sono quelle dell'avvocato Achille Melchionda, che rappresentò al processo la famiglia Alinovi, e che nel 2008 ha dichiarato:

«*Sarà anche vero che ogni crimine racconta qualcosa ma con il delitto del Dams si è andati oltre. È diventato pura metafora, carica di valenze negative che hanno messo Francesca in una luce poco realistica. Dal suo diario emerge una persona diversa, riservata e sola. Ciancabilla, l'altro protagonista, ha potuto parlare di sé. Su Francesca, niente. La sua voce è sempre rimasta muta, sconosciuta. [...] Credo che questa sia una vicenda molto semplice, la storia di un amore sbagliato, finito come peggio non poteva. Il resto è un mito, falso e negativo*».

AMANDA KNOX
E IL DELITTO DI PERUGIA

PROVE SCIENTIFICHE
E PRECONCETTI

Il caso del delitto di Meredit Kercher può essere riassunto con due espressioni: la prima è "prove scientifiche", e questo vale per tutto ciò che riguarda la parte giudiziaria della vicenda. La seconda invece è una semplice parola, "preconcetti", e riguarda la gestione mediatica di questa brutta faccenda. Nel diritto moderno infatti le prove e le ricostruzioni scientifiche hanno sempre più un ruolo decisivo, alcuni dicono addirittura troppo importante.

Certo è che accusa e difesa ormai lottano quasi esclusivamente su questo campo, cercando di demolire la tesi dell'avversario a suon di perizie e controperizie. E l'esito processuale di questo caso ne è l'ennesima dimostrazione.

Per quello che riguarda la gestione mediatica della tragedia non possiamo invece non notare come durante tutta la vicenda siano emersi alcuni dei più atavici, inconfessati ed a volte banali preconcetti e pregiudizi latenti nell'opinione pubblica. Questo sia da parte dei media italiani, che hanno descritto per l'ennesima volta un certo mondo universitario con accenti a volte troppo marcati e al limite del ridicolo, ma anche da parte dei media e di una certa opinione pubblica statunitensi, che si ostinano a vedere fantasmi di anti americanismo ovunque quando le cose non prendono la direzione che vogliono loro.

Prove scientifiche e preconcetti: difficilmente si potrebbero immaginare due idee più diverse e antitetiche. Infatti una è praticamente la negazione dell'altra. Nonostante tutto questi sono i due binari su cui ha corso questa brutta storia iniziata a Perugia il giorno di Halloween del 2007, la notte delle streghe.

I FATTI

Perugia è una piccola cittadina di circa 160.000 abitanti che si trova proprio nel cuore d'Italia. A differenza delle decine di città del Bel Paese più o meno simili per storia e dimensioni Perugia è sede della più antica università italiana per stranieri di tutta la penisola. Proprio per questo motivo Perugia in qualche modo è una specie di metropoli in miniatura, un micromondo dove puoi incontrare ragazzi di ogni parte del pianeta. Vengono tutti qui a passare un periodo più o meno lungo di studio e, perché no, di divertimento. Ma questa non è New York o Londra. Questa è ancora una cittadina in cui puoi girare a piedi o in bicicletta e dove quando vai a fare colazione tre volte nello stesso bar alla fine ti conoscono per nome. No, non è una metropoli questa e, nonostante i circa 30.000 studenti, 8.000 dei quali dell'università per stranieri, resta una bellissima cittadina di provincia italiana.

Amanda Knox

Amanda Knox è una ragazza americana di 20 anni nata e cresciuta a Seattle, nel nord della West Coast degli Stati Uniti. È arrivata in Europa nell'estate 2007. Per un primo periodo ha soggiornato presso alcuni parenti in Germania poi, insieme alla sorella nel frattempo giunta dagli Stati Uniti, si è spostata a Perugia, dove ha deciso di cercare un alloggio per l'anno accademico che sta per cominciare. Amanda è una studentessa e di fronte a sé ha un intero anno di studio in Italia, dove frequenterà un corso di scrittura creativa. Le due sorelle cominciano a cercare casa e dopo un po' Amanda conosce per pura casualità Filomena Romanelli, che condivide un grande appartamento in via delle Pergola 7 con un'altra ragazza italiana di nome Laura Mezzetti. Ci sono due camere sfitte, le ragazze stanno cercando delle coinquiline e la casa sembra perfetta per Amanda: si trova a due passi dall'università e ha pure un piccolo giardino.

La giovane studentessa statunitense non ci pensa due volte: firma il contratto e lascia un deposito in contanti felice di aver trovato abbastanza in fretta una sistemazione decorosa e, soprattutto, in compagnia di due ragazze con le quali si è subito sentita in sintonia. Tutto sembra andare per il verso giusto e ci sono i presupposti perché l'anno scolastico sia davvero indimenticabile. Le ragazze ripartono quindi per un paio di settimane di vacanze, Amanda tornerà poi a Perugia per l'inizio delle lezioni.

Meredith Kercher

In quei giorni un'altra ragazza, Meredith Kercher, saluta parenti ed amici a Coulsdon nei sobborghi di Londra e parte anche lei per andare a Perugia. Ha vinto una borsa di studio

Erasmus, il programma europeo di scambio studentesco che permette agli studenti di diverse nazioni di frequentare un anno accademico presso un'università straniera. Si tratta di un progetto nato sul finire degli anni '80 al fine di favorire l'integrazione culturale tra le diverse nazioni della comunità europea e che, con il passare del tempo, ha raggiunto proporzioni enormi: ogni anno infatti centinaia di migliaia di giovani di tutta Europa partecipano al programma Erasmus.

Meredith è una studentessa modello, una ragazza molto seria ed organizzata. Prima di partire ha contattato Filomena Romanelli con una email dopo aver visto l'annuncio della camera libera sul sito dell'università. Una volta arrivata a Perugia Meredith prende contatto con Filomena, visita la casa, le piace e decide di prendere in affitto l'ultima camera libera. Adesso la casa è al completo: Filomena, Laura, Amanda e Meredith hanno di fronte a loro un anno memorabile, ne sono tutte convinte.

Raffaele Sollecito

In quello scampolo di estate del 2007 Raffaele Sollecito è un ragazzo di 23 anni nato e cresciuto in provincia di Bari. Ha passato l'ultimo anno in Germania grazie al programma di scambio Erasmus. Al rientro da questo periodo all'estero scopre che di non aver ottenuto un posto nella casa dello studente dove risiedeva abitualmente, così decide di mettersi alla ricerca di un appartamento. Alla fine ne trova uno non lontano da via della Pergola.

Rudy Guede

Rudy Guede, 21 anni, è un ragazzo nato in costa D'Avorio da dove era emigrato con il padre nel 1992 all'età di 5 anni. Le condizioni di vita di Guede nei primi anni in Italia non sono state facili: il padre lavorava come muratore e i due certo non navigavano nell'oro, ma comunque avevano una vita dignitosa ed onesta. Il padre purtroppo si assentava spesso per lavoro, costretto anche a lunghe trasferte in cantiere spesso lontani, ma le cose comunque per loro due andavano abbastanza bene. Durante queste assenze Rudy veniva affidato a diverse famiglie locali che si occupavano di lui con amore e rispetto. Ad un certo punto il padre di Rudy rientra momentaneamente in Costa D'Avorio per rinnovare il passaporto. Nel suo paese però nel frattempo è scoppiata la guerra civile e l'uomo è costretto a trattenersi in Africa per un lungo periodo. Rudy viene quindi dato in affidamento ad una famiglia in grado di dargli stabilità ed un futuro. È così che Rudy finisce a casa della famiglia Caporali, una delle più ricche di tutta Perugia.

Le cose però non vanno bene: i molti cambiamenti nella vita di Rudy non gli permettono di trovare una sua dimensione. Il ragazzo è confuso e presto finisce fuori strada. I Caporali riescono a trovargli un lavoro come giardiniere ma Rudy non ce la fa. Rifiuta quel tipo di vita. Rudy non vuole accettare quel futuro che il destino sembra avere in serbo per lui. Probabilmente è attratto da quelle migliaia di studenti di tutto il mondo, suoi coetanei e con i suoi stessi gusti, che immagina dediti esclusivamente ai divertimenti e svaghi. I soldi per loro non sembrano mai essere un problema. La realtà è molto diversa ma lui non avrà il tempo di capirlo e di correggere i suoi errori. Rudy non si presenta al lavoro per parecchi giorni, dice di essere malato ma viene smascherato e licenziato. È l'agosto del 2007.

Settembre

Fermiamo la macchina da presa in questo preciso momento. Siamo alla fine dell'estate del 2007. I 4 protagonisti di questa storia probabilmente non si conoscono. Forse Rudy e Raffaele si sono incrociati qualche volta prima di allora, in fondo Perugia è piccola, ma con ogni probabilità non si sono mai frequentati. Amanda rientra a Perugia il 21 settembre: le giornate ormai si stanno accorciando a vista d'occhio ma l'energia e l'elettricità portata da migliaia di studenti di tutto il mondo è qualcosa di palpabile e la città ne sembra quasi illuminata.

Rudy vive come può con i quattro soldi che è riuscito a mettere via con i suoi lavoretti. Spera di fare un salto di qualità in qualche modo e nel frattempo si confonde con studenti e ragazzi di ogni colore e nazionalità. Forse non sa nemmeno lui cosa vuole.

Meredith intanto è arrivata da qualche giorno a Perugia: la immaginiamo mentre finisce di sistemare i libri ed i pesanti dizionari che si è portata con se.

Raffaele invece dopo l'esperienza in Germania si prepara ad un altro anno da studente a Perugia. Sono tutti più o meno sereni e carichi di speranze per il futuro.

La chiave del caso del delitto di Perugia sta tutta nelle prove scientifiche e negli orari, i due cardini sui cui si è basata l'intera ricostruzione della vicenda. Proviamo anche noi a ripercorrere gli avvenimenti seguendo questa prospettiva.

Mercoledì 31 Ottobre 2007

Halloween, la notte delle streghe, è una ricorrenza nordica legata al ritmo della terra e al cambio delle stagioni. Tradizionalmente viene festeggiata nei paesi anglosassoni dove bambini e ragazzi, travestiti da mostri e streghe, passano di casa in casa facendo scherzi chiedendo dolci. L'aspetto terrificante della festività, legato forse alla credenza che in quel giorno ci sia una sorta di passaggio temporale tra il mondo dei vivi e quello dei morti, ha ormai lasciato il passo ad una tradizione più folcloristica e gorèccia fatta di feste e grandi bevute. Nell'ultimo decennio questa ricorrenza ha preso piede anche in Italia: del resto ogni occasione è buona per festeggiare e poco importa se Halloween appartenga o meno alla tradizione locale. Proprio pochi giorni prima Amanda aveva portato per la prima volta in via delle Pergola il suo nuovo fidanzato, Raffaele Sollecito. I due ragazzi si conoscevano da poco ma tra loro era subito scoppiata una scintilla. Come abbiamo ricordato è una serata di festa, in città il clima è elettrico. Il giorno dopo è festivo anche in Italia e per di più cade di giovedì, favorendo così la possibilità per chi lavora come Filomena e Laura di "fare ponte".

Entrambe hanno deciso di passare il week-end con i rispettivi fidanzati e non hanno intenzione di rientrare a dormire per un paio di giorni. Amanda invece ultimamente dormiva sempre da Raffaele per cui Meredith sarebbe stata sola in casa. Quella sera Meredith va a cena a casa di Amy, una ragazza inglese come lei. Alla cena partecipano anche altre tre ragazze, tutte inglesi: Robyn, Sophie e Natalie. In quei mesi Meredith ha legato molto con loro e le 5 amiche escono spesso in compagnia. Meredith adora da sempre la festa di Halloween e non manca mai di travestirsi in qualche modo: quel 30 ottobre è vestita da vampiro. Dopo cena le 5 amiche vanno in centro per fare il giro delle birrerie aperte per brindare e divertirsi in compagnia. Del resto è quello che fanno un po' tutti gli studenti quella sera a Perugia.

Amanda invece va al club Le Chic di proprietà di Patrick Lumumba, un musicista congolese che vive in Italia da parecchi anni. Amanda tra l'altro lavora da un po' come cameriera part-time al Le Chic ma i modi di fare e gli atteggiamenti della ragazza non sono piaciuti a Lumumba, che infatti non era soddisfatto del suo lavoro. Ecco come descrive la cosa lo stesso Lumumba durante un'intervista televisiva a "Nero su Bianco":

«Il modo di lavorare di Amanda non mi piaceva più. Lei aveva parlato con un amico che poi mi ha riferito che Amanda voleva smettere di lavorare. Questo amico mi disse di averla consigliata di restare perché io, a differenza di altri proprietari di locali, pago bene e sono puntuale nei pagamenti. Allora io ho detto a questo amico che la prossima volta che Amanda ti dirà di voler lasciare il lavoro lasciala andare perché a me fa comodo così. Secondo me Amanda lavorava male. A differenza che in un ristorante in un pub uno può venire per una birra e dipende dal servizio e da tutto e può finire col prendere 5 birre. Viceversa uno può venire intenzionato a prendere cinque birre e finire col prenderne solo una perché il servizio non è buono. Il modo di lavorare di Amanda era questo, uno arrivava ordinava una birra, lei gliela serviva e per lei la cosa era finita lì. Poi magari arrivava qualcun altro e si metteva a parlare. Chiunque ha un locale sa che non si devono far aspettare i clienti perché si sta parlando con qualcuno».

Tra i due dunque iniziano ad esserci dei segnali di gelo ma quel 31 ottobre Amanda poteva essere ancora considerata a tutti gli effetti una delle cameriere del Le Chic.

Rudy Guede quella sera è invece invitato ad una festa a casa di alcuni studenti spagnoli. A mezzanotte circa il gruppo delle ragazze inglesi si trasferiscono al Merlin Pub, uno dei locali del centro storico. Verso le 2 di notte Amanda lascia Le Chic: anche lei ha deciso di fare un salto al Merlin Pub. Dopo un po' rientra a casa di Raffaele Sollecito. Gli spagnoli con Rudy al seguito arrivano anche loro al Merlin Pub. Forse Meredith e Rudy parlano per un po', forse prendono accordi per la sera dopo, nessuno però ricorda di averli visti conversare. Le ragazze inglesi e gli spagnoli si trasferiscono quindi in un altro locale non lontano, il Domus Delirii, dove continuano a ballare ed a bere fino alle 5 di mattina. Poi a poco a poco tutti rientrano a casa. Nel complesso è stata una bella serata e tutti si sono divertiti.

Giovedì 1 Novembre

Amanda ha passato la notte da Raffaele, come del resto faceva ormai da alcuni giorni. Alle 13:00 circa torna a casa sua in via della Pergola. Dopo un po' arriva anche Raffaele ed i due fidanzatini cominciano a cucinarsi qualcosa, proprio mentre Meredith esce dalla sua stanza. Amanda la invita a unirsi a loro ma Meredith ha degli altri progetti. È rimasta d'accordo con la sua amica Robyn infatti che sarebbe andata a pranzo da lei. Alle 15:00 Meredith è pronta e, dopo aver salutato Amanda e Raffaele, esce diretta a casa dell'amica dove resterà fino alle 21:00 chiacchierando e mangiando in compagnia.

Dopo pranzo Raffaele ed Amanda invece si fumano un paio di canne. Quando decidono di trasferirsi a casa di Raffaele sono all'incirca le 17:00. Verso le 17:30 una studentessa serba bussa alla porta di Sollecito per chiedergli un passaggio in macchina. Sta ancora aspettando davanti alla porta quando sopraggiunge Raffaele. I due si mettono d'accordo e si salutano. Raffaele e Amanda a questo punto vanno a fare un giro in centro e alle 20:18 Lumumba invia un sms ad Amanda. Le dice che per quella sera non prevede molto lavoro al pub e che quindi non c'è bisogno di lei, può prendersi una serata libera. I due fidanzatini fumano ancora un po' marijuana insieme, poi alle 20:35 Amanda risponde al messaggio di Lumumba quindi spegne il telefono fino al giorno dopo.

Verso le 20:45 la studentessa serba bussa nuovamente alla porta di Sollecito: questa volta lo vuole avvisare che non ha più bisogno del passaggio perché si era organizzata in un altro modo. La ragazza parla però con Amanda che in quel momento si trova in casa di Raffaele. Meredith, come abbiamo visto, lascia l'appartamento della sua amica dove era a cena verso le 21:00. Dopo pochi minuti rientra a casa.

Alle 22:00 la signora Elisabetta Lana riceve una strana telefonata. Qualcuno dall'altro capo del telefono le dice di non usare il bagno perché ci sarebbe una bomba. Le indagini successive stabiliranno che a fare quella chiamata è stato un ragazzino in vena di scherzi. Questo però la signora Lana non può saperlo. La telefonata l'ha impaurita e decide quindi di chiamare la polizia. Gli agenti vanno a casa sua e, dopo aver verificato che non c'è nessuna bomba, la invitano a sporgere denuncia contro ignoti per quello stupido scherzo il giorno dopo in centrale. Verso le 23:00/23.30, ma su questo orario non c'è certezza, la signora Nara Capezzali che abita a pochi passi da via della Pergola si alza per andare in bagno. All'improvviso sente un urlo terrificante seguito dal rumore di passi confusi che si allontanano.

Capezzali ha raccontato questo episodio ai microfoni della trasmissione Porta a Porta con queste parole:

«*Ricordo soltanto poche cose purtroppo. Ricordo che dovevo andare al bagno. Ho sentito un urlo che mi sembrava lì per lì come se non fosse umano. Poi dopo ho sentito correre per la scala di ferro... questi non andavano piano correvano*»[1].

Venerdì 2 Novembre

È mattina e la signora Lana si prepara per andare a sporgere formale denuncia come consigliatole dagli agenti la sera prima. La donna sta per uscire quando suo figlio trova in giardino un cellulare Motorola. Poco dopo viene ritrovato un secondo telefonino, questa volta di marca Ericsson. La signora Lana si reca alla stazione di polizia dove oltre a formalizzare la sua denuncia affida agli agenti anche i due misteriosi cellulari perché vengano riconsegnati ai proprietari. I telefoni contengono ancora le schede SIM: dopo un rapido controllo i poliziotti risalgono agli intestatari delle schede: una di queste è Filomena Romanelli residente in via della Pergola 7, l'altra verrà identificata in Meredith Kercher. I telefoni sono stati lanciati nel giardino della signora Lana forse nel tentativo di farli cadere nella scarpata poco distante, ma il lancio non è stato abbastanza potente e i due cellulari si sono fermati a pochi passi dalla porta d'ingresso della signora Lana.

Individuati i proprietari delle schede gli agenti si recarono personalmente in via della Pergola 7 per restituire i telefoni e chiarire se vi sia stato un furto ai danni delle due ragazze. Questo è un particolare decisivo nelle indagini. Se i cellulari fossero stati lanciati con maggior forza e avessero raggiunto la scarpata la polizia non sarebbe mai andata a casa di Amanda e Meredith quella mattina e tutta questa storia avrebbe sicuramente preso una direzione diversa.

Verso le 12.10 Amanda chiama Filomena, la ragazza infatti aveva due cellulari. Si scoprirà soltanto in seguito che l'altro telefonino della ragazza, quello ritrovata dalla signora Lana per intenderci, era stato prestato a Meredith dalla stessa Filomena. Amanda informa l'amica di aver dormito a casa di Raffaele quella notte. Una volta rientrata a casa però ha trovato la porta aperta, particolare quantomeno insolito.

---

[1] Porta a Porta, 19 gennaio 2009.

Amanda dice alla coinquilina che, nonostante un po' di paura iniziale, è entrata lo stesso in casa.

«Ho notato delle macchie di sangue in bagno... Poi ho fatto una doccia».

A quelle parole Filomena è esterrefatta. Effettivamente in molti si chiederanno poi come sia possibile farsi con calma una doccia in una situazione del genere: una casa vuota, la porta aperta, addirittura delle macchie di sangue nella doccia! Non si può certo dire che si trattasse di una situazione "normale". Eppure Amanda ha confermato più volte la sua versione. È entrata in casa e si fatta una doccia come se niente fosse. Nonostante i numerosi tentativi di dare una spiegazione a questo bizzarro comportamento nulla di veramente convincente è stato mai detto al riguardo. Filomena comunque dice ad Amanda di chiamare immediatamente la polizia e di accertarsi che Meredith stia bene. La ragazza italiana è in forte apprensione: ha capito al volo che c'è qualcosa che non va, decide di cambiare i suoi piani e di rientrare a casa immediatamente.

Verso le 12:30 la polizia arriva in via della Pergola 7 per restituire i due cellulari. Sulla porta gli agenti trovano Amanda e Raffaele che sembrano molto sorpresi del loro arrivo. Gli agenti chiariscono il motivo della loro visita e, a quel punto, Amanda racconta di essere arrivata quella mattina e di aver trovato la porta aperta ed una finestra rotta. Gli agenti entrano all'interno della casa insieme ad Amanda e si dirigono nella stanza di Filomena.

Tutto è sottosopra, c'è una finestra rotta e molti vestiti sono sparsi sul pavimento. A prima vista tutto farebbe pensare ad un caso di furto, ma c'è qualcosa di strano. A quanto pare infatti i vetri della finestra si trovano sopra ai vestiti, come se qualcuno avesse rotto la finestra dopo aver sparpagliato il contenuto dei cassetti per terra. E poi, particolare ancora più sospetto, in casa ci sono molti oggetti di valore come computer e macchine fotografiche.

Nonostante le apparenze iniziali dunque è chiaro che non si tratti di un banale caso di furto. Intanto all'interno dell'abitazione non c'è alcuna traccia di Meredith, mentre la porta della sua stanza è chiusa a chiave.

Alle 12:45 Filomena arriva a casa accompagnata dal fidanzato e da due amici.

Alle 12:51 Raffaele fa un primo tentativo di chiamare i carabinieri ma non riesce a parlare con nessuno.

Alle 12:54 ci riprova: vuole denunciare il furto in casa, ma si sente rispondere che se la polizia è già intervenuta sul posto allora il caso è di loro competenza. A posteriori queste telefonate verranno interpretate come un tentativo del ragazzo di supportare la ricostruzione sua e di Amanda degli avvenimenti. A ogni modo la tensione all'interno dell'abitazione di via della Pergola è palpabile. Gli agenti oramai hanno capito che c'è qualcosa che non va. Quella porta chiusa a chiave è un brutto segno e dopo una rapida consultazione un poliziotto decide di sfondarla.

Purtroppo ormai un minuto in più o in meno non può più fare alcuna differenza: Meredith infatti giace cadavere sul pavimento della sua camera ormai da molte ore. Amanda e Raffaele sono in fondo al gruppo e, a causa degli agenti che si trovano di fronte a loro, non riescono a vedere quello spettacolo pietoso all'interno della stanza.

LE INDAGINI

Dopo la scoperta del cadavere della povera ragazza inglese la casa e in particolare la stanza di Meredith vengono subito evacuate dagli agenti, ormai non resta altro da fare che attendere l'arrivo della scientifica. Nel frattempo vengono presi i dati e le generalità di tutti i presenti e si procede a un primo sopralluogo esterno della struttura. Gli agenti non notano segni di calpestio sull'erba sottostante la finestra rotta e non vedono neppure segni di arrampicata lungo il muro, ragion per cui si fa sempre più concreta l'ipotesi che il furto e l'intrusione nella casa siano stati simulati per depistare le indagini. La casa ha due bagni: uno è quello dove Amanda ha fatto la doccia e dove sono state ritrovate le tracce di sangue, nell'altro invece vengono repertate delle feci umane all'interno della tazza, particolare questo tra l'altro già segnalato da Amanda alla polizia prima che la porta di Meredith fosse aperta. Gli uomini e le donne della scientifica arrivano cominciano il loro paziente lavoro. Analizzano in modo sistematico e metodico ogni angolo della casa, fotografano ogni dettaglio, rilevano tracce organiche in camera di Meredith, nel bagno adiacente e nella camera di Filomena.

Questo è un momento molto delicato per quanto riguarda le indagini e, infatti, poi in sede di dibattimento l'operato e le conclusioni della polizia scientifica saranno il vero punto di sfida tra accusa e difesa, come avremo modo di vedere. Sbrigata la macabra routine che segue al ritrovamento di un cadavere arriva anche il momento di convocare in Questura tutti i testimoni coinvolti nella vicenda. Inoltre vengono anche convocate le amiche di Meredith, le ultime persone ad averla vista viva la sera precedente. L'atmosfera all'interno della Questura è irreale: il gruppo che attende di essere ascoltato dagli inquirenti si divide tra chi è scioccato e in lacrime non riesce ad accettare il lutto, come le amiche di Meredith, e chi invece come Amanda reagisce in modo opposto ridendo e scherzando come se niente fosse.

Robyn Carmel una delle amiche di Meredith, ha ricordato quei momenti con queste parole:

«Amanda sembrava orgogliosa di aver trovato Meredith. Sentendola parlare mi ricordo che notai questo nel suo atteggiamento. In Questura sembrava strana, non mostrava nessuna emozione rispetto agli altri. Tutti erano emozionati tranne lei. Tutti piangevano tranne lei. Amanda parlava ad alta voce. Mi ricordo che a un certo punto disse qualcosa come "sarebbe potuto accadere a me... cosa credi che provi... l'ho trovata io". Sembrava orgogliosa di questo. Ci disse che Mez era stata trovata dentro all'armadio coperta con un piumone. Quando Natalie disse che si augurava che Meredith non avesse sofferto Amanda disse "che cazzo credi...è morta dissanguata"»[2].

E, sempre a proposito dell'atteggiamento di Amanda e Raffaele in questura, aggiunse.

«Si baciavano, scherzavano hanno anche riso. Avevano spostato anche le sedie per stare più vicini e Amanda aveva

---

[2] Corriere della Sera, 13 febbraio 2009.

messo le sue gambe sopra a quelle di Raffaele. Mi ricordo che ad un certo punto lei gli fece anche la linguaccia»[3].

In molti si chiederanno come Amanda potesse sapere che la ragazza era morta dissanguata quando ancora la causa della morte non era chiara, soprattutto perché né lei né Raffaele avevano potuto vedere bene all'interno della stanza quando la porta era stata aperta dagli agenti. I ragazzi comunque vengono tutti ascoltati. Amanda ripropone la sua ricostruzione dell'ultima giornata già fatta a Filomena al telefono. Inoltre, particolare molto importante, conferma di aver dormito tutta la notte da Raffaele e di essersi recata in via della Pergola soltanto quella mattina, quando aveva poi trovato la porta aperta.

Sono passate poche ore dal ritrovamento del corpo di Meredith ma gli investigatori si sono fatti già un'idea abbastanza chiara su quella faccenda: sono convinti che la storia del furto sia soltanto una messinscena, un tentativo peraltro piuttosto goffo di sviare le indagini. È tra gli amici e i conoscenti di Meredith che bisogna cercare l'assassino, di questo gli inquirenti sono profondamente convinti fin da subito. I casi sono due: o Meredith conosceva il suo assassino e l'ha fatto entrare tranquillamente in casa, oppure questa persona misteriosa era in possesso delle chiavi dell'abitazione.

Sabato 3 Novembre

Il medico legale esamina la salma di Meredith e stabilisce che la ragazza ha delle modeste lesioni vaginali riconducibili ad una qualche attività sessuale precedente all'omicidio. In tutto sul corpo vengono contate circa 23 ferite. In particolare si evidenziano 3 tagli di coltello, due dei quali al collo ed uno alla mano. L'attenzione degli inquirenti si fissa su una delle due ferite al collo, ferita prodotta da un coltello a lama corta affondato con determinazione alla base del mento con un movimento secco dall'alto verso il basso. Analisi successive stabiliranno con certezza che questo ferita è stata inferta con tale violenza da recidere l'arteria tiroidea. Il sangue sarebbe quindi penetrato nei polmoni uccidendo Meredith per soffocamento nel suo stesso sangue.

Sul collo si trovano anche delle ecchimosi che fanno pensare ad un tentativo di strangolamento. Vengono notati anche dei lividi sull'avambraccio destro e sulla coscia sinistra, oltre a graffi e segni ti coltello sul mento della ragazza. La conclusione più logica è che Meredith abbia tentato di difendersi lottando disperatamente con il suo aggressore. Le analisi sul sangue della ragazza infine non rivelano tracce né di alcol né di stupefacenti.

Mentre il medico legale sta effettuando l'autopsia sul cadavere di Meredith, dall'altra parte della città Raffaele ed Amanda stanno facendo shopping di biancheria intima. Nelle stesse ore la scientifica continua indefessa il suo paziente lavoro di rilevazione e catalogazione dei reperti in via della Pergola. Vengono studiate con particolare attenzione le macchie di sangue rinvenute in bagno e si evidenziano delle scie ematiche diluite che partono dal lavabo ed arrivano fino al water e al bidè. La prima impressione degli agenti è che l'assassino abbia cercato di ripulire l'arma del delitto e, forse, anche se stesso all'interno di quell'angusto bagnetto.

Sul lavabo e su una scatola di cotton fioc poco distante invece si repertano delle macchie di sangue più scure: probabilmente si tratta di sangue integro colato lì prima che l'operazione di lavaggio avesse inizio. Anche all'interno della stanza di Meredith vengono rilevate diverse tracce. Due in particolare attirano l'attenzione degli investigatori: si tratta di due impronte lasciate da una

---

[3] Corriere della Sera, ib..

mano, una su un muro e una sul cuscino su cui giaceva Meredith. C'è anche un'impronta di una scarpa stampata sul cuscino accanto a quella della mano, oltre a diverse altre orme di scarpe tutt'intorno.

Lunedì 5 Novembre

Raffaele Sollecito viene riconvocato in Questura. Alcune parti della sua ricostruzione della giornata del delitto infatti non convincono del tutto gli investigatori che vogliono saperne di più. Il ragazzo cerca di ripercorrere con precisione tutti gli avvenimenti del giorno della tragedia. Dice che lui ed Amanda hanno pranzato in via della Pergola e hanno visto per pochi minuti Meredith prima che lei uscisse. Poi i due fidanzati hanno fatto un giro in centro, quindi sono rientrati a casa verso le 20:30 o le 21:00. Da quel momento in poi Raffaele dice di essere rimasto a lavorare da solo al computer.

Gli investigatori mettono sotto pressione il ragazzo che a quel punto si lascia sfuggire un'affermazione a dir poco clamorosa. Dice infatti di non essere sicuro che Amanda sia rimasta con lui tutta la notte. Forse è uscita da sola ed è rientrata poi verso le 2:00, lui comunque non ricorda con precisione gli spostamenti della sua fidanzata.

Gli agenti sono sbigottiti dal peso di queste parole che il ragazzo butta lì quasi per caso. Si tratta, infatti, della prima crepa che compare nell'alibi dei due ragazzi e, a questo punto, gli investigatori decidono di interrogare immediatamente Amanda. La ragazza infatti aveva accompagnato Raffaele e lo stava aspettando nella sala d'attesa della Questura.

I presenti ricordano che, per ingannare il tempo durante l'interrogatorio del suo fidanzato, Amanda si era esibita in alcune posizioni di yoga e, addirittura, in alcune piroette da saltimbanco lungo il corridoio.

Ecco come ricorda quella notte l'ispettore Ficarra della squadra mobile di Perugia:

«La trovai nell'anticamera della squadra mobile che faceva il ponte, la spaccata e la ruota. Faceva vedere la sua abilità ginnica [...] Un comportamento che non mi parve consono al posto e alla situazione tanto che sgridai la ragazza»[4].

Adesso dunque è Amanda a essere interrogata dagli agenti della Questura. Gli investigatori le chiedono di ricostruire nei dettagli la giornata dell'omicidio. La ragazza appare tranquilla e ripercorre con la memoria quel giorno: parla del pranzo a casa, della passeggiata, del messaggio di Lumumba che le diceva che quella sera non doveva lavorare e di come poi lei e Raffaele erano rientrati per guardare un film.

Le viene chiesto di consegnare il cellulare e nell'archivio dei messaggi appare un sms di Patrick Lumumba, ricevuto alle 20:18, che dice semplicemente "see you later". Gli investigatori commettono un primo errore traducendo il testo del messaggio alla lettera, e cioè "ci vediamo dopo". In realtà l'espressione in inglese corrisponde piuttosto al nostro generico "ciao".

Comunque l'atmosfera si fa sempre più tesa in questura. Per gli investigatori infatti si sta profilando uno scenario nuovo e inquietante. Secondo quella prima ricostruzione Amanda e Lumumba potrebbero aver avuto un appuntamento quella sera in via della Pergola, appuntamento degenerato magari in un omicidio per motivi al momento ancora ignoti. Cercano allora di mettere

---

[4] La Nazione - Edizione di Perugia, 29 febbraio 2009.

sotto pressione la ragazza che alla fine crolla. Amanda conferma agli agenti di aver avuto un appuntamento con Patrick Lumumba in via della Pergola, ma le sue dichiarazioni continuano, sostiene che Lumumba fosse innamorato pazzo di Meredith e che, dopo essere stato rifiutato dalla ragazza, avevesse perso la testa. Conclude infine la sua confessione dicendo che mentre lei si trovava sotto shock in cucina Lumumba aveva barbaramente trucidato la povera Meredit.

Queste sono le sue dichiarazioni come sono state riportate dalla stampa italiana in quei giorni:

«L'ho incontrato [Patrick] la sera del giorno 1° novembre, dopo avergli mandato un messaggio di risposta al suo, con le parole "Ci vediamo". Ci siamo incontrati subito dopo, intorno alle ore 21:00 circa, presso il campetto di basket di piazza Grimana. Siamo andati a casa mia. Non ricordo precisamente se la mia amica Meredith fosse già in casa o se è giunta dopo, quello che posso dire è che Patrick e Meredith si sono appartati nella camera di Meredith, mentre io mi pare che sono rimasta nella cucina. Non riesco a ricordare quanto tempo siano rimasti insieme nella camera ma posso solo dire che a un certo punto ho sentito delle grida di Meredith e io, spaventata, mi sono tappata le orecchie. Poi non ricordo più nulla, ho una grande confusione nella testa. Non ricordo se Meredith gridava e se sentii anche dei tonfi perché ero sconvolta, ma immaginavo cosa potesse essere successo. Non sono sicura se fosse presente anche Raffaele quella sera, ma ricordo bene di essermi svegliata a casa del mio ragazzo, nel suo letto, e che sono tornata al mattino nella mia abitazione dove ho trovato la porta dell'appartamento aperta»[5].

Di fronte a queste dichiarazioni gli inquirenti restano allibiti. La confessione di Amanda deflagra in questura con la stessa potenza di una bomba incendiaria. A questo punto lo scenario cambia completamente e, se i riscontri saranno positivi, si può già dire che il caso è risolto. Lumumba il musicista, il barista ma, soprattutto, Lumumba l'africano extracomunitario, avrebbe abusato di quella studentessa inglese che non era riuscito a irretire con la sua musica e i suoi cocktail. Da quel momento la stampa italiana affonda a piene mani in quella storia che riesce a calamitare l'attenzione e anche a "tranquillizzare" in un certo senso la parte più ipocrita e perbenista dell'opinione pubblica. La tresca sessuale tra giovani è un argomento che fa sempre presa nell'opinione pubblica, e il fatto che l'assassino sia un immigrato di colore scarica ogni responsabilità sull'altro, sul diverso, ottenendo quindi quell'effetto "tranquillizzante" di cui si parlava.

Martedì 6 novembre

Alle 5:00 del mattino, sulla base delle dichiarazioni di Amanda, gli agenti fanno irruzione in grande stile nella casa dove Lumumba vive con la compagna ed il figlio piccolo. Senza perdere tempo stringono le manette attorno ai suoi polsi, convinti di avere tra le mani l'assassino di Meredith Kercher. Quel martedì 6 novembre segna l'inizio di un vero incubo giudiziario per Patrick Lumumba. Per una certa opinione pubblica italiana infatti lui è l'assassino perfetto, uno che attira e affascina ragazzine molto più giovani di lui provenienti da tutto il mondo. Se ancora non bastasse è pure straniero, elemento che viene sottolineato in maniera pesante da buona parte della stampa. A questo proposito un particolare ci sembra davvero significativo: Patrick Lumumba, in quanto africano, è a tutti gli effetti un extracomunitario. Ma lo è anche Amanda Knox, in quanto cittadina americana. Eppure per tutta la durata del caso Lumumba verrà definito quasi sempre come "l'extracomunitario", mentre per Amanda Knox nessuno utilizzerà mai quel termine. È chiaro infatti che la parola extracomunitario in un contesto di questo tipo assume una valenza fortemente

5 Corriere della Sera, 7 novembre 2007.

negativa, connotata da velate allusioni razziste che, naturalmente, non vengono prese minimamente in considerazione quando l'extracomunitario invece è di nazionalità Statunitense. Un particolare che la dice lunga sull'atteggiamento e sul ruolo giocato dall'opinione pubblica e media in tutta questa vicenda.

Il 6 novembre la polizia procede formalmente all'arresto oltre che di Patrick Lumumba anche a quello di Amanda Knox e Raffaele Sollecito. Su Amanda e Lumumba gravano le dichiarazioni della stessa ragazza, mentre la posizione di Sollecito secondo gli inquirenti ha troppe ombre che vanno assolutamente svelate. È poco chiaro il suo coinvolgimento così come poco chiaro è il suo alibi che, tra l'altro, non è confermato né dall'attività del suo cellulare né da quella del suo computer. A questo punto inizia il valzer delle dichiarazioni e, soprattutto, delle ritrattazioni. Dopo alcuni giorni Sollecito ritratta le sue dichiarazioni e fa mettere a verbale di ricordare di aver passato la notte dell'omicidio assieme ad Amanda. Ecco le sue stesse parole riportate dalla stampa:

«Il 5 novembre ho mentito, ero sotto pressione. Amanda non mi ha chiesto di dire nulla. Sono certo che quella notte era con me»[6].

L'entusiasmo degli investigatori però dura poco. Si rendono conto quasi subito che c'è qualcosa che non torna. Nessuna prova scientifica colloca Lumumba sulla scena del crimine anzi, tutto fa se credere che lui non abbia mai messo piede in quella casa, come del resto l'uomo si ostina a ripetere inascoltato. Il particolare è molto strano, perché in una scena del crimine del genere e con una dinamica come quella raccontata da Amanda si dovrebbero trovare numerosi riscontri scientifici che invece sembrano essere del tutto assenti. Il congolese ripete agli inquirenti di essere rimasto al suo bar tutta la sera ma a quanto pare non ci sono scontrini né testimoni che confermino l'apertura del bar a quell'ora.

Per fortuna di Lumumba però compare un testimone: è un professore universitario di Zurigo di nome Roman Mero che quella sera si trovava nel suo pub in un orario compatibile a quello del delitto. Non appena la notizia dell'arresto di Lumumba giunge alle sue orecchie il professore raggiunge Perugia e con la sua testimonianza fornisce un alibi a prova di bomba a Lumumba. Mero ricorda perfettamente di aver trascorso la serata a chiacchierare di politica con lui. Da quel momento Lumumba può finalmente tirare un sospiro di sollievo. La sua posizione sembra del tutto chiarita e non c'è più motivo per trattenerlo in carcere. Nonostante una prova così schiacciante della sua totale estraneità ai fatti l'africano però verrà ufficialmente scarcerato soltanto dopo 14 giorni di ingiusta detenzione.

Mesi dopo l'avvocato di Lumumba Carlo Pacelli dichiarerà:

«Mi sembra ampiamente provata che nella calunnia che Amanda ha posto in essere nei confronti di Patrick ci sono dati, elementi e fatti che soltanto chi si trovava in via della Pergola poteva conoscere. Delle urla di Meredith, per esempio, la polizia è venuta a conoscenza solo dopo molto tempo rispetto a quando l'omicidio è avvenuto. Come faceva Amanda a sapere che la povera Meredith prima di essere uccisa aveva urlato? È uno dei tanti elementi che solo chi era in via della Pergola poteva conoscere»[7].

Tutta questa situazione viene dunque gestita nel peggiore dei modi, con la stessa Amanda che in seguito si giustificherà con una serie di dichiarazioni decisamente poco credibili:

[6] La Repubblica, 30 novembre 2007.

[7] La Nazione, 13 giugno 2009.

«Loro (la polizia, ndr) volevano un nome e dicevano che io sapevo ma non volevo parlare. Non mi hanno detto che era stato lui (Patrick Lumumba, ndr) ma dicevano che sapevano che lo avevo incontrato. Continuavano a ripetermi che, o non volevo parlare perchè ero una stupida bugiarda, o perchè non ricordavo. Quindi ho fatto il nome di Patrick, ho iniziato a piangere e a immaginare un tipo di scena, con immagini che non concordavano ma che forse avrebbero potuto spiegare la situazione: immaginai la faccia di Patrick, Piazza Grimana, la mia casa, una cosa verde che loro mi hanno detto poteva essere il divano. Allora loro hanno cominciato a ricostruire»[8].

Nel frattempo la scientifica riesce a identificare l'impronta insanguinata lasciata sul cuscino su cui giaceva Meredith: appartiene a Rudy Guede. La polizia si mette subito sulle sue tracce dell'ivoriano ma ben presto deve constatare che il ragazzo è irreperibile. Nessuno può saperlo ancora, ma Rudy è scappato subito dopo l'omicidio. Mentre la polizia lo cerca a Perugia lui si nasconde al sicuro in Germania. Giacomo, un amico dell'ivoriano, decide però di collaborare con la polizia.

Il 20 novembre contatta Rudy via Skype e riesce a convincere il ragazzo a costituirsi per evitare ulteriori guai. Alla fine il ragazzo rientrerà in Italia soltanto il 6 dicembre. Significativo che già in quella prima conversazione del 20 novembre Guede fornisca quella che, salvo alcune piccole modifiche, sarà poi la sua versione della verità. Il giovane ivoriano racconta che quella sera aveva un appuntamento con Meredith.

Dice che si era messo d'accordo direttamente con la ragazza la sera precedente al Merlin Pub ma, particolare importante, nessuna delle amiche di Meredith presenti quella sera ricorda di aver visto la ragazza parlare con lui. Rudy continua dicendo che era arrivato a casa della ragazza verso le 21:00 e che lì aveva fatto petting con Meredith, senza però avere un rapporto sessuale completo con la studentessa. A conferma di quanto dichiarato i medici legali hanno riscontrato tracce del DNA di Guede sui genitali della ragazza. I due giovani avrebbero quindi chiacchierato e Meredith si sarebbe lamentata con lui perché Amanda, secondo lei, le aveva sottratto dei soldi. Anche il particolare del furto a danni di Meredith risulterà vero (anche se non c'è possibilità di sapere se sia stata effettivamente Amanda a commetterlo) dato che verrà riscontrata la mancanza di una certa somma di denaro. Guede continua dicendo che ad un certo punto si sarebbe assentato per andare in bagno dove avrebbe ascoltato della musica mentre defecava quando, a un certo punto, avrebbe sentito dei rumori e sarebbe uscito:

«Quella notte ero in quella casa ma Meredith non l'ho uccisa io. Io sarò stato in bagno 5 minuti. Ho sentito urlare ma ha urlato talmente forte che si poteva sentire anche dalla superstrada. Io quando sono uscito, perché noi eravamo in semi-buio, sono uscito ed ho visto questo qua. Era girato di spalle e ho detto "che cazzo succede?" Questa persona non mi superava, cioè di altezza e forma fisica non era più alta di me. Questo qua era di spalle e ho visto... Meredith... che già sanguinava. Aveva un taglio alla gola [...] Ha tentato di colpirmi e ho anche le ferite sulla mano, ho ancora i segni sulla mano destra...»[9].

In un successivo interrogatorio aggiungerà di aver sentito l'uomo dire *«andiamo via, c'è un nero»* rivolto a una terza persona, ma ai suoi avvocati pare avesse detto di aver visto *«[...] un giovane più basso di me che parlava italiano»*[10].

---

[8] La Nazione, ib..

[9] Corriere della Sera, 7 dicembre 2007.

[10] Corriere della Sera, ib..

Una serie di dichiarazioni confuse e piene di contraddizioni che non convincono nessuno. Secondo Guede, infatti, dopo aver respinto il misterioso aggressore, il ragazzo sarebbe entrato in camera di Meredith dove la ragazza ormai colpita a morte rantolava nel suo stesso sangue. Rudy avrebbe quindi tentato di soccorrerla tamponandole il sangue con un asciugamani senza però riuscire a evitare la morte di Meredith. La ragazza, sempre secondo il racconto di Guede, avrebbe anche cercato di dirgli qualcosa che lui però non riuscì a comprendere. Vedendo che non riusciva ad aiutarla e completamente sotto shock per quel trauma, invece di chiamare i soccorsi il ragazzo avrebbe lasciato via della Pergola e avrebbe passato il resto della notte bighellonando dentro e fuori da alcune discoteche di Perugia:

«[...] ho vagato per un po' e poi sono andato a ballare»[11].

Dopo queste parole gli inquirenti sono piuttosto perplessi: secondo loro infatti il racconto dell'ivoriano è credibile soltanto parzialmente. A sostegno di quando detto da Guede infatti ci sarebbero le innumerevoli impronte confuse lasciate sul luogo del delitto e quelle feci, poi risultate sue dalle analisi, trovate in bagno e che dimostrerebbero come il ragazzo si sarebbe alzato in fretta dalla tazza, senza nemmeno tirare l'acqua, perché sorpreso da qualche rumore improvviso.

Per gli agenti, come abbiamo già accennato, restano delle zone d'ombra assolutamente inverosimili. Risulta difficile credere a una tempistica degli avvenimenti così precisa per cui l'aggressore, o gli aggressori, entrano in azione esattamente quando il ragazzo è in bagno con, tra l'altro, le cuffiette dell'iPod alle orecchie. E, ancora, se la dinamica fosse davvero questa, perché Meredith non avrebbe cercato di prendere tempo aspettando che Rudy uscisse dal bagno? Perché non dichiarare la presenza di un altro uomo all'assassino che, secondo il racconto di Guede, sarebbe rimasto completamente sorpreso di trovarselo davanti?

Più passa il tempo e più negli investigatori si fa largo l'idea che "l'uomo misterioso" possa essere Raffaele Sollecito, dato che il suo alibi sembra non trovare nessun riscontro con l'attività registrata dal suo computer. Un'analisi infatti permette di stabilire se un terminale è stato acceso o spento a una determinata ora. Vengono fatte le analisi del caso e nell'orario in cui Sollecito sostiene di aver lavorato al pc risulta invece che il computer era spento. È la prima crepa che inizia a mettere in discussione le dichiarazioni di Sollecito.

Il suo cellulare inoltra risulta stranamente inattivo dalle 20:42 della notte dell'omicidio fino alle 6:00 del mattino seguente. Oltre a questo viene trovato un coltello a casa sua che sembra sia stato lavato addirittura con della candeggina di recente. L'arma viene sottoposta all'analisi del DNA e il risultato aggrava ulteriormente la posizione di sollecito: vengono infatti rinvenute tracce organiche di Meredith e di Amanda. Va però precisato che una serie di perizie successive non riuscirà a stabilire se quella sia stata effettivamente l'arma del delitto oltre ogni dubbio. Ci sarebbe poi un'altra traccia che collocherebbe Raffaele sulla scena del delitto, dato che è stato trovato un suo residuo di DNA sul gancetto del reggiseno di Meredith.

Questo gancetto però era stato smarrito durante il primo sopralluogo e verrà repertato oltre quaranta giorni dopo il delitto, particolare questo che si rivelerà fondamentale durante il processo d'appello. I legali di Sollecito sosterranno che la prova poteva essere stata potenzialmente contaminata e che di conseguenza non poteva essere assolutamente affidabile. Gli inquirenti comunque iniziano a farsi un'idea ben precisa del caso. Secondo la loro ricostruzione insieme

---

a Sollecito quella notte ci sarebbe stata anche Amanda Knox. A carico della giovane americana ci sono alcune tracce di sangue misto a quello di Meredith, a riprova del fatto che la ragazza si sarebbe tagliata o comunque ferita durante l'aggressione. Risultano anche molto sospetti i comportamenti della ragazza nell'immediatezza del delitto ma, si sa, in casi del genere ognuno reagisce allo stress in maniera diversa. Secondo gli inquirenti dunque Raffaele, Meredith, Amanda e Rudy si sarebbero trovati tutti in via della Pergola quel 1 novembre. Alla base dell'omicidio ci sarebbe un tentativo di violenza sessuale o un gioco erotico finito male. Subito dopo l'omicidio il gruppo si sarebbe dileguato prendendo con sé i telefonini della ragazza per farli sparire, nel timore che qualcuno potesse chiamarla e, non avendo risposta, potesse insospettirsi. Il mattino dopo Raffaele e Amanda sarebbero ritornati in via della Pergola per cercare di ripulire e depistare le indagini inscenando la finta rapina.

A riprova di questo ci sarebbe la testimonianza di un commerciante della zona che, circa un anno dopo il delitto, ha dichiarato di aver visto una ragazza molto simile ad Amanda acquistare alcuni prodotti per la pulizia quella mattina molto presto:

«Io sono arrivato la mattina e al momento di aprire il negozio appunto alle 7.45 lei stava aspettando fuori per entrare. Ho fatto molto caso a questa cosa perché la mattina dopo il week end per i morti qui non c'era nessuno. Lei è entrata e io l'ho vista mentre entrava... aveva sicuramente dei jeans, sicuramente un cappotto grigio... aveva una sciarpa di colore credo azzurrino o sul grigio azzurrino... e poi aveva un copricapo... credo che lei avesse questa sciarpa come per coprirsi».

È importante sottolineare però che dopo un anno tanti dettagli su Amanda, così come di quella che era la versione ufficiale degli inquirenti, erano noti a molti e potevano influenzare chiunque. La tesi della difesa è, naturalmente, completamente diversa. Secondo questa ricostruzione l'omicidio fu opera invece di un unico aggressore, verosimilmente un uomo robusto, che immobilizzò la vittima in posizione supina per poi soffocarla e quindi «giustiziarla con un colpo di coltello». Col tempo saltano fuori degli altri testimoni in particolare un senzatetto, Antonio Curatolo, che spesso passa le serate in una piazza a due passi da via della Pergola:

«I due ragazzi discutevano animatamente tra di loro. Ricordo che nella piazza quella sera c'era un via vai di ragazzi mascherati e gli autobus che portano alle discoteche. Il giorno dopo, intorno alle 14, c'era un via vai di carabinieri e poliziotti. Mi sono affacciato alla ringhiera e ho visto nella casa di Via della Pergola, uomini che indossavano una tuta bianca. Sono certissimo, come lo sono di essere seduto qui, di aver visto i due ragazzi insieme, la sera prima di quando ho poi visto le tute bianche».

Curatolo, che morirà a Spoleto nell'agosto del 2012, sarà protagonista di una "testimonianza show" durante il processo di appello, testimonianza che convincerà molti della sua totale inaffidabilità e che aiuterà molto più la difesa dell'accusa. Il fatto che fosse un clochard e tossicodipendente (come ammetterà durante il processo), non rafforzò certo le sue parole:

«[...] È certissimo che ho visto i due ragazzi la sera prima delle tute bianche [...] Era la festa di Halloween e c'era un via vai di ragazzi mascherati. Il giorno dopo vennero i carabinieri a fare domande. Poi mi sono affacciato e ho visto gli uomini in bianco davanti e dentro la villa [...] Ho sempre fatto uso di droga, di eroina, anche nel 2007»[12].

_____

[12] La Stampa, 27 marzo 2011.

Si fa avanti poi anche un albanese, Hekuran Kukumani, che è convinto di aver visto Amanda, Raffaele e Rudy la sera del delitto davanti alla casa di via della Pergola e di essere addirittura stato minacciato da loro con un coltello:

«Vedevo il ragazzo di colore che mi mostrava la faccia e si passava la mano sul volto dicendo "vedi? sono negro, non ti ricordi di me?". Io gli ho detto: "Lascia stare, sei il ragazzo dove lavoravo prima". Io lo chiamavo "fratello", poi lui si è offeso perché non aveva fratelli e dato che si sentiva offeso gli ho detto: ti chiamo "cugino" dato che ti chiami come mio cugino". La prima cosa che ho sentito è stato un rumore e la voce di una ragazza che stava sbattendo qualcosa sul tavolo e io ho chiesto a Rudy: "cos'è quel rumore, c'è una persona che ha bisogno di aiuto?".

Lui ha detto: "no no questa è solo musica". Ma io non ho mai sentito una musica del genere. Mentre parlavo con lui si sono allontanate le macchine e ho sentito qualcuno che correva verso di me con un coltello in mano, tutto questo l'ho visto tramite lo specchietto e poi ho sentito una botta di ferro contro la macchina. Poi sono scappato via, questi sono pazzi, ho detto urlando: "torno, non preoccupatevi che ve la faccio pagare". Dopo un po' di giorni ho visto i fiori e mi sono detto: "Porca miseria questi hanno ucciso davvero. Li avevo visti bene in un altro bar con lo zio di lei, li ho visti bene, da vicino, da un metro. Io non sbaglio. Li ho visti prima una volta poi un'altra volta..»[13].

Come abbiamo già ricordato testimonianze del genere hanno un valore relativo dato che l'interesse dei media intorno a questo caso è stato enorme. Per mesi quotidiani, radio e tv hanno analizzato la vicenda, raccontato ogni dettaglio enfatizzando soprattutto gli aspetti legati alla personalità di Amanda Knox, diventata in breve una vera e propria anti-eroina protagonista di inchieste e trasmissioni in Italia e in tutto il mondo.

Nell'epoca del web 2.0 i mezzi di comunicazione hanno saccheggiato la rete alla ricerca di dettagli personali della vita di Amanda. Ogni pagina del suo blog è finita sotto la lente d'ingrandimento alla ricerca di particolari pruriginosi o a effetto, ogni sua foto è stata sbattuta in prima pagina, Facebook è stato scandagliato alla ricerca di un qualche dettaglio che potesse in qualche modo raccontare un particolare inedito su quella ragazza con il viso d'angelo.

Durante il processo di primo grado Amanda, presto nota sul web con il soprannome di "foxy-knoxy", è diventata la vera protagonista della vicenda. Con quella sua aria da ragazzina innocente ha affascinato gli spettatori della tv, ha conquista i giornalisti italiani che l'hanno soprannominata appunto "viso d'angelo", si è ritagliata lo spazio di nuova icona mediatica nell'Italia provata dalla crisi economica.

Ma il suo caso ha attraversato l'oceano, con la stampa americana che ha seguito il processo schierandosi apertamente in suo favore. Non sono mancate le accuse nei confronti della polizia e del sistema giudiziario italiani, dipinti in maniera molto negativa dalla stampa a stelle e strisce. Del resto la storia ci ha insegnato che in casi del genere gli Stati Uniti fanno quadrato intorno ai loro cittadini coinvolti in vicende del genere all'estero, e anche questo caso non ha fatto eccezione.

---

[13] La Nazione, 15 settembre 2008.

LA PRIMA SENTENZA

Rudy Guede ha chiesto il rito abbreviato e in prima istanza è stato condannato a 30 anni di galera, poi ridotti a 16 in appello, per concorso nell'omicidio di Meredith Kercher. Quello del "concorso in omicidio" è un particolare da tenere bene a mente perché, dopo la sentenza del processo d'appello a Raffaele Sollecito e Amanda Knox, renderà tutta questa vicenda ancora più paradossale.

Amanda Knox e Raffaele Sollecito invece sono stati condannati in primo grado rispettivamente a 26 e 25 anni di carcere. Dopo la sentenza si è addirittura sfiorato l'incidente diplomatico con gli Stati Uniti. Dall'America sono piovute accuse pesanti alla polizia, ai pm Giuliano Mignini e Manuele Comodi. Ma l'Italia ha risposto in modo netto arrivando addirittura a premiare i poliziotti che si sono occupati del caso. Nella sentenza di primo grado questa brutta storia è stata ricostruita in maniera piuttosto dettagliata. Amanda e Raffaele, che stavano insieme da poco più di una settimana, quella sera stavano facendo sesso in camera di Amanda. A un certo punto sentono Meredith gridare e corrono nella sua stanza. Quando entrano trovano Guede che sta tentando di violentarla. A quel punto però non prendono le difese della ragazza ma, probabilmente storditi dall'alcool o da qualche canna, si uniscono ai due pensando che si tratti di chissà quale gioco erotico. Secondo la sentenza sarebbe stato Raffaele a tenere ferma Meredith, mentre sarebbe stata Amanda a sferrare il colpo mortale alla povera ragazza.

Per i giudici troppe sono le evidenze scientifiche a carico dei tre ragazzi, così come sono troppe le incongruenze negli alibi e nelle ricostruzioni dei ragazzi, tanto che la PM Mauela Comodi dichiarò che «le prove scientifiche raccolte sono inconfutabili e sovrapponibili».

Secondo le difese di Amanda e Raffaele invece questi reperti sarebbero stati raccolti e analizzati in maniera non corretta e per tanto non dimostrerebbero nulla. Al di la delle perizie e delle prove scientifiche portate in aula, in molti sono rimasti insoddisfatti dalla ricostruzione ufficiale del caso. Il movente sessuale, così come viene presentato, non sarebbe in realtà un movente credibile per dei ventenni. Troppo sofisticata e complessa la sessualità tracciata in questa ricostruzione, una sessualità che apparterrebbe piuttosto a persone di un'età più matura e non a dei ragazzi poco più che adolescenti. In aula si è pure parlato di un potenziale risentimento che Amanda avrebbe avuto nei confronti di Meredith perché questa ragazza così diversa da lei finiva per rubarle la scena. Anche questo però sembra un movente tutt'altro che solido.

Ecco come stigmatizza la cosa l'avvocato Carlo Dalla Vedova uno dei legali della Knox:

«Gravità, certezza e concordanza degli indizi, questi sono gli elementi che, in un processo indiziario, portano l'accusa a chiedere il massimo della pena, ovvero l'ergastolo. Qui si corre il rischio di fare una sommatoria algebrica di zero, credendo che sommando zero su zero si arrivi a un risultato concreto. Invece zero più zero non porta altro che a nulla. Non c'è nessun cambiamento rispetto al fatto dell'assenza di un movente. Tant'è che l'accusa, alla fine del processo, ha tirato fuori un movente differente da quello iniziale. Prima parlava di un'avventura sessuale poi

è approdata alla volontà di Amanda di vendicarsi di Meredith. Nessuna prova è stata portata se non che Amanda non sopportava, secondo il pm, il carattere da "santarellina" di Mez. Ma queste sono opinioni, per definire un movente ci vuole una prova che ancora manca. È meglio che il giudice, in assenza di certezza, assolva un sospettato piuttosto che condannare un innocente. Noi siamo stati i primi bersagli di un processo mediatico, nel quale Amanda ha subito anche calunnie [...] all'apertura dell'indagine Amanda - una ragazza acqua e sapone - ha subito 53 ore e 45 minuti di interrogatori, in cinque giorni, una vera e propria onda anomala... uno tsunami»[14].

A queste obiezioni il pm Manuela Comodi ha dato una risposta che non soddisfa del tutto:

«Hanno ucciso per niente, ma hanno ucciso. Sono giovani ma anche Meredith lo era. Meritano il massimo della pena che per fortuna nell'ordinamento italiano non è quella di morte. Raffaele è senza movente? E Omar allora. Ve lo ricordate Omar che ha aiutato la fidanzatina a sterminare la sua famiglia? Che movente aveva? Perché lo ha fatto? Perché una mamma fracassa la testa del figlioletti? Avrei molti esempi di questi tipo»[15].

Interessante è anche l'analisi dell'accusa a Lumumba fatta da Amanda pochi giorni dopo il delitto. In molti si chiedono ancora come vada interpretata. Si è trattato di un tentativo di depistaggio fatto dalla ragazza, oppure il racconto di Guede è più verosimile di quello che si pensi?

In altre parole possiamo pensare che Amanda sapesse che in casa c'era un ragazzo di colore perché l'assassino glielo aveva detto ma non avendolo visto ha semplicemente ipotizzato che fosse Lumumba? Oppure, come ha più volte ripetuto la stessa Amanda, ha rilasciato quelle dichiarazioni (incredibilmente precise come hanno dimostrato i successivi sviluppi dell'indagine) perché in quel momento era sotto stress, confusa e forse addirittura picchiata dalla polizia come lei stessa sostiene? Non va dimenticato che Amanda fu interrogata per ore senza la presenza di un avvocato e senza un interprete, lei che peraltro non parlava bene l'italiano.

C'è un altro episodio che va sottolineato: nel marzo 2010 Mario Alessi, l'assassino del piccolo Tommaso Onofri, detenuto nello stesso carcere di Rudy Guede, ha dichiarato di avere avuto dei colloqui con Guede nei quali il ragazzo gli avrebbe raccontato una nuova versione della storia:

«Non ho origliato da Guede la sua partecipazione all'omicidio Meredith, ma è stato lui stesso che si è confidato con me perché preoccupato dell'esito del processo a suo carico. Il 9 novembre 2009 - ha continuato Alessi - durante l'ora d'aria fui preso sotto braccio da Rudy Guede. Dopo essere andati in un posto lontano dalla telecamera di sorveglianza, Guede mi disse di essere fortemente preoccupato per il suo processo che si sarebbe aperto il 18 novembre 2009.

Mi disse di essere indeciso sul dire la verità oppure no e aggiunse che la ricostruzione fatta da giornalisti e Procura non era quella vera [...] lui mi dice che era lui e un amico suo che sono andati quella sera a casa della Meredith. Rudy dice... è stato lui proprio a essere esplicito con la ragazza a dirle cioè se voleva avere rapporti sessuali in tre. A un certo punto il ragazzo tira fuori un coltello, aveva il manico tipo avorio però era a punta... puntandolo cioè verso la ragazza... involontariamente però... la ragazza si è ferita al collo. Quando Rudy ha visto le mani piene di sangue molla la ragazza.

Quando poi Rudy si rigira vede questo ragazzo che dice a Rudy che dovevano finirla sennò questa puttana ci fa marcire in carcere. Quel ragazzo continuava a colpirla svariate volte fin quando cioè poi la ragazza è distesa per terra... e Rudy continuava sempre a tenerle cioè un panno sul collo. Il ragazzo è scappato via mentre Rudy è rimasto li con la ragazza fin quando non ha visto che la ragazza proprio non respirava più e lui è andato via. Rudy

[14] Reuters, 1 dicembre 2009.

[15] La Repubblica, 30 settembre 2011.

mi ha detto che era andato in bagno e aveva lasciato questo ragazzo insieme alla ragazza. È stato circa meno di un quarto d'ora, dieci minuti un quarto d'ora, lui quando è rientrato alla... in quella camera trova uno scenario tutto diverso...»[16].

Questa testimonianza, peraltro sempre smentita da Rudy Guede, scagionerebbe Amanda e Raffaele e per molti sarebbe più compatibile con le analisi fatta dalla scientifica ma, è bene ricordarlo, Mario Alessi è lo stesso personaggio che all'indomani della scomparsi del piccolo Tommy mentiva spudoratamente ai microfoni di diverse televisioni lanciando messaggi ai fantomatici rapitori del bambino. In realtà era stato lui a uccidere quel povero bambino e ne aveva occultato il corpo, come stabilirono in maniera certa le indagini successive e il processo che lo condannò all'ergastolo.

Sempre nel 2010 un altro pentito si fa avanti. Questa volta si tratta di Luciano Aviello, un pregiudicato per reati di camorra che dichiara di sapere chi ha ucciso Meredith Kercher. Secondo Aviello si tratterebbe addirittura di suo fratello Antonio e sarebbe stato lui stesso a nascondere il coltello. Le sue dichiarazioni e la sua ricostruzione sono state però giudicate assolutamente inattendibili dagli inquirenti, anche perché Aviello già in passato aveva dichiarato di avere informazioni utili su un altro caso irrisolto, e più precisamente quello della scomparsa della piccola Angela Celentano, informazioni rivelatesi poi tutte prive di fondamento.

Da quel lontano primo novembre 2001 però la vera protagonista di questa vicenda è stata Amanda Knox: come abbiamo già avuto modo dire la ragazza americana è diventata addirittura una sorta di idolo per una parte del "pubblico" che ha assistito alle varie ricostruzioni del caso attraverso i media. Poco prima dell'apertura del processo d'appello è scoppiata un'altra polemica, alimentata questa volta dal quotidiano britannico The Sun: Jane Firbank, una psicologa criminale, ha analizzato i disegni fatti da Amanda in carcere. Secondo lei, quei disegni dimostrerebbero che la ragazza americana è colpevole.

Ecco cosa c'è scritto nella perizia della Dottoressa Firbank:

«Il rosso è il colore della frustrazione, della rabbia. Il fatto poi che il rosso sia fuso con il giallo sta a testimoniare che Amanda non riesce ad avere il pieno controllo su se stessa. Credo che da questi disegni si possa intuire che, a causa di un alto livello di testosterone, Amanda abbia fondamentalmente una personalità dominante e aggressiva»[17].

Le polemiche sono continuate anche durante il processo d'appello, dato che negli Stati Uniti è stato trasmesso su Lifetime il film "Amanda Knox: murder on trial in Italy". La stessa Amanda del resto ha alimentato queste polemiche con una serie di comportamenti spesso sopra le righe, che hanno fatto la felicità dei media internazionali che hanno seguito la vicenda. Dal carcere di Capanne, dov'era detenuta in attesa del processo d'appello, Amanda comunque ha continuato a professare la sua innocenza. Ha scritto anche una lettera indirizzata al deputato Girlanda e a Corrado Daclon, il segretario generale della fondazione Italia-Usa, in cui dice di non voler esser dimenticata.

In questa lettera, pubblicata dal magazine del Corriere della Sera nel novembre 2010, tra le altre cose si può leggere...

«[...] da una parte mi sento grata che ci sono tanti che si interessano, perché non voglio essere chiusa tutta la vita per niente, dimenticata come se non valessi niente. Non voglio che le ingiustizie facili vengano ammesse. Allo stesso

---

[16] Corriere della Sera, 18 giugno 2011.

[17] La Stampa, 2 dicembre 2010.

tempo non voglio essere strumentalizzata i messaggi di odio. [...] Provo spesso a mettermi nei panni degli altri e in questo modo capisco che qualcosa vi ha colpito di quello che è successo e state lavorando per migliorare una grande difficoltà per tutti, una grande sofferenza per tanti. Per ciò vi ringrazio e rispetto quello che state facendo.

Vi saluto con affetto, pace amore e rock & roll,

Amanda.

Post scriptum

Io sono che non sono sola anche quando sono sola. Vi cito una canzone che mi sento nel cuore, Little Wing di Jimi Hendrix:

"Quando sono triste lei viene da me, a regalarmi mille sorrisi.
Va tutto bene, dice, va tutto bene.
Prendi da me tutto quello che vuoi, qualsiasi cosa... qualsiasi cosa...
Fly on little wing...».

APPELLO E CASSAZIONE

Il processo d'appello è iniziato il 24 novembre del 2010. Le difese hanno chiesto di riaprire il dibattimento puntando su nuove perizie tecniche che avrebbero dovuto scagionare Amanda e Raffaele. Il punto focale della disputa è quello che è sempre sembrato il tallone d'Achille dell'impianto accusatorio, e cioè la perizia genetica. La quantità del profilo di Amanda ritrovata sul manico del coltello è sempre stata considerata molto bassa, troppo bassa per la difesa che non la considera dunque attendibile. E poi c'è la perizia che, come abbiamo già ricordato, ha stabilito che quel coltello da cucina è incompatibile con l'arma del delitto. Non a caso nella sentenza del processo di primo grado si parla di due lame, una grande e una piccola. Ma la seconda arma, quella con la "lama piccola", non è mai stata trovata.

Dopo una sola udienza però tutto è stato rinviato al marzo successivo perché l'Avvocato Bongiorno, che difende Sollecito, era incinta. Il vero can can mediatico è esploso poi nel marzo del 2011. Nel frattempo, durante i lunghi mesi che sono trascorsi dalla fine del processo all'apertura dell'appello, le cose sono molto cambiate. La popolarità di Amanda nel web è cresciuta sempre di più e i risultati di questo nuovo status per la giovane americana non si sono fatti certo attendere.

Soltanto per fare un esempio il 12 marzo, durante una pausa dell'udienza davanti alla Corte d'assise d'appello di Perugia, un ragazzo italiano di 31 anni, originario della provincia di Avellino, ha cercato di consegnare ai familiari di Amanda Knox un fotomontaggio nel quale la giovane americana appariva accanto a papa Giovanni Paolo II. L'uomo è stato immediatamente bloccato dalla polizia che lo ha scortato fuori dal palazzo di giustizia. Un episodio marginale, certo, ma che testimonia di come "angel face" Amanda sia riuscita a catturare l'attenzione di molte presone fragili alla ricerca di un anti-eroina in cui riconoscersi.

La popolarità e il circo mediatico che circondano il personaggio Amanda Knox sono presto diventati insostenibili, tanto che John Kercher, il padre della povera Meredith, non è più riuscito a trattenersi e scritto al Times sfogando tutta la rabbia e la frustrazione repressa fino ad allora:

«I media sembrano ipnotizzati. I fan della Knox mettono in piazza le loro opinioni online e domenica prossima a Seattle ci sarà un "bowling" per raccogliere fondi [...] qualcosa manca da questa ossessione con "Foxy Knoxy", ed è il fatto che Meredith Kercher, mia figlia, è stata uccisa quella notte di 3 anni e mezzo fa a Perugia. È ora di raccontare la sua storia e la storia della sua famiglia, per la quale non ci sono più appelli possibili contro la morte di Meredith, solo un lungo, doloroso ed estremamente costoso limbo emotivo mentre la saga della Knox si fa strada nei tribunali italiani. [...] Meredith dovrebbe essere ricordata per la ragazza affettuosa e piena di senso dell'umorismo che era e non come la vittima di un omicidio.

[...] Se la Knox e Sollecito dovessero perdere, potrebbero passare anni prima che si arrivi al secondo ricorso. Questo è un incubo per noi, unito al fatto che Amanda è stata trasformata in celebrità e il delitto in entertainment

73

[...]»[18].

Si tratta di uno sfogo più che comprensibile vista la difficilissima situazione dei Kercher che, dopo il dramma della perdita della figlia, hanno vissuto una vera e propria odissea giudiziaria. John Kercher nella sua lunga lettera ha infatti specificato come il processo fino a quel momento fosse costato alla famiglia più di 40mila sterline dato che il Foreign Office e il Governo Italiano aveva no deciso di non contribuire in alcun modo alle spese della famiglia Kercher.

Nonostante le polemiche il processo ha seguito il suo corso, e presto l'interesse dei media si è concentrato sulle novità messe sul banco dalla difesa. Nella quinta udienza sono stati chiamati a deporre dei nuovi testimoni che hanno confermato che la sera del primo novembre a Perugia non circolava nessun autobus per le discoteche. Si tratta di un particolare molto importante perché Antonio Curatolo, il senzatetto che testimoniò nel primo processo e di cui abbiamo riportato una parte della testimonianza, disse di aver visto Amanda e Raffaele in Piazza Grimando, sottolineando in particolare la presenza quella notte in zona dei bus navetta che normalmente portavano i ragazzi alle discoteche. Curatolo per le difese dei due ragazzi sarebbe dunque "assolutamente inattendibile".

Ma le novità più importanti sono quelle che si sono concentrate sulle nuove analisi realizzate sui reperti catalogati dalla scientifica. Le analisi sono state effettuate sul coltello che secondo l'accusa sarebbe stato una delle armi del delitto, ma anche sul gancetto del reggiseno indossato da Meredith Kercher quando venne uccisa. Sul coltello sono rimasti pochissimi picogrammi di materiale genetico dopo che i campioni erano stati prelevati in diversi punti della lama. Per la difesa una quantità insufficiente per identificare un DNA sicuro al di là di ogni possibile dubbio. Il gancetto del reggiseno poi è stato conservato in condizioni pessime, tanto che era quasi del tutto arrugginito e quindi sarebbe stato compromesso a tal punto da diventare di fatto non ammissibile come prova.

Le nuove perizie curate dai professori Carla Vecchiotti e Stefano Conti dell'Istituto di Medicina Legale dell'Università La Sapienza di Roma, unite alle testimonianze che contraddicono Curatolo, scardinerebbero in un colpo solo tutto l'impianto accusatorio. Di fatto l'accusa si ritrova senza più alcuna prova per collocare Amanda e Raffaele sulla scena del crimine. Per di più le nuove perizie hanno dimostrato che alcune impronte di scarpe attribuite inizialmente a Sollecito erano compatibili con i piedi di Guede. Ma, particolare molto più impattante per tutta la causa, le nuove perizie hanno dichiarato che i rilievi vennero fatti dalla scientifica in un ambiente già contaminato geneticamente e quindi totalmente inattendibile.

Come abbiamo avuto modo di ricordare infatti il gancetto del reggiseno era stato smarrito durante il primo sopralluogo e venne repertato soltanto 40 giorni dopo il delitto. Chiaro che un particolare del genere ha gettato un'ombra pesantissima su tutto il lavoro della scientifica. Come se non bastasse una nuova perizia sull'orario del delitto era stata stabilita con testimonianze non attendibili. Una nuova analisi basata sull'ultimo pasto di Meredith sposta l'ora dell'omicidio in un lasso di tempo per cui Amanda e Raffaele avrebbero un alibi di ferro.

Durante il processo d'appello inoltre è esplosa in tutta la sua violenza la questione politica che ha sempre circondato questo caso. L'opinione pubblica si è divisa in maniera violenta tra innocentisti e colpevolisti, con i secondi convinti che Amanda sarebbe stata assolta per fare un favore politico agli Stati Uniti che, come abbiamo già avuto modo di ricordare, hanno seguito con moltissima enfasi la vicenda, scatenando una vera e propria campagna mediatica contro l'Italia, dipingendo il nostro paese come una nazione del terzo mondo che non garantiva la certezza del diritto.

---

[18] The Times, 13 marzo 2011.

Il 3 ottobre 2011, alle 21:34, la Corte di Assise di Appello di Perugia assolve Amanda Knox e Raffaele sollecito dalle accuse di omicidio e di violenza sessuale per non aver commesso il fatto. I due sono assolti per insussistenza anche dall'accusa di simulazione di reato. I due fidanzatini vengono scarcerati immediatamente. Viste le prove presentate in aula durante l'appello la notizia dell'assoluzione di Amanda e Raffaele era ormai data per scontata, ma questa sentenza ha aperto un buco enorme su tutto il caso dato che è impossibile non ricordare che Rudy Guede è stato condannato per "concorso in omicidio". La logica vorrebbe che i PM, una volta riconosciuti i loro errori, riaprissero le indagini su Guede formulando una nuova ipotesi accusatoria, altrimenti ci restano tra le mani due sentenze in aperta contraddizione tra loro. Il 4 ottobre 2011 alle 11:45 Amanda Knox ha lasciato l'Italia ed è tornata a Seattle.

Assoluzione definitiva

In data 26 marzo 2013 la Cassazione, Prima Sezione penale, ha annullato le sentenze di assoluzione del grado di giudizio precedente, rinviando lo stesso dinanzi alla Corte d'assise d'appello di Firenze. La sentenza finale sul caso è arrivata il 27 marzo 2015. Il dal giudice della Suprema Corte Gennaro Marasca ha assolto dall'accusa di omicidio Amanda Knox e Raffaele Sollecito per non aver commesso il fatto. È stato dunque cassato il secondo giudizio d'appello ed è stata accolta la richiesta della difesa di annullamento senza rinvio. Per Amanda Knox è stata confermata la condanna a 3 anni per calunnia nei confronti di Lumumba, condanna peraltro già scontata. I legali di Amanda Knox hanno anche fatto ricorso alla Corte Europea per i Diritti Umani.Secondo loro la richiesta di rinvio alla Corte Costituzionale Europea che è stato accolto in via preliminare nel maggio 2016.

Il 24 gennaio 2019 infine la sentenza definitiva con cui l'Italia viene condannata per una violazione dei diritti dell'imputata (anche se non è stata rinvenuta alcuna traccia di maltrattamenti fisici). Lo Stato italiano dunque dovrà risarcire Amanda Knox per un somma di 18.400 euro, calcolati tra danni morali e rimborso delle spese legali per il ricorso a Strasburgo.

INTERVISTA
A PAOLO ROMIO

Paolo Romio, giovane attore vicentino, ha interpretato il ruolo di Raffaele Sollecito nel film "Amanda Knox: murder on trial in Italy" trasmesso negli Stati Uniti su Lifetime. Oltre a Romio nel film diretto da Robert Dornhelm hanno recitato anche Hayden Panettiere, che ha interpretato il ruolo di Amanda Knox, e Amanda Fernando nei panni di Meredith Kercher. Il film è stato trasmesso negli Stati Uniti per la prima volta il 21 febbraio 2011 ed è basato sulla sentenza di primo grado.

Dopo l'assoluzione di Amanda si è parlato di realizzarne una nuova versione che rispecchi il risultato del processo d'appello, ma il lavoro è stato bloccato da una serie di problematiche legali avanzate dagli avvocati di Amanda Knox e da quelli della famiglia Kercher. Noi abbiamo incontrato Paolo Romio e ci siamo confrontati con lui sugli aspetti mediatici di questa vicenda.

(D.) Ciao Paolo, grazie mille per la disponibilità. Per prima cosa vogliamo chiederti cosa sapevi del caso del delitto di Perugia prima di essere scelto per il ruolo di Raffaele Sollecito?

(R.) Prima che mi scegliessero per il film, conoscevo quello che avevo letto sui giornali e sentito alla tv. Ovviamente la mia era una conoscenza molto superficiale. Sapevo che a Perugia era stata trovata morta una ragazza inglese e che i principali accusati erano "due giovani fidanzatini", un'americana e un italiano. A essere sincero già così tutta questa vicenda sembrava un film più che una storia vera...

(D.) Come hai approfondito l'argomento per prepararti ad interpretare questo ruolo?

(R.) Per prepararmi mi sono basato sulle informazioni che potevo trovare online, andando a cercare anche tutti i video, i documenti, le interviste ai protagonisti e i vari servizi e programmi di approfondimento che erano stati fatti sull'omicidio. Nella fase di preparazione di un ruolo cerco sempre di approfondire il più possibile l'argomento che devo studiare, l'obiettivo è quello di ampliare la mia visione per capire le dinamiche emotive e umane del personaggio che poi interpreto.

(D.) A livello professionale invece com'è stato confrontarsi con una produzione statunitense? Hai avvertito molta differenza rispetto al modo di lavorare di noi italiani?

(R.) Credo che la differenza principale tra una produzione Italiana e una produzione USA sia legata a un aspetto culturale, è un qualcosa che va al di là della lingua. Gli statunitensi sono figli del protestantesimo e hanno un etica del lavoro diversa e questo si percepiva chiaramente, anche se comunque il set del nostro film era italo-americano dato che abbiamo lavorato praticamente sempre a Roma. Quasi tutti i reparti (il dietro le quinte, per intenderci) parlava italiano. Dai truccatori, ai parrucchieri, ai costumisti, all'aiuto regista, e questo naturalmente mi ha fatto sentire molto più a mio agio.

(D.) Hai avuto la sensazione che la troupe avesse qualche pressione? Ci riferiamo al fatto che sia i legali della famiglia Kercher che quelli di Amanda Knox erano contrari al film e hanno fatto di tutto per bloccarlo.
(R.) Probabilmente in produzione ci sono state delle tensioni, ma come attore non ho mai sentito o risentito di questo. Sicuramente sul set si respirava una grande concentrazione e la volontà di collaborare al meglio tra tutti noi. Per usare una metafora sembrava di fare rafting tutti insieme.

(D.) Dopo aver frequentato la troupe e, soprattutto, dopo aver girato il film, è cambiata la tua idea sul caso?
(R.) Dal momento che ho cominciato a studiare, ho abbandonato qualsiasi mia opinione personale e morale su tutta la vicenda e, naturalmente, sulla persona che dovevo interpretare. Non credo di essere nessuno (né un un giudice, né un esperto, né l'ennesimo opinionista di turno) per esprimere il mio giudizio.

(D.) Ad un certo punto negli Stati Uniti era addirittura circolata la notizia che Hayden Panettiere avesse incontrato Amanda Knox in carcere, notizia poi prontamente smentita. Tu hai avuto contatti con Raffaele Sollecito?
(R) No, non ho avuto modo di incontrarlo né di conoscerlo personalmente. Per quanto riguarda Hayden invece non so come sia svolta esattamente la cosa.

(D.) La troupe si avvaleva di esperti sul caso per verificare le diverse ricostruzioni dei fatti?
(R.) Il copione è stato scritto da Wendy Battles e so per certo (mi ero confrontato personalmente con i produttori su questo tema) che si è attenuta alla ricostruzione dei fatti così come sono stati raccontati dagli atti del processo di primo grado.

(D.) Hai notato differenze sostanziali da come i media statunitensi si sono interessati a questa vicenda rispetto a quelli italiani?
(R.) Questa per me è stata una delle cose più interessanti. Quando ho cominciato a studiare, ho cercato di visionare tutto quello che potevo recuperare online. Vedere come la stessa notizia è stata trattata in maniera diversa con un focus puntato su elementi diversi rispettivamente dai media Statunitensi, Inglesi e Italiani, è stato molto interessante. In un certo senso è stato come se ognuno avesse raccontato la "propria" storia. Hanno usato gli stessi ingredienti ma con dosi diverse e, ovviamente, il risultato mediatico è stato diverso. Da qui, secondo me, la nascita dei numerosi blog di innocentisti vs colpevolisti. Leggendoli si ha l'impressione di trovarsi di fronte a due fazioni, entrambe convinte di possedere la verità assoluta sul caso! E dato che quelli che scrivono in questi blog sono mediamente persone normali e non voci esperte del caso, immagino che le loro supposizioni derivino da quanto hanno appreso dai media.

(D.) infine un'ultima domanda: credi che in Italia avremo modo di vedere la fiction?

(R.) Attualmente il film è distribuito in DVD attraverso i canali internazionali, personalmente spero che prima o poi si possa vedere anche da noi, la curiosità è tanta[19].

---

[19] L'intervista è stata realizzata nei primi mesi del 2012. Il film tv, prodotto dal canale televisivo Lifetime, è stato trasmesso anche su Canale 5 il 3 dicembre 2012. Negli anni sono state prodotte diverse docu-fiction sul caso, compreso un documentario ufficiale da Netflix a cui ha partecipato la stessa Amanda Knox.

IL CASO ORLANDI

EMANUELA ORLANDI

Anni 15 - alta mt. 1,60

È SCOMPARSA

Al momento della scomparsa aveva capelli lunghi, neri e lisci, indossava pantaloni jeans, camicia bianca e scarpe da ginnastica.
Non si hanno sue notizie dalle ore 19 di mercoledì 22 giugno, chi avesse utili informazioni è pregato di telefonare al numero

69.84.982

UNA CALDA ESTATE ROMANA

A tutt'oggi sono pochissime le certezze sul caso Orlandi, la ragazzina di 15 anni scomparsa nel nulla il 22 giugno 1983. Anche se può sembrare un paradosso l'unica certezza che abbiamo è che di lei non si è saputo più niente di concreto.

In questa losca vicenda entrano a più riprese e a vario titolo bande criminali, terroristi internazionali, il Vaticano e, forse, addirittura servizi segreti appartenenti a diversi paesi. Ci sono insomma tutti gli elementi di un thriller cinematografico.

Ma questa non è fiction e sullo sfondo resta sempre e solo lei, Emanuela, una ragazzina di appena 15 anni scomparsa nel nulla il 22 giugno 1983 nel bel mezzo di una calda estate romana.

LA SCOMPARSA

Emanuela Orlandi è una cittadina vaticana, ovvero una delle poche centinaia di persone residenti all'interno della piccola enclave pontificia nel cuore di Roma. Nel 1983 i residenti "laici" all'interno dello Stato Pontificio sono in tutto 400, di questi soltanto 73, tra cui la famiglia Orlandi, sono cittadini vaticani a tutti gli effetti. Emanuela è la quarta di cinque fratelli e la sua è una famiglia molto unita. Il padre Ercole, 51 anni, è un impiegato della Prefettura della Casa Pontificia con ruolo di commesso, in pratica si occupava di smistare e distribuire fisicamente la corrispondenza del Papa, per lo più inviti ufficiali a cerimonie e a funzioni religiose di vario tipo. Per il suo ruolo Ercole era senza dubbio una persona molto vicina fisicamente al Papa ed al suo staff anche se, è bene ricordarlo, non ricopriva un ruolo particolarmente importante o delicato. La madre, Maria, invece non lavora. Di soldi in casa non ne entrano molti ma il clima è comunque sereno e tranquillo, quella di Ercole Orlandi è a detta di tutti una famiglia felice.

Da quello che ci è dato sapere Emanuela ha una vita normale: frequenta il liceo scientifico Vittorio Emanuele II, ha molti amici e studia musica all'istituto Tommaso Ludovico da Victoria. Non è una studentessa particolarmente brillante, quell'anno ha addirittura rischiato di essere bocciata, ma alla fine se l'è cavata con due esami a settembre, latino e francese, e otto in condotta. Una ragazza normale, solare e piena di vita: una ragazza come tante altre della sua età.

Il 22 giugno, il giorno della sua scomparsa, la scuola è ormai finita ma Emanuela continua a frequentare le lezioni di musica presso l'istituto Ludovico da Victoria. Per coprire la distanza tra casa e l'istituto che si trova in piazza Sant'Apollinare Emanuela normalmente prendeva l'autobus che, dopo un paio di fermate, la lasciava a poche centinaia di metri dalla scuola. Non siamo però in grado di dire se quel giorno effettivamente Emanuela si recò a scuola in autobus oppure a piedi, come sostiene qualche testimone che l'avrebbe vista provenire da una direzione diversa rispetto alla fermata.

Un vigile urbano, Alfredo Sambuco, e un poliziotto, Bruno Bosco, ricordano di aver visto una ragazza rispondente alla descrizione di Emanuela parlare con un tizio che guidava una BMW verde nei pressi di palazzo Madama. Ma si trattava veramente di Emanuela? Purtroppo non ci sono certezze a questo proposito. Vedremo che queste testimonianze avranno molta importanza soprattutto nei recenti sviluppi dell'indagine.

L'unica cosa certa è che quel giorno Emanuela arriva in ritardo alla lezione, come testimonierà la sua compagna di corso Raffaella Monzi:

"Quel giorno Emanuela era arrivata con dieci minuti di ritardo. Me lo ricordo bene perché il professore ci chiese sue notizie. A noi sembrò molto strano perché di solito era una ragazza molto puntuale. Mi ricordo che arrivò in aula molto affannata".

Durante una pausa delle lezioni Emanuela telefona a casa: vuole parlare con la madre perché un tale le ha proposto un compenso di 375.000 lire per distribuire dei volantini della ditta di cosmetici Avon durante una sfilata di moda delle Sorelle Fontana. La madre non è in casa ed Emanuela parla di questa proposta con una delle sorelle, Federica. Il compenso è spropositato per un lavoro del genere e la sorella, che è più grande di lei, sente subito puzza di bruciato. Le dice di lasciar perdere e comunque di parlarne con loro madre quando rientrerà a casa prima di prendere qualsiasi decisione. Da indagini successivamente svolte emergerà che la Avon non aveva personale maschile alle proprie dipendenze, né tanto meno aveva in programma quel tipo di attività promozionale durante quella sfilata. Chi era allora questo individuo che aveva fermato Emanuela? Cosa voleva realmente?

La pausa finisce ed Emanuela rientra in classe. Chiede però di poter uscire in anticipo di dieci minuti, per un impegno. Permesso accordato, quindi la ragazza si assenta anzitempo senza alcun problema. All'uscita da scuola Raffaella Monzi e Maria Grazia Casini, due amiche di Manuela, incontrano la Orlandi. È chiaro dunque che la ragazza è rimasta nei paraggi, forse per incontrare qualcuno o per fare una telefonata. Emanuela chiede consiglio anche a Raffella su quel lavoro che sembra tanto allettante e così ben pagato. Anche Raffaella, proprio come la sorella di Emanuela, sottolinea che la cifra è molto alta ma, si sa, a quell'età si ha poca esperienza di vita e così le suggerisce di fare quello che si sente. Raffaella e Maria Grazia la salutano e rientrano a casa ma, mentre se ne vanno, vedono qualcuno che va incontro ad Emanuela. Secondo uno dei primi verbali dell'epoca rilasciato da Maria Grazia Casini Emanuela sarebbe stata avvicinata da una misteriosa ragazza dai capelli scuri e ricci, forse un'altra studentessa della scuola di musica.

Questo è l'ultimo momento in cui qualcuno vedrà Emanuela viva: sono circa le 19.30 del 22 giugno 1983.

Emanuela alla sera non rientra e di ora in ora sale la tensione in casa Orlandi. Partono le prime ricerche a opera dei familiari e il padre Ercole va a denunciare la scomparsa presso il commissariato di Piazza del Collegio Romano, dove gli ufficiali provano a minimizzare tranquillizzandolo:

"Si tranquillizzi sig. Orlandi, vedrà che tornerà. È una ragazza giovane, si sarà fermata con degli amici. Aspettiamo un po', vedrà che torna, non è il caso di preoccuparsi troppo".

Ma Ercole Orlandi dentro di sé sa che non è così. Se Emanuela, la sua Emanuela, non è ancora rientrata e non ha telefonato allora deve per forza essere successo qualcosa. È ormai notte quando l'uomo telefona a suor Dolores, la direttrice della scuola di musica, l'ultimo posto dove Emanuela è stata quel giorno. La suora chiama ad una ad una le compagne di classe della ragazza nella speranza che qualcuna abbia qualche notizia utile. Raffaella Monzi, svegliata nella notte, crede di riconoscere la ragazza dai capelli ricci in Laura Casagrande, un'altra allieva del Ludovico da Victoria. Casagrande però negherà categoricamente di aver incontrato Emanuela quel giorno.

Da quel giorno Monzi sarà raggiunta da diverse telefonate minatorie e da misteriosi messaggi anonimi, tanto che non si presenterà più a scuola. Secondo alcuni le amiche della scuola di musica saprebbero più di quello che hanno voluto dire ma una forma di pudore, oppure delle minacce più. o meno velate, le avrebbero fatte desistere dal collaborare attivamente con gli investigatori.

Ma dov'è finita Emanuela? Si è allontanata con qualcuno? Con chi? Secondo Ercole Orlandi sua figlia era una ragazza molto seria ed attenta, è convinto che non sarebbe mai salita in macchina da sola, neppure se a invitarla fosse stato Don Cividelli, il suo insegnante.

Intanto le ore passano e, anche se nessuno lo vuole ammettere apertamente, da più parti si comincia a pensare al peggio.

Il 23 sera i familiari di Emanuela decidono di diffondere un comunicato che verrà pubblicato il giorno successivo da il quotidiano il "Tempo" e il 25 da "il Messaggero" e "Paese Sera", dal titolo "Chi ha visto Emanuela?" in cui si legge:

"Dalle ore 19:15 del 22 giugno si sono perse le tracce di Emanuela Orlandi, 15 anni, vista per l'ultima volta da due compagne di scuola in corso Rinascimento, di fronte al Senato. Emanuela è alta un metro e 65, corporatura snella, occhi marrone, capelli castano-scuri lunghi. Indossa pantaloni jeans con bretelle, camicetta bianca, e ha una borsa di cuoio e un astuccio nero rettangolare dove tiene un flauto. Chi l'avesse vista o ne avesse notizie, può telefonare al numero 69.84.982".

I PRIMI DIECI GIORNI

Passano tre giorni, tre giorni in cui è facile immaginare che un misto di tensione e senso di impotenza cresca ora dopo ora in casa Orlandi. Poi, finalmente, alle 6 di sera del 25 giugno succede qualcosa. A rispondere al telefono è Mario Meneguzzi, lo zio di Emanuela, che in quei momenti drammatici si è praticamente trasferito a casa della sorella per aiutare Ercole e Maria. Dall'altro capo una voce giovane e ben educata, un "pariolino" dirà Meneguzzi, che dice di chiamarsi Pierluigi e di aver riconosciuto in Emanuela una ragazza conosciuta dalla sua fidanzata a Campo de' Fiori il 23 pomeriggio, il giorno della sua scomparsa. Pierluigi sostiene che Barbara, così avrebbe detto di chiamarsi, si trovava in compagnia di un'amica e che vendevano cosmetici. Dice poi che Barbara aveva con se un flauto che però non voleva suonare perché per farlo avrebbe dovuto indossare degli occhiali che non le piacevano. Pierluigi richiamerà ancora il 26 giugno aggiungendo altri particolari su Emanuela, come il fatto che sarebbe dovuta rientrare a casa per suonare al matrimonio della sorella e il tipo di occhiali indossati dalla ragazzina. Il misterioso telefonista aggiunge anche altri particolari su di sé, sostenendo per esempio di avere 16 anni. Si sorprenderà però non poco quando verrà a sapere per bocca dello zio di Emanuela che la ragazza è cittadina Vaticana.

Questo misterioso "pariolino", a ogni modo, rifiuterà ogni appello della famiglia a dare un maggiore contributo alle ricerche, così come non vorrà mai incontrare Mario Meneguzzi, né sarà mai identificato dalle forze dell'ordine. Dal 26 giugno comunque Pierluigi non chiamerà più e di lui non si avrà più nessuna notizia.

Per alcuni Pierluigi, il solo telefonista di cui non abbiamo la voce registrata perché l'apparecchio degli Orlandi in quel momento non era ancora stato predisposto per questo, sarebbe la vera chiave per capire il mistero. Dato che la telefonata arriva a poche ore dalla prima pubblicazione della notizia della scomparsa di Emanuela, e visti i dettagli forniti, si tratterebbe di una persona veramente informata dei fatti. È probabile dunque che sia venuto a contatto con Emanuela in qualche modo o che, come suggeriscono alcune teorie, sia stato utilizzato per depistare le indagini da chi sapeva cos'era successo davvero ad Emanuela. Per altri invece si tratterebbe semplicemente uno sciacallo, un mitomane che dopo aver letto la notizia sui quotidiani avrebbe contattato la famiglia per giocare uno scherzo di pessimo gusto.

Le telefonate di Pierluigi, comunque le si voglia interpretare, sembra che cerchino di tranquillizzare la famiglia, come se qualcuno stesse cercando di guadagnare tempo per ritardare le indagini. Si tratta infatti di pochi messaggi rassicuranti inseriti all'interno di lunghi e nebulosi colloqui telefonici, ma che forse avranno avuto l'effetto di calmare gli animi a casa Orlandi. D'altronde, si sa, in questi casi ci si attacca anche alla più piccola speranza pur di continuare a sperare. Una fuga volontaria insomma, una ragazzata che magari verrà severamente punita al suo rientro, ma "poi passerà anche questa storia e proveremo assieme a dimenticare tutto", si saranno ripetuti i genitori di Emanuela.

Intanto i giorni continuano a passare e il telefono non squilla, Pierluigi ha smesso di chiamare. Di Emanuela ancora nessuna notizia. Fino alle 7 di sera del 28 giugno, giorno in cui telefona un tale Mario.

Questa volta la voce del misterioso telefonista viene registrata perché nel frattempo gli Orlandi avevano modificato il telefono collegandolo a un registratore per imprimere nel nastro eventuali nuovi colloqui. I modi, l'accento e il linguaggio di Mario sono diametralmente opposti a quelli di Pierluigi. Se il primo ad aver chiamato era stato definito un "pariolino", Mario invece è senza ombra di dubbio un "borgataro".

Mario sostiene di essere un barista di Ponte Vittorio e afferma di aver conosciuto Barbara, anzi Barbarella come la chiama lui, nel suo locale, senza però specificare il nome del bar. La descrive con i capelli a caschetto e dice che si sarebbe allontanata da casa perché stanca del solito tran tran quotidiano. La ragazza gli avrebbe però confidato l'intenzione di rientrare a casa dopo l'estate per partecipare al matrimonio della sorella, ma soltanto dopo aver racimolato un po' di soldi vendendo prodotti cosmetici per l'Avon.

Questo dell'Avon è forse il dettaglio più interessante perché è l'unico non trapelato ancora attraverso la stampa e di cui non si trova traccia nel comunicato uscito sui giornali, quindi in un modo o nell'altro Mario deve per forza essere venuto a contatto direttamente con Emanuela o con le sue amiche che erano a conoscenza di questa informazione. Mario però non fornisce elementi nuovi utili per le indagini e, anzi, quando Meneguzzi lo incalza chiedendo particolari su un particolare piuttosto banale come l'altezza della ragazza, dettaglio questo non dimentichiamolo che troviamo già nell'appello pubblicato due giorni dopo la scomparsa, ha un momento di esitazione prima di rispondere. Seguono altre informazioni, altre rassicurazioni, ma l'impressione è che il misterioso telefonista stia soltanto allungando il brodo con frasi fatte prive di qualsiasi utilità. La famiglia però resta ferma nella sua idea e continua a non credere alla storia della fuga volontaria.

A questo punto vale la pena sottolineare un dettaglio fondamentale che, inspiegabilmente, è stato troppe volte dimenticato: nessuna di queste prime telefonate fa in qualche modo riferimento all'ipotesi del rapimento. Nessuno chiede riscatti, non vengono fatte minacce di alcun tipo... niente che faccia pensare qualcosa di diverso da una fuga volontaria della ragazza. Lo scopo, ancora una volta, sembra essere solo quello di calmare gli animi ed eventualmente prendere tempo. A distanza di anni e con l'ausilio delle moderne tecnologie sono state riascoltate e riesaminate tutte le telefonate del caso Orlandi e, a sorpresa, qualcosa di nuovo è saltato fuori da quei vecchi nastri. Scomponendo le tracce audio e pulendo il suono infatti si sente chiaramente che, quando gli viene chiesta l'altezza della ragazza, Mario ha un attimo di smarrimento perché evidentemente non sa rispondere e si rivolge a qualcuno che si trovava accanto a lui per un suggerimento. Qualcuno che evidentemente, a differenza sua, era a conoscenza di maggiori dettagli fisici sulla ragazza. Si trattava forse di Pierluigi? Nessuno può dirlo con certezza.

Una cosa sola sembra chiara: Mario di Emanuela ha probabilmente solo informazioni di seconda mano. Nel frattempo le forze dell'ordine sembrano ancora convinte che si tratti di una fuga volontaria, una ragazzata estiva come se ne vedono tante. La famiglia invece no, ormai non è più disposta ad attaccarsi a quella labile speranza, sono convinti che dietro la sparizione di Emanuela ci sia qualcosa di molto grave.

Così nella notte tra il 29 e il 30 giugno i fratelli e gli amici della ragazza ricoprono tutta Roma con 3000 manifesti, divenuti poi tristemente famosi, nella speranza che le acque si smuovano. Su uno sfondo blu il nome, Emanuela Orlandi, una sua foto ormai celebre della ragazza con la fascetta in testa molto di moda in quel periodo, poche informazioni essenziali e ben in evidenza il numero di telefono di casa Orlandi a cui rivolgersi per ogni informazione. Passano i giorni e si aspettano invano notizie o il ritorno della ragazza, finché il 3 luglio qualcuno compie l'atto che senza ombra di dubbio è il più difficile da interpretare in tutta questa storia. Solo che a compierlo non è Pierluigi né Mario, né tanto meno uno degli Orlandi o l'ennesimo anonimo che sostiene di avere informazioni su Emanuela.

A compierlo è Papa Giovanni Paolo II in persona.

ESPLODE IL "CASO" ORLANDI

I l 3 luglio è domenica e, di fronte alla folla riunita per la celebrazione dell'Angelus, Papa Wojtyla rivolge un appello diretto ai responsabili della scomparsa di Emanuela Orlandi invitandoli a liberarla. Per la prima volta dunque qualcuno parla apertamente di sequestro, e come abbiamo visto non si tratta certo di un "qualcuno" normale.

"Desidero esprimere la viva partecipazione con cui sono vicino alla famiglia Orlandi, la quale è in afflizione per la figlia Emanuela che da mercoledì 22 giugno non ha fatto ritorno a casa, non perdendo la speranza nel senso di umanità di chi abbia responsabilità in questo caso elevo al Signore la mia preghiera perché Emanuela possa tornare incolume e abbracciare i suoi cari che la attendono con strazio indicibile".

Sequestro di persona: la notizia risuona come una bomba a casa Orlandi e nelle redazioni di tutti i media italiani e internazionali. Fino ad allora quello di Emanuela era un banale caso di scomparsa come ne avvengono a centinaia nel nostro paese. Allora per quale motivo il Papa in persona ha pensato di rivolgere un appello di quel tipo in un'occasione tanto solenne come l'Angelus? E a chi sono rivolte quelle parole? Il Santo Padre era forse in possesso di informazioni dirette sul caso che per motivi non meglio specificati non erano state condivise con le forze dell'ordine italiane che stavano seguendo il caso? Fino a quel giorno infatti le ipotesi erano ancora tutte in piedi e non c'erano stati segnali di nessun tipo che facessero pensare ad un sequestro, dato che come abbiamo già ricordato né Pierluigi né Mario avevano fatto richieste di riscatto o minacce di nessun tipo, anzi. Ammesso anche si trattasse di sequestro, e supponendo che il Vaticano avesse accesso a informazioni dirette e riservate sul caso, perché ufficializzare la cosa in quel modo così plateale quando è risaputo che in casi di sequestro meno esposizione equivale a maggiori chance di successo? I sequestratori infatti all'aumento del clamore intorno al caso possono sentire la pressione dell'opinione pubblica, perdere il controllo e magari finire con lo sbarazzarsi dell'ostaggio uccidendolo per evitare di essere scoperti. Meglio, soprattutto se si hanno informazioni certe e verificate, muoversi sotto traccia e cercare di trattare, se non addirittura di organizzare un blitz per liberare il sequestrato. Emanuela poteva essersi effettivamente allontanata volontariamente, poteva trattarsi davvero una ragazzata, oppure poteva essere finita in qualche brutto giro o, ipotesi da non scartare, essere rimasta vittima di un incidente. Fino a quel momento insomma tutto era era ancora possibile.

Dopo le parole di Papa Wojtyla invece tutto cambia di colpa, da quel momento niente sarà più lo stesso. Dal 3 luglio il caso di Emanuela Orlandi esce definitivamente dalle cronache dei giornali di Roma e come un ciclone impazzito fa il giro del mondo diventando un caso di rilevanza e interesse internazionali.

Papa Giovanni Paolo II tornerà poi almeno un'altra volta sulla vicenda, anche se non in maniera ufficiale, come ricorda Pietro Orlandi, fratello di Emanuela:

"Alla vigilia del Natale 1983 papa Giovanni Paolo II, durante una visita in casa Orlandi, ci disse: Quello di Emanuela è un caso di terrorismo internazionale".

Una frase pesantissima che, insieme alle altre vicende di cui avremo modo di parlare, getta un'ombra sinistra sull'intero caso e lo trasforma in qualcosa di molto più complesso ed intrigato di una semplice "sparizione". Quello che ci sembra indiscutibile è che a partire da quel lontano 3 luglio 1983 in qualche modo finisce la storia della scomparsa di Emanuela Orlandi e comincia il cosiddetto "caso Orlandi", un caso in cui entrano in gioco personaggi ed interessi diversi e lei, Emanuela, si perde sempre di più nello sfondo di un quadro troppo complesso e dannatamente più grande di lei.

LE INDAGINI

Il 5 luglio il telefono torna a squillare. Questa volta però non si tratta del telefono di casa Orlandi, ma di quello della sala stampa Vaticana. Un uomo dal marcato accento anglosassone, così tanto spiccato da suonare addirittura posticcio, dichiara di tenere prigioniera Emanuela e chiede che venga immediatamente aperta una linea diretta col Vaticano. Dichiara che i due precedenti telefonisti, Pierluigi e Mario, sono due membri della sua organizzazione e fornisce un codice composto da tre cifre per le future conversazioni: 1-5-8. Come contropartita alla liberazione di Emanuela avanza una richiesta palesemente assurda: il misterioso telefonista dall'accento inglese chiede infatti che il Papa si attivi per la liberazione di Mehmet Ali Agca, il terrorista turco membro dei Lupi Grigi che aveva sparato al pontefice il 13 maggio 1981 in piazza San Pietro e all'epoca ancora detenuto in territorio Italiano. La liberazione di Agca inoltre dovrebbe avvenire tassativamente entro il 20 luglio e non oltre quella data. Detto questo "l'Amerikano", come verrà poi ribattezzato dai media e dagli inquirenti per il suo accento grottesco, riattacca il telefono.

Passano poche ore e l'Amerikano chiama anche a casa Orlandi facendo ascoltare ai famigliari di Emanuela un nastro con impressa una voce in cui è stata montata a ripetizione la stessa frase pronunciata da una ragazza. Il nastro fa sentire una ragazzina che dice di frequentare la Scuola Convitto Nazionale Vittorio Emanuele II e di dover cominciare a settembre la terza liceo. Tutti dettagli veri diranno i genitori, impossibile però appurare con certezza se si tratti di Emanuela, come stabiliranno le successive perizie foniche fatte dagli esperti. Troppo breve il messaggio e troppo disturbata la traccia sonora per poter giungere a delle conclusioni. C'è da dire poi che alcune settimane prima al Da Victoria erano state registrate delle presentazioni audio di alcuni allievi, poche informazioni basilari mentre altri alunni suonavano o solfeggiavano. Se così fosse, venuti in possesso del nastro, l'Amerikano e la sua organizzazione avrebbero utilizzato solo i brevi passaggi fatti ascoltare al telefono, perché il resto della registrazione avrebbe permesso di risalire velocemente alla fonte. Alla fine della conversazione si sente distintamente il fischio di un treno, particolare che fa pensare che forse la telefonata è stata fatta da una zona in prossimità di una stazione, un passaggio a livello o comunque nei pressi di una ferrovia.

Il 6 luglio un anonimo, questa volta senza inflessione dialettale e privo di accenti particolari, chiama la redazione dell'Ansa. Il telefonista sostiene di far parte dell'organizzazione che tiene in ostaggio Emanuela Orlandi e che, come già richiesto in precedenza al Vaticano, la ragazza verrà liberata soltanto se Alì Agca verrà scarcerato entro 20 giorni. Vengono poi date una serie di indicazioni per ritrovare alcuni oggetti che proverebbero che la ragazza è nelle loro mani dentro a un cestino situato in Piazza del Parlamento. La telefonata è simile a quelle che le Brigate Rosse o altre organizzazioni terroristiche facevano in quegli anni per motivi più o meno simili (si pensi alle numerose telefonate fatte dalle BR alla stampa durante il sequestro dell'onorevole Aldo Moro), però questa volta c'è qualcosa che non va. Per prima cosa, infatti, non viene fatto il nome dell'organizzazione di appartenenza, come invece avveniva in tutte le telefonate di rivendicazione di questo tipo. Per di più il telefonista non si qualifica nemmeno come portavoce ufficiale. Dice semplicemente di non sapere come si sarebbero svolti gli eventi e che lui aveva soltanto l'incarico di telefonare. Un ultimo particolare non convince gli inquirenti: per quale motivo un italiano, su questo non ci sono dubbi, avrebbe dovuto volere la liberazione di un cittadino turco come Ali Agca? C'è qualcosa di strano, ma gli investigatori provano comunque a verificare l'informazione ricevuta e si recano in piazza del Parlamento nella speranza che ci sia effettivamente qualcosa di utile all'interno del cestino dei rifiuti indicato dal misterioso telefonista.

All'interno vi trovano alcune fotocopie della tessera di iscrizione alla scuola di musica, di un ricevuta di un bollettino di pagamento e infine un messaggio manoscritto con la seguente scritta: *"con tanto affetto la vostra Emanuela"*. La perizia calligrafica però non permetterà di stabilire con certezza se quelle parole siano state scritte effettivamente da Emanuela Orlandi.

Il 7 luglio l'Amerikano chiama ancora in casa Orlandi e, a riprova del fatto che Emanuela è ancora, viva dice che la ragazza ha preso una cotta per un certo Alberto che ora starebbe svolgendo il servizio di leva. In effetti Emanuela si era infatuata di un compagno di scuola al Da Victoria un po' più grande di lei, e la cosa risulta verosimile. Ancora una volta informazioni rispondenti al vero, ma nessuna prova concreta che Emanuela sia viva. Da notare poi come queste presunte prove fornite dall'Amerikano ruotino in qualche modo attorno alla scuola di musica Ludovico Da Victoria, circostanza che ha alimentato non pochi sospetti negli anni.

L'8 luglio arriva un'altra telefonata, questa volta a casa di Laura Casagrande, una delle compagne della scuola di musica. Un uomo dall'accento straniero, forse mediorientale, detta alla madre di Laura un messaggio da trasmettere all'Ansa in cui, oltre a chiedere una linea diretta con il cardinal Casaroli, viene chiesto ai giornalisti di recarsi in piazza San Pietro, dove avrebbero trovato un nastro con una registrazione. Questo fantomatico nastro però non verrà mai trovato.

Lo stesso giorno l'Ansa riceve una nuova telefonata, probabilmente fatta dalla stessa persona, in cui si dice che una volta libero Ali Agca dovrà essere trasferito a Brandeburgo, nella Germania dell'est. Lo scenario si allarga ulteriormente e, oltre ai terroristi Turchi ed islamici dei Lupi Grigi, si inseriscono anche le forze del blocco dell'Europa dell'Est, secondo un copione che si era già visto nella ricostruzione dei mandanti dell'attentato al Papa. Lo stesso giorno Ali Agca parla a una folla di giornalisti durante un suo breve trasferimento dal carcere di Ascoli Piceno a quello di Rebibbia:

"Io sono contro questa azione criminosa. Sono con la ragazza innocente, con la sua famiglia che sente dolore. Io non c'entro niente con questa storia e rifiuto ogni libertà e ogni scambio con qualcuno, faccio appello ai rapitori perché la ragazza è innocente".

Questa specie di inusuale conferenza stampa in realtà è stata organizzata dagli investigatori nella speranza di fiaccare ed indebolire la posizione dei presunti sequestratori. Si spera che, data la posizione di Agca, i rapitori vengano finalmente allo scoperto presentando altre richieste sensate, facendo apparire inutile da percorrere perché non desiderata neppure dal diretto interessato la via dello scambio di persona. Agca, è bene ricordarlo, cambierà spesso posizione sulla vicenda negli anni facendo alle volte trapelare l'idea che lui in qualche modo fosse al corrente della reale situazione in cui Emanuela si trovasse e fosse in una posizione tale da poter in qualche modo intervenire.

Ali Agca, per quanto sia una figura enigmatica, è indubbiamente una persona molto astuta, *"una delle persone più intelligenti che abbia mai conosciuto"* dirà di lui il giudice Rosario Priore. E su una cosa non ci sono dubbi: l'attentatore del papa ha sempre dimostrato di saper perfettamente usare i media. Già durante il processo per il tentato omicidio a Giovanni Paolo II la stampa aveva imparato a conoscere le sue clamorose e a volte bizzarre sortite, che erano sempre e comunque il risultato di un calcolo ben preciso e di una strategia mediatica pianificata nei minimi dettagli. Per alcuni Agca avrebbe soltanto cavalcato l'onda, strumentalizzando a suo favore questa storia della quale però non avrebbe mai saputo assolutamente niente. In più occasioni, anche dopo la sua scarcerazione, l'ex terrorista tornerà più volte a rilasciare dichiarazione sul caso Orlandi, ripetendo che Emanuela sarebbe viva e in buone condizioni di salute. Si sarebbe anche impegnato pubblicamente a rintracciarla e a fare in modo che si rimettesse in contatto con la famiglia, anche se al momento non si ha notizia di nessun passo avanti in questo senso. Purtroppo l'impressione è che, a distanza di tanti anni, Ali Agca continui ad utilizzare il caso per rimediare visibilità o per interessi personali che non hanno nulla a che fare con la reale sorta di Emanuela Orlandi, di cui probabilmente Agca non sa nulla.

Torniamo però a concentrarci sui giorni successivi alla sparizione di Emanuela Orlandi. Tra una telefonata anonima e l'altra infatti si sta avvicinando inesorabile il 20 luglio, giorno dell'ultimatum lanciato dall'Amerikano, mentre il caos di informazioni e piste attorno al caso non fa che aumentare. Il 17 luglio arrivano una nuova telefonata all'ANSA e nuovo nastro. Registrati all'interno della cassetta alcuni suoni e gemiti che farebbero intendere che ci potrebbe essere stata addirittura una violenza sessuale. Per molti però il nastro sarebbe stato confezionato incollando spezzoni sonori di un film pornografico e quindi si tratterebbe soltanto di un banale e viscido tentativo di depistaggio. C'è invece chi ha interpretato questo nastro come un messaggio in codice, un messaggio che vuole essere un campanello d'allarme per chi ha in mano le informazioni necessarie per decifralo. Anche per questo in molti sono convinti che Emanuela sia stata coinvolta in una torbida vicenda a sfondo sessuale, come avremo modo di vedere più avanti.

Il 18 luglio viene finalmente attivata una linea telefonica diretta con il Cardinal Casaroli come richiesto dai sedicenti rapitori. Ad aspettare la telefonata ci sono anche alcuni investigatori italiani, tra cui il commissario Cavaliere. Le ore passano senza che nessuno chiami, così si rimanda al giorno dopo nella speranza di un contatto. La telefonata dell'Amerikano arriverà in effetti il giorno dopo ma, particolare molto strano, soltanto quando il commissario Cavaliere avrà lasciato gli uffici del Vaticano. Possibile che la segreteria vaticana fosse sorvegliata? Possibile che ci fosse addirittura qualcuno all'interno che informava direttamente l'Amerikano?

Dubbi e misteri che non verranno mai chiariti, anche se come vedremo esistono alcune teorie che hanno provato a dare una risposta a queste domande. Alla fine comunque il cardinal Casaroli e l'Amerikano avranno modo di parlare. Ma invece di fornire dettagli sullo scambio di prigionieri, o sulla salute di Emanuela, il rapitore si limita a chiedere che venga dato il massimo risalto a un comunicato politico che verrà fatto ritrovare di lì a poco.

In quei giorni il settimanale Panorama pubblica un reportage dal titolo "Emanuela e le altre" in cui si evidenzia come in Italia siano centinaia le persone che scompaiono ogni anno nel nulla come Emanuela per i motivi più disparati. Per non andare troppo lontano porta come esempio il caso di un'altra ragazzina scomparsa a Roma poche settimane prima di Emanuela di nome Mirella Gregori. È la prima volta che viene fuori questo nome, senza tra l'altro voler fare nessun parallelismo tra le due situazioni, ma da quel giorno i due casi, quello di Emanuela e quello di Mirella, saranno per sempre uniti in maniera indissolubile per l'opinione pubblica. Intanto passa il 20 luglio, giorno dell'ultimatum per lo scambio, fortunatamente senza che arrivi nessuna sentenza di morte. Si può ancora continuare a sperare.

Il 4 agosto viene recapitata una lettera all'Ansa, è a firma di un sedicente "Fronte Liberazione Anticristiano Turkesh" in onore del leader dell'estrema destra turco Arpaslan Turkesh. La sigla è sconosciuta alle autorità di Ankara e si sospetta che si tratti dell'ennesimo tentativo di depistaggio. Nel comunicato quelli del Fronte sostengono dice che Emanuela sia nelle loro nelle mani e, come prova, viene dato un dettaglio fisico: la ragazza ha 6 nei sulla schiena, cosa per altro confermata dalla madre. La data dell'ultimatum per lo scambio questa volta è spostata al 30 ottobre. Cosa strana, nel comunicato si accenna anche a Mirella Gregori, nome che fino a quel momento non era mai stato associato a quello di Emanuela se non nell'articolo di Panorama citato poco fa.

Passano i mesi e continuano ad arrivare i messaggi e le comunicazioni ai giornali, alle televisioni, alla famiglia e con ogni probabilità anche al Vaticano, anche se su questi ultimi non si hanno notizie certe. Verso la fine di settembre l'avvocato degli Orlandi riceve una telefonata dell'Amerikano, in cui si dichiara l'avvenuta morte di Mirella Gregori. Evidentemente la farsa del doppio sequestro non è più gestibile sia da un punto di vista logistico che tecnico, e l'elemento meno importante nella messinscena, la povera Mirella, viene definitivamente scaricato.

Il 27 settembre 1983 c'è una nuova lettera a firma di una organizzazione che dice di chiamarsi Phoenix, come la città americana famosa per essere stata luogo di incontro dei boss mafiosi di cosa nostra statunitense. Strani messaggi quelli di Phoenix, molto difficili da interpretare e che molto spesso sembrano minacce mafiose belle e buone.

Il 17 ottobre 1983 viene recapitata una lettera ancora una volta all'Ansa. In questo testo un sedicente pentito del gruppo Turkesh dichiara che Emanuela è morta:

"Emanuela è morta uccisa da un certo Aliz, il suo corpo non verrà mai ritrovato".

Si accenna poi al ruolo che nella vicenda avrebbe avuto Arcadio Spinozzi, un giocatore della Lazio. Riletta oggi questa lettera sembra piuttosto un messaggio in codice rivolto a qualcuno facente parte di un'organizzazione malavitosa inseritasi in qualche modo all'interno delle trattative.

Come abbiamo detto i messaggi che si sono susseguiti nel corso degli anni sono moltissimi. Tanti sono stati considerati opera di mitomani, altri invece sono stati reputati in qualche modo attinenti al caso. La scomparsa di Emanuela Orlandi nel corso dei mesi prima e degli anni poi è diventata a tutti gli effetti un caso mediatico, particolare che ha sicuramente attirato mitomani e sciacalli di ogni tipo, personaggi che hanno diffuso proditoriamente notizie e informazioni false, con il risultato che per gli investigatori è diventato praticamente impossibile seguire una pista concreta.

A queste persone, secondo alcuni, si sarebbero poi aggiunti professionisti della disinformazione, elementi capaci di influenzare scientificamente la vicenda fornendo talvolta informazioni vere, talvolta informazioni false ma comunque verosimili e altre volte ancora informazioni palesemente false dando vita ad un mix mortale di bugie e mezze verità capace di far calare una coltre di fumo spessissima su tutta questa vicenda. Ancora una volta, è bene non dimenticarlo mai, nessuno di questi comunicati ha mai fornito la benché minima prova che Emanuela Orlandi fosse effettivamente ancora viva dopo il giorno della sua sparizione.

LE IPOTESI

Com'è facile immaginare la quantità e la tipologia di materiale e indizi che sono emersi negli anni hanno fatto sì che venissero sviluppate le più diverse teorie. Il caso, come vedremo, si presta alle più disparate interpretazioni e le conclusioni a cui queste teorie arrivano differiscono notevolmente.

La pista internazionale

Come abbiamo visto nella vicenda Orlandi entrano a più riprese e a diverso titolo terroristi internazionali e i servizi segreti italiani ed internazionali. Non ci sono dubbi sul fatto che i servizi italiani abbiano indagato a lungo sul caso, molto probabilmente in collaborazione con i servizi segreti della Santa Sede, anche se in situazioni del genere il termine "collaborazione" è decisamente un eufemismo. Si sa con certezza inoltre che nei primi mesi del 1983 i servizi segreti francesi aveva lanciato un allarme sull'imminente sequestro di un cittadino vaticano ma, inspiegabilmente, nessuno prese sul serio quella fonte neppure dopo i fatti del 22 giugno. C'è anche un altro elemento che fa pensare che dietro alla sparizione di Emanuela ci sia la longa manus dei servizi segreti internazionali. Nel settembre del 1983 infatti un agente del Sisde parlò in questo alla famiglia Orlandi:

"Entro 15 giorni vi riconsegneremo Emanuela: mi raccomando, è stanca, portatela fuori Roma, in un posto tranquillo".

L'agente in questione, di cui non è mai stato fatto il nome per ovvi motivi di riservatezza, in seguito negò di aver mai pronunciato quelle parole: possibile che si sia trattato soltanto della fantasia dei famigliari di Emanuela? A ogni modo secondo i sostenitori di questa teoria Emanuela Orlandi sarebbe stata effettivamente rapita per ottenere il rilascio di Mehmet Ali Agca, come a più riprese sostenuto dai diversi comunicati, o comunque per fare pressioni sul Vaticano in relazione all'attentato avvenuto in Piazza San Pietro nel 1981.

All'indomani del sequestro la ragazza sarebbe stata immediatamente tradotta al di fuori dei confini italiani, forse con l'ausilio dei servizi segreti dell'allora Germania Est, in modo da metterla in sicurezza prima di iniziare la trattativa. Questo spiegherebbe anche il ritardo nei primi contatti con le autorità da parte dei sequestratori che, a seconda delle ipotesi, sono o degli esponenti dei Lupi Grigi, o delle spie appartenenti ad un non meglio specificato paese dell'ex blocco sovietico.

Emanuela sarebbe stata quindi vittima della cosiddetta sindrome di Stoccolma, ovvero il processo per cui un sequestrato finisce per prendere le parti o addirittura innamorarsi del proprio carnefice. Emanuela sarebbe per tanto ancora viva e perfettamente integrata in una qualche comunità islamica, probabilmente in Turchia, e per qualche motivo non avrebbe mai sentito il bisogno di contattare la famiglia.

Secondo il giudice Ferdinando Imposimato il vero scopo del rapimento sarebbe stato quello di contrastare la politica apertamente anticomunista di Papa Giovanni Paolo II. Per mettere a segno il loro piano criminale i rapitori si sarebbero avvalsi dell'appoggio di alcuni basisti interni al Vaticano, probabilmente spie al soldo di potenze del blocco sovietico:

"Dagli atti risulta che Emanuela è stata tenuta in vita almeno fino al 1997. I segnali sono molteplici. Emanuela non fu uccisa dopo il rapimento; la voce registrata a distanza di mesi lo dimostra. Lo dicono diversi cittadini turchi che vivono in Germania. Non è la prima volta che accade. Che sia ancora viva non è possibile dirlo. Il movente terroristico fu affermato dal pm Giovanni Malerba di Roma il 3 ottobre 1997: L'inchiesta sul rapimento Orlandi avvenne a fini terroristici e prese le mosse da messaggi fonici, telefonici e scritti, indicanti il movente del sequestro Orlandi la cui liberazione era condizionata alla scarcerazione di Alì Agca. Tali messaggi erano autentici e genuini, perché accompagnati da prove foniche riferibili a Emanuela".

Questa interpretazione dei fatti però stride, e non poco, con la natura anomala del sequestro e, soprattutto, con le successive evoluzioni della vicenda. Innanzi tutto un'organizzazione in grado di gestire un'operazione del genere difficilmente avrebbe messo in atto il prelevamento dell'ostaggio in un posto tanto rischioso e sorvegliato come la zona tra Camera e Senato che era particolarmente sotto controllo a tutte le ore del giorno. Non va dimenticato infatti che nel 1983 l'allerta terrorismo era ancora altissimo, per quanto i così detti "anni di piombo" fossero ormai giunti quasi al termine. Di conseguenza si trattava di zone poste sotto la massima sorveglianza dalle forze dell'ordine, particolare che soggetti operanti nei servizi segreti in altre organizzazioni di questo tipo non avrebbero mai potuto ignorare. Sarebbe stato molto più semplice agire in altre zone frequentate dalla ragazza, molto meno sorvegliate e senza ombra di dubbio più sicure. Appare inoltre molto difficile pensare che si fosse puntato su un obiettivo così poco strategico per far pressione sul Vaticano, a meno che, come ha ipotizzato qualcuno, non si sia trattato di un errore di persona. In questo caso Emanuela sarebbe stata rapita perché ritenuta la figlia di un altro impiegato Vaticano, probabilmente qualcuno con funzioni molto più importanti e delicate di Ercole Orlandi. Questa teoria, come le altre che ritengono Emanuela ancora viva, è per ovvi motivi sostenuta ancora da alcuni membri della famiglia Orlandi e dallo stesso Ali Agca che, come abbiamo avuto modo di sottolineare in precedenza, torna regolarmente alla ribalta dicendo di poter in qualche modo essere d'aiuto nella risoluzione del caso.

Tra le ultime dichiarazioni di questo tipo rilasciate dell'attentatore di Papa Wojtyla ricordiamo quelle del 2016. Intervenendo ai microfoni de "La Zanzara", storico programma di Radio 24 - Il Sole 24 Ore condotto da Giuseppe Cruciani e David Parenzo, Agca ha infatti dichiarato:

"Lo ribadisco, la Orlandi è stata rapita dalla CIA in collaborazione col Vaticano per liberare il sottoscritto dal carcere. Le prove ci sono. Poi hanno portato la Orlandi in un convento di clausura. La Orlandi è ancora viva, in mano al Vaticano. L'hanno plagiata, probabilmente è una suora.

Papa Francesco deve ordinare al Vaticano di liberare la Orlandi. Il Papa sa che è viva, ma non sa dov'è. Il Papa rischia la vita perché ha denunciato i trafficanti di armi. Oggi, rispetto ai miei tempi, è più difficile colpire il Pontefice, ma possono farlo lo stesso con un missile intorno al Vaticano quando prende l'elicottero. Ma credo si dimetterà, e ci saranno tre Papi e sarà un casino..."

Dichiarazioni di questo livello però si commentano da sole e, a nostro modo di vedere, dimostrano come ormai Agca sia completamente inaffidabile, ammesso e non concesso che lo sia mai stato.

La Banda della Magliana

C'è poi un'ipotesi che vedrebbe un coinvolgimento diretto della Banda della Magliana nella sparizione di Emanuela Orlandi. Questa è probabilmente la più complessa ed articolata teoria sul caso e si basa su alcuni indizi e su una serie di ricostruzioni. Come abbiamo visto all'indomani della scomparsa di Emanuela Orlandi un poliziotto ed un vigile urbano avrebbero dichiarato di aver visto una ragazzina corrispondente alla descrizione di Emanuela parlare con tale, un biondino, che guidava una BMW Touring di colore verde. C'è anche però chi sostiene che queste segnalazioni non sarebbero in effetti riconducibili ad Emanuela, in quanto descriverebbero una ragazza con uno zaino. La ragazzina scomparsa invece aveva una borsa di cuoio e un astuccio per il flauto, come si legge nel comunicato diramato in quei giorni dalla famiglia e che abbiamo citato in precedenza. Comunque, sulla base di queste dichiarazioni e della descrizione fatta dai testimoni della persona con cui Emanuela parlava, si aprirebbe uno scenario completamente nuovo. Sembra infatti che alcuni elementi portino in direzione della famigerata Banda della Magliana, la holding criminale che in quegli anni aveva il controllo più o meno totale sui traffici criminali di Roma.

Secondo questa interpretazione alcuni elementi della Magliana avrebbero prelevato Emanuela per qualche motivo e poi avrebbero cominciato una trattativa ufficiale con la famiglia Orlandi fatta di mezze verità e piccoli indizi, ma sostanzialmente farsesca, per intrattenere invece con il Vaticano una ben più complessa e redditizia trattativa parallela. Ne è convinto ad esempio il giudice Rosario Priore che per anni ha indagato sul caso dell'attentato a Giovanni Paolo II:

"Sul caso di Emanuela Orlandi la responsabilità della Banda della Magliana appare chiara e si può dire che la pista dei Lupi grigi stia venendo meno. I nazionalisti turchi sono stati usati dalla Stasi in diversi comunicati con un intento di depistaggio. Ma il loro coinvolgimento nell'attentato a Wojtyla resta, e bisogna ancora indagare, e forse a lungo, per arrivare finalmente a scoprire i mandanti".

Negli ultimi anni sono emersi nuovi filoni di indagini proprio in questa direzione. Secondo le dichiarazioni di Sabrina Minardi, ex moglie del giocatore della Lazio Bruno Giordano (e qui ci sarebbe un'inquietante coincidenza con un comunicato che puntava il dito appunto su un giocatore di quella squadra) ed ex compagna del boss della Magliana Enrico De Pedis detto "Renatino", Emanuela sarebbe stata effettivamente rapita dalla malavita romana e consegnata a una persona, probabilmente un sacerdote, alle porte del Vaticano.

Ecco il racconto della Minardi a questo proposito:

"Io arrivai lì al bar Gianicolo con una macchina... Poi Renato, il signor De Pedis, con cui in quel tempo avevo una relazione, mi disse di prendere un'altra macchina, che era una Bmw e di accompagnare... Cioè arrivò questa ragazza, una ragazzina, arrivò questa ragazza e se l'accompagnavo fino a sotto, dove sta il benzinaio del Vaticano, che ci sarebbe stata una macchina targata Città del Vaticano che aspettava questa ragazza. Io l'accompagnai: così feci. Durante il tragitto... non so quanto tempo era passato dal sequestro di Emanuela Orlandi... la identificai come Emanuela Orlandi...

Era frastornata, era confusa 'sta ragazza. Si sentiva che non stava bene: piangeva, rideva. Anche se il tragitto è stato breve, mi sembra che parlava di un certo Paolo, non so se fosse il fratello. Vabbe', comunque, io quando l'accompagnai c'era un signore con tutte le sembianze di essere un sacerdote, c'aveva il vestito lungo e il cappello con le falde larghe.

Scese dalla Mercedes nera, io feci scendere la ragazza: "Buonasera, lei aspettava me?". "Sì. Sì, credo proprio di sì". Guardò la ragazza, prese la ragazza e salì in macchina sua.

Poi, io, dopo che avevo realizzato chi era, dissi, quando tornai su, a Renato: "A' Rena', ma quella non era..."

Ha detto: "Tu, se l'hai riconosciuta è meglio che non la riconosci, fatti gli affari tuoi".

Emanuela sarebbe quindi stata tenuta sotto sequestro per un certo periodo in una casa romana dotata di sotterraneo. Poi sarebbe stata uccisa e infine avrebbero eliminato il corpo gettandolo in una betoniera a Torvaianica. Non va dimenticato comunque che la Minardi è una donna che ha alle spalle una lunga dipendenza da sostanze stupefacenti che ne hanno minato in parte la lucidità e i ricordi. Il suo racconto infatti ha molte lacune, per non parlare di alcune pesanti contraddizioni: associa eventi e persone che non hanno alcuna attinenza o le cui storie sono lontane, e non solo nel tempo, da quella di Emanuela. In particolare quando ricostruisce gli eventi legati all'eliminazione del cadavere ricorda che il corpo di Emanuela sarebbe stato occultato assieme a quello di un altro ragazzino, Domenico Nicitra, figlio di un boss della banda ed ucciso per vendetta. Il piccolo Nicitra però è stato ucciso nel 1993 quindi nella ricostruzione fatta dalla Minardi c'è evidentemente qualcosa che non torna. A sostegno del suo racconto ci sono comunque una serie di inquietanti coincidenze, come il ritrovamento di una BMW abbandonata da anni in un parcheggio pubblico e che risponderebbe alla descrizione di quella vista il giorno che Emanuela scomparve. Va ricordato a ogni modo che l'analisi delle tracce organiche fatta all'interno del mezzo al momento non ha fornito prove sul caso.

C'è poi la dichiarazione di Antonio Mancini, un pentito della Banda della Magliana, che all'epoca della misteriosa sparizione della Orlandi era rinchiuso in galera. Mancini ha confessato agli inquirenti che in carcere girava voce che...

"la ragazza era roba nostra, l'aveva presa uno dei nostri".

Sempre Mancini, nel 2009, rincarerà la dose, dicendo esplicitamente che il sequestro della Orlandi venne gestito interamente da De Pedis *"nel quadro di problemi finanziari con il Vaticano"*. Dello stesso tenore le rivelazioni di Maurizio Abbatino, altro pentito della banda della Magliana. L'uomo ha dichiarato agli inquirenti che il sequestro e l'omicidio di Emanuela Orlandi furono organizzati da di De Pedis e realizzati concretamente dai suoi uomini, nell'ambito di rapporti intrattenuti dal boss romano con alcuni esponenti di spicco della curia vaticana:

"L'omicidio di Michele Sindona e quello di Roberto Calvi sono legati al sequestro Orlandi. Se non si risolve il primo non si arriverà mai alla verità sulla fine di Calvi e sulla scomparsa della ragazza. I tre casi sono collegati da un flusso di soldi finiti nelle casse del Vaticano e mai restituiti".

Anche il già citato giudice Rosario Priore è convinto che ci sia l'attività di banca clandestina della banda della Magliana dietro al caso di Emanuela Orlandi. Il giudice sintetizza l'intera situazione con queste parole:

"Qui a Roma alla fine degli Anni '70 c'era quel forte bisogno di capitali da usare, come più volte s'è detto, senza mai alcuna smentita, alla causa polacca, alimentata persino con fondi dei sindacati americani. La Banda della Magliana, che non ha mai perso le sue origini di associazione di usurai, non donava ma dava in prestito.

E quindi voleva rientrare nei suoi crediti. Non poteva agire dinanzi a tribunali; doveva impiegare altri mezzi, altri mezzi di pressione. E quale altro mezzo di sicura efficacia che quello - operazione che non poneva alcun problema a quella organizzazione efferata - che quello del sequestro di una fanciulla giovanissima - appena quindicenne - legata a colui che appariva il destinatario ultimo del danaro prestato, per via della cittadinanza [...]

Una cittadinanza acquisita peraltro da brevissimo tempo, come erano venuti a conoscenza per strade imperscrutabili i sequestratori, che così mostravano di non essere isolati e rozzi, come erano stati disegnati da alcuni media. In pratica siamo di fronte ad un un ricatto esercitato in maniera potente, a tal punto che presso la Segreteria di Stato era stata installata una linea telefonica deputata ai contatti con i sequestratori. Linea telefonica che però avrebbe funzionato solo quando il Pubblico Ministero dell'inchiesta italiana lasciava la postazione, dimostrando così che le mosse del magistrato erano ben seguite e da vicino. Pressione a tal punto forte ed efficace che determinò in breve tempo non poche prese di posizione e appelli dello stesso Pontefice".

Al centro di questo complicatissimo intreccio tra finanza, politica e criminalità comune ci sarebbe dunque Renato De Pedis, il personaggio portato sullo schermo da Claudio Santamaria con il soprannome di Dandi nel film di Michele Placido "Romanzo Criminale" tratto dal romanzo di Giancarlo De Cataldo. Ma come arrivarono gli inquirenti a collegare il boss della Magliana al caso Orlandi?

Ancora una volta è una segnalazione anonima a indirizzare le indagini: nel luglio del 2005 alla redazione del programma televisivo "Chi l'ha visto?", arriva infatti una telefonata anonima:

"Riguardo al fatto di Emanuela Orlandi, per trovare la soluzione del caso, andate a vedere chi è sepolto nella cripta della Basilica di Sant'Apollinare, e del favore che Renatino fece al cardinal Poletti all'epoca" .

Fu la giornalista Raffaella Notariale, dopo questo episodio, a recuperare le fotografie della tomba e a ritrovare i documenti originali che autorizzavano lo spostamento del corpo di De Pedis dal cimitero del Verano alla cripta di Sant'Apollinare, documenti firmati personalmente dal Cardinale Ugo Poletti e da Monsignor Piero Vergari. Ma i messaggi anonimi in questa brutta storia non sono finiti: pochi giorni dopo infatti la redazione di "Chi l'ha visto?" riceve un biglietto che, più che un messaggio, è un vero e proprio avvertimento in stile mafioso: *"Lasciate in pace Renatino".*

Infine c'è la chiacchierata sepoltura dello stesso De Pedis all'intero della chiesa di Sant'Apollinare, a due passi dalla scuola di musica di Emanuela, in territorio Vaticano. La chiesa è di proprietà dell'Opus Dei e, a tutt'oggi, l'accesso alla tomba è consentita soltanto alla moglie. Un onore conferito normalmente solo a santi e cardinali e che starebbe a significare un forte legame di una certa parte del clero con elementi di spicco della malavita romana. Forse è così, ma cosa centra questo con il caso Orlandi? E, soprattutto, chi sarebbe questo misterioso sacerdote riemerso dai meandri della mente di Sabrina Minardi? Sarebbe Paul Marcinkus.

Paul Marcinkus

La figura del cardinale Paul Marcinkus è senza dubbio tra le più complesse di questa storia, e non solo. Nato negli stati uniti in una famiglia di emigrati lituani, Marcinkus ha ricoperto il ruolo di presidente dello IOR (Istituto Opere Religiose) dal 1971 al 1989. La sua storia privata e pubblica in parte si intrecciano con alcuni dei misteri più inquietanti degli ultimi 50 anni. Come rivelato nel settembre del '78 dalla rivista Osservatore Politico Marcinkus si iscrisse alla massoneria il 21 agosto del 1967, con numero di matricola 43/649 e con il soprannome di "Marpa". Nel 1973 venne interrogato dal dipartimento di Giustizia degli Stati Uniti su un caso di riciclaggio di denaro sporco della mafia, riciclaggio che avrebbe portato nelle casse della banca vaticana oltre 950 milioni di dollari dell'epoca. Alla fine il religioso venne assolto per insufficienza di prove, ma circa il suo coinvolgimento diretto in quel losco affare rimasero parecchi dubbi. Nel 1981 il suo nome venne da più parti associato alle polemiche relative alla misteriosa morte di Giovanni Paolo I, argomento che abbiamo trattato diffusamente nel nostro libro "La strana morte di Papa Luciani".

Nel 1987 infine, nell'ambito delle indagini sullo scandalo del crack del Banco Ambrosiano, Marcinkus riuscì ad evitare il mandato di cattura emesso nei suoi confronti soltanto grazie al suo passaporto diplomatico vaticano. Insomma, è palese che Monsignor Marcinkus non incarna la figura del classico religioso devoto, anzi, si può affermare serenamente che si tratti di uno dei personaggi più controversi del secolo scorso. Emblematica una dichiarazione fatta dallo stesso Marcinkus per difendersi dalla tante accuse ricevute:

"Sono stato accusato di aver assassinato il Papa e di essere coinvolto nello scandalo del Banco Ambrosiano, entrambe le cose sono completamente infondate. Dico a me stesso che questo potrebbe essere il modo con il quale Dio si assicura che io abbia messo il dito nella porta del Paradiso. Perché se io l'ho fatto Egli non può più richiuderla".

Monsignor Marcinkus, come abbiamo detto, viene chiamato in causa anche nel caso di Emanuela Orlandi. A dire il vero in molti sospettarono da subito che dietro la figura del telefonista chiamato l'Amerikano si volesse in qualche modo far riferimento proprio a lui. Da un'analisi dei comunicati fatta dal servizio segreto civile SISDE ancora nel 1983 sarebbe emerso che i messaggi attribuibili ai sequestratori sarebbero stati prodotti da una medesima mente definita "Cervello dell'operazione" o, in maniera più romanzesca, "Mister X". Secondo questo studio il soggetto in esame sarebbe un profondo conoscitore della lingua latina prima ancora che dell'italiano, come risulterebbe da alcune locuzioni e frasi utilizzate nei comunicati. Ma non è tutto: il famigerato Mister X avrebbe un profilo psicologico molto chiaro ovvero, come si legge nello studio del SISDE:

"Il soggetto è abituato a mantenere contatti epistolari di alto rango politico e profilo sociale; i suoi scritti sono privi di aggressività, animosità, allo stesso tempo sono ricchi di spunti ironici tramitati da un livello culturale-linguistico notevole; l'estensore è conoscitore sia di aspetti che di linguaggi giuridici; ha un'età superiore ai 45-50 anni; è straniero, verosimilmente di cultura anglosassone; ha domiciliato a lungo a Roma, conosce bene zone della città legate alla sua attività; il livello culturale e intellettuale è elevatissimo".

Leggere questo profilo e pensare al Cardinale Paul Marcinkus è cosa fin troppo ovvia, quasi scontata potemmo dire. Secondo alcuni il sequestro Orlandi sarebbe in qualche modo una mossa messa in atto da elementi della criminalità organizzata capitolina che avevano un conto in sospeso con lo IOR e il Banco Ambrosiano. Per altri, come per Minardi, il sequestro fu invece ordinato o attuato su indicazione di Marcikus per qualche motivo personale. Molto probabilmente si trattava di motivi di carattere sessuale, dato che la Minardi ha dichiarato di aver accompagnato spesso giovani ragazze ad incontri privati con Monsignor Marinkus. In questa storia torbida e confusa si inserisce anche il nome di Giulio Andreotti: la Minardi infatti ha raccontata di essere stata a cena per ben due volte a casa di Andreotti insieme al suo compagno (che all'epoca era già ricercato dalla polizia), precisando però che:

"Andreotti non c'entra direttamente con Emanuela Orlandi, ma con Monsignor Marcinkus sì".

Purtroppo però Monsignor Marcikus è morto nel 2006 portandosi nella tomba i tanti segreti custoditi in vita. Da parte sua il Vaticano ha sempre difeso strenuamente la figura di Marcinkus.

Padre Federico Lombardi, il direttore della sala stampa vaticana, nel giugno 2008 ha commentato con queste parole a Repubblica le dichiarazioni fatte dagli ex componenti della banda della Magliana:

"Accuse infamanti senza fondamento nei confronti di monsignor Marcinkus, morto da tempo e impossibilitato a difendersi. Non si vuole in alcun modo interferire con i compiti della magistratura nella sua doverosa verifica rigorosa di fatti e responsabilità. Ma allo stesso tempo non si può non esprimere un vivo rammarico e biasimo per modi di informazione più debitori al sensazionalismo che alle esigenze della serietà e dell'etica professionale".

Il serial killer romano

Secondo un magistrato e un giornalista, Otello Lupacchini e Max Parisi, il caso Orlandi sarebbe il primo di una serie di omicidi compiuti da un serial killer che si sarebbe aggirato liberamente nella capitale tra il 1982 e 1990, come abbiamo raccontato nella prima parte di questa volume dedicata al delitto di via Poma[1]. La tecnica utilizzata sarebbe stata quella dell'abbocco, ovvero avrebbe avvicinato Emanuela, e forse altre vittime, offrendo loro un qualche impiego fasullo presso l'Avon. L'assassino potrebbe essere quindi Pierluigi, o qualcuno di molto vicino a lui, con la complicità del suo sodale Mario. Una volta realizzato che la ragazza era cittadina Vaticana i due avrebbero "ceduto" la trattativa della questione all'ormai onnipresente banda della Magliana. Resta da chiedersi che fine abbia fatto il corpo o come sia stato occultato e trasportato da Pierluigi e, soprattutto, perché l'assassino avrebbe chiamato a casa Orlandi quasi per tranquillizzarli, gesto quantomeno anomalo nei casi di assassini seriali.

Nessun rapimento

Guglielmo da Occam è stato un monaco francescano vissuto nel medioevo che finì, ironia della sorte, per essere scomunicato. Nei suoi scritti ha enunciato un principio metodologico di analisi scientifica, noto come il rasoio di Occam appunto, che dice, più o meno, che la spiegazione di un fenomeno più è semplice e più è probabile che sia vera. Ovvero che per quanto ci possa piacere da un punto di vista puramente intellettuale creare varie ipotesi complesse ed intriganti, per spiegare un fenomeno ci sono buone possibilità che la spiegazione più banale, per quanto misera e poco scenografica, sia quella giusta. La teoria di Pino Nicotri[2] è abbastanza netta e dice che Emanuela Orlandi sarebbe morta, anzi sarebbe morta nell'immediatezza della sua scomparsa. La prova sta semplicemente nel fatto che non abbiamo mai avuto nessuna prova certa al di là di ogni ragionevole dubbio dal giorno della sua sparizione. Solo fotocopie e nastri registrati che, al massimo, possono dirci che chi chiamava aveva la borsa di Emanuela o comunque dei rapporti con la sua scuola di musica o con qualche amica della ragazza.

I telefonisti, i lupi grigi, il fronte Turkesh, Phoenix, Mario, Pieluigi... Tutto fumo negli occhi o, forse, entità portatrici di interessi diversi scese in campo per altri motivi, ma assolutamente non in possesso di Emanuela e da essa comunque con ogni probabilità assolutamente scollegati. I testimoni che l'hanno vista parlare con un tale prima dell'ultima lezione? Testimonianze che non

---

[1] Si veda a questo proposito *Dodici donne un solo assassino: da Emanuela Orlandi a Simonetta Cesaroni*, di Otello Lupacchini e Max Parisi, 2015 Koinè Nuove Edizioni.

[2] Pino Nicotri, *Emanuela Orlandi: la verità. Dai Lupi Grigi alla banda della Magliana*, 2008, Dalai Editore.

forniscono nessuna prova certa, tant'è che dicono tutte che la ragazza aveva con sé uno zaino, quando in realtà sappiamo con sicurezza che era uscita con una borsa. Nessuno poi ha mai parlato dell'astuccio per il flauto, elemento questo sì inusuale e ingombrante che si sarebbe dovuto notare immediatamente. Il Vaticano? Secondo Nicotri non ha mai collaborato perché doveva proteggere qualcuno al suo interno. Confidenza questa raccolta da Nicotri direttamente dentro le mura Vaticane. E, a dire il vero, la scarsa collaborazione delle autorità pontificie in questa vicenda è stata lamentata da più parti. Solo per fare un esempio concreto del muro di gomma con cui si dono dovuto confrontare gli investigatori italiani, basta ricordare che i nastri con le registrazioni telefoniche tra i rapitori e la Segreteria di Stato per chiedere lo scambio di Emanuela con Alì Agca sono scomparsi, ma anche che lo Stato Vaticano ha respinto tutte le rogatorie chieste dallo Stato italiano e sistematicamente negato la collaborazione prevista dai Patti Lateranensi ogni volta che è stato possibile. Nel 1997 poi fu deciso di non concedere la proroga alle indagini sulla scomparsa di Emanuela Orlandi e sull'attentato a papa Giovanni Paolo II. Ma l'ipotesi più sconvolgente però riguarda il rapimento. Sì perché secondo la teoria Nicotri non ci sarebbe stato nessun rapimento: ve lo immaginate un sequestro nel pieno centro di Roma alle 7 di sera, a giugno, quando è ancora chiaro e con tutta quella gente intorno?

No la ragazza si è semplicemente allontanata volontariamente assieme al suo carnefice che, dunque, Emanuela conosceva. Tutta la storia del rapimento poi sarebbe stata solo una grossa montatura per coprire l'omicidio, probabilmente a sfondo sessuale ed accidentale, di Emanuela. Nicotri nel suo libro "Emanuela Orlandi - La verità" riporta una dichiarazione dell'avvocato della famiglia, Gennaro Egidio, che è sintetizza in maniera perfetta il pensiero del giornalista romano:

"I motivi della scomparsa della ragazza sono molto più banali di quello che si è fatto credere. Contrariamente alle dichiarazioni dei familiari, Emanuela di libertà ne aveva molta, per esempio le comitive con gli amici. Il rapimento, il sequestro per essere scambiata con Agca? Ma no, la verità è molto più semplice, anzi, ripeto, è banale. Non per questo meno amara. Mirella Gregori, l'altra ragazza che pure si è fatto credere fosse stata rapita da amici e complici di Agca? Non c'entra niente, Mirella s'è infilata in un brutto giro, forse di prostituzione, lei voleva solo aiutare la madre a comprare un appartamento"[3].

Ci sarebbero insomma molti punti in comune con un caso molto famoso degli anni '50 quello di Wilma Montesi la ragazza rinvenuta cadavere in una spiaggia del litorale romano morta, pare, in seguito all'assunzione di sostanze stupefacenti prese durante un festino conviviale a cui avrebbero partecipato personaggi molto noti dell'epoca.

Anche Padre Amorth, il celebre esorcista morto nel settembre del 2016, era fermamente convinto che quello di Emanuela Orlandi non fosse un rapimento, ma bensì un omicidio a sfondo sessuale messo in atto da un non meglio precisata setta satanica operante all'interno della Santa Sede. In una prima intervista del 2012 Padre Amorth parlò di un omicidio commesso durante un'orgia di pedofili, mentre nel suo libro pubblicato nel 2016 si spostò verso la pista della setta satanica. Trovate qui di seguito le parole precise dell'ex capo mondiale degli esorcisti vaticani, così come sono riportate nel suo libro "L'ultimo esorcista"[4]:

"Non ci sono prove per dire che in Vaticano ci sia Satana, nel senso che non ci sono prove per dire che ci sono

---

[3] Pino Nicotri, op. cit.

[4] Gabriele Amorth e Paolo Rodari , *L'ultimo esorcista - La mia battaglia contro Satana*, 2008, Piemme.

persone che in Vaticano svolgono riti satanici [...] Vorrei, in proposito, fare un esempio. Parlare di una vicenda relativamente recente nella quale, a mio avviso, quella parte minoritaria che dentro le sacre mura lavora per il male e non per il bene può aver preso il sopravvento. È la vicenda di Emanuela Orlandi [...] improvvisamente il 22 giugno del 1983 scompare [...] Io penso che una ragazza di quindici anni non sale su una macchina se non conosce bene la persona che le chiede di salire. Credo che occorrerebbe indagare dentro il Vaticano e non fuori. O comunque indagare intorno alle persone che in qualche modo conoscevano Emanuela. Perché secondo me solo qualcuno che Emanuela conosce bene può averla indotta a salire su una macchina.

Spesso le sette sataniche agiscono così: fanno salire su una macchina una ragazza e poi la fanno sparire. Il gioco è facile purtroppo. Fanno salire in macchina la loro preda, la narcotizzano con una siringa e poi fanno di questa ragazza ciò che vogliono. Beninteso, mi auguro che le cose non stiano in questo modo. Mi auguro che se davvero, come penso, di setta satanica si tratta, almeno questa setta non abbia nulla a che vedere con il Vaticano. Mi auguro che questa storia che sembra non finire mai finisca presto. Ma non mi esimo dal dire che spesso in tutto il mondo scompaiono giovani donne in questo modo. Può sparire una ragazza così vicina a un luogo che dovrebbe essere santo come è il Vaticano? Purtroppo sì. Perché Satana è ovunque..."

Nel settembre 2016 la trasmissione "Chi l'ha visto" ha mandato in onda una registrazione audio inedita in cui una voce femminile si lamenta, quasi come se fosse soffocata. Si tratta presumibilmente di una ragazza vittime di violenze e sevizie sessuali, tanto che ripetutamente la poveretta implora pietà ai suoi aguzzini. Il nastro riporta infatti le voci di tre diversi soggetti maschili, tutti e tre con un forte accento romanesco. Secondo i giornalisti del popolare programma di RAI3 la voce presente nel nastro sarebbe quella di Emanuela Orlandi. Attenzione però, non si tratta di un nastro inedito. È accertato infatti che la famiglia Orlandi era venuta in possesso del nastro già 25 anni fa. I famigliari hanno escluso che la voce presente nel nastro sia quella di Emanuela ma, ancora una volta, non possiamo avere certezze di alcun tipo a proposito.

La battaglia di Pietro Orlandi

Nel marzo del 2017 Pietro Orlandi, fratello di Emanuela, ha lanciato una petizione a Papa Francesco, dopo la petizione lanciata nel 2011 senza risultati a Papa Benedetto XVI. I famigliari della ragazza infatti non si sono mai arresi e hanno continuato a combattere nel nome della verità. Quella che segue è la lettera aperta di Pietro Orlandi a Papa Bergoglio:

"Per il diritto alla Verità su Emanuela Orlandi. Papa Francesco, sono Pietro Orlandi e dopo tanti anni sono ancora qui a chiedere la Verità sul rapimento di mia sorella Emanuela, cittadina vaticana, avvenuto il 22 giugno 1983.

Una ragazzina innocente di 15 anni alla quale è stato impedito di scegliere della propria vita, negandole, ancora oggi, ogni forma di Giustizia, dimenticandosi che la vita di ogni essere umano è sacra e non può essere considerata un pezzo di carta sul quale apporre il timbro "archiviata".

Una vicenda che nel corso degli anni è stata caratterizzata da depistaggi, insabbiamenti, omertà e soprattutto mancanza di collaborazione da parte della Santa Sede.

Lei disse: "Chi tace è complice". È vero. In Vaticano c'è chi sa e da tanti anni tace, diventando complice di quanti hanno avuto responsabilità in questa vicenda. A tal riguardo, in Vaticano, ci sono carte secretate, a conoscenza di alcune autorità della Santa Sede, che contengono passi importanti di questa disumana vicenda e che potrebbero permetterci di riabbracciare Emanuela o darle una degna sepoltura.

Il dossier "Rapporto Emanuela Orlandi" a disposizione, nel 2012, della Segreteria Particolare di Papa Benedetto XVI, contenente informazioni e nomi che potevano condurci alla Verità, stava per essere consegnato ad un magistrato italiano, ma in Vaticano vennero meno alla parola data e il fascicolo rimase occultato.

Dopo 33 anni mi chiedo perché si continua a negare ad una famiglia la possibilità di dare Luce e Pace alla propria figlia, alla propria sorella. Abbiamo il diritto di conoscere la Verità contenuta in quei documenti e se sulla scomparsa di Emanuela fu posto il Segreto Pontificio, La prego di sciogliere i sigilli a tale imposizione che osteggia il raggiungimento della Verità e della Giustizia.

Non possono esistere segreti in uno Stato che si erge a centro della Cristianità perché è contrario alle parole e agli insegnamenti di Gesù:

Non v'è nulla di nascosto che non debba essere svelato e di segreto che non debba essere manifestato

Papa Francesco Lei ha indicato agli uomini la via giusta "Costruire ponti e non alzare muri invalicabili" e io lo stesso chiedo a Lei, per Emanuela. La Verità, la Giustizia non possono essere un'utopia, un sogno irraggiungibile ma i principi fondamentali, per ogni Stato che si reputa civile. Principi fondamentali che in questa vicenda sono stati vergognosamente calpestati per oltre 33 anni.

La mia è una voce tenace, priva di rassegnazione, che mi guiderà, in questa vita e oltre, a cercare Verità e Giustizia, affinché questo grido appartenga a tutte le vittime innocenti ed alle persone private della Libertà. Non ci lasceremo mai rubare la speranza.

Pietro Orlandi, 28 marzo 2017".

Pietro Orlandi è dunque convinto che qualcuno in Vaticano siano a conoscenza di cos'è successo a Emanuela. Qualcuno che però, anche dopo più di trent'anni da quell'enigmatica sparizione, preferisce ancora rimanere in silenzio.

Il dossier a cui Pietro Orlandi si riferisce nella sua lettera aperta a Papa Francesco esiste davvero ma, a oggi, nessuna fonte esterna al Vaticano ha mai avuto la possibilità di consultarlo, come ha sottolineato lo stesso Orlandi nel blog dedicato alla ricerca della verità sul caso di Emanuela:

"Negli ultimi mesi del 2016 è uscito un fatto nuovo, che io reputo il più importante degli ultimi anni, l'ammissione da parte del Vaticano di essere in possesso di un fascicolo che contiene la verità che cerchiamo da anni. Fascicolo o parte di esso che avrebbero consegnato a magistrati italiani in cambio di un favore, togliere il Vaticano dall'imbarazzante situazione di avere De Pedis sepolto a Sant'Apollinare e naturalmente trovare il modo di uscire e porre fine a questa vicenda di Emanuela con una verità parziale, molto parziale. Di questo fatto ne ero venuto a conoscenza durante la lavorazione del film di Faenza, poi in seguito ebbi la conferma, riguardo al fascicolo, da chi lo vide con i propri occhi nella segreteria di papa Benedetto XVI.

[...] La cosa incredibile è che di fronte a questa notizia, uscita pubblicamente ad ottobre, che potrebbe veramente portare al raggiungimento della verità nessuno dei tanti giornalisti "paladini della Giustizia" che riempiono pagine di giornali, di libri, trasmissioni televisive, Facebook, che da anni si occupano di questa vicenda, formulando ipotesi, seguiti da informatori, testimoni o presunti tali e che dichiarano che il loro unico obbiettivo è arrivare alla verità, il giornalismo italiano non spende neanche una parola, come se quel fatto non esistesse, non fosse mai accaduto e non fosse così importante da attirare la loro attenzione, nonostante nelle interviste che mi sono state fatte dopo l'uscita io abbia parlato soprattutto di questa novità, nessuno ha voluto dare un seguito e mettere in risalto un fatto così importante, lo ripeto, l'ammissione da parte del Vaticano di essere a conoscenza della verità.

Lo stesso vale per chi ha deciso di archiviare tutto, perché una notizia come questa avrebbe dovuto farlo alzare dalla poltrona e pretendere quel fascicolo per dare Giustizia, perché questo è il mestiere che ha scelto e per il quale è pagato, Dare Giustizia".

Nell'estate del 2020 infine l'ultimo appello di Pietro Orlandi, che questa volta si è rivolto al Papa Emerito Benedetto XVI nel giorno del 37esimo anniversario della sparizione di Emanuela Orlandi:

"Il mio appello a fare giustizia e a darci verità lo rivolgo non a Francesco, Papa che so essere chiuso nei confronti della vicenda di Emanuela, ma a Ratzinger, che ancora indossa la veste bianca, è ancora Papa Benedetto ed era vicinissimo a Giovanni Paolo II: ora, che a 93 anni si avvicina al Padre, se sa qualcosa, abbia un rigurgito di coscienza e lo dica, non si porti segreti nella tomba come Wojtyla. Io mi auguro che abbia una vita lunga, gli faccio ogni augurio.

Negli anni del pontificato Benedetto è stato sempre molto tiepido con noi ma ora qualcosa potrebbe cambiare, io gli chiedo di dire quello che sa. Mi piacerebbe avere un contatto con lui, mi piacerebbe incontrarlo, so che è ancora più difficile che incontrare papa Francesco ma almeno, ripeto, se sa qualcosa che lo dica".

Anche questo ennesimo appello di Pietro Orlandi, però, è rimasto inascoltato.

CONCLUSIONI

Purtroppo questa storia fatta di intrighi e misteri non è ancora finita anzi, come dimostrano le azioni intraprese da Pietro Orlandi si tratta di un caso in continua evoluzione a più di trent'anni di distanza. L'interesse dei media è sempre molto alto e, a differenza di altri casi di cronaca nera anche meno datati di questo, gli indizi e gli spunti per nuove indagini non mancano mai. Vogliamo sperare che si riesca ad arrivare presto a una conclusione, che chi sa finalmente parli. Perché se c'è una sola cosa su cui probabilmente tutte le teorie e tutte le persone che in qualche modo si sono occupate del caso concordano è proprio questa: qualcuno conosce la verità, ma ha scelto di tacere.

UNABOMBER
Terrore a Nordest

IL DELITTO PERFETTO?

Tra i tanti misteri che hanno tenuto in ostaggio l'Italia quello di Unabomber è senza dubbio uno dei più inquietanti. Un incubo che mischia agghiaccianti azioni criminali, clamorosi errori investigativi e, per alcuni, anche sinistri messaggi in codice. Per oltre un decennio il dinamitardo soprannominato Unabomber ha seminato il panico tra Veneto e Friuli Venezia Giulia: bambini che giocavano, casalinghe che facevano la spesa, bagnanti in spiaggia, fedeli in chiesa... queste sono state le sue vittime. Persone normalissime, colpevoli soltanto di essersi trovate nel posto sbagliato nel momento sbagliato.

In breve il terrore si è diffuso a macchia d'olio tra la popolazione, al punto che qualcuno ha addirittura pensato che dietro alla sua figura ci potesse essere una regia superiore. Un'evoluzione deviata della tanto nominata strategia della tensione? Forse.

Mai una rivendicazione, mai un passo falso per questo questo criminale che ha tenuto in scacco la polizia italiana per diversi anni senza mai essere arrestato. Le indagini non hanno portato a niente di concreto e, a quasi vent'anni dall'inizio di questa assurda storia ci troviamo praticamente al punto di partenza. Per alcuni questo criminale poteva e può tuttora contare su amicizie influenti in grado di proteggerlo, ma c'è anche una nuova teoria che, se confermata, cambierebbe tutta questa storia e le darebbe un significato inedito. Per molti, poi, Unabomber sarebbe ancora là fuori. Un'ombra senza volto che, forse, sta soltanto aspettando il momento giusto per tornare a colpire.

GLI ATTENTATI

Domenica 21 agosto 1994. Sacile, provincia di Pordenone

La signora Daniela Pasquali sta visitando con i suoi due figli la "Sagra degli Osei" una manifestazione molto famosa a livello locale che attira ogni anno curiosi e turisti. Camminando tra le bancarelle scorge in terra uno strano tubo di metallo. Senza pensarci lo raccoglie e l'ordigno, una bomba artigianale piena di biglie, le esplode tra le mani. Fortunatamente lei e i suoi figli riportano solo danni lievi e ferite guaribili in pochi giorni.

Sabato 17 dicembre 1994, Pordenone

Il Natale è alle porte. Una folla di persone a caccia degli ultimi regali riempie i grandi magazzini ed i negozi del centro della piccola città friulana. La Standa di piazza del Popolo è gremita di gente. Quando mancano pochi minuti alla chiusura le musiche natalizie mandate dagli altoparlanti vengono coperte da un boato assordante. Un tubo di metallo contenente un ordigno è esploso a pochi passi dall'ingresso principale. Per fortuna la tragedia è stata soltanto sfiorata: una passante è stata ferita, ma solo in maniera superficiale.

Domenica 18 dicembre 1994. Aviano, provincia di Pordenone

I fedeli sono raccolti in preghiera all'interno della chiesa di Santa Maria e Giuliana. Pochi minuti dopo, mentre stanno uscendo dalla chiesa, un nuovo ordigno, forse inavvertitamente toccato da un passante, esplode sul sagrato. Fortunatamente questa volta nessuno viene ferito.

Domenica 5 marzo 1995 Azzano Decimo provincia di Pordenone.

Siamo nel bel mezzo del Carnevale e nessuno si spaventa troppo per quelle due esplosioni proprio nel centro del paese. In molti pensano a qualche ragazzino che si diverte con i petardi. In realtà i petardi non c'entrano niente. Quelle che sono esplose sono due vere e proprie bombe, piazzate a poche centinaia di metri l'una dall'altra. Il caso ha voluto che anche questa volta non ci siano stati feriti.

Sabato 30 settembre 1995, Pordenone

Sono le 16.30 e la signora Anna Pignat Giovannetti sta portando fuori l'immondizia dalla sua abitazione in via Fratelli Bandiera. Per strada vede per terra un tubo metallico e lo raccoglie. La deflagrazione le polverizza letteralmente la mano destra.

«Ho sollevato la bomba con la scopa, l'ho spostata di due metri [...] Questa mano reggeva la bomba ed è sparita completamente».

La signora Anna è la prima vittima di Unabomber a riportare lesioni permanenti. Purtroppo non sarà l'ultima. La notizia dell'attentato si diffonde rapidamente. Gli investigatori hanno già associato tra loro tutti gli quegli strani episodi, ma ci sono pochissimi elementi su cui lavorare. Per il momento balza all'occhio che quasi tutti gli attentati siano avvenuti durante il week end. Mancano però un movente chiaro e delle rivendicazioni che possano in qualche modo circoscrivere il numero dei sospettati. Le indagini procedono per tentativi ma in sostanza non si basano su nulla di concreto, come dichiarerà anche Domenico Labozzetta, Procuratore a Pordenone tra il 1993 e il 2003:

«Il fatto che non ci fosse nessuna rivendicazione, non fossero chiari i motivi e gli obiettivi, determinava appunto quest'impossibilità di seguire una pista d'indagine».

Vengono elaborati alcuni profile generici dove si ipotizza che dietro a questi attentati ci possa essere un uomo tra i 30 ed i 40 anni, con una certa familiarità con gli esplosivi ed una grande abilità manuale. Poco, troppo poco per cercare di mettere le mani su Unabomber.

Domenica 1 ottobre 1995 Pordenone

Una signora sta guardando la televisione. La maggior parte dei servizi dei telegiornali parla dell'attentato del giorno prima in cui la signora Pignat ha perso una mano. A quel punto la signora realizza di avere in casa un tubo del tutto simile a quello esploso tra le mani della sua sfortunata concittadina. Con un pizzico di incoscienza la donna mette il tubo nel cestino della bicicletta e pedala fino alla più vicina caserma dei carabinieri.

Purtroppo però l'ordigno viene fatto brillare troppo frettolosamente mentre sarebbe stato il caso di esaminarlo nel dettaglio: al suo interno infatti si sarebbero potute trovare tracce organiche o di altro tipo che avrebbero potuto ricondurre all'attentatore. A quanto pare però nessuno ci ha pensato.

Domenica 4 agosto 1996, Lignano Sabbiadoro provincia di Udine

Siamo nel pieno della stagione estiva. Ai turisti che stanno passando le vacanze sull'Adriatico si uniscono i tantissimi pendolari del mare, ovvero gli abitanti dalle vicine province di Padova, Pordenone e Udine che affollano ogni week end le spiagge di Lignano.

È mattina presto e gli ombrelloni sono ancora chiusi. Un turista di Domodossola di 33 anni, di nome Roberto Curcio, decide di non aspettare il personale della spiaggia ed apre da solo il suo ombrellone. Dal suo interno cade qualcosa di strano avvolto in un giornale e Roberto la raccoglie incuriosito con un gesto automatico:

«L'ho girato per vedere cos'era e l'urto è stato tremendo. Mi sono visto il dito che penzolava e quando mi sono tirato su mi sono sentito la vena sfilarsi».

L'ordigno era avvolto in un'edizione del Messaggero Veneto distribuita a Pordenone. Un errore o solo un astuto tentativo di depistaggio?

Si inizia a indagare

A questo punto gli attentati iniziano ad essere troppi e anche la stampa nazionale inizia a capire che a Nord Est c'è qualcosa che non va. Il terrore travalica in un lampo i confini del Friuli: le spiagge di Lignano in quei giorni sono gremite di turisti provenienti da ogni parte d'Italia e molti anche da paesi stranieri, impossibile tenere nascosta questa brutta storia. Per la prima volta tutti si sentono vulnerabili. Poche ore dopo viene rinvenuto un tubo inesploso a Bibione, a pochi chilometri di distanza da Lignano Sabbiadoro. Questa volta però l'ordigno non viene fatto brillare ma viene analizzato minuziosamente.

Si tratta di quella che in inglese si chiama pipe bomb ovvero un tubo metallico di tipo idraulico chiuso alle estremità. All'interno una miscela di polvere da sparo ricca di azoto. I materiali sono tutti di facile reperibilità e non permettono di circoscrivere un'area o una categoria specifica di persone. L'indomani, lunedì 5 Agosto 1996, l'agenzia ANSA di Roma riceve una telefonata di rivendicazione in cui si dice che a mettere gli ordigni sarebbe stato "17 novembre", un gruppo di estrema sinistra greco che prende il nome dal giorno in cui nel 1973 era scoppiata la rivolta contro il regime dei colonnelli. A livello ufficiale la sigla è poco nota in Italia in quel momento e quasi nessuno l'ha mai sentita nominare. Gli investigatori si mettono sulle tracce di Andrea Agostinis, un professore di un ITIS di Tolmezzo in provincia di Udine che solo pochi giorni prima aveva scritto un approfondito articolo su questa organizzazione per un giornale locale, *Il Quotidiano del Friuli*. Per le forze dell'ordine questa non è una coincidenza e si convincono che il professore deve avere un qualche ruolo nella vicenda. Su questo non hanno dubbi. Ecco come racconta quei giorni lo stesso Agostinis:

«Suonano tantissime volte. Vado alla porta e trovo degli agenti di polizia che mi esibiscono un decreto di perquisizione del GIP di Udine. Chiedo a che cosa si riferisca e mi comunicano che io da quel momento dovevo essere considerato il primo indagato di Unabomber [...] L'unico in Italia ad aver scritto e parlato di questo gruppo "17 novembre" sono stato io per cui la polizia invece di venirmi a chiedere informazioni su quello che avevo già scritto e su quello di cui avevo già parlato ha ritenuto viceversa che io ne fossi appartenente o fossi organico al gruppo 17 novembre».

Dopo pochi giorni appare chiaro che Agostinis non ha nulla a che vedere con il caso di Unabomber e la sua posizione viene archiviata. La pista 17 novembre, forse un semplice depistaggio, viene presto abbandonata perché ritenuta infondata. Le indagini ripartono da capo e purtroppo non c'è altro da fare che aspettare la prossima mossa del bombarolo, nella speranza che prima o poi commetta un passo falso o un errore. Unabomber però sparisce nel nulla per 4 anni alimentando in molti la speranza che si sia esaurita la sua spinta criminale. Purtroppo le cose non andranno così.

Nel febbraio del 1998 viene trovato un ordigno nel parcheggio di un ristorante a Zoppola, in provincia di Pordenone ma non c'è certezza che l'autore sia effettivamente Unabomber o piuttosto qualcuno che voglia in qualche modo emularlo.

Giovedì 6 luglio 2000 Lignano Sabbiadoro, provincia di Udine.

Un bolognese di 70 anni di nome Giorgio Novelli, carabiniere in pensione, viene gravemente ferito dall'esplosione di un ordigno che si trovava appena sotto il pelo dell'acqua. Unabomber è tornato.

Mercoledì 13 settembre 2000, San Stino di Livenza provincia di Venezia

Durante la vendemmia una donna resta lievemente ferita dallo scoppio di un tubo bomba. Molta paura ma per fortuna non ci sono lesioni permanenti. Un altro ordigno simile inesploso verrà trovato dopo circa un mese all'interno dello stesso vigneto. Questo attentato segna una svolta nella triste vicenda di Unabomber. Da questo momento infatti il folle dinamitardo fa un salto di qualità e decide di alzare il livello dello scontro. Probabilmente ha capito che la gente ha imparato ad aver paura e a riconoscere i suoi tubi bomba, per cui decide di cambiare strategia e comincia a confezionare ordigni più complessi e meno riconoscibili.

Martedì 31 ottobre 2000, Portogruaro provincia di Venezia

Il centro commerciale Continente ha all'interno un grande e moderno supermercato. Il Continente è uno di quegli agglomerati commerciali dove si vende un po' di tutto, qui la gente viene anche solo per passare il pomeriggio passeggiando davanti alle vetrine dei negozi o per bere un caffè. Il Continente, come tutti i centri commerciali, è anonimo per definizione nel senso che, a differenza delle botteghe tradizionali, non si viene a creare un rapporto tra chi sta dietro il banco e i clienti. Tutto è impersonale. Tutti sono di passaggio. All'interno di una confezione di uova regolarmente riposte sullo scaffale si nasconde un tremendo ordigno. L'attentatore ha acquistato la confezione, poi ha fatto bollire un uovo e una volta sodo l'ha tagliato a metà per svuotarlo. Al posto del tuorlo e dell'albume ha messo un tubetto di selz contenente l'esplosivo. Ha quindi predisposto l'innesco, poi ha incollato le due parti del guscio e ha rimesso l'ordigno nella scatola, che successivamente è andato a rimettere negli scaffali del supermercato di Portogruaro. Per fortuna ad acquistare la confezione è stato Giorgio Marinelli, un uomo di Azzano Decimo molto attento ai dettagli. Il Marinelli infatti si insospettisce per quel filo metallico che spunta dall'uovo e lo porta subito ai carabinieri.

I RIS, il reparto di investigazione scientifica dell'Arma, si mette subito al lavoro. La speranza è che il dinamitardo abbia commesso un errore o che perlomeno abbia lasciato una traccia. Il loro lavoro paziente questa volta è premiato: all'interno dell'uovo bomba viene trovato un capello. Unabomber ha finalmente commesso un errore. Ma c'è di più: per collegare l'innesco ha usato un pezzo di nastro isolante tagliato con i denti. Sul nastro si trovano piccole tracce di saliva. In quel preciso momento gli investigatori credono di essere arrivati ad una svolta. Ma il DNA di un criminale da solo serve a poco se non c'è nessun sospettato con cui metterlo a confronto...

Martedì 7 novembre 2000, Cordignano provincia di Treviso.

Questa volta l'esplosivo viene nascosto dentro un tubetto di passata di pomodoro in vendita, ancora una volta, presso un supermercato della catena Continente. Nadia Ros, 37 anni, dopo aver acquistato il tubetto si dirige a casa. Alle prese con i fornelli apre il tubetto e l'innesco si aziona. Perderà il pollice e altre due dita.

Iil marito della donna che era in casa al momento dello scoppio racconterà così quell'episodio drammatico:

«Eravamo soli in cucina, ieri sera alle otto e mezza. Lei stava preparando lo spezzatino per oggi... Non riusciva a far uscire niente. Allora, lei che non è mancina, ha preso il tubo con la destra, per il fondo. Con la sinistra ha schiacciato più forte che poteva, sopra la pentola. C'è stato un botto, un fumo. È corsa qui. Era bianca come un lenzuolo, e perdeva sangue. Cercava aria per respirare, o forse scappava. Ho preso un fazzoletto dal cassetto, e gliel'ho stretto intorno al polso per fermare il sangue».

La situazione ormai è fuori controllo, come ha riconosciuto Domenico Labozzetta Procuratore a Pordenone:

«Ci rendevamo conto che trappole analoghe potevano essere nascoste in tutti i prodotti che potevano essere venduti in qualsiasi supermercato...».

Venerdì 17 novembre 2000, Portogruaro provincia di Venezia

Maria Grazia Redico sta facendo la spesa al supermercato Continente, esattamente nello stesso punto vendita dove era stata acquistata la confezione di uova con l'ordigno.

«Era novembre e mente facevo la spesa ho visto il supermercato poco affollato ed ho chiesto se era l'effetto Unabomber, visto che in quel supermercato aveva già colpito e la signora del reparto salumeria mi ha detto: no, no, non si preoccupi sono già passati con il metal detector quindi non c'è nessun problema. A casa trovo mio marito che forse avendo un sesto senso comincia a controllare la spesa mentre mi guarda. Controlla tutto partendo ovviamente dalle uova ed arrivando alla maionese. Verifica al centro il tubo e mi dice: ma secondo te non è dura questa maionese? Al che ho verificato ed al centro era effettivamente dura. Abbiamo scoperto che c'era un ordigno all'interno del tubetto di maionese. Siamo rimasti sconvolti perché a tutto pensi fuorché che questa cosa possa capitare a te».

Nemmeno gli appostamenti delle forze dell'ordine o i controlli con il metal detector sembrano essere in grado di fermare Unabomber. Quest'uomo come un'ombra entra ed esce indisturbato da ogni luogo lasciando dietro di sé i suoi terribile ordigni pronti ad esplodere.

Venerdì 2 novembre 2001, Motta di Livenza provincia di Treviso

È il giorno dei morti e Anita Buosi, una pensionata di 64 anni, sta aiutando il parroco a sistemare i lumini nel cimitero. Ad un certo punto sopra una tomba un po' appartata vede un lumino in posizione orizzontale. Appena viene messo in posizione verticale l'ordigno deflagra disperdendo con violenza inaudita per parecchi metri i chiodi e bulloni che in esso erano contenuti. La signora Buosi resterà mutilata e perderà la vista dall'occhio destro.

«Sono passata davanti ad alcuni loculi e ho visto che non c'era neanche un cero. Ho pensato di andare a prenderli e ne ho sistemati 4. Me ne mancavano due e su una nicchia ho visto un bel cero, un po' più alto degli altri. Con la sinistra l'ho preso. Mi è stato chiesto se aveva qualche segno particolare, ma non aveva niente, solo lo stoppino. È stato uno scoppio fortissimo, improvvisamente si è scatenato l'inferno».

Martedì 23 luglio 2002, Porcìa provincia di Pordenone

Pamela Martinello, 35 anni, è da poco rientrata dall'Iperstanda di Poricìa dove ha fatto la spesa. Cerca di aprire un barattolo di Nutella appena acquistato ma il tappo gira a fatica e Pamela si insospettisce. Corre verso il davanzale della cucina dove fa appena in tempo ad appoggiare il barattolo e ad allontanarsi che il vasetto esplode. Con questo attentato Unabomber sembra aver cambiato ancora obiettivo. Un prodotto come la Nutella infatti ha un target di consumatori abbastanza definito e decisamente basso di età rispetto alle uova e alla maionese. Da adesso in poi le sue vittime saranno i più deboli, i più indifesi, i meno sospettosi. L'infermo, se possibile, comincia soltanto ora perché da adesso in poi punterà sui bambini.

Lunedì 2 settembre 2002, Pordenone

Claudio, un bambino di 5 anni, ha accompagnato i genitori a fare delle compere presso il grande magazzino Mercatone Zeta. Per farlo stare buono gli regalano una piccole confezione di bolle di sapone, a patto che lo apra soltanto quando saranno usciti. Superata la porta da pochi passi il bambino afferra avidamente la confezione e cerca di aprirla. La scatola però gli esplode tra le mani procurandogli delle ferite, per fortuna non gravi, alle dita e alla pancia.

A questo punto la gente non ne può più, il livello di tensione ed esasperazione cresce di giorno in giorno. Tutte le azioni quotidiane, anche le più banali, diventano potenzialmente pericolose. Dalle pagine del quotidiano Libero il noto imprenditore trevigiano Giorgio Panto arriva addirittura a finanziare personalmente un taglia di 50.000 euro a chiunque sia in grado di fornire informazioni utili per la cattura di Unabomber. Ecco come l'allora direttore di Libero Vittorio Feltri annunciava questa iniziativa:

«In questo momento l'impressione è che non ci sia nessuna pista da seguire. Con la taglia ci auguriamo che qualcuno si muova e soprattutto che la gente non chiuda gli occhi ma li apra».

Anche questo tentativo, purtroppo, non fa avanzare di un solo passo le indagini. Il problema in questo caso non è il silenzio omertoso della gente che potrebbe essere rotto da un'offerta in denaro. La realtà è che nessuno ha il minimo indizio o la minima informazione su questa persona. Nessuno sa nulla. Unabomber resta un'ombra senza volto.

Mercoledì 25 dicembre 2002, Cordenons provincia di Pordenone

È la notte di Natale e la chiesa di Santa Maria Maggiore è gremita di fedeli per la messa di mezzanotte. Il parroco don Giancarlo Stival ha appena dato inizio alla funzione quando un ordigno posto al di sopra di un confessionale esplode. Per puro caso si è sfiorata la strage. A differenza degli attentati precedenti questo ordigno pare essere scoppiato da solo. In altre parole sembra che Unabomber non abbia cercato il coinvolgimento diretto di nessun altro soggetto nell'aprire o manipolare un qualche oggetto. Gli investigatori brancolano nel buio e temono un ennesimo cambio di strategia. In quegli stessi giorni un movimento politico locale, SOS Italia mette a disposizione un'altra taglia, questa volta di 100.000 euro a chiunque fornisca tracce o informazioni per risalire a Unabomber. Purtroppo nessuno incasserà mai il denaro.

Lunedì 24 marzo 2003, Pordenone

Il Palazzo di Giustizia è per antonomasia uno dei luoghi più sicuri in ogni città. Telecamere e personale armato vigilano in continuazione per prevenire o rispondere a qualsiasi minaccia. Neanche questo ferma Unabomber. Alle 12.30 circa un boato si impone sul brusio ed il vociare nei corridoi. Un ordigno posto nei bagni a pochi passi dall'ufficio del procuratore Domenico Labozzetta esplode distruggendo completamente la toilette. Fortunatamente nessuno era nei paraggi.Il messaggio è chiaro ed inequivocabile: Unabomber riesce ad avvicinarsi agli investigatori molto di più di quanto loro non riescano a fare con lui.

All'indomani della tragedia in molti credono che questo possa finalmente essere il passo falso che tutti si aspettavano. Il Palazzo infatti è dotato di un sofisticato impianto di video sorveglianza sia all'interno che all'esterno, e poi non dovrebbe essere difficile trovare testimoni oculari tra le decine di impiegati, agenti, uscieri e personale vario. E invece non è così: le telecamere non hanno registrato praticamente nulla, solo alcune ombre indistinte. Si scoprirà poi che il nastro era molto vecchio e deteriorato. Le persone presenti sul luogo inoltre non hanno notato niente di sospetto. Gli investigatori non possono far altro che incassare l'ennesimo smacco e ripartire da zero.

Venerdì 25 aprile 2003, Fagarè della Battaglia di San Biagio di Callalta, provincia di Treviso

Il 25 si festeggia la liberazione e molti trevigiani per tradizione si recano sulle rive del Piave. Francesca, una bimba di nove anni, sta passando una tranquilla giornata di festa sul greto del fiume con la sua famiglia. È quasi ora di pranzo e la bambina sta curiosando un po' in giro. A un certo punto il suo sguardo cade su un evidenziatore di colore giallo. È un attimo: la bambina lo raccoglie e l'ordigno le esplode in mano. Nonostante molte operazioni chirurgiche non sarà possibile salvarle l'occhio destro e 3 dita della mano destra.

La zona viene immediatamente transennata e battuta palmo a palmo. Vengono trovati altri due evidenziatori privi di carica esplosive nei paraggi, forse lasciati sul posto per cercare di attirare l'attenzione e vincere la diffidenza di un'eventuale vittima. Da notare che San Biagio di Callalta è anche il paese dove ha sede la ditta di Giorgio Panto, l'imprenditore che pochi mesi prima aveva messo la taglia di 50.000 euro su Unabomber. I due episodi sono probabilmente assolutamente indipendenti l'uno dall'altro, ma potrebbe anche trattarsi di una scelta non casuale. Unabomber avrebbe insomma deciso di piazzare l'ordigno proprio in quel piccolo paese di provincia come risposta alla taglia messa sulla sua testa da Panto. L'opinione pubblica è profondamente colpita da questo episodio, soprattutto per la vigliaccheria dimostrata dall'uomo che si cela dietro all'ormai famigerato nome di Unabomber. Per gli investigatori questo attentato segna un punto di svolta. Non è più tollerabile che questo pazzo continui a seminare il panico. Pochi giorni dopo viene costituita una squadra speciale di polizia e carabinieri dedicata al caso. Le 4 procure, Pordenone, Treviso, Venezia ed Udine che fino a quel momento si erano occupate indipendentemente del caso condividono per la prima volta le informazioni in loro possesso.

Venerdì 2 aprile 2004, Portogruaro provincia di Venezia

All'interno del cuscino di inginocchiatoio della chiesa di S. Agnese viene ritrovato quello che sembra un accendino avvolto nel nastro isolante. In realtà è una piccola bomba costruita sul principio delle mine antiuomo pronta ad azionarsi sotto il peso di una persona raccolta in preghiera. Nonostante le apparenze l'ordigno è il più sofisticato fino a quel momento confezionato da Unabomber, ma c'è di più: questa volta il criminale ha usato la nitroglicerina. La nitroglicerina è un composto molto instabile e pericoloso da maneggiare. Rispetto alla polvere da sparo utilizzata fino a quel momento la nitroglicerina richiede maggiori cautele ed attenzioni in fase di preparazione della bomba. Per molti questo è il segno che Unabomber ha acquisito maggior confidenza e si sente pronto a nuove sfide.

Elvo Zornitta

Nel frattempo la squadra speciale "anti Unabomber" comincia a vagliare le centinaia di informazioni prima patrimonio esclusivo delle 4 procure. Si analizza ogni dettaglio: tutti i residenti, chiunque abbia un qualche legame col territorio e tutte le persone con un titolo di studio considerato idoneo a dare una competenza simile a quelle di Unabomber. Si estende la ricerca a persone con precedenti penali per uso di esplosivi o fabbricazione di botti illegali. Si segue in pratica il modello già adottato anni prima dalla SAM, la Squadra Anti Mostro, che anni prima aveva indagato sui delitti del Mostro di Firenze.

Migliaia di dati ed informazioni vengono incrociati e filtrati. Si cominciano a produrre liste di potenziali sospettati. Le liste si fanno via via più circostanziate e comprendono sempre meno nomi fino a che non si arriva ad un solo soggetto considerato da quel momento in poi praticamente l'unico indiziato: Elvo Zornitta, un ingegnere aeronautico che vive in provincia di Pordenone. Il suo nome ha catturato l'attenzione degli inquirenti perché l'ingegnere avrebbe molte delle caratteristiche culturali e sociali che i profiler di Unabomber avevano tracciato. Oltre ad essere un esperto di chimica ed esplosivi infatti gli investigatori sono convinti che sia un appassionato di armi. A quanto pare la lista comprendeva circa 150 nomi ed ognuno di essi aveva 2 o 3 indizi pesanti a suo carico. Zornitta, secondo l'interpretazione degli investigatori ne avrebbe avute ben 17. Ma al nome di Zornitta pare si sia giunti attraverso la segnalazione di qualcuno, come ha dichiara lo stesso ingegnere in un'intervista al quotidiano Il Giornale del 2009:

«Certamente qualcuno ha fatto il mio nome. Un subalterno che nel 1984 mi ha avuto come capo sul lavoro. Immagino che nutrisse un forte risentimento per farsi vivo dopo vent'anni, suggestionando gli investigatori».

La casa ed il laboratorio di Zornitta vengono perquisiti da cima a fondo nel 2004 e gli inquirenti trovano alcuni oggetti che, secondo loro, sono da considerarsi compromettenti: polvere pirica, bottiglie di seltz, pile simili a quelle usate per le bombe e altri oggetti che potrebbero essere compatibili con quelli usati negli ordigni. In realtà però si tratta di oggetti abbastanza comuni in quasi tutti i laboratori privati di un appassionato di bricolage. Non si reperta nulla che colleghi direttamente Zornitta alle bombe che hanno seminato il panico nel nord est per oltre 9 anni, tranne forse un paio di forbici. Viene predisposto l'esame del DNA per comparare il profilo genetico di Zornitta con quello rinvenuto nell'uovo bomba. I due profili non sono sovrapponibili, appartengono insomma a due persone diverse. Zornitta viene messo sotto strettissima sorveglianza, ma durante questo periodo Unabomber torna a colpire.

Mercoledì 26 gennaio 2005, Treviso

Uno studente che si trovava a passare nei pressi del tribunale vede per terra l'involucro giallo di un ovetto Kinder. Senza pensarci gli tira un calcio: l'ovetto va a sbattere contro un muro ed esplode immediatamente, per fortuna senza conseguenze per nessuno. L'obiettivo dell'azione doveva essere ancora una volta un bambino.

Domenica 13 marzo 2005, Motta di Livenza provincia di Treviso

Una bambina di 6 anni di nome Greta ha appena assistito alla messa delle 11 in Duomo. Dopo la funzione tenta di sistemare una candela di plastica, di quelle con la lampadina nella sommità, nell'apposito alloggiamento. La candela però fa fatica a entrare e allora la bambina spinge più forte. In quel momento l'ordigno esplode troncandole 3 dita della mano sinistra.

Ecco come ricorda l'episodio il parroco don Rino Brusegan:

«Ho sentito uno scoppio fortissimo e poi un intenso odore di polvere da sparo. Ho subito pensato a uno sparo proveniente dall'esterno della chiesa. Poi però ho visto una gran confusione e ho capito che era successo qualcosa di orribile».

Mercoledì 16 marzo 2005, Bacau, Romania.

Al piccolo convento delle Suore della Provvidenza di Bacau in Romania vengono spediti spesso aiuti alimentari per la popolazione locale. La scatola di sgombri che è arrivata questa volta però ha qualcosa di strano. Al suo interno invece del pesce sott'olio si trovano fili elettrici, una batteria stilo da 1,5 volt e una fialetta con un liquido esplosivo. L'ordigno non è detonato solo perché, fortunatamente, nel frattempo la batteria si è scaricata. La scatoletta era stata acquistata a Concordia Saggitaria e spedita dalle suore consorelle in Italia, con un altri aiuti umanitari. È chiaro fin da subito che è opera di Unabomber.

Sabato 9 luglio 2005, Portogruaro provincia di Venezia

Sandra è una ragazza di 38 anni che durante la settimana risiede a Padova dove lavora alla biblioteca dell'università. I fine settimana però rientra sempre a casa a Portogruaro. Lascia la bici legata nella stazione di Portogruaro e con questa copre i 2 chilometri e mezzo che separano casa sua dalla stazione.

Mentre, ignara di tutto, è in sella alla sua bici improvvisamente qualcosa si stacca dal sellino e finisce in mezzo ai raggi con un gran baccano. Sandra si ferma e le basta uno sguardo per capire; quello è un ordigno di Unabomber. Fortunatamente nei giorni precedenti ha piovuto e l'acqua ha sabotato i meccanismi di quella che per il luogo in cui era stata posizionata poteva essere una bomba molto pericolosa, se non addirittura letale.

Sabato 6 maggio 2006, Caorle provincia di Venezia.

Massimiliano Bozzo, un ventottenne di Mestre sta passeggiando vicino alle foci del fiume Livenza. D'un tratto vede una bottiglia con qualcosa all'interno Pensa ad un messaggio lanciato chissà da dove e la curiosità ha il sopravvento. Prende in mano la bottiglia e la apre ma al suo interno non trova nessun messaggio: c'é soltanto l'ennesimo ordigno di Unabomber che gli ferisce gravemente un pollice

«Fatti pochi metri ho notato sull'acqua una bottiglia di vetro, di quelle per acqua minerale, chiara, con dentro un biglietto arrotolato. Ho pensato a un messaggio di un naufrago e sono sceso sugli scogli per prenderla dall'acqua. [...] Ho iniziato a tirare via il tappo di sughero. Attorno c'era del silicone e il tappo faceva resistenza. Ero incuriosito dal biglietto, un foglio formato A4, arrotolato. Ho fatto più forza ed è stato allora che la bottiglia è esplosa».

Questa sarà l'ultima esplosione firmata da Unabomber. Da questo momento in poi il misterioso dinamitardo sparirà nel nulla, lasciando dietro di sé una scia di dolore e paura.

LE INDAGINI

Il nome Unabomber è in realtà un acronimo che sta per University and Airline Bomb con cui la stampa americana definì una serie di attentati dinamitardi che seminarono il panico negli Stati Uniti tra il 1978 ed 1995. Una lunga e complessa caccia all'uomo porterà alla fine all'arresto di Theodore John Kaczynski, un ricercatore universitario, un genio matematico, che da alcuni anni viveva come un eremita nel Montana. Negli anni di isolamento Kaczynski ha maturato un profondo odio nei confronti del progresso e delle tecnologie moderne colpevoli secondo lui di mortificare e uccidere il vero spirito dell'uomo. La sue bombe provocarono la morte di 3 persone ed il ferimento di altre 23.

In realtà i due casi, quello italiano e quello americano, hanno poco o nulla a che vedere. A parte il fatto che entrambi colpirono con degli ordigni esplosivi, per il resto i due profili criminali sono sostanzialmente diversi. Kaczynski infatti aveva una specie di delirante piano contro la società moderna e la sua tecnologia, e per questo colpiva determinate persone secondo lui responsabili del tanto vituperato progresso. L'Unabomber italiano invece non sembra avere nessuna finalità se non quella di seminare il terrore ed i suoi obiettivi non sembrano affatto studiati ma, invece, perfettamente casuali. Kaczynski inoltre aveva cercato dei rapporti diretti con la stampa e con i mezzi di comunicazione nel tentativo di diffondere il suo messaggio, mentre l'Unabomber del Nordest non ha mai rivendicato nessuna delle sue azioni, né ha mai cercato un contatto esplicito con nessuno.

Le indagini italiane hanno praticamente sempre brancolato nel buio più fitto. Nonostante il rinvenimento di un certo numero di ordigni inesplosi, alcuni dei quali contenenti materiale genetico, non si sono mai fatti concreti passi in avanti. Purtroppo ci sono stati molti errori da parte degli investigatori, come ad esempio far brillare una bomba prima di analizzarla. Anche le troppe fughe di notizie sugli elementi in mano agli investigatori hanno favorito Unabomber nel corso degli anni. Per esempio ad un certo punto è trapelata sui giornali la notizia che Unabomber tagliava il nastro con i denti. Da quel momento lo tagliò sempre e solo con il taglierino. Poi venne isolata un'impronta digitale parziale: ancora una volta i giornali riportano la notizia e, da quel giorno, Unabomber utilizzò spessi guanti di lattice per confezionare i suoi ordigni.

Unabomber insomma ha perfezionato la sua tecnica anche sulla base di quanto via via scoperto dagli inquirenti e troppo frettolosamente reso noto al grande pubblico. Un altro grande problema che ha minato le fondamenta stesse del successo delle indagini è stata la divisione tra le procure che si sono occupate del caso, ben quattro. Ovvero quelle di Treviso, Venezia, Udine e Pordenone. Per anni gli inquirenti hanno indagato separatamente e senza condividere le informazioni. Solo nel 2003 si è deciso di creare un pool di investigatori dedicati al caso e di condividere le prove e gli indizi fino a quel momento in possesso di diversi uffici. Muovendosi nell'arco di pochissimi chilometri Unabomber è riuscito comunque per un lunghissimo periodo a suddividere le inchieste sul suo conto in ben quattro diversi tronconi indipendenti. Un po' quello che negli Stati Uniti accadde durante la caccia al serial killer Zodiak, quando le polizie di diverse contee limitrofe indagarono per anni in maniera indipendente tra loro. Ironia della sorte qualcuno pensa che dietro a Zodiak ci fosse proprio Theodore Kaczynski.

Sulla base del suo *modus operandi* sono stati tracciati diversi profili psicologici in gran parte accomunati da alcuni punti fissi secondo i quali Unabomber:

- è un soggetto paranoide, ovvero è un uomo intelligente ma che odia con freddezza il suo prossimo. Le sue vittime infatti non sono preselezionate ma determinate dal caso. Colpisce nel mucchio perché per lui un individuo o l'altro non fa nessuna differenza;

- è un soggetto maschile che quando ha cominciato aveva un'età tra i 30 e 40 anni, perché normalmente è intorno a quell'età che questi soggetti cominciano a compiere azioni criminose;

- ha una scolarità di livello medio, probabilmente di tipo tecnica, acquisita con un diploma specifico. Si tratterebbe di un soggetto con un buon curriculum di studi ma non particolarmente brillante. Una persona amante del dettaglio e della nozione, lucido e pignolo. A scuola come sul posto di lavoro ha avuto difficoltà a fare amicizie anche per la sua incapacità a lasciarsi andare. Queste sue caratteristiche non gli hanno comunque pregiudicato avanzamenti di carriere anzi, forse li hanno addirittura agevolati. Oggi, se lavora ancora, ricopre un ruolo di tipo dirigenziale o comunque di responsabilità;

- non ha amici e non ha nessun tipo di relazione sociale al di fuori del lavoro. Vive da solo o con un genitore anziano. Nessuno intorno a lui ha il ben che minimo sospetto delle sue attività criminali. Non ha grossi problemi economici ma non ha nemmeno grosse risorse;

- non è da escludere che abbia qualche precedente legale per minacce o offese oppure abbia solo litigato con vicini di casa per i motivi più banali. Alle volte può perdere il controllo per piccoli sgarbi. Forse a seguito di una sua segnalazione per schiamazzi o altro non presa troppo sul serio dalla polizia o dai carabinieri ha maturato un odio per le forze dell'ordine;

- abita e lavora nei pressi dei luoghi dove ha colpito le prima volta; se ha una casa per l'estate questa è a pochi chilometri dalla spiaggia dove esplose il primo ordigno in riva al mare. Ogni criminale seriale tende normalmente a compiere le prime azioni in luoghi familiari, vicini alla sua residenza, nei quali si muove agevolmente. Acquisita fiducia nei suoi mezzi comincia a spostarsi sempre più lontano. È legato alle tradizioni ed alla mentalità locale anche se questo non gli impedisce di colpire la "sua gente"

Teoria del militare

Come abbiamo visto Unabomber, senza un motivo apparente, evita di piazzare i suoi ordigni esplosivi tra il 1996 ed il 2000. Questo buco di 4 anni portò gli investigatori a pensare che l'autore degli ordigni potesse essere un militare. Il dinamitardo dunque non avrebbe colpito in quel periodo perché impegnato in qualche missione durante la guerra dei Balcani. Il profilo criminologico sommario tracciato per Unabomber si sposa bene con le caratteristiche medie di un militare come la familiarità con l'uso di esplosivi e la buona manualità. Tra Veneto e Friuli poi sorgono moltissime caserme alcune anche americane per cui vi fu perfino chi sospettò che dietro Unabomber vi potesse essere un militare statunitense.

Secondo alcuni esperti però le caratteristiche stesse degli ordigni di Unabomber non sarebbero attribuibili ad una mentalità di tipo militare. Qualità comune dei militari infatti sarebbe la funzionalità ed il raggiungimento dell'obiettivo e questo in qualsiasi azione bellica si trovino ad operare. Gli ordigni di Unabomber invece hanno una complessità troppo elevata, ragion per cui molti non sono esplosi, ed in qualche modo cercano l'effetto scenografico ed estetico più che l'efficacia esplosiva. In altre parole Unabomber troverebbe maggior godimento nel confezionare elaborati meccanismi piuttosto che mirare al sodo, ovvero al potenziale offensivo dei suoi ordigni. Per questo motivo visto il tipo di mentalità difficilmente potrebbe essere un soldato di professione.

Teoria dell'uomo in divisa

Se la mentalità militare forse non è perfettamente aderente con la psicologia di Unabomber è però innegabile che da un punto di vista pratico quest'uomo non abbia mai commesso errori evidenti. Sembra quasi che riesca a ragionare con gli stessi schemi e la stessa mentalità di chi era sulle sue tracce. L'impressione insomma è che sia sempre un passo avanti, come se fosse in qualche modo una persona con delle aderenze negli organi di polizia o potesse essere lui stesso un membro delle forze dell'ordine come ha detto il giornalista Luigi Bacialli:

«Con questo si spiegava l'invisibilità, il fatto che quest'uomo fosse non individuabile».

Ancora una volta però la pista imboccata dagli inquirenti non produce nessun elemento concreto e le indagini non fanno nessun progresso. Se da un lato non si può escludere che il soggetto avesse informazioni dirette sulle indagini, dall'altro però non si può nemmeno negare che troppe informazioni preziose sulle indagini siano trapelate con una certa facilità, quindi in un certo senso non era difficile sapere cosa fare e cosa non fare per non farsi scoprire.

Elvo Zornitta

Per quasi 5 anni per tutti è stato Unabomber. Sentiamo dalle sue vive parole, riportate in un'intervista rilasciata al quotidiano Il Giornale il 20 dicembre 2009, com'è cominciato il suo calvario nel 2004:

«Erano le 6.40, mia moglie e io stavamo ancora a letto. Sentii una scampanellata ultimativa. Pensavo che fosse accaduto qualcosa ai vicini. Andai ad aprire in pigiama e vidi due persone vestite di scuro al cancello: "Lei è il signor Zornitta Elvo? C'è una cosa importante che dobbiamo dirle".

Mi avvicinai senza farli entrare. Esibirono un mandato di perquisizione. Dopo un quarto d'ora avevo in casa 16 persone. Mi impedirono persino d'andare in bagno. Solo alle 10 mi fu concesso di vestirmi, con tre agenti in camera a guardarmi. Alle 13 mi portarono a Belluno per un'altra perquisizione nella mansarda, dove però non trovarono nulla d'interessante.

Là cominciò il dramma anche per i miei genitori. Prima d'allora non avevo mai visto mio padre piangere. Quella mattina si portarono via cinque scatoloni di roba: circuiti artigianali, resistenze, condensatori, cavi elettrici. C'era anche una fialetta vuota di aroma Paneangeli. Credo che per loro sia stata la quadratura del cerchio».

Nel corso di una successiva perquisizione gli vengono sequestrate delle forbici marca Valex. Per gli inquirenti queste sarebbero servite per tagliare un lamierino ritrovato in una bomba inesplosa. Sarebbero insomma la prova del suo coinvolgimento con gli attentati di Unabomber. Il 13 gennaio 2007 però arriva la svolta: gli avvocati e i periti di parte di Zornitta riescono a dimostrare che il lamierino su cui gli investigatori volevano costruire il castello di responsabilità di Zornitta era stato in realtà manomesso ad arte per cercare di incastrare l'ingegnere che, non va dimenticato, restava praticamente l'unico sospettato del caso Unabomber. A scagionarlo poi l'esame del DNA che non corrisponde con quello trovato dentro l'uovo bomba ed i numerosi attentati compiuti mentre Zornitta era sotto strettissima osservazione, pedinato e seguito ovunque andasse. A tal proposito è interessante notare come tutti gli attentati portati a termine da quando la squadra anti-Unabomber ha preso di mira Zornitta sono avvenuti solo ed esclusivamente in Veneto. Questo porterebbe a pensare che le continue perquisizioni e l'aumento dell'attenzione in zona Pordenone, dove risiedeva Zornitta, abbiano in qualche modo disturbato Unabomber tenendolo effettivamente lontano da alcune delle sue zone più frequentate.

Il 2 marzo 2009 il GIP di Trieste accetta la richiesta di archiviazione di Zornitta. Contemporaneamente si apre un'inchiesta per le presunte manomissioni sul lamierino che porterà il 4 luglio 2009 alla condanna di un poliziotto a due anni di carcere e ad altrettanti di sospensione dai pubblici uffici, pena sospesa, e al pagamento delle spese processuali più la somma di 200.000 euro a Elvo Zornitta a titolo di risarcimento. Condanna confermata in appello nel novembre del 2010. L'uomo infatti è stato ritenuto responsabile di violazione della pubblica custodia, falso ideologico e false dichiarazioni o attestazioni in atti destinati all'autorità giudiziaria.

Oggi Zornitta sta cercando a fatica di superare tutta questa storia. Le spese legali gli hanno prosciugato le finanze e la cattiva pubblicità cui è stato soggetto gli ha fatto pure perdere il lavoro. Ma l'incubo Unabomber per lui non sembra finire mai: nell'ottobre del 2010 infatti è stato reso pubblico un vecchio video che riprendeva l'ingegnere di Azzano Decimo mentre limava delle forbici nel suo garage. Gli inquirenti all'epoca dei fatti sostennero che si trattava delle stesse forbici che avrebbero dovuto costituire la prova più importante per incolpare Zornitta, e naturalmente i media hanno dato ampio risalto al video.

A questo proposito però l'ingegnere si è detto molto tranquillo. Queste sono state le sue dichiarazioni rilasciate al Messaggero Veneto il 28 ottobre 2010:

«Nel video non si vede mai che nascondo la forbice. Quelle sono immagini vecchie, le conoscevo. Escono adesso perché sta per iniziare il processo d'appello al poliziotto. Si riapre un incubo, ma io sono tranquillo perché sono stato prosciolto».

Su questo episodio è intervenuto anche Maurizio Paniz, il legale di Zornitta, che ha liquidato la questione in maniera molto decisa:

«Nessuna novità. Si sapeva che il video c'era, ma in sede processuale si è deciso per il proscioglimento anche in base a quello. Quel video riprende una persona che normalmente svolge attività di bricolage mentre maneggia un attrezzo da lavoro. Sarebbe come se io venissi ripreso mentre sfoglio un fascicolo».

C'è un'ultima inquietante e incredibile coincidenza che lega Zornitta a Unabomber, l'algoritmo di Rossmo. Negli anni '80 l'agente di polizia canadese Kim Rossmo elaborò una complessa formula matematica da applicare ai casi su cui lavorava. Questo algoritmo, detto anche Formula di Rossmo, si basava su vecchi casi di serial killer o stupratori seriali risolti dalla polizia. In pratica una volta inseriti i parametri del caso che si sta seguendo, con questa formula è possibile associare ad ogni punto di una mappa geografica la probabile zona di residenza del criminale. Grazie a questo innovativo metodo di profiling geografico Rossmo riuscì a risolvere diversi casi in Canada, ottenendo anche una certa fama dopo aver scoperto uno stupratore seriale che da più dieci anni agiva indisturbato a Lafayette, una cittadina della Louisiana.

Questo metodo ha buone probabilità di successo però soltanto nei casi di killer seriali che abbiano comunque una base fissa, in casi diversi infatti si è sempre rilevata fallimentare.

Applicare la formula di Rossmo al caso di Unabomber è dunque poco più di una semplice curiosità, ma il risultato è comunque sorprendente: abbiamo inserito all'interno della formula tutti i luoghi in cui sono stati rinvenuti gli ordigni di Unabomber, escludendo Lignano e Caorle perché è opinione comune che Unabomber dovesse avere una casa in zona. In base all'algoritmo di Rossmo dunque Unabomber potrebbe risiedere in una zona di pochi chilometri che va da Annone Veneto a... Azzanno Decimo, il paese in cui risiede proprio Elvo Zornitta. Un altra inspiegabile coincidenza che ha sicuramente tratto in inganno gli investigatori convincendoli che il loro uomo fosse Zornitta.

Gladio e la strategia della tensione

C'è stato anche chi ha avanzato l'ipotesi che Unabomber non fosse in realtà una persona sola, u. n maniaco misantropo come tutti hanno sempre creduto. Per i sostenitori di questa tesi sarebbe impossibile per un solo uomo mettere in atto decine di attentati e continuare indisturbato per 12 anni, senza mai commettere un passo falso. La tecnica usata farebbe pensare non ad un singolo individuo, ma ad un vero e proprio team, un gruppo con esperienze e competenze diverse e complementari dagli esplosivi al depistaggio. Poi ci sarebbero tutta una serie di inquietanti coincidenze come quanto è successo per l'attentato al Palazzo di Giustizia, dove guarda caso le telecamere erano inservibili. Chi poteva saperlo se non un gruppo riconducibile ai servizi segreti?

E, ancora, in molti attentati di Unabomber sarebbero presenti oscuri messaggi in codice comprensibili esclusivamente a chi conosce questo tipo di linguaggio, e per questo è in grado di interpretarlo. Stiamo parlando di alcune date che ritornerebbero come il 17 novembre ed il nome di alcuni luoghi dove sono state lasciate le bombe, tutti elementi che avrebbero un forte valore simbolico.

Dietro al nome Unabomber per tanto si celerebbero elementi deviati dei servizi, in particolare un gruppo di persone apparenti a Stay Behind, meglio nota come Gladio, l'organizzazione segreta che sarebbe dovuta intervenire nel caso in cui la minaccia comunista in Italia si fosse fatta concreta. Tra l'altro il più grande raggruppamento di gladiatori si trovava proprio in Friuli, regione confinante con un paese del blocco comunista, la Yugoslavia. Gli attentati di Unabomber sarebbero quindi una specie di strategia della tensione volta a creare non solo il panico tra la popolazione, ma anche studiata per rivendicare qualcosa, forse soldi, protezione o potere, da parte di un gruppo che dopo la caduta del muro di Berlino aveva perso aderenze e spazi di influenza.

Gli emuli di Unabomber

Non è raro che criminali dello stampo di Unabomber finiscano per scatenare un desiderio di emulazione in soggetti particolarmente deboli. Molti si fermano alle sole fantasie ma qualcuno che ci prova veramente purtroppo c'è quasi sempre. Agli inizi degli anni 2000 si diffuse in tutta Italia la paura del cosiddetto "Acquabomber" ovvero un pazzo che armato di siringa iniettava varechina o altre sostanze tossiche all'interno di innocue bottiglie di acqua in plastica.

Anni di indagini e decine di persone finite in ospedale intossicate purtroppo non sono serviti a nulla. Non si è nemmeno capito con certezza se le sostanze venissero iniettate direttamente nei supermercati oppure durante i lunghi tragitti che le bottiglie seguivano lungo la penisola per arrivare dalla fonte a destinazione. Tra Unabomber e il suo omologo dell'acqua sono molte le differenze ma, a livello di panico generato, i risultati sono stati simili. Tra l'altro si sono registrati attacchi di Acquabomber un po' ovunque nella penisola, il che farebbe pensare a un gruppo

MISTERI ITALIANI - UNABOMBER

di persone, non per forza coordinato, che agisce sul territorio. Esistono però anche delle inquietanti similitudini con Unabomber, come quella di colpire all'interno di supermercati molto affollati ma, soprattutto, il fatto che le vittime siano assolutamente casuali e imprevedibili. Non sembra esserci nessun obiettivo privilegiato o nessuna categoria che si voglia in qualche modo punire. Da ultimo vale la pena notare che la più grande concentrazione di attacchi è stata portata Nordest del Paese specialmente in Veneto. L'ultimo in ordine di tempo nel giugno del 2011 a Vicenza.

L'estate 2010 ha visto per un attimo rinascere la paura degli ordigni lasciati in spiaggia. Questa volta però non si tratta più delle spiagge di Veneto e Friuli ma del litorale di fronte a Sorrento. Tutto ha inizio con una telefonata anonima alla polizia fatta per segnalare la presenza in spiaggia di 15 bombe a pressione. In altre parole si diceva che il litorale era stato minato. Le forze dell'ordine prendono molto sul serio lo strano messaggio e recintano la zone. Dopo alcune ore rinvengono alcuni tubi bomba del tutto simili a quelli usati da Unabomber sù al nord. Nel frattempo un paio di bombe carta esplodevano nel centro di Sorrento. La polizia ha condotto subito un paziente lavoro di controllo sul territorio e in breve è riuscita a stringere il cerchio attorno ad un operaio della zona, tale Giovanni Gargiulo, di 42 anni. Ad inchiodarlo alcune telefonate di rivendicazione fatte addirittura dal suo telefono cellulare. Appena arrestato Gargiulo ha dichiarato di avere fatto tutto per il semplice gusto di sfidare le autorità.

Le storie di Unabomber e di Gargiulo sono molto diverse. Diverso lo spessore criminale, la preparazione, la furbizia e la determinazione dei due soggetti, ma secondo alcuni una cosa in comune ce l'avrebbero. In tanti infatti vedono nelle parole di Gargiulo un possibile movente anche per le azioni di Unabomber. La volontà di giocare al gatto col topo con le forze dell'ordine, il manipolare le indagini in un gioco perverso fatto di cambi di strategia potrebbe essere il motivo che ha armato la mano anche di Unabomber.

INTERVISTA
A LUIGI BACIALLI

Abbiamo già visto come gli organi di informazione abbiano sicuramente condizionato tutta la vicenda di Unabomber, a volte fornendo involontariamente indizi utili al misterioso bombarolo per migliorare i suoi ordigni, a volte semplicemente dando risalto ai suoi attentati dinamitardi. Il rapporto, chiamiamolo così, con la stampa, cambia in maniera drastica il 15 marzo 2005, all'indomani del drammatico attentato nella chiesa di Motta di Livenza.

Luigi Bacialli, allora direttore del Gazzettino, decide che il suo giornale non utilizzerà più il termine Unabomber per identificare il misterioso dinamitardo che terrorizza il Nord Est ormai da più di dieci anni: da quel giorno in il suo giornale utilizzerà il termine *monabomber*. Il Gazzettino è un quotidiano nazionale che trova però a Nord Est il suo più grande bacino d'utenza, ed è normale quindi che sia il quotidiano che più di ogni altro ha seguito la vicenda di Unabomber nel corso degli anni. Questa presa di posizione spacca a metà la redazione del quotidiano. Il Comitato Di Redazione infatti non condivide la scelta del direttore, dato che in dialetto veneto il termine "mona" indica una persona poco intelligente, tarda, uno stupido insomma. Molti giornalisti credono che si tratti di una caduta di stile, ma il Bacialli tira dritto sulla sua strada, dando peraltro una motivazione chiara per quella scelta:

«È giusto che chi compie attentati di questa gravità senta intorno a sé non solo un comprensibile interesse giornalistico ma anche una adeguata dose di disprezzo».

Noi abbiamo incontrato Luigi Bacialli negli studi di Rete Veneta, canale televisivo regionale di cui nel frattempo è diventato Direttore, e abbiamo ripercorso insieme quella vicenda, cercando anche di capire che ruolo ha giocato la stampa nel caso Unabomber.

Ecco cosa ci ha raccontato[1]:

«Ricordo bene il momento in cui decisi di utilizzare l'espressione Monabomber... sì, ci furono molte polemiche in redazione, com'era inevitabile. Io però ero molto deciso: bisognava stigmatizzare in modo chiaro e netto le azioni di quel pazzo. Perché su questo non ci sono dubbi, stiamo parlando di un pazzo.

---

[1] L'intervista è stata realizzata a ottobre 2010.

I giornali invece, pur condannando senza se e senza ma le sue azioni, sembravano parlarne quasi in toni enfatici: "l'uomo in grado di terrorizzare per più di dieci anni due intere regioni senza lasciare la minima traccia"... Aspetto questo che, purtroppo, è verissimo: ad oggi infatti non sappiamo assolutamente nulla di lui. Bisognava dare un segnale forte. Ero ben consapevole dei rischi a cui andavo incontro anche se, ad essere essere sincero, non ho mai temuto per la mia incolumità. Certo, da quel momento in poi aprivo personalmente tutti i pacchi e le buste che mi venivano spediti. Se le mie assistenti o qualche mio collaboratore fosse rimasto ferito a causa delle mie scelte non me lo sarei mai perdonato. Chiaro che se ci fosse stata un'azione del bombarolo direttamente riconducibile alla mia idea giornalistica mi sarei dimesso immediatamente, ero ben consapevole delle mie responsabilità e dei rischi che quella scelta comportava.

Però non successe niente: nessun pacco bomba in redazione, nessuna intimidazione ai miei giornalisti, nessuna minaccia o altro nei miei confronti. Il nulla più totale, come sempre in questa vicenda assurda. Mai una rivendicazione, mai un messaggio alla stampa... Niente di niente. Un particolare questo che mi ha sempre inquietato perché contraddice tutti gli schemi finora registrati in casi del genere. Di solito i pazzi e gli squilibrati alla fine vogliono farsi prendere, o comunque cercano di essere rappresentati in modo preciso dagli organi di stampa. E invece "monabomber" no, come se fosse capace di comunicare soltanto con i suoi ordigni esplosivi.

Da quando coniai l'espressione "monabomber" sono passati più di 5 anni, e da 4 ormai il dinamitardo non ha più fatto parlare di sé. Personalmente ho sempre paura che possa tornare da un momento all'altro e non mi stupirei di leggere prima o poi dell'ennesima bomba con il suo marchio di fabbrica. Certo, possiamo sempre sperare che sia morto nel frattempo, c'è anche questa possibilità e non va scartata. Del resto questo è il suo periodo di inattività più lungo. In molti poi hanno notato come "monabomber", ormai continuo a chiamarlo così, ha praticamente interrotto la sua attività da quando è iniziato il processo contro il povero Zornitta... che situazione paradossale!

Credo che le vicende giudiziarie di Zornitta siano la cifra di come le forze dell'ordine abbiano gestito questa brutta faccenda: dopo anni di indagini non si ha niente in mano, e la frustrazione è stata talmente alta da portare un onesto e irreprensibile funzionario di polizia a compromettere una prova... pazzesco! Purtroppo l'impressione è che pur di chiudere un caso si fosse disposti a mandare in galera un innocente, cosa davvero aberrante. Ma è tutto il sistema che ne esce con le ossa rotte da questa vicenda: le procure che per anni hanno litigato tra di loro senza collaborare... e poi è possibile che in più di 15 anni non si abbia niente in mano? Niente! E dire che stiamo parlando di una persona che ha agito in un territorio limitato. Questo poi è un aspetto davvero inquietate: la vicenda di questo pazzo bombarolo ha dimostrato infatti che il controllo del territorio è praticamente inesistente, e stiamo parlando di una porzione di paese che comprende si e no quattro province.

È tutto troppo strano, troppo inverosimile, e in tanti abbiamo pensato per un momento che questo pazzo bombarolo in realtà godesse di una qualche "protezione", o che magari fosse un uomo interno a chissà quale corpo militare. Come avrebbe fatto altrimenti a non lasciare dietro di sé la minima traccia? A tutt'oggi è un particolare che mi inquieta e a cui non riesco a trovare una spiegazione sensata.

Voi mi avete chiesto se temo che qualche emulatore possa continuare la folle opera di "monabomber". Io credo di no, la vedo come un'opzione molto difficile. Per fare quello che ha fatto quest'uomo ci vogliono capacità molto precise, conoscenze che non sono a portata di tutti e che richiedono anche una certa dose di rischio. Tutte cose che non si improvvisano e che, grazie a dio, hanno fatto si che finora nessuno abbia mai avuto "l'idea geniale" di emulare monabomber... Si resta comunque amareggiati da una storia che può sembrare assurda e che, purtroppo, anche se ormai sembra dimenticata potrebbe tornare d'attualità da un momento all'altro.

Per quanto riguarda il ruolo della stampa in questa vicenda è difficile fare un bilancio, ma è chiaro che delle ripercussioni ci sono state. Noi abbiamo sempre fatto il nostro dovere, che è quello di informare, ma mi rendo conto che in alcuni casi questo atteggiamento può essersi rivolto contro di noi. A distanza di anni sono comunque convinto che la scelta di chiamarlo "monabomber" sia stata giusta. Era una provocazione, questo è sicuro, ma c'era anche la possibilità che si innervosisse e che commettesse qualche passo falso. Purtroppo non è stato così...».

INTERVISTA
A VITTORIO BORRACCETTI

Vittorio Borraccetti è stato pretore e PM a Padova dal 1974 al 1993, per poi passare alla Procura di Venezia in cui ha ricoperto il ruolo di Procuratore Capo. Dal luglio 2010 al settembre 2014 stato membro del CSM, il Consiglio Superiore della Magistratura. Proprio nel suo ruolo di Procuratore Capo della procura di Venezia ha dato per anni la caccia a Unabomber, ed è stato tra i fondatori del pool creato appositamente per scovare il folle bombarolo del Nordest. In un'intervista rilasciata al Corriere del Veneto nel 2010 Borraccetti ha parlato del caso di Unabomber come di una spina nel fianco, un caso rimasto purtroppo insoluto e macchiato dal "tradimento", Borraccetti ha utilizzato proprio queste parole, di Ezio Zernar.

Noi abbiamo raggiunto l'ex PM nella sua abituazione padovana e ci siamo confrontati anche con lui su quello che resta a tutt'oggi un enigma senza fine.

Ecco l'intervista esclusiva che ci ha rilasciato[2]:

«Il caso di Unabomber purtroppo è stato un fallimento, soprattutto se si considera il massiccio dispiego di forze messe in campo. Tutto poi è stato reso ancora più amaro dal comportamento di Zernar che, come è stato appurato ormai da due gradi di giudizio, ha manomesso una prova. Va detto comunque che noi, nonostante il grande dispiego di mezzi utilizzati, avevamo pochissimo in mano. Anche la prova stessa del taglierino, ammesso e non concesso che fosse stata vera, non ci sarebbe bastata per incastrare Zornitta. Avremmo infatti dovuto dimostrare tutta una serie di fatti sui quali non avevamo alcuna prova.

Certo, il comportamento di Zernar è stato davvero sciagurato perché ha compromesso in maniera definitiva l'indagine, ma comunque avevamo molti dubbi su Zornitta. Non va dimenticato che noi lo abbiamo sottoposto a una rigida sorveglianza, e siamo sicuri che Zornitta non può aver materialmente compiuto alcuni degli attentati riconducibili a Unabomber, come quello dell'Ovetto Kinder del gennaio 2005 a Treviso, per esempio, ma ce ne sono anche degli altri. Purtroppo alcuni aspetti della personalità dell'ingegnere hanno suggestionato una certa stampa e, devo ammetterlo, anche alcuni degli inquirenti, che si sono ostinati nel voler fare di lui a tutti i costi Unabomber.

Il caso di Zernar è esemplare in questo senso. Premetto che conoscevo anzi, credevo di conoscere bene Zernar, lo consideravo un gran professionista, una brava persona, e proprio per questo motivo sono rimasto sconcertato da quello che ha fatto. Per capire davvero quello che è successo devo spiegare tutto nei dettagli: noi della Procura abbiamo fatto fare una prima perizia sul materiale repertato a casa di Zornitta, quella effettuata da Zernar e che in seguito si scoprì manipolata.

Dopo di che il tribunale affidò un'altra perizia all'Università di Bologna, perizia che fu nuovamente positiva. Dopo i primi due risultati positivi restammo comunque molto prudenti, e facemmo analizzare le prove anche dai RIS di Parma, che fecero due perizie: la prima diceva che sì, c'era una possibilità che il lamierino e la forbice fossero compatibili, mentre la seconda sosteneva l'assoluta certezza della compatibilità oltre ogni ragionevole dubbio.

Noi decidemmo però di far fare un'ulteriore perizia, questa volta a Roma alla Polizia di Stato: anche questa perizia diede effetto positivo. A questo punto però successe qualcosa di inaspettato: la notizia trapelò sulla stampa e tutti iniziarono a parlare della prova che inchiodava Zornitta. Ricordo molto bene questo particolare perché all'epoca mi trovavo in vacanza negli Stati Uniti e mi chiamarono al telefono proprio per dirmi che c'era stata una fuga di notizie.

A questo punto posso soltanto fare un'ipotesi. Evidentemente qualcuno voleva che si accelerasse, qualcuno era convinto della colpevolezza di Zornitta e voleva che le cose andassero avanti. È solo un'ipotesi, certo, ma può anche essere che lo stesso Zernar ora stia pagando sulla sua pelle queste pressioni perché si chiudesse il caso a tutti i costi. E attenzione che si è trattato di un lavoro fatto benissimo. Se non fosse stato per i periti assunti dalla difesa di Zornitta, che si sono dimostrati davvero molto abili, nessuno si sarebbe mai accorto di nulla.

Comunque avevamo pochissimo in mano: al di là dei profili, delle analisi degli attentati, dei rilievi geografici e di qualche minuzia difficilmente saremmo riusciti a far condannare Zornitta, anche se la prova creata ad arte da Zernar fosse stata reale. Non credo neanche che la stampa più di tanto abbia condizionato l'inchiesta. Unabomber ha dimostrato nel tempo un'abilità diabolica, soprattutto se si considera che gli ultimi ordigni erano a base di nitroglicerina, sostanza che non è affatto facile da maneggiare. Devo dire che questo particolare della nitroglicerina mi ha fatto molto pensare, perché se si analizzano nei dettagli tutti gli attentati di Unabomber emergono delle differenze che lasciano quasi perplessi, come se dietro a quelle bombe non ci fosse una persona sola.

A ogni modo eravamo anche riusciti ad isolare dei profili parziali di DNA su del nastro isolante, ma anche se quel profilo fosse stato sovrapponibile con quello di Zernar non sarebbe stato sufficiente per condannarlo. Per quanto riguarda Unabomber purtroppo dobbiamo parlare di un caso irrisolto, cosa che mi amareggia ancora di più se penso agli enormi sforzi fatti per tentare di arrestarlo. Ormai sono passati quasi 5 anni dall'ultimo attentato, è vero, ma il bombarolo potrebbe tornare a colpire. Personalmente credo che la cosa sia molto difficile e, anzi, mi auguro che non succeda... ma è una possibilità da considerare».

INTERVISTA
AD ARIO GERVASUTTI

Ario Gervasutti oggi è il direttore del Giornale di Vicenza[3], ma è stato per dieci anni inviato speciale del Gazzettino. Proprio in questa veste ha seguito in prima persona la vicenda di Unabomber. Noi siamo andati a intervistarlo per cercare di capire quali sono le sue impressioni su un caso che lui ha seguito probabilmente meglio di chiunque altro proprio grazie al suo ruolo di inviato speciale.

Ecco la sua testimonianza su questa vicenda.

«*Personalmente sono convinto che Unabomber abbia pianificato molto attentamente ogni sua mossa, sempre. Su questo non ci sono dubbi, altrimenti non si spiegherebbe il fatto che non ha mai lasciato la minima traccia. Anche il suo accostamento all'Unabomber originale non è affatto casuale: è molto probabile che il bombarolo di casa nostra avesse studiato in maniera approfondita la storia dell'Unabomber americano. Una mente diabolica, su questo non ci sono dubbi: non possiamo parlare di un folle, o per lo meno non di un folle nel senso di un pazzo senza controllo. Quest'uomo ha studiato, ha pianificato, ha meditato attentamente ogni sua mossa e non ha mai commesso il minimo errore. Di sicuro è uno squilibrato, ma senza dubbio non si tratta di uno stupido.*

Quando Bacialli decise di iniziare a chiamarlo "monabomber" ero contrario a questa scelta, anche se poi l'ho capito. Ero contrario, e con il tempo non ho cambiato idea, proprio dopo aver riflettuto sulla personalità di Unambomber: stiamo parlando di un calcolatore, uno che non ha mai perso la calma, che non ha mai fatto passi falsi. In tutta questa vicenda si resta allibiti di fronte ad un dato sconfortante: Unabomber non ha mai commesso il minimo errore. É una cosa difficilissima, un comportamento che rivela un controllo totale su ogni più insignificante dettaglio, perfino nella scelta dei singoli lamierini. Ecco perché ero e sono tutt'ora convinto che un uomo così lucido non si lasci certo ingannare da una provocazione del genere. Per lo stesso motivo non ho mai temuto eventuali ritorsioni di Unabomber nei confronti della redazione: sarebbe stato un bersaglio troppo rischioso per lui. Qualcuno avrebbe potuto prevedere una sua mossa di questo tipo e intercettare quindi l'eventuale ordigno, riuscendo magari a trovare delle tracce, delle prove. No, Unabomber non avrebbe mai fatto questo errore. Ha sempre colpito gli indifesi, persone che per la loro particolare condizione erano impossibili da difendere.

In quest'ottica credo sia stato importantissimo il rapporto perverso che nel tempo si è instaurato con la stampa. Sono convinto infatti che Unabomber non volesse comunicare con i suoi gesti folli, ma attraverso il modo in cui noi della stampa raccontavamo le sue azioni. Unabomber ha sempre dimostrato di essere molto informato, di studiare

---

[3] L'intervista è stata realizzata nel novembre del 2010.

a fondo la stampa. Si può dire che noi giornalisti siamo stati involontariamente suoi complici. Faccio un esempio concreto perché è un caso che mi riguarda direttamente, e anche perché si tratta dell'unica volta in cui Unabomber non ha seguito il solito schema ma ha voluto lanciare un messaggio preciso.

Sto parlando dell'attentato bombarolo al Palazzo di Giustizia di Pordenone del 2003: io avevo appena concluso un'inchiesta in cui avevo dimostrato quanto fosse facile introdursi nei palazzi di Giustizia Italiana evitando ogni controllo. Avevo sempre portato con me un pacco sotto al braccio ed ero entrato senza problemi nel Palazzo di Giustizia di Vicenza, Belluno... a Treviso ero entrato addirittura nell'archivio e avrei potuto prendere anche dei fascicoli senza problemi... e infine a Pordenone. Sul giornale poi ho raccontato con precisione di come a Pordenone avevo raggiunto il bagno che confinava con l'ufficio del PM, indicando chiaramente il posto in cui si sarebbe potuta mettere una bomba. Poche settimane dopo Unambomber colpì proprio il palazzo di Giustizia di Pordenone, lasciando il suo ordigno esattamente all'interno del bagno che avevo descritto nel mio articolo. Queste cose non sono casuali. Non ci sono dubbi che in quell'occasione Unabomber ha voluto lanciare un messaggio ben preciso: posso arrivare dove voglio.

Personalmente credo che quest'uomo abbia ricercato il crimine perfetto, studiando il suo piano in ogni minimo dettaglio: per questo motivo non ci sono mai stati morti, ha sempre voluto dimostrare che lui deteneva il controllo completo della situazione. Una serie di morti avrebbe sicuramente alzato il livello dello scontro, avrebbe comportato troppi rischi.

Non credo neanche che le forze dell'ordine abbiano sottovalutato il caso. Nella prima fase c'è stata una dispersione delle risorse investigative, problema per altro molto comune in Italia, quando addirittura le procure non si sono fatte la guerra tra loro. Poi invece sono mancate le risorse vere e proprie, ma per poter controllare il territorio in maniera efficace ci sarebbe stato bisogno di una quantità di mezzi e uomini impensabile. Poi ad un certo punto tutti eravamo convinti che Unabomber fosse Zornitta, ma il processo ha dimostrato la sua innocenza. Se devo essere sincero non sono neanche rimasto troppo sorpreso nell'apprendere che Zernar aveva manomesso le prove. Quando gli inquirenti hanno la certezza della colpevolezza di una persona ma non ne hanno le prove possono arrivare a costruirsele. È una cosa molto rara e assolutamente da stigmatizzare, ma può succedere.

Faccio un esempio: nel mio libro "Le verità sfiorate" parlo di un omicidio di una giovane donna avvenuto in provincia di Treviso. Una perizia aveva stabilito che la donna era stata uccisa per un colpo di pistola alla testa. Era stato analizzato il proiettile ed erano stati fatti i confronti del caso con la presunta arma del delitto. Da una serie di indagini successive emerge però che la donna era stata uccisa da un corpo contundente, tipo una mazza chiodata. A questo punto si va a rispolverare la perizia per verificare com'è stato possibile confrontare il proiettile con la pistola e stabilire che era compatibile con il foro di entrata. Purtroppo però tutto il materiale relativo al caso era sparito. La perizia originale e le prove erano andate perse. E chi aveva fatto quella perizia? Ezio Zernar.

Comunque a quanto pare Unabomber ora si è fermato: e non sto parlando soltanto dei suoi ordigni esplosivi, sto parlando anche di tutti quei piccoli indizi e tracce che la polizia trovava tra un'esplosione e l'altra, tutti piccoli elementi che spesso non venivano dichiarati all'opinione pubblica ma che comunque si sono bruscamente interrotti. È come se Unabomber avesse deciso che la partita è finita e, purtroppo, ha vinto lui. Personalmente sono convinto che non tornerà più a colpire. Per me quella di Unabomber è una pagina definitivamente chiusa».

IL DELITTO DELL'OLGIATA
L'enigma della camera chiusa

L'ENIGMA DELLA CAMERA CHIUSA

Il cosiddetto delitto dell'Olgiata ha rappresentato a lungo uno dei casi di cronaca nera più complicati ed intricati che la storia italiana ricordi. Da un punto di vista letterario potrebbe essere addirittura definito come un classico "enigma della camera chiusa", filone inaugurato da Edgar Allan Poe nel 1841 con *I delitti della rue Morgue*. Ma una definizione del genere sarebbe sicuramente riduttiva, dato che qui non ci troviamo di fronte ad un'invenzione letteraria, qui purtroppo abbiamo a che fare con dei fatti. Fatti che ci parlano di un brutale omicidio.

Nel corso degli anni le indagini sul delitto dell'Olgiata hanno prodotto una serie infinita di teoremi investigativi e ricostruzioni come nessun altro caso di cronaca nera prima. Purtroppo però, come spesso accade in questi casi, molte di queste ricostruzioni possono essere liquidate come semplici fantasie prive di qualsiasi aderenza con la realtà. Fino al colpo di scena finale del marzo 2011, ma di questo avremo modo di parlare in seguito.

Il luogo in cui è stato compiuto il delitto, la dinamica dei fatti e le ricostruzioni sensazionalistiche di una certa stampa, hanno prodotto nella fantasia degli italiani un sentimento di morboso interesse per tutta questa vicenda. Ancora oggi, più di trent'anni di distanza dai fatti, questi sentimenti sono tutt'altro che sopiti. Quando si sente parlare del quartiere romano dell'Olgiata infatti la memoria corre veloce a quell'orribile tragedia. Possiamo tranquillamente affermare che per molti l'Ogliata ha smesso per sempre di essere un semplice quartiere romano ed è diventato sinonimo di mistero. La stessa sorte è toccata ad altri luoghi come via Poma, Cogne e, più recentemente Avetrana.

In inglese si usa un'espressione per indicare un fenomeno particolarmente importante che contribuisce alla notorietà di una località. Usando una traduzione letterale si dice che "l'ha messo sulla cartina geografica", a indicare che grazie a una notizia di cronaca una determinata località è stata fatta uscire per sempre dall'anonimato a cui, molto probabilmente, sarebbe stata destinata. I fatti di cronaca nera e le grandi tragedie però riescono a fare, se possibile, ancora di più. Non solo fanno uscire dall'anonimato un luogo, ma ne modificano per sempre la percezione nell'immaginario collettivo facendolo diventare un non luogo, un'entità astratta con le quale tutti, prima o poi, finiamo per confrontarci. E questo perché alla fine non sono altro che una rappresentazione inconscia delle nostre paure.

IL DELITTO

Siamo nel pieno dell'estate romana. È mercoledì 10 luglio 1991 ed è una bella giornata di sole. Già dalle prime luci dell'alba la villa della famiglia Mattei comincia ad animarsi. Quello non è un mercoledì qualsiasi, quel giorno infatti si festeggia il decimo anniversario di matrimonio dei padroni di casa, Pietro Mattei e la contessa Alberica Filo Della Torre. Per l'occasione i coniugi hanno deciso di dare una festa che si terrà proprio quella sera nel giardino di casa. Sono previsti molti ospiti quindi in villa si comincia a lavorare fin dalle 7:30 del mattino con 4 operai che sistemano tavoli e sedie e le domestiche filippine che preparano il giardino per l'evento. Per un'occasione del genere tutto deve essere perfetto e, quindi, anche il padrone di casa scende molto presto in giardino per dare alcune direttive agli operai, poi sale in macchina e si reca in ufficio all'Eur. Nel frattempo i due figli della coppia, Manfredi e Domitilla, si svegliano e si spostano in cucina per la prima colazione. Con loro la baby-sitter inglese Melanie Uniacke. Quella mattina il tostapane non sembrava voler funzionare e così Domitilla va a chiamare la contessa perché venga a dare un'occhiata.

Alberica Filo della Torre scende in cucina verso le 8.30, armeggia senza successo con l'elettrodomestico per alcuni minuti per poi far ritorno al piano di sopra. Sono circa le 8.40 quando la contessa riapre la porta della sua camera e si trova di fronte il suo assassino. Fermiamoci subito un attimo perché, seppure a livello puramente teorico, è possibile già da adesso ipotizzare per lo meno tre scenari.

Il primo è quello che vede la contessa allontanarsi dalla camera su richiesta della figlia, lasciandola quindi incustodita. Quei pochi minuti in cui Alberica Filo della Torre si è intrattenuta in cucina sarebbero quindi bastati al suo assassino per introdursi non visto nella camera. Quando la contessa sarebbe tornata avrebbe dunque scoperto l'intruso. Da un punto di vista teorico non possiamo però non considerare anche un altra ipotesi, ovvero che l'assassino fosse già presente nella camera della contessa quando questa è stata chiamata per scendere in cucina. La vittima, che in questo caso avrebbe sicuramente conosciuto il suo omicida, si sarebbe quindi congedata per qualche minuto da lui (o lei) per fa ritorno poi in camera. Quale che sia la verità è bene ricordare che nulla di strano sul comportamento della contessa è mai emerso dalle testimonianze dei presenti in cucina. Niente insomma che potesse anche solo far presagire una situazione di disagio o paura in Alberica Filo Della Torre è stato minimamente notato. Pare quindi assodato che la vittima si sia recata in camera senza percepire alcun pericolo, quindi è più probabile pensare che al momento in cui aveva lasciato la camera questa fosse effettivamente vuota. La terza ipotesi è che la contessa sia rientrata in camera, l'abbia trovata vuota e che l'assassino sia entrato soltanto in un momento successivo. A questo punto, dato che sulla porta non sono state trovate tracce di scasso, possiamo solo ipotizzare che la contessa abbia aperto la porta volontariamente al suo assassino.

Ritorniamo a quel lontano mercoledì 10 luglio 1991. Sono le 9.15, non è passata nemmeno mezz'ora da quando la contessa ha fatto ritorno in camera. La piccola Domitilla, come se avesse avuto un presentimento, bussa nuovamente alla porta della camera della mamma. Questa volta la bambina vuole un cerchietto per capelli che, forse, si trovava in quella stanza. La piccola bussa e chiama diverse volte senza ottenere alcun risultato. Dall'altra parte della porta persiste solo un lungo, ostinato ed inquietante silenzio. Violeta Alpaga, la domestica filippina, vede la bambina davanti alla porta chiusa e, pensando che la contessa sia tornata a riposare o magari sia in bagno, la convince a desistere.

Tra le 10.30 e le 11.00 la domestica e la bambina tornano davanti alla porta della camera da letto della contessa. Adesso comincia ad essere tardi, c'è il party da organizzare ed è necessaria la presenza della padrona di casa per supervisionare tutto. La domestica e la bambina bussano e chiamano più volte, ma anche questa volta non ottengono nessuna risposta. Provano timidamente ad aprire la porta ma si accorgono che è chiusa a chiave. Allora provano a chiamare con il telefono interno, ma nella camera della contessa il telefono squilla a vuoto. Nessuno risponde. A questo punto, vincendo un certo timore, la domestica prende una chiave di riserva ed entra nella stanza.

La porta è finalmente aperta ma quello che appare agli occhi della domestica filippina è uno scenario da film dell'orrore. Alberica Filo della Torre giace a terra con le braccia aperte. Il capo è avvolto in un lenzuolo imbrattato di sangue. Tutt'intorno a lei ci sono evidenti tracce ematiche. Già da un primo sguardo appare chiaro che non si tratta di un incidente domestico. La contessa Alberica Filo della Torre è stata brutalmente assassinata.

Al momento dell'omicidio Alberica Filo della Torre ha 42 anni. È di origini aristocratiche e può fregiarsi del titolo di contessa. Proviene infatti da una nobile famiglia napoletana. Suo padre è il conte Ettore della Torre di Santa Susanna mentre sua madre è Donna Anna del Pezzo dei Duchi di Caianello. La sorella, Francesca Filo della Torre, ricorda così la loro infanzia in un'intervista rilasciata al Corriere della Sera nel 2010:

«Io e Alberica siamo cresciute insieme, dalle monache e nei collegi: lei era una scugnizzetta vivace, buffa, golosissima. Parlavamo in tedesco, ci capivamo solo tra noi»[1].

Alberica Filo della Torre era sicuramente una donna di classe e di buon gusto e, a dispetto delle nobili origini, era a detta di tutti una persona molto affabile e disponibile. Ecco il ritratto che ne da il marito davanti alle telecamere della trasmissione Delitti:

«Alberica era una persona normale. Dolce e pulita nell'animo. Ci chiamavano la coppia solare perché non avevamo mai riserve mentali verso nessuno».

Come è scontato sottolineare l'omicidio avviene all'interno del quartiere dell'Olgiata alle porte di Roma. Probabilmente non tutti sanno che l'Olgiata è una *gate community*, ovvero un quartiere completamente recintato e controllato 24 ore su 24 da squadre di vigilantes privati. Per entrare e uscire dall'Olgiata si deve passare il controllo della security. Questo tipo di quartieri protetti sono

---

[1] *"Io, Alberica e i tanti errori nelle indagini. Perché il telefonino spunta fuori solo adesso?",* di Fabrizio Peronaci, Corriere della Sera, 30 novembre 2010.

molto comuni in altri paesi come gli Stati Uniti o nelle grandi città del Sudamercia, dove esistono ormai da decenni. Il più famoso è probabilmente Bel Air a Los Angeles. All'epoca dei fatti però, per quanto riguarda l'Italia, si trattava di un esperimento di urbanistica sicuramente innovativo. Come è facile immaginare all'interno dell'Olgiata vivono soltanto famiglie molto facoltose: imprenditori, divi del mondo dello spettacolo e stelle dello sport. Proprio come a Bel Air, anche l'Olgiata è tutto un susseguirsi di imponenti ville, di auto di lusso e di prati verdi sempre perfettamente curati. Una specie di piccolo paradiso terrestre pochi chilometri a nord di Roma in cui tutto è sempre in ordine. Tutto è sempre perfetto.

Le nobili origini di Alberica Filo della Torre, l'ambientazione chic dell'Olgiata e le frequentazioni importanti della famiglia Mattei contribuiranno immediatamente a etichettare questo caso come un "delitto dell'alta società", anche se avremo modo di vedere come questa definizione si rivelerà poco corretta e, forse, addirittura fuorviante.

CACCIA AL COLPEVOLE

Quando viene ritrovato il cadavere della contessa all'interno della villa sono presenti le due domestiche filippine, la baby-sitter inglese, i figli piccoli della contessa e quattro operai che stanno preparando il giardino per la festa che si sarebbe dovuta tenere quella sera. Il marito Pietro Mattei, come abbiamo visto, è uscito intorno alle 8 di casa per recarsi in ufficio all'EUR. Appena scoperto il corpo dalla villa viene subito contattata la security privata del quartiere, che a sua volta chiama immediatamente il pronto soccorso e poi anche i Carabinieri della stazione della Storta, non lontano dall'Olgiata.

La stanza non viene immediatamente sigillata anzi, in quei pochi metri quadrati entrano ed escono per ore diverse persone compromettendo, forse in maniera irreparabile, la scena del crimine. Dopo pochi minuti viene contattato anche Pietro Mattei:

«Fu un amico a chiamarmi: vai a casa, Alberica si è sentita poco bene. Risposi che avevo da fare per un'oretta ma lui insistette: Pietro, vai a casa e capii che era successo qualcosa di grave. Quando arrivai, la casa era piena di gente. Non mi fecero vedere mia moglie e mi dissero che era caduta nella vasca da bagno».

Verso l'una giunge alla villa anche il magistrato Cesare Martellino:

«Io sono arrivato verso l'una ed ho trovato una miriade di gente che si aggirava, comprese anche persone estranee, in questa stanza dove era avvenuto il delitto e dove c'erano macchie di sangue. L'impressione che ho avuto immediatamente è stata quella di una compromissione della scena del crimine perché tutta quella gente nella stanza era veramente troppa. Immediatamente feci uscire tutti».

Tra le persone presenti alla villa c'è anche un agente dei servizi segreti, Michele Finocchi, amico di Pietro Mattei ed Alberica Filo della Torre.

«Era una persona che conoscevamo da 8-10 anni. Chiamai Michele Finocchi, io non sapevo ancora che Alberica fosse stata assassinata».

Il corpo della contessa viene fotografato e rimosso. La scientifica comincia il suo lavoro alla caccia di prove nella speranza di indirizzare le indagini subito sulla strada giusta. Dall'analisi del cadavere emerge che la vittima è stata brutalmente colpita al capo con uno zoccolo di legno e successivamente strangolata con l'utilizzo di due sole dita. La tecnica venne giudicata fin da subito particolare e, probabilmente, messa in atto da mani esperte ed addestrate a compiere gesti del genere. Ogni volta che verranno formulate delle ipotesi investigative questo particolare anomalo verrà sempre riproposto per avvalorare i sospetti del momento. Quando i riflettori si punteranno su un possibile sospettato cinese, allora si parlerà di una tecnica di strangolamento tipica delle arti marziali orientali di cui il sospetto pare fosse esperto. Quando entreranno in scena i servizi segreti si parlerà di tecnica di tipo militare. Ad oggi non si può dire molto di più su questa particolare modalità di strangolamento, se non che fu applicata in maniera determinata e decisa.

All'interno della camera c'è molto sangue ma tutto sommato non ci sono tracce di lotta. Evidentemente la collutazione, ammesso che sia avvenuta, è stata molto rapida. Con ogni probabilità la vittima è stata aggredita in maniera fulminea e del tutto inaspettata. Dalla camera della contessa mancano alcuni gioielli. Questo particolare fa pensare inizialmente ad una rapina, ma poi si constata che al polso la vittima ha ancora il prezioso Rolex d'oro, elemento che stride con questa ipotesi. Per alcuni questo dettaglio lascerebbe pensare che il furto dei gioielli sia a tutti gli effetti un tentativo di depistaggio dell'assassino. Per altri invece potrebbe trattarsi di una banale dimenticanza dettata dalla fretta. Altri ancora infine hanno ipotizzato che il misterioso ladro-killer avrebbe preferito non prendere l'orologio perché, come tutti i Rolex, aveva un numero di matricola inciso sulla cassa e quindi poteva essere facilmente identificabile.

La prima domanda che sorge spontanea è come sia possibile che un killer penetri in una casa di un quartiere protetto come l'Olgiata, in un momento in cui tra l'altro sono presenti molte persone, senza essere visto da nessuno, commetta un omicidio tanto efferato e svanisca nel nulla in pieno giorno. Come abbiamo detto al momento dell'omicidio in villa sono presenti molte persone che si muovono in continuazione, impegnate nelle attività più disparate. Eppure nessuno sembra aver notato nulla di strano. C'erano anche due cani, uno dei quali in particolare molto scontroso con le persone che non conosceva. Neanche i cani hanno dato il minimo segno di nervosismo.

La villa comunque è molto grande. Si sviluppa su due piani anche se la maggior parte dell'edificio si trova al piano terra. La stanza dove viene ritrovata la contessa è situata sulla torretta al secondo piano. Per raggiungerla si può passare dalla finestra, ma pare che non siano stati trovati segni di scavalcamento sul muro, oppure attraverso le scale interne. Per accedere alla villa quel giorno c'era solo l'imbarazzo della scelta. A differenza della famosa Bel Air americana che è addirittura protetta da alte mura di recinzione tutt'intorno al perimetro del quartiere, all'Olgiata il sistema di protezione era meno sicuro. Subito dietro la casa dei Mattei corre una staccionata di metallo che delimita i confini della proprietà, basta un balzo di poche decine di centimetri e chiunque può penetrare all'interno del quartiere.

Per entrare nella casa poi quel giorno c'erano molte possibilità dato che era estate e molte delle finestre e delle porte finestre della villa erano spalancate. Non dimentichiamo infine che c'era un gran via vai di gente che entrava ed usciva dalla casa impegnata nei preparativi della festa. A livello teorico dunque introdursi nella villa non deve essere stato complicato. Quello che appare francamente difficile da credere è che una persona assolutamente estranea alla villa sia penetrata all'interno, muovendosi poi senza essere vista in un labirinto di stanze per finire proprio in camera della contessa. Una tesi di questo tipo infatti prevede che il misterioso assassino sia andato quasi a colpo sicuro. A questo punto appare più plausibile che il killer sia una persona che conosceva la villa, magari perché l'aveva frequentata in passato oppure perché qualcuno gliel'aveva descritta nei minimi dettagli. Troppo difficile, seppure non impossibile, per un intruso occasionale entrare e uscire senza sapere dove andare di preciso. Della stessa opinione è Pietro Mattei, il marito della vittima:

«Io sono convinto che chi è entrato nella camera di Alberica sia una persona che avesse frequentato la casa».

Si ricostruiscono i movimenti della vittima quella mattina e si arriva alla conclusione che l'omicidio sia avvenuto tra le 8.30/8.40, quando cioè la contessa è risalita in camera dopo la sua breve apparizione in cucina, e le 9.15 circa, quando la piccola Domitilla ha bussato insistentemente senza ottenere risposta alla porta della mamma. L'assassino può aver lasciato il luogo del delitto immediatamente dopo l'omicidio, oppure poteva trovarsi ancora all'interno della stanza quando la bambina ha bussato cercando il suo cerchietto per i capelli.

LE DIVERSE PISTE INVESTIGATIVE

A questo punto delle indagini la ricostruzione esatta dei movimenti di tutti i presenti alla villa minuto per minuto diventa fondamentale. Gli inquirenti decidono comunque di non trascurare nessun dettaglio e quindi anche l'alibi del marito viene minuziosamente controllato. Si ripercorre la strada che dall'Olgiata porta al suo ufficio all'EUR in orari compatibili a quelli in cui il signor Mattei sostiene di essere uscito, per verificare oltre ogni ragionevole dubbio i tempi di percorrenza. Alla fine di questi rilevamenti risulta evidente che il signor Mattei non ha nulla a che fare con questa storia. Pietro Mattei infatti quella mattina è uscito di casa verso le 8, ha passato il controllo di sicurezza dell'Olgiata come dimostrano i tabulati della security ed è giunto in ufficio verso le 9. La tempistica del tragitto casa-ufficio è perfettamente compatibile con una normale giornata di traffico a Roma, quindi il suo alibi è inattaccabile.

Vengono quindi vagliati gli alibi degli altri adulti presenti alla villa ma non emerge nulla di particolare. Le donne di servizio filippine non parlano italiano. Spiegano che per tutta la mattinata sono state impegnate nelle normali attività quotidiane e che non hanno visto nulla di sospetto. Anche la baby-sitter inglese era all'interno della villa mentre l'omicidio veniva consumato ma, proprio come le donne di servizio filippine, anche lei non ha notato nulla di sospetto. Stesso discorso per gli operai impegnati nei preparativi del ricevimento.

Gli inquirenti sono al lavoro da poco ma appare già evidente che l'omicidio della contessa Alberica Filo della Torre non sarà un caso facile. Tutta la vicenda assume fin da subito i tratti di un romanzo giallo, uno di quei romanzi complessi ed intrigati che vengono risolti soltanto nel finale dall'Hercule Poirot o dallo Sherlock Holmes di turno. Ma in questo caso non ci sono detective infallibili con la soluzione già in tasca, qui bisogna confrontarsi con una dura realtà fatta di indizi e prove che non lasciano presagire nulla di buono.

Si cominciano a profilare le prime ipotesi investigative. Come abbiamo già accennato si pensa subito ad una rapina finita male. La vittima avrebbe sorpreso qualcuno che le rubava i gioielli e avrebbe reagito. Il misterioso ladro, vistosi scoperto, avrebbe allora attaccato Alberica Filo della Torre uccidendola. La vestaglia della contessa, quella che indossava quella mattina quando era scesa in cucina, è stata trovata appesa in bagno. Questo dettaglio fa nascere l'ipotesi che l'assassino potesse essere qualcuno che si era introdotto in camera durante i pochi minuti di assenza della contessa e che, al suo rientro, non fosse stato immediatamente notato. Secondo questa teoria una volta sentito che la donna era andata in bagno il ladro sarebbe quindi uscito allo scoperto tentando di rubare i gioielli.

A questo punto la contessa, forse insospettita da qualche rumore inusuale, avrebbe fatto ritorno in camera da letto trovandosi di fronte l'assassino. Come abbiamo visto non possiamo però nemmeno escludere l'ipotesi che sia stata la stessa vittima ad aprire la porta al suo assalitore. C'è un dettaglio che lascia quantomeno perplessi: perché tanta violenza? Perché una reazione così cruenta da parte di un topo di appartamenti scoperto sul fatto? Alcuni pensano che una reazione del genere sia giustificabile soltanto nel caso in cui il ladro sia una persona conosciuta dalla vittima. Solo qualcuno di noto alla contessa infatti avrebbe potuto perdere completamente la ragione una volta sorpreso con le mani nel sacco. Un normale topo di appartamento con ogni probabilità si sarebbe limitato a fuggire. No, l'ipotesi del ladro occasionale, seppur teoricamente valida, non sembra poter spiegare in maniera soddisfacente questo brutale omicidio.

Le indagini si allargano quindi alla cerchia di amici e conoscenti della vittima. Tutte persone che tra l'altro potevano avere una familiarità con la villa e la sua struttura architettonica. L'indagine si fa quindi molto delicata, dato che stiamo parlando di persone molto in vista e che frequentavano gli ambienti più esclusivi della capitale. Spunta anche un'intercettazione telefonica che coinvolge la baby-sitter inglese Melanie Uniacke, che viene registrata mentre parla con un'amica che si trova in Inghilterra. Nella telefonata la ragazza dice di avere paura e descrive le sue sensazioni di terrore e shock. La telefonata viene trascritta e tradotta. Gli inquirenti leggendo l'intercettazione si convincono che Melanie Uniacke si riferisca direttamente a qualcosa che avrebbe visto quel giorno, qualcosa che però non ha voluto riferire agli inquirenti. La ragazza viene subito interrogata ma conferma di non aver visto né sentito nulla. In mancanza di altri elementi probatori nei suoi confronti alla giovane viene permesso di rientrare in Inghilterra.

Nella mente degli inquirenti si fa sempre più concreta l'ipotesi che si tratti di un delitto d'impeto, un omicidio non premeditato insomma. Sembra difficile ipotizzare che una persona intenzionata a uccidere si presenti sul luogo del delitto senza un'arma appropriata e che tramortisca la vittima con il primo oggetto a portata di mano. Qualcuno avanza l'ipotesi che ad uccidere sia stato un amante, ma anche in questo caso sembra che l'ipotesi non stia in piedi. Come si può pensare a un convegno amoroso clandestino alle 9 del mattino quando il marito, uscito di casa da pochi minuti, potrebbe far rientro da un momento all'altro per una qualsiasi dimenticanza? Come possiamo immaginare uno scenario del genere sapendo che tutta la casa è piena di gente, e poi proprio nel giorno in cui la coppia festeggia in grande stile il decimo anniversario di matrimonio? No, appare chiaro che l'ipotesi è del tutto inconsistente e infatti viene presto abbandonata.

Quasi subito salta fuori il nome di un possibile sospetto: si chiama Manuel Winston, ha 22 anni ed è un filippino come le domestiche a servizio in casa Mattei. Tempo prima Winston, che aveva prestato servizio a casa Mattei, aveva avuto una discussione per questioni di denaro con la contessa Filo della Torre e pare fossero volate parole grosse. Sembrerebbe che all'origine del diverbio ci fosse un prestito che la contessa aveva concesso a Winston e che il ragazzo non era stato in grado di restituire. Gli investigatori mettono sotto torchio il sospettato e riescono anche ad individuare alcuni buchi nel suo alibi. Winston racconta agli investigatori che quella mattina, proprio mentre avveniva il delitto, lui si trovava a lavorare presso un'altra villa, sempre nel quartiere dell'Olgiata. Il filippino aggiunge anche che ci sarebbe un testimone che lo avrebbe visto.

Il magistrato Cesare Martellino ricorda la sua deposizione con queste parole:

«Lui lavorava in una villa vicino dove non c'erano i proprietari. Lui sostiene "io lavoravo in quella villa poi sono andato via intorno alle 11 e mentre andavo via dalla villa sul viale ho incontrato la macchina del figlio dei proprietari della villa il quale mi ha visto"».

Il testimone però non conferma l'alibi e la posizione di Winston si fa di ora in ora sempre più complicata. L'uomo ha tutte le caratteristiche del profilo del killer tracciate dagli inquirenti: conosce la casa per averla frequentata in precedenza, ha motivo di rancore nei confronti della vittima e soprattutto, se sorpreso a rubare, può giustamente temere di essere riconosciuto e denunciato. A peggiorare le cose alcune macchie sospette sui pantaloni di Wintson: i pantaloni vengono immediatamente sequestrati e spediti alla scientifica per farli analizzare. Le analisi, che è bene ricordarlo, vennero fatte con la tecnologia dell'epoca che era molto rudimentale rispetto a quella dei nostri giorni, stabiliscono che le macchie sui pantaloni di Winston sono effettivamente macchie di sangue, ma si tratta del sangue del sospettato. Non vengono rilevate tracce genetiche della vittima. Con il proseguire delle indagini e delle perizie gli inquirenti iniziano ad avere in mano maggiori dettagli che, a quanto pare, scagionerebbero il giovane filippino: da una più approfondita analisi sui segni lasciati sul collo della vittima dall'assassino infatti il professor Silvio Merli si convince che a strangolare la contessa sia stato un destrimane. Winston invece è mancino. Ecco come lo stesso magistrato Cesare Martellino commenta questa scoperta così come riportato da un articolo di Repubblica del 29 aprile 1992:

«Se lo avessimo saputo subito, il filippino Winston Manuel forse non sarebbe nemmeno entrato nell'inchiesta».

Una dichiarazione che, alla luce di come si sono sviluppate le indagini poi nel corso degli anni, appare davvero paradossale e tragicomica. La perizia medica comunque stabilisce inoltre che l'assassino non ha per forza delle caratteristiche fisiche vigorose. La pressione meccanica, verrà definita una "pressione scientifica", applicata con precisione al collo della vittima è compatibile con la forza di un uomo medio o addirittura con quella di una donna.

Le indagini continuano senza sosta ed emerge presto un nuovo sospettato: Roberto Jacono. Jacono è il figlio di Franca Senapa, una donna che accompagnava in palestra i figli della contessa alcuni pomeriggi la settimana. Gli investigatori trovano nella cassetta delle lettere dei Mattei una busta contenete le chiavi della villa ed una lettera piuttosto ruvida che la signora Senapa aveva indirizzato alla contessa restituendo le chiavi. Pare che i rapporti tra le due si fossero incrinati alcune settimane prima per una questione legata al compenso della Senapa. Per gli investigatori Jacono potrebbe aver affrontato la vittima per difendere le ragioni della madre, o forse si è introdotto in casa Mattei per compiere un furto sempre nel tentativo di tutelare gli interessi della madre. Come per Winston anche per Jacono ci sono tutta una serie di elementi che peggiorano la sua posizione. Conosce la villa per averla frequentata in passato, ha un motivo di rancore nei confronti della vittima ma, soprattutto, pare avere dei disturbi della personalità che lo portano ad improvvisi cambi di umore. A suo carico anche qualche piccolo precedente penale per reati minori.

Ecco come lo stesso magistrato Martellino descrive la posizione di Jacono in un'intervista del 1994:

«Jacono mal sopportava il fatto che Alberica Filo della Torre aveva licenziato la madre ed era a conoscenza dello stato dei luoghi per aver frequentato saltuariamente la villa»

Jacono viene ripetutamente interrogato e fin da subito non riesce a dare risposte convincenti agli investigatori che si occupano del caso. Anche sui suoi pantaloni si trovano alcune tracce sospette che vengono prontamente analizzate dalla scientifica. Il responso però è ancora una volta negativo. Le macchie sono effettivamente di sangue ma si tratta del sangue di Jacono.

Il giudice per le indagini preliminari Stefano Meschini commenterà così questo referto:

«Le tracce rinvenute sui pantaloni di Jacono sono in parte ematiche e anche queste sono compatibili con il sangue di Jacono. Mentre in parte sono di natura indeterminata e, quindi, non è possibile indicarne la compatibilità con il sangue della vittima o dell'indagato».

Dobbiamo ricordare ancora una volta che siamo praticamente agli albori dell'analisi sul DNA in Italia e che questo tipo di test, che oggi si possono effettuare con successo su microscopici campioni, all'epoca richiedevano grossi quantitativi di materiale organico e non sempre davano esiti certi oltre ogni ragionevole dubbio. Jacono, seppur scagionato dalle analisi biologiche, resta sempre al centro di sospetti e dicerie soprattutto legate al suo carattere. Sarà comunque lui uno tra i primi, non si sa se per convinzione personale o solo per la voglia di riportare una voce da lui raccolta, a tirare fuori la pista dei servizi segreti.

Nel 1994 Roberto Jacono infatti dichiarerà al Corriere della sera di avere elementi sul caso del delitto dell'Olgiata e in particolare:

«Ho un' idea precisa, che dirò al giudice se mi ascolterà. Sono certo che c' entrano i servizi segreti».

Da questo punto in poi, in tutta questa storia, le indagini hanno cominciato a prendere direzioni del tutto nuove ed inaspettate. Si sono cominciate infatti ad avanzare le ipotesi più disparate molte delle quali, va detto fin sa subito, si sono dimostrate destituite di qualsiasi fondamento. Ma procediamo con ordine.

Come abbiamo visto un agente dei servizi segreti, quello che all'epoca si chiamava SISDE, arriva alla villa prima ancora del magistrato Martellino. Stiamo parlando di Michele Finocchi e a chiamarlo è lo stesso Pietro Mattei che con lui ha un rapporto di amicizia. Per l'ennesima volta dunque, come in quasi tutte le peggiori vicende di cronaca nera italiana, torna l'ombra dei servizi segreti. Ma chi è Michele Finocchi? È un amico della coppia Mattei ed in passato, per sdebitarsi di alcuni favori, aveva anche regalato alcuni preziose collane alla contessa. Va subito precisato che non si trattava di niente di particolare: la contessa, che era famosa per il suo buon gusto, lo aveva aiutato ad arredare una casa di sua proprietà e per ricompensarla Michele Finocchi le aveva regalato quei gioielli. Appena la notizia delle collane si diffonde sulla stampa parte la gran cassa delle illazioni. Si prefigurano gli scenari più diversi e si avanzano le peggiori ipotesi sulla situazione matrimoniale dei Mattei. Tutto fango che non solo lede il nome della famiglia, ma che fa prendere all'indagine delle direzioni del tutto inaspettate. Siamo nel pieno dello scandalo dei fondi neri del SISDE e Michele Finocchi viene indagato per la costituzione di fondi segreti attraverso i quali alcuni elementi dei servizi segreti avrebbero fatto transitare ingenti somme di denaro.

Per qualcuno l'equazione sembra trovare finalmente una soluzione. Alcuni elementi dei servizi segreti avrebbero eliminato la contessa Filo della Torre perché depositaria di inconfessabili segreti legati ai fondi neri dei SISDE. Vengono setacciate tutte le attività di Pietro Mattei e salta fuori anche un fantomatico conto bancario in Svizzera, ma si tratta dell'ennesimo buco nell'acqua. Accurate indagine stabiliranno che si tratta di un conto d'appoggio usato per pagare le spese di una casa di proprietà dei Mattei a Verbier nel Cantone Vallese. Nella stampa e nell'opinione pubblica dilaga comunque inarrestabile il tarlo del sospetto, alimentato anche dal fatto che Michele Finocchi si rende irreperibile. La sua latitanza dura 9 mesi fino a quando non viene arrestato in Svizzera ed estradato in Italia. Non emergerà nulla di nuovo su un suo eventuale coinvolgimento nell'omicidio dell'Olgiata. Per molti comunque dietro a questa storia ci sarebbero losche trame internazionali. Si tratta comunque di pure speculazioni che non hanno mai avuto il supporto di nessun elemento concreto.

La famiglia Mattei aveva senza dubbio frequentazioni e conoscenze molto influenti, cosa più che normale vista la loro posizione sociale, ma non per questo doveva per forza essere il crocevia di intrighi legati ai servizi segreti. Mentre si costruisce questo spesso muro di fango attorno alla vicenda le indagini, distratte da improbabili teoremi, stentano ad imboccare la strada giusta. Oggi, a distanza di anni, viene da chiedersi come si sia potuto pensare che l'eliminazione della contessa Filo della Torre possa essere stata effettivamente opera di uno o più agenti segreti. Siamo ancora disposti a credere che un servizio segreto degno di questo nome per eliminare un soggetto ricorra ad un colpo di zoccolo in testa alle 9 del mattino in una casa piena di gente? La contessa non viveva certo come una reclusa e si sarebbero potuti trovare altri momenti e diverse modalità se lo scopo fosse stato quello di eliminarla. Solo pochi giorni prima del suo assassinio, per esempio, la contessa era rientrata da un viaggio in Portogallo dove era andata ad assistere la madre che aveva avuto un incidente. Quale migliore occasione per eliminare qualcuno magari simulando una rapina? Non fosse altro che per la dinamica dell'omicidio ci sentiamo di escludere categoricamente che i servizi segreti siano in qualche modo implicati nell'assassinio di Alberica Filo della Torre. Certo, a meno che non si voglia dipingere un quadro di sconfortante mediocrità intorno agli uomini del SISDE.

Lo scenario se possibile si intorbidisce ulteriormente quando una donna, la signora Parisi Halfon, comincia a dichiarare di avere importanti informazioni sul caso. Sostiene di essere stata l'amante di Pietro Mattei e invia al procuratore Antonio Di Pietro, all'epoca nel bel mezzo dell'inchiesta "Mani Pulite", un vestito da uomo che sostiene essere stato indossato da Mattei il giorno dell'omicidio e poi mandato in lavanderia per essere meticolosamente ripulito. La cosa di per sé sembra assumere i contorni del ridicolo, soprattutto se pensiamo ad un assassino che invece di liberarsi di un abito compromettente lo manda a pulire in una lavanderia dove chiunque avrebbe potuto notare qualcosa di strano. Come abbiamo detto la Parisi Halfon sostiene di aver avuto dal Mattei l'incarico di portare questo abito in lavanderia, ma sarà lo stesso Mattei a fare chiarezza sulla faccenda in un articolo pubblicato sul Corriere della Sera nel 1994:

«Ma quando mai? Con tutto il personale di servizio di cui dispongo, facevo portare il vestito in tintoria proprio da lei? Quel vestito non è mio, oppure mi è stato sottratto. È una persecuzione. Io sono una vittima insieme con i miei figli. Prima sono stato vittima del turpe gesto di un ignobile assassino. Poi sono diventato vittima di un'indegna diffusione di notizie che ledono la mia immagine e servono soltanto a contrabbandare sensazionalistiche circostanze che ho sempre respinto e che non giovano certo alla verità. Questo dovrebbe essere l'unico obiettivo: la verità. La ricerca di chi ha ucciso mia moglie. Sono quasi tre anni che inseguo disperatamente un filo conduttore in grado di portare all'assassino».

Nel calderone dell'inchiesta c'è spazio un po' per tutto e anche un'amante probabilmente risentita trova il suo spazio. Ecco cosa dichiarerà Halfon in un articolo apparso su Repubblica nel 1994:

«Sono andata da Di Pietro perché qua, a Roma, i giudici vogliono chiudermi la bocca e perché Mattei puntava a seppellire questa storia. Me lo ripeteva sempre: le indagini non devono uscire da Roma... E Di Pietro mi ha ascoltato: 11 ore lunedì e 5 martedì. Adesso, sarà più complicato mettere la sordina. Se l'inchiesta l'avesse avuta subito Milano, ci sarebbero state faville... Per i conti e le tangenti, e naturalmente anche per l'omicidio.

Invece... Di Pietro mi ha promesso che, se ci saranno gli elementi, l'inchiesta se la prenderà lui. Non la tratteranno più Roma e certi giudici. Siamo vicini alla verità, stavolta. Mi hanno sempre dato della sparaballe. Sempre. Ma io porto le carte. Le carte, capisce? Io ho le prove».

Attorno all'abito riprendono corpo torbidi teoremi legati ad ancor più torbidi scenari. Lui, lei, l'amante... tutta la storia si perde se possibile ancora di più seguendo piste sempre meno concrete. Intanto la verità sembra allontanarsi inesorabilmente. Di Pietro comunque va effettivamente a Roma e durante il ponte pasquale del 1994 la capitale viene setacciata dagli inquirenti, mentre il PM interroga numerosi personaggi mai apparsi sulla scena del delitto.

Intanto Halfon viene torchiata dagli inquirenti sul dettaglio del misterioso vestito che Mattei le avrebbe consegnato il giorno dell'omicidio. In precedenza sono stati interrogati anche i titolari della lavanderia di via Cassia 998 dove la Parisi Halfon sostiene di aver portato il vestito di Mattei. Nessuno in lavanderia però dice di aver mai visto Halfon, e anche di questo fantomatico vestito non e' rimasta alcuna alcuna traccia in lavanderia.

A questo punto Halfon viene messa alle strette dagli investigatori così come riporta il giornalista Flavio Haver sul Corriere della sera del 5 aprile 1994:

«La signorina Parisi Halfon avrebbe avuto una crisi di nervi e si sarebbe messa a piangere. Sembra che abbia detto di non sapere chi sia il killer della contessa e che tutto quello che lei ha detto nell'ultimo periodo è frutto di sue congetture o ricostruzioni. Non si tratta di una vera e propria marcia indietro, perché la Parisi Halfon non ha mai accusato direttamente nessuno. Ma è certo che la portata delle sue dichiarazioni si è ridimensionata. Mattei ha denunciato la Parisi Halfon per calunnia e ieri girava voce che Martellino stia prendendo in considerazione l'ipotesi di iscrivere il suo nome sul registro degli indagati anche per procurato allarme e simulazione di reato. Nel corso della perquisizione della villa dell'Olgiata dove la Parisi Halfon vive con i figli, sono state trovate le carte che aveva già consegnato a Martellino e a Di Pietro. E due lettere, una per Rotondi e una per il suo legale. Chi sono le altre persone per le quali sono scattati i decreti di perquisizione? Mistero».

La posizione del marito della vittima comunque è stata vagliata nell'immediatezza del fatto, tutti i riscontri sono stati fatti e nulla è emerso. Il suo alibi è solidissimo e non sono mai emersi motivi di rancore nella coppia. Quello di Halfon sembra piuttosto il gesto sconsiderato di un'amante delusa, ma nonostante questo tra l'opinione pubblica continua ad insinuarsi un certo sospetto sapientemente alimentato anche dalla stampa e dai mezzi di comunicazione. Nell'indagine fa la sua breve comparsa anche l'austriaco Roland Voller, uno strano personaggio probabilmente legato agli ambienti dei servizi segreti. A sorpresa durante una perquisizione in casa sua saltano fuori dei documenti riservati sul caso dell'Olgiata. Voller dice di averli avuti da una persona che lavora all'interno delle forze dell'ordine e che sperava di venderli a qualche giornale. L'austriaco dichiara subito di non saper nulla sull'omicidio di Alberica Filo della Torre ma promette scottanti rivelazioni sull'altro famoso giallo romano insoluto, il delitto di via Poma. Fornirà quindi una ricostruzione degli eventi dimostratasi poi inconsistente[2], ma che porterà per lungo tempo fuori strada gli inquirenti. In molti, a mente fredda, penseranno ad un tentativo di depistaggio. Le ragioni di questo gesto sono tuttora ignote. Ecco come stigmatizza tutta questa vicenda lo stesso Pietro Mattei ai microfoni della già citata trasmissione Delitti:

«Hanno costruito tutta questa zozzeria descrivendo mia moglie come una persona amorale, corrotta. I conti nostri misteriosi in Svizzera... In questi 15 anni abbiamo dimostrato che noi facciamo una vita normale»

A questo punto l'inchiesta sembra essersi arenata. Persa in mille rivoli non riesce a produrre nessun concreto passo in avanti. Passano gli anni e nel 1995, ben 4 anni dopo il delitto, compare

---

[2] Su Voller si veda quanto scritto a proposito del delitto di via Poma in questo volume.

un nome nuovo nell'inchiesta. Si tratta dell'imprenditore cinese Frank Yung, anch'egli residente all'Olgiata nel 1991 e conoscente dei coniugi Mattei. Chi è Frank Yung e come era entrato in rapporti con la famiglia Mattei? Ce lo racconta lo stesso Pietro Mattei:

«Noi abbiamo conosciuto Frank Yung perché Jessica, la figlia, stava al Saint George con mia figlia Domitilla. Frank Yung mi aveva fatto affittare all'ambasciatore cinese una delle proprietà nostre dell'Olgiata»

A compromettere Frank Yung sono alcune dichiarazioni di sua moglie. La donna dichiara che il marito è una persona violenta e che la mattina del delitto si sarebbe potuto trovare non lontano dalla villa dei Mattei. È lo stesso Yung a ricordare quella drammatica mattinata in un articolo apparso sul Corriere della Sera nel 1995:

«Sono nato in Cina ma sono cresciuto ad Hong Kong. A 14 anni mi sono trasferito in Inghilterra, grazie all'aiuto di mio padre. Dopo ho cominciato a lavorare nel campo dei tessuti. La mattina del 10 luglio del '91 ho fatto colazione con mio padre, sono uscito di casa verso le 8.30 e sono andato al lavoro. Sono arrivato attorno alle 9».

Sul rapporto che lo legava ai Mattei dichiara:

«Ci frequentavamo perché Alberica era amica di mia moglie. A volte siamo usciti a coppie, in una o due occasioni siamo stati invitati a cena a casa Mattei. E sempre perché i bimbi si frequentavano. Nel 90 abbiamo fatto pure una vacanza ad Ischia. Sua figlia Domitilla era molto amica di mia figlia, l'ho conosciuta per questo motivo. E anche mia moglie e Alberica erano molto amiche. Io ero amico con Pietro Mattei e con lui nel '92 avevamo abbozzato un progetto per fare una "Chinatown" a Roma. Ma è rimasto solo un progetto sulla carta, non se n'è fatto niente. Come era nata l'idea? Era stato mio padre a pensarci e voleva fare anche un' "Little Italy" a Pechino. Ma nel '92 non sarebbe stato un buon investimento»

Alle accuse della moglie che dice di aver subito delle violenze risponde così:

«Non è vero che l'ho picchiata. Invece, ci sono state discussioni anche violente. Ed è falso che io abbia tentato di strozzarla»

Ad aggravare la sua posizione c'è il fatto che Yung è un esperto di arti marziali e quindi potrebbe essere una persona in grado di conoscere la sofisticata tecnica di strangolamento utilizzata per il delitto. Viene verificato il suo alibi: Yung dice di aver fatto colazione verso le 8.30 quella mattina, assieme a lui, assicura, c'era suo padre. Altri testimoni ricordano orari diversi ma alla fine viene avvalorata la testimonianza del padre ed anche Yung esce di scena.

ARCHIVIARE L'INCHIESTA... OPPURE NO?

L e indagini sembrano ormai aver imboccato un binario morto. I media ripropongono ciclicamente la storia di quello che ormai è diventato uno dei delitti più famosi degli ultimi vent'anni ma in pratica non ci sono sostanziali novità. Nel 2001 il magistrato Martellino rilascia un'intervista al Corriere della sera che suona un po' come il de profundis sull'indagine:

«Ho ancora fiducia: l'assassino potrebbe avere un rimorso di coscienza, confidarsi con qualche parente oppure con un prete. Sempre che non fosse un normale ladro, un rapinatore che s'intrufola in casa, viene scoperto dalla contessa e allora la uccide, un'ipotesi poco attraente per i giornali, lo capisco, e invece magari andò proprio così. Del resto, ho verificato che la via di fuga c'era eccome: passando da dietro, dal garage, saltando una staccionata non più alta di un metro, ci si trova subito fuori dalla villa, nei campi dell'Olgiata»

Il messaggio è chiaro: non sono emersi ulteriori elementi e ormai ci si può aggrappare alla sola speranza che l'assassino abbia un tardivo rimorso di coscienza a distanza di molti anni dal delitto. Le indagini in pratica brancolano nel buio più fitto. A chi gli fa notare che tutta l'inchiesta è stata un mezzo fallimento Martellino risponde:

«Se permettete non sono d'accordo, tutte le piste furono battute fino in fondo: i conti all'estero della famiglia, i servizi segreti, i rapporti personali della contessa. Beh, vi posso dire che dopo tanto lavoro, io non sospetto proprio di nessuno. Nessuno di quelli entrati nell'inchiesta, secondo me, c'entra con l'omicidio»

e ancora

«Quella mattina oltre alla contessa c'erano le due domestiche filippine, due operai, una baby-sitter inglese. Ho ragione di credere che purtroppo non videro niente. Abbiamo ricostruito tutti i loro spostamenti, quelli del marito di Alberica, Pietro Mattei, uscito di casa verso le 8. Mi beccai pure un' interrogazione parlamentare perché mi accusavano di maltrattare i testimoni, ore e ore di interrogatorio, di giorno e di notte... Per scoprire l'assassino, bisogna trovare il movente. Certo è che pagherei oro per vedermi la scena al rallentatore. Per vedere chi sale le scale, arriva al primo piano e uccide la contessa Filo della Torre. Eppure credo in tanti anni di indagini, di interrogatori, di non averlo mai incontrato. La faccia dell'assassino per me sarebbe una faccia nuova».

Insomma dopo dieci anni tutte le ipotesi restano sul tavolo degli inquirenti: dal ladro introdottosi casualmente all'interno della villa dei Mattei al raptus omicida di una persona che conosceva la vittima.

Il movente non è mai stato definito con chiarezza e tutta la "zozzeria", come giustamente l'ha definita Pietro Mattei, che è stata montata sul caso non ha fatto altro che distogliere l'attenzione dall'analisi degli elementi fondamentali. Innamoratisi di alcune teorie, a volte destituite di alcun fondamento, l'opinione pubblica ma prima di essa i mezzi di informazione hanno giocato a trovare il colpevole perfetto cercando poi di farlo entrare nei panni dell'assassino che quella mattina si è introdotto nella stanza di Alberica Filo della Torre. È un po' come se per risolvere un problema matematico si partisse dalla soluzione che ci si sembra per qualche motivo più corretta cercando poi maldestramente di ricostruire tutti i passaggi a ritroso.

Siamo nel 2005, sono passano appena 4 anni da questa profetica intervista al magistrato Martellino e il caso viene archiviato. Pietro Mattei si oppone con tutte le sue forze. Ecco come lo stesso Mattei ricorda come apprese la notizia:

«*Un bel giorno appresi dai giornali che il caso era stato archiviato. A me non mi aveva comunicato niente nessuno. Dopo di che c'è stato il silenzio più completo*»

Mattei e i suoi legali si oppongono all'archiviazione del caso sostenendo che la scienza legata all'analisi delle tracce organiche ha fatto notevoli progressi negli ultimi anni e che si dovrebbero rianalizzare tutti i reperti trovati sulla scena del crimine per cercare nuove tracce anche latenti. Vengono sottoposti a nuova analisi i pantaloni di Winston e Jacono, così come il lenzuolo con il quale la vittima era stata avvolta. Viene anche consegnato il Rolex, che negli anni non era mai stato acquisito come reperto, perché sia sottoposto ad un'analisi accurata ma ancora una volte le speranze dei Mattei vengono deluse. Anche queste nuove analisi non portano nulla di nuovo.

La famiglia Mattei e i suoi legali però non sono convinti che le analisi siano state eseguite nel modo migliore. Ecco cosa ne pensa l'avvocato Marazzita, legale della famiglia Mattei:

«*I consulenti del Pubblico Ministero nonostante l'innovazione scientifica e tecnologica in realtà non ricorrono alla miglior tecnologia disponibile. Non esaminano l'orologio mentre noi avevamo chiesto "esaminiamo non solo le tracce visibili che furono esaminate anche all'epoca ma cerchiamo tracce latenti"*».

Il caso viene quindi formalmente riaperto. Nel frattempo è stata convocata dai Carabinieri del Nucleo Operativo anche Naike Rivelli, la figlia dell'attrice Ornella Muti, perché a lei venivano attribuite alcune frasi in cui diceva di avere informazioni utili sul caso. Si tratta però dell'ennesimo buco nell'acqua e dal suo colloquio non emergerà nulla di nuovo.

Nel 2008 nuove e più accurate indagini permettono di isolare un profilo genetico maschile su un fazzoletto di carta trovato sul luogo del delitto. Il profilo non appartiene a nessuno degli indagati. Appartiene quindi all'assassino? Non possiamo dirlo con certezza, anche perché nella stanza dove il fazzoletto è stato raccolto hanno transitato per diverse ore molte persone e non è quindi possibile escludere che si tratti di un fazzoletto fatto cadere da qualcun altro. L'indizio è comunque importante e se corroborato da altri elementi potrebbe contribuire concretamente alla risoluzione del caso.

Nel 2009 un nuovo colpo di scena. Un'amica della contessa rompe un silenzio durato 18 anni e dichiara alla stampa che Alberica Filo della Torre prima di morire le aveva dichiarato di essere perseguitata da un uomo che la spiava. Oggi lo chiameremmo uno stalker, all'epoca lo si sarebbe definito semplicemente un guardone o un maniaco. Ecco il suo racconto come riportato dalle agenzie di stampa all'epoca dei fatti:

«Qualche tempo prima dell'omicidio andai a casa di Alberica che voleva mostrarmi la villa. Mi fece salire al piano superiore dove c'erano due bagni, uno suo e uno del marito. Ne abbiamo due perché non vogliamo fare la fila, mi spiegò scherzando.

Entrammo nel suo bagno, illuminato da una grande finestra ad arco, senza grate, serrande, tende o altra protezione. E lei cambiò umore. Devo mettere delle tende o qualcos'altro, aggiunse, perché c'è qualcuno qui di fronte che mi spia, che mi controlla.

Era veramente arrabbiata, aggiunse qualcosa come: via, via, come se parlasse all'uomo che la spiava. Non mi spiegò chi fosse quel tipo che la spiava. Non mi disse neanche se ne aveva parlato col marito o con qualcun altro. La finestra del bagno non dava sulla strada ma sul lato opposto. Di fronte c'era una villa ma non so chi ci abitasse a quel tempo. Ma sono sicura che non sarebbe difficile scoprirlo».

Ma come mai questa amica della vittima esce allo scoperto dopo ben 18 anni dopo, quando l'indagine è a un passo dall'archiviazione?

«Confesso che avevo un po' paura: non ho mai avuto a che fare con la legge, polizia e carabinieri, lavoro in tutt'altro settore... Poi ho sentito tante di quelle storie sulle indagini, servizi segreti, misteri, l'imprenditore cinese e non ho voluto immischiarmi. Ma sabato scorso ho letto l'intervista di Pietro Mattei sul vostro giornale e quell'uomo che ancora cerca la verità mi ha veramente toccata... Ho capito che non potevo più tacere»[3].

Questa intervista esce il 10 giugno 2009. Dopo pochi giorni il GIP Cecilia Demma decide di respingere la richiesta di archiviazione per Jacono e Winston, accogliendo così le richiesta di Pietro Mattei e dei suoi legali. L'avvocato Marazzita che tutela gli interessi della famiglia Mattei commenta soddisfatto dalle pagine del quotidiano la Repubblica:

«Con il provvedimento di oggi il giudice ha disposto che l'indagine venga estesa a tutto il materiale, anche fotografico, acquisito dagli investigatori ricostruendone la storia e i diversi passaggi nell'ambito delle diverse inchieste che negli anni si sono susseguite. Tali accertamenti il gip ha disposto che siano svolti da nuovi periti e usando anche la migliore tecnologia.

Non solo il giudice ha chiesto anche di accertare il motivi per i quali l'orologio che indossava la contessa la momento del delitto non fu mai acquisito dagli investigatori, ma rimase nella disponibilità del mio assistito che l'ha poi messo a disposizione degli inquirenti. Il gip ha chiesto anche di acquisire delle agende della contessa di cui è in possesso un giornalista e in cui si farebbero nomi di persone di un certo livello del mondo istituzionale.

Da esaminare anche un frammento di carta, un fazzoletto, sul quale è stato rilevato un DNA maschile che però non corrisponde agli indagati. Tra le altre piste da approfondire c'è il racconto di un'amica della contessa alla quale quest'ultima avrebbe confidato di sentirsi spiata»[4].

Nel 2010 viene acquisito un nuovo elemento. Si tratta di un telefonino Motorola di tipo ETACS, la generazione precedente i più moderni GSM, che sembrerebbe essere appartenuto alla vittima. A consegnarlo agli inquirenti è ancora una volta la signora Parisi Halfon, che dice di averlo ricevuto da Pietro Mattei diversi anni prima.

La speranza è che dall'analisi della memoria del telefono possano emergere elementi utili alle indagini, ma i quasi vent'anni trascorsi sembrano lasciare poche speranze. Ma dove si trovava questo telefonino per tutti questi anni? Ce lo spiega Marcello Petrelli avvocato di Halfon, dalle

---

[3] ADNKronos, 10 giugno 2009.

[4] *Delitto Olgiata, il gip: «Per due indagati sono necessarie nuove indagini»*, Corriere della Sera, 25 giugno 2009.

pagine del quotidiano La Repubblica:

«La mia assistita aveva completamente dimenticato di aver avuto in dono questo telefonino. Al momento del ritrovamento dell'oggetto, ha chiesto la mia opinione e io le ho consigliato di consegnarlo agli inquirenti. Lei lo aveva ricevuto in dono da Mattei»[5]

L'avvocato Marazzita si dichiara subito soddisfatto dell'acquisizione del nuovo elemento e dichiara:

«L'acquisizione del telefono rappresenta un arricchimento delle prove. Mattei aveva prestato un anno dopo la morte della consorte il Motorola alla signora Halfon poiché il suo cellulare si era rotto. Poi negli anni ha completamente dimenticato di aver fatto questo prestito e soltanto ieri, quando ha appreso della consegna del telefonino in Procura, se né ricordato»

Ma non sono pochi quelli che si stupiscono di questo ennesimo elemento emerso a distanza di parecchi anni. Tra questi la sorella della vittima, Francesca Filo della Torre, che dalle pagine del Corriere della Sera commenta:

«Non capisco come mai questa signora quel Motorola l'ha fatto uscir fuori solo adesso! Mi suscita dubbi, certo! Come si fa a dimenticare di aver ricevuto in dono il telefonino di una povera defunta di cui ha parlato tutta Italia? Per anni non ne ha fatto cenno e ora se ne ricorda. Strano, via... E anche un po' disdicevole: io un oggetto appartenuto a una morta, perlomeno per scaramanzia, non l'avrei mai accettato...

C'è qualcosa che mi fa ancora effetto. La verità era lì, a portata di mano: Melanie, la babysitter, fu intercettata mentre telefonava a un'amica: "Se quello sa che lo abbiamo visto ci ammazza", disse. Allora è stata testimone oculare! Dunque gli investigatori se la fecero scappare, la lasciarono tornare in Inghilterra. Ma se avessero insistito subito?»[6]

Nel 2011 l'ennesimo colpo di scena. A darne notizia è la trasmissione televisiva "Chi l'ha visto?" andata in onda su Rai3 il 2 marzo. In studio l'avvocato Marazzita e Marina Baldi, la consulente di parte della famiglia Mattei. La notizia ha dell'incredibile. Su richiesta della famiglia Mattei tutti gli elementi repertati sulla scena del crimine o appartenenti ai sospettati devono essere rianalizzati con l'ausilio della più moderne tecnologie. Alla riapertura degli scatoloni però vengono trovati alcuni elementi, dei capelli per la precisione, che non c'entrano nulla con il caso dell'Olgiata. Analisi ulteriori stabiliranno che si tratta dei capelli del piccolo Samuele, il figlio di Annamaria Franzoni. L'omicidio del piccolo Samuele è del 2002 quindi ben 11 anni dopo il delitto dell'Olgiata.

Ma come sono finiti questi reperti tra gli oggetti trovati quel giorno in camera di Alberica Filo della Torre? Com'è stato possibile commettere un errore così imperdonabile? Ma soprattutto questa svista può aver contaminato altri reperti custoditi nella scatola mettendo a repentaglio qualsiasi analisi futura? Per fortuna sembrerebbe di no. A detta dell'avvocato Marazzita e della dottoressa Baldi infatti i RIS stanno analizzando tutto il materiale per accertarsi che non vi siano contaminazioni di alcun tipo.

[5] Omicidio dell'Olgiata l'inchiesta riparte da zero, Federica Angeli, La Repubblica edizione di Roma, 27 novembre 2010.

[6] *"Io, Alberica e i tanti errori nelle indagini. Perché il telefonino spunta solo adesso?"*, Fabrizio Peronaci, Corriere della Sera, 30 novembre 2010.

Ecco come commenta la stessa dottoressa Baldi quest'ultima inquietante novità sul caso :

«È una cosa veramente grave perché significa che la conservazione di questi elementi non è stata fatta correttamente. Probabilmente la persona che si occupava di entrambi i procedimenti non ha avuto una catena di custodia dei reperti sufficientemente precisa».

Il colpo di scena finale arriva nel marzo 2011. I carabinieri mettono in stato di fermo il filippino Manuel Winston. Gli esperti infatti hanno ritrovato tracce di DNA maschile sulle lenzuola della scena del crimine compatibili con quelle di Winston. Dopo essere stato portato nel carcere di Regina Coeli sulla base del decreto di fermo, al filippino è stato prelevato un campione intorno alle due di notte, che è poi stato confrontato con quello in possesso dagli inquirenti che lo acquisirono nel 2007 con un tampone salivare. Da qui la conferma della coincidenza al 100% del DNA di Winston con la traccia ematica individuata sul lenzuolo rinvenuto sulla scena del crimine.

Due giorni dopo l'arresto, il primo aprile 2011, Winston confessa:

«Ricordo solo che ero andato da lei a chiedere di poter lavorare nuovamente presso la villa perché avevo bisogno di soldi. Chiedo scusa al marito e ai figli della contessa, ma anche a tutti gli italiani. Ogni volta che sentivo parlare della contessa mi prendeva l'angoscia... Mi volevo togliere un peso che portavo dentro di me da vent'anni: sono stato i. o ad uccidere la contessa Alberica»[7].

Concludiamo citando le parole del magistrato Cesare Martellino che nel 2001, in occasione del decimo anniversario della morte della contessa disse:

«Si dice che i delitti o si risolvono nelle prime 48 ore o mai più. Mica vero. L'altra possibilità è che passi del tempo, almeno vent'anni».

Ebbene, vent'anni sono passati.

---

[7] *Delitto dell'OlgiataWinston ha confessato*, Il Secolo XIX, 1 aprile 2011.

INTERVISTA ESCLUSIVA
A MELANIE UNIACKE

Melanie Uniacke è la baby-sitter inglese che il giorno dell'omicidio della contessa Alberica Filo della Torre si trovava in casa Mattei. Oggi la signora Uniacke vive in Inghilterra, ha una famiglia e dei figli. L'ultima volta che ha parlato pubblicamente sui fatti del delitto dell'Olgiata è stato nel 1995. A proposito della signora Uniacke, nel Corriere della sera del 20 dicembre di quell'anno leggiamo:

«*"Voglio andare avanti con la mia vita, ho chiuso la porta del passato", ha detto ai giornalisti britannici. E padre e madre la spalleggiano: la giovane si è sposata, si è fatta una famiglia. Ma dove vive? I genitori abitano nella contea del West Sussex e al telefono non si sbilanciano più di tanto: "Non ho alcuna intenzione di darle il numero dove è rintracciabile, né tantomeno intendo continuare a parlare con lei", ha risposto la madre della ragazza al Corriere. Perché tanta ostinazione nel proteggere la figlia? Melanie conosce forse molti più particolari di quanto finora abbia detto ai magistrati?*».

Da allora non ha praticamente rilasciato nessuna intervista. Fino ad oggi. Il nostro ufficio americano è riuscito a mettersi in contatto con Uniacke che ha deciso di parlare del caso per la prima volta in oltre 15 anni[8].

Signora Uniacke, innanzi tutto la graziamo per la sua cortese disponibilità. Come ci ha detto non siamo i primi ad averla contattata in questi anni, la ringraziamo ancora per l'opportunità che ci offre per ricostruire la verità. Come ritiene sia stato gestito dalla stampa e dai mezzi di comunicazione italiani il caso del delitto dell'Olgiata?
È stata la mia prima ed unica esperienza con i media italiani o di qualsiasi altro paese. Non credo di essere nella posizione di poter giudicare. Non credo si siano comportati meglio o peggio rispetto ai media di qualsiasi altro paese al mondo.

Com'è stata gestita l'intera indagine per quello che è la sua esperienza?
Come posso giudicare? È stata la mia unica esperienza di questo tipo e non avevo accesso a tutte le informazioni.

---

[8] L'intervista è stata realizzata nel marzo del 2011, proprio pochi giorni prima che il caso venisse clamorosamente risolto con la confessione di Winston.

Ha subito pressioni di alcun tipo da parte di qualcuno?
No. Tutti facevano semplicemente il proprio lavoro.

Ritiene di essere stata trattata con rispetto?
Direi di sì.

Che cosa ricorda di quel giorno?
Ho rilasciato alla polizia diverse dichiarazioni. Non posso ripetere tutto ancora una volta e comunque non ricordo più tutti i dettagli in maniera chiara.

Si fa un gran parlare di una telefonata intercettata tra lei ed una sua amica in Inghilterra nella quale avrebbe fatto alcune dichiarazioni molto particolari, qualcosa tipo "se sapesse che l'abbiamo visto ci ucciderebbe. È un drogato" Si riferiva a qualcuno in particolare coinvolto nell'inchiesta? Questa persona è stata vista da qualcun altro?
Ricordo di aver parlato al telefono con un'amica. A quanto pare i telefoni erano sotto controllo. Posso assicurarle comunque di non aver detto nulla di tutto ciò. Una registrazione di questa telefonata venne tirata fuori durante un mio interrogatorio qui in Inghilterra ma la trascrizione fatta dalla polizia italiana risultò completamente sbagliata. Questo fatto venne eccepito sia dal giudice che dai legali inglesi. La polizia italiana dovette riconoscere l'errore e sembrò molto imbarazzata.

Chi chiese alla contessa Filo della Torre di scendere in cucina quella mattina per riparare il tostapane?
Non ricordo con precisione, ma credo sia stata la figlia.

Ricorda di aver visto qualcuno in casa quel giorno? Qualcuno ad esempio che non doveva trovarsi lì?
No

Secondo lei perché non fu possibile risolvere il caso 20 anni fa?
Non ho fatto io le indagini quindi non posso giudicare. Devo comunque ammettere che sembra molto strano che nessuna pista chiara sia mai emersa. Credo comunque che se le analisi sul DNA vent'anni fa fossero state quello che sono oggigiorno il caso si sarebbe risolto molto in fretta. Ci saranno state moltissime tracce organiche sulla scena del delitto. Posso dirlo con certezza, io nella stanza ci sono entrata.

Ha mai avuto la sensazione che ci fosse la volontà da parte di qualcuno di depistare le indagini? In questo caso quale potrebbe essere il motivo?
No, non ho mai avuto questo tipo di sensazione.

Durante una recente intervista il signor Mattei l'ha definita "una ragazza svogliatella" e ha inoltre aggiunto che le era stato detto che avrebbe dovuto lasciare la casa, insomma era stata licenziata. Questo suo rapporto deteriorato con i Mattei è stato interpretato in diversi modi nel corso degli anni. Cosa era successo di preciso?
All'epoca avevo 20 anni e senza dubbio avrei potuto darmi più da fare. Mi occupavo comunque dei bambini da quando si svegliavano a quando andavano a dormire, a volte questo avveniva anche a mezzanotte. Il tutto 7 giorni su 7. Non ero pagata per i miei servizi. Ad ogni modo devo comunque dire che all'epoca ero un po' troppo introversa e troppo, per così dire, inglese, e avrei dovuto chiedere in maniera più chiara alla signora Filo della Torre che cosa si aspettava esattamente da me e in che orari dovevo lavorare. La signora non mi disse mai che ero svogliata, ma mi

disse di essere rimasta male quando i miei genitori erano venuti in gita a Roma per un paio di giorni ma non erano passati a salutarla. Credo che abbia pensato che la cosa fosse un atto di scortesia. Dall'altra parte i miei genitori risposero che non erano mai stati invitati. Anche il mio ragazzo era venuto a Roma e avevo chiesto qualche giorno di vacanza, cosa alla quale la contessa non si oppose.

Alla fine comunque mi disse che pensava che fosse meglio se me ne tornavo a casa e si offrì gentilmente di pagarmi il biglietto aereo. Licenziata non è la parola corretta, visto che in realtà lavoravo non percependo alcun stipendio. Mia madre ed Alberica Filo della Torre avevano un'amica in comune, fu questa persona a mettermi in contatto con i Mattei. All'epoca ero una studentessa e avevo bisogno di esercitarmi con l'italiano e la contessa aveva bisogno di una baby-sitter. Diciamo che fu un accordo che andava bene a tutti.

Comunque sia, giusto prima del mio rientro in Inghilterra, la madre della contessa fu coinvolta in un grave incidente in Portogallo e la signora della Torre dovette partire immediatamente. Era molto tesa e mi chiese di badare ai bambini durante la sua assenza cosa che ovviamente feci. Una sua amica veniva a casa a dare un'occhiata di quando in quando ma in sostanza, in quel periodo, mi occupai dei piccoli da sola. Al suo rientro la signora della Torre mi ringraziò per tutto il mio aiuto e disse di aver avuto un'ottima impressione da quello che le aveva riferito l'amica. Percepii allora che le cose si erano sistemate e che non era più insoddisfatta delle miei prestazioni.

Quando è stata l'ultima volta che la polizia italiana l'ha contattata?
Onestamente non ricordo ma parliamo di parecchi anni fa.

Secondo lei dove dovremmo guardare per trovare la chiave che ci porti a risolvere il delitto?
Se sapessi cosa rispondere a questa domanda lo avrei già detto alla polizia vent'anni fa... Non si dimentichi che io sono rimasta a servizio dalla famiglia soltanto per 5 settimane circa. Sapevo veramente poco delle loro vite, delle loro amicizie e delle loro frequentazioni.

Cosa ne pensa di certe ricostruzioni giornalistiche che tendono a vedere in lei una persona con un qualche ruolo nella vicenda?
Devo dire che sono abbastanza frustrata quando vedo o leggo la quantità di spazzatura che è stata prodotta intorno al caso. Ho visto un programma di Rai Uno per il quale avevo rilasciato un'intervista un anno circa dopo i fatti. Veniva proposta una ricostruzione nemmeno troppo fedele degli avvenimenti e nel complesso si trattava di uno di quei programmi sensazionalistici pieni di ricostruzioni di ogni tipo. Nel complesso abbastanza noioso.

Torniamo alla famosa telefonata, le devo eccepire che ancora oggi quando si parla di questo argomento la versione per così dire ufficiale è quella che le ho già riferito, ovvero che lei, molto impaurita, avrebbe confessato di aver visto qualcuno.
Che fossi impaurita e shoccata questo non posso negarlo. Chi non lo sarebbe stato al mio posto? Qualcuno si era introdotto dentro una casa piena di gente ed aveva ucciso una persona in pieno giorno senza essere visto. Sono sicura di aver detto di essere terrorizzata durante quella telefonata ma certe sfumature nel linguaggio sono sottili e necessiterebbero di un traduttore di mestiere. Credo di aver detto qualcosa tipo "Ho paura che la persona che ha ucciso possa pensare che io l'abbia vista e venga a cercarmi" che, se permette, è una cosa ben diversa. A ogni modo non ricordo le parole esatte, sono passati talmente tanti anni.

C'è chi lamenta il fatto che lei sia stata rimandata in Inghilterra troppo in fretta impedendo così agli investigatori di interrogarla come si deve.
Mi creda quando le dico che sono stata messa sotto torchio quando ero in Italia... non posso certo dire che sia stata l'esperienza più bella della mia vita. Le posso comunque garantire che sono sempre stata assolutamente convinta di non aver tralasciato alcun dettaglio nelle mie deposizioni, e di non aver visto niente se non quello che ho sempre fatto mettere a verbale. Mi viene da pensare che in un mondo fatto di sensazionalismo, suspense e film d'azione la gente

si sia ormai convinta che la sincerità semplicemente non esista. Devo comunque dire che ho sempre dato la mia disponibilità per essere sentita in Inghilterra per molti anni dopo l'omicidio. Volevo veramente dare il mio contributo come potevo. Questi colloqui si tennero presso il tribunale di Bath o negli uffici della New Scotland Yard a Londra. Alla fine fu proprio l'Interpol a dirmi di rifiutare ulteriori colloqui a meno che la polizia italiana non avesse nuove e importanti linee investigative sulle quali sentirmi. Stava cominciando a diventare tutto un po' ridicolo, sembrava quasi che venissero ad interrogarmi giusto per passare qualche giorno di vacanza. Ad ogni buon conto non ho mai voluto mancare di rispetto né alla polizia italiana né a nessun altro. Penso che tutti abbiano fatto del loro meglio considerando la situazione.

Cosa mi può dire ancora sul tostapane? Da qualche parte si è addirittura avanzata l'ipotesi di un suo coinvolgimento proprio basandosi su questo dettaglio. Si dice che lei avrebbe fatto in modo che la contessa scendesse in cucina per permettere a qualcuno di entrare in camera.

Questa storia del tostapane è proprio ridicola, sembra tratta da un libro di Agatha Christie. Ormai abbiamo superato tutti i confini della fantasia. Quel povero tostapane è stato pure presentato in un tribunale qui in Inghilterra tra lo stupore di tutti. Allora... quel tostapane non ne voleva sapere di funzionare quella mattina. La piccola corse su a chiamare sua madre e non su mia richiesta. La contessa scese giù, armeggiò senza successo con l'elettrodomestico per qualche minuto e se ne tornò su in camera. Chissà, forse se fosse rimasta un po' più a lungo in cucina oggi sarebbe ancora viva. Quella del tostapane è stata una pura e semplice coincidenza, è arrivato il momento di farlo uscire da tutta questa storia.

Cosa ci può dire delle varie ricostruzioni che vedono dietro alla storia intrighi sessuali?
Tutte cose che hanno reso la storia più intrigante se vogliamo ma in realtà non c'è niente di concreto

Lei ha mai avuto una relazione con Roberto Jacono?
Jacono l'ho incontrato una volta solo di sfuggita, era con sua madre e la signora della Torre. Ci siamo a malapena salutati e per inciso non era proprio il mio tipo.

Un'altra cosa che ha destato un certo sospetto è stato il fatto che lei abbia dichiarato di aver lavato un costume da bagno in orario compatibile al delitto. Un'attività questa che per qualche motivo ha incuriosito gli investigatori. Cosa ci può dire al riguardo?
Anche la storia del costume è totalmente casuale. Ad essere sincera non ricordo nemmeno di aver lavato il costume quella mattina, ma se l'ho detto vuol dire che l'ho fatto. Cosa posso dire... stavamo tutti facendo le nostre normali attività quotidiane, niente di speciale. Se mi si passa l'espressione qui stiamo veramente grattando il fondo del barile.

Come si spiega che in una casa dove c'erano operai, personale di servizio, bambini e ben due cani nessuno abbia rilevato la presenza di un estraneo?
La casa era grande, ma c'erano appunto molte persone che andavano avanti ed indietro e, come ha sottolineato, due cani. Può essere stato qualcuno che conosceva bene la casa oppure anche qualcuno, diciamo così, molto fortunato. Veramente non so trovare una risposta a questa domanda. Il movente poi sembra a tutt'oggi oscuro. Soldi? Gelosia? Sesso? Vendetta? Oppure è stato semplicemente qualcuno che si è introdotto in camera per rubare e la vittima è rientrata al momento sbagliato? Alla fine queste sono le domande che ancora oggi tutti si pongono.

Si è parlato anche di una pista legata ai servizi segreti? Cosa ne pensa?
Mi sembra poco probabile. Si dice che la maggior parte dei delitti sia commessa da persone appartenenti alla cerchia di conoscenze della vittima. Credo che questo sia probabilmente vero anche in questo caso ma si tratta di semplici speculazioni.

Ha mai sentito parlare della signora Parisi Halfon?
È la prima volta in vita mia che sento questo nome.

Mi permetta di tornare un'ultima volta su quella fatidica telefonata perché, le ripeto, qui sono tutti convinti che lei abbia detto di aver visto qualcuno. Anche la sorella della vittima ha fatto dichiarazioni in questo senso alla stampa pochi mesi fa.

Onestamente questo discorso della telefonata è passato dalla realtà alla fiction bella e buona. Sta diventando tutto molto ridicolo se mi permette, è la tipica fuffa dei media. Il nastro con la telefonata credo esista ancora: lo avranno ormai anche tradotto e trascritto come si deve ed è per questo che per gli investigatori è ormai un capitolo chiuso e dimenticato.

Subito dopo il delitto dove siete stati alloggiati?
Io ed i bambini siamo andati a casa di amici dei Mattei, una famiglia dolcissima. Siamo rimasti lì per circa una settimana prima di far rientro a casa. Pietro Mattei invece rimase a casa. I bambini rimasero sotto responsabilità mia e della famiglia che ci ospitava. Ricordo che venivo interrogata tutta la notte alla stazione di polizia e poi durante il giorno mi prendevo cura dei piccoli. Mi sono trovata anche a cercare di spiegare loro cosa era successo, il padre non si occupò di loro per diversi giorni. Ricordo ancora Domitilla che all'epoca aveva 7 anni chiedermi "Sarai tu la mia mamma adesso?" Cosa posso dire? Mi sono sentita così triste per lei e suo fratello. Fui lasciata praticamente da sola ad occuparmi di due bambini che erano shoccati e confusi. Non ero tanto grande nemmeno io, avevo appena 21 anni, più giovane insomma di quanto non siano oggi Domitilla e Manfredi.

Qual era il suo rapporto con le domestiche filippine?
Avevo un buon rapporto con loro. Erano gentili ma abbastanza riservate ed avevano la tendenza a stare tra loro.

Cosa mi può dire di più sulle colf filippine? Anche su di loro sono circolate numerosi sospetti.
Non so veramente cosa dire sulle colf. Dopo il delitto erano terrorizzate. Erano arrivate dalle Filippine dove avevano lasciato la famiglia ed i figli solo per lavorare e mandare qualche soldo a casa. Si spaccavano la schiena di lavoro ed erano molto riservate.

La polizia mi chiese anche di cercare di raccogliere qualche confidenza da loro, la qual cosa, per essere onesta, mi mise in serio imbarazzo.

Comunque sia le due parlavano un po' di inglese, ma nemmeno una parola di italiano. Ci crede se le dico che fui presente a diversi interrogatori delle filippine in qualità di interprete non ufficiale? Questo mi ha messo in una posizione di forte stress, dovevo fare tutto giusto per non compromettere con un errore di traduzione il significato di una dichiarazione. In fin dei conti avevo studiato solo un anno di italiano all'università... Non ho mai capito se gli investigatori avessero scarse risorse economiche e non potessero permettersi un traduttore professionista o se sia trattato di uno stratagemma investigativo di qualche tipo. Me lo chiedo ancora oggi.

Alla luce di quello che ha detto ho cercato di mettermi nei suoi panni. Francamente deve essere difficile vivere con l'idea che letteralmente a pochi passi da lei si sia compiuta una tragedia del genere, ma che lei non sia stata in grado di vedere o sentire nulla di strano. Posso solo immaginare quante volte avrà ripercorso quel giorno alla ricerca di un dettaglio fuori posto.

Quello che posso dire è che tragedie ed esperienze così terribili non si dimenticano mai. Ha ragione, ho pensato e ripensato ad ogni dettaglio per anni...Alla fine però devi guardare avanti e metterti tutto alle spalle.

La ringraziamo per tutti i suoi preziosi ricordi.
Non c'è di che, buon lavoro.

FELICE MANIERO
E LA MALA DEL BRENTA

GUARDIE E LADRI

Nell'estate del 1982 l'Italia è immersa nel sogno mondiale degli azzurri guidati da Enzo Bearzot. Dopo un primo girone stentato la Nazionale è rinata contro l'Argentina del giovane Diego Armando Maradona e ora tutto il paese è elettrizzato per la partita con il Brasile che si giocherà il 5 luglio. Nessuno può immaginare che quella con il Brasile sarà una partita destinata a passare alla storia, anche se in tanti ci sperano.

Ma in quel caldo luglio 1982 non tutti stanno pensando al Mundial spagnolo o, per lo meno, non tutti pensano solo a quello. C'è anche chi ha pianificato a lungo un colpo che, per ben altri motivi, sarà destinato a passare alla storia.

Una calda notte di luglio

È l'una di notte del 3 luglio quando un uomo elegantissimo, vestito in tight, suona al campanello del portiere di notte di uno degli hotel più famosi del Lido di Venezia, il Des Bains, che da sempre ospita le più grandi personalità europee e mondiali.

Il Des Bains non è un hotel come tutti gli altri: qui le più antiche aristocrazie europee sono di casa da sempre. Il suo nome è sinonimo di lusso sfrenato, di nobiltà, di ricchezza. Il campanello suona.

A parlare è una voce impastata e tremolante:

«Sì, buona sera... ehm... sì..., sono un ospite del... dell'hotel... non riesco ad entrare... Guardi... mi faccia una cortesia mi apra la porta perché ho bevuto un paio di bicchieri di troppo e... e... e faccio fatica a stare in piedi... io... cioè...».

«Eccone un altro! Questo almeno si è ricordato dove alloggia...» avrà pensato il portiere di notte. Del resto in un hotel del genere se ne vedono di tutti i colori, non è raro che qualche miliardario se la spassi tutta notte tra un locale e l'altro per tornare poi in condizioni del genere. Venezia è una città che può offrire più di uno svago a chi ha il portafogli gonfio e, di norma, i clienti del Des Bains non hanno alcun problema sotto questo punto di vista. Il portiere apre ossequioso ma quel personaggio elegante non è un ospite dell'hotel. È Felice Maniero.

Il boss della mala del Brenta entra sicuro nella hall deserta dell'hotel che, nel giro di pochi secondi, viene invasa dal piccolo commando armato di banditi che si era nascosto dietro al boss:

«Adesso stai buono, ci dai le chiavi del caveau e poi se vuoi torni pure a dormire. Su, fa il bravo...».

Il portiere può soltanto obbedire, così per i banditi della Mala ripulire il Des Bains è un gioco da ragazzi, facile come rubare delle caramelle ad un bambino. La rapina riesce alla perfezione e la Mala del Brenta si ritrova di colpo in mano cinque miliardi di lire dell'epoca in gioielli, oro e denaro contante custodito nel caveau del lussuoso hotel veneziano. Non c'è stato bisogno di sparare un solo colpo di pistola, né di far saltare in aria il caveau con chissà quali ingegnosi esplosivi: il piano ideato da Maniero si è rivelato perfetto. Una cifra enorme che lascia tutti di stucco, a partire dai quei ragazzotti che avevano deciso di giocare a fare i banditi. Una rapina come quelle dei film, scriveranno i giornali, peccato che questo non sia un film.

Questa è la storia di Felice Maniero, Faccia d'Angelo, il boss della Mala del Brenta.

NORDEST

Il Veneto, il cuore pulsante dell'opulento nord-est, nel secondo dopoguerra era essenzialmente una realtà rurale. Fino agli anni '70 infatti era rimasta ancora una delle regioni d'Italia con il più alto tasso di emigrazione. Il Veneto degli anni '50 e '60 dunque non ha niente a che vedere con la regione che conosciamo oggi: povertà diffusa, malattie, disagio e miseria lo rendevano più simile alle zone disagiate del dopoguerra. Come dalla Sicilia, dalla Campania e dalla Calabria, anche dal Veneto in migliaia sono emigrati dalle loro terre di origine in cerca di fortuna o, più spesso, semplicemente alla ricerca di una vita dignitosa andando a vivere negli angoli più remoti del globo. A fianco delle comunità campane, siciliane e calabresi si contano centinaia di comunità venete un po' ovunque nel mondo dall'Australia all'Argentina, dal Belgio al Brasile. Ma questa è una storia nota e che è già stata ampiamente raccontata nel corso degli anni.

Quello che invece è stato taciuto a lungo è che, esattamente come la Sicilia, la Puglia, la Campania e la Calabria, anche il Veneto ha avuto una sua epopea criminale.

Epopea Criminale

Quella della mala del Brenta è la storia di un'organizzazione criminale che è stata in grado di controllare a tappeto il territorio, seminando il terrore con una lunghissima serie di omicidi e violenze il cui ricordo, purtroppo, è ancora oggi vivissimo nella popolazione. C'è chi ha sostenuto che per quanto riguarda il Veneto non sarebbe giusto parlare di mafia vera e propria, perché la così detta Mala del Brenta non sarebbe mai riuscita a strutturarsi in maniera tale da controllare il sistema politico locale, come è successo invece in altre regioni italiane. In sostanza si sarebbe trattato di un fenomeno più simile al gangsterismo della Chicago di Al Capone e non un sistema come quello che Francis Ford Coppola rese immortale girando la celebre saga de Il Padrino. Controllo militare del territorio, piano strategico-economico e infiltrazioni politiche, ecco i tre livelli che hanno da sempre contraddistinto le grandi organizzazioni mafiose. Alla Mala del Brenta dunque sarebbe mancato il terzo livello, vale a dire la collusione con il potere politico.

C'è chi sostiene che si sarebbe trattato soltanto di una questione di tempo: all'organizzazione guidata da Felice Maniero non è bastato il tempo per iniziare a instaurare un dialogo proficuo con la politica. Ma, prima o poi, l'avrebbe sicuramente fatto, sostengono in molti. Ancora pochi anni e probabilmente questo cancro si sarebbe diffuso anche tra le istituzioni, sarebbe diventato endemico, proprio come è successo altrove.

Malavita glocal

I nomi dei luoghi dove si svolge questa storia criminale sono Campolongo Maggiore, Pernumia, Padova, Marghera, oltre ai tanti paesi della riviera del Brenta e, più in generale, di tutto il Nordest. Nomi che nell'immaginario collettivo non evocano certo storie di mafia organizzata come fanno invece altre realtà come Palermo, Corleone, la Locride, l'Aspromonte o la Chicago di Scarface. Allo stesso modo anche i protagonisti di questa vicenda hanno soprannomi che sembrano usciti da qualche barzelletta da osteria più che dagli annuari della cronaca nera: *Matonèa*, *Còtoea*, Marziano, Sauna....

Ma non facciamoci trarre in inganno: la Mala del Brenta, a dispetto delle apparenze, ha un curriculum criminale di tutto rispetto. Rapine, violenze brutali, sequestri di persona, estorsioni, omicidi, usura, gioco d'azzardo, traffico di droga e di armi... i tosi di Felicetto, come veniva soprannominato Felice Maniero, non si sono fatti mancare niente. Azioni che hanno segnato profondamente il territorio lasciando cicatrici che ancora oggi è molto difficile cancellare. E tutto questo è successo in Veneto, una regione che, a torto o a ragione, è stato considerata a lungo un modello economico e sociale da prendere ad esempio per il resto del Paese. Ma quello che inquieta di più è che, a dispetto di quanto ci è stato ripetuto in questi ultimi anni, questa è una storia criminale che non sembra finire mai.

LE ORIGINI DEL MALE

«Arrestato il Giuliano della Val Padana. Il bandito Adriano Toninato, che a capo di un'accozzaglia di fuorilegge in questi ultimi anni aveva compiuto numerose rapine nella pianura veneta, è stato catturato con il suo luogotenente, un certo Coccato, in una cascina di San Pietro di Cavarzere (Venezia). Un drappello di carabinieri, guidati dal brigadiere Dino Ferrari, ha attaccato la casa in cui i due si erano rifugiati. Il Coccato sparava contro i militi; questi rispondevano al fuoco. In pochi secondi i pericolosi delinquenti venivano ridotti all'impotenza».

La domenica del Corriere del 2 marzo 1958 raccontava così la cattura di Adriano Toninato il più famoso bandito veneto che imperversò impunemente in tutta la regione tra gli anni '30 e '50. Nato a Camìn, estrema periferia est di Padova, nel 1913, Toninato fa parte di una generazione che potremmo definire antica, quasi "eroica", di banditi. Uomini che, spinti dalla fame e da bisogni primari, seguono la via dell'illegalità senza però spingersi mai oltre un certo limite: sono dei criminali ma seguono un loro personale codice d'onore, sanno che ci sono confini che non vanno mai oltrepassati per nessun motivo.

Toninato viene segnalato alle forze dell'ordine già nel 1929 a seguito di una denuncia per furto di galline in un pollaio nella zona di Brugine. Poco dopo arriveranno i furti di bestiame, di generi alimentari, di elettrodomestici ed infine le più proficue rapine in banca. Per quanto esecrabili e condannabili come atti illeciti, questi episodi oggi ci fanno quasi sorridere perché sembrano usciti direttamente da un film neorealista in bianco e nero, sono tutte cose che sentiamo molto lontane dalla nostra sensibilità moderna. Tutta questa generazione criminale, in Veneto ma non solo, nasce come reazione alla fame, la fame vera di chi ha vissuto sulla propria pelle gli stenti e le privazioni della prima guerra mondiale. Sono uomini determinati e coraggiosi ma, in molti casi, non sono cattivi né sadici o, per lo meno, non lo sono se paragonati ai malavitosi e ai criminali che verranno negli anni successivi.

Anzi Toninato aveva un buon rapporto con la popolazione locale e per molti era una specie di Robin Hood sempre pronto ad aiutare i più deboli, e lui stesso dichiarò che *«nessuno mi tradiva perché mi comportavo bene con tutti».*

La storia di Toninato è simile a quella di un altro famosissimo bandito di quegli anni, Luciano Lutring, il celebre "solista del mitra" milanese che per tanti anni tenne in scacco la polizia di mezza Italia. Si trattava di banditi nati quasi per caso e che, come abbiamo ricordato, rispettavano un codice etico ferreo.

Può sembrare paradossale ma Lutring non sparò mai un colpo durante le sue rapine: il suo celebre mitra serviva infatti semplicemente a fare colpo e a spaventare le sue vittime. Per questo motivo non ci furono mai morti né feriti durante le sue rapine.

Ecco come lo stesso Lutring racconta il suo inizio di carriera criminale:

«Un giorno mia zia mi chiese di andare a pagare una bolletta alle poste. Io andai per farle un favore. Ma l'impiegato era lento e detti un pugno sul bancone.

Nel movimento si vide la finta pistola che portavo sotto la cintura. L'impiegato credette che fosse una rapina e mi consegnò i soldi. Io pensai: "È così facile?". E me ne andai col bottino»[1].

Quella di Toninato e Lutring era un'Italia diversa, un'Italia ancora legata ad un mondo rurale che sarebbe scomparso in pochi anni spazzato via dalla corsa alla modernizzazione e dall'industrializzazione, due fenomeni che avrebbero cambiato i bisogni e gli stili di vita delle persone. L'Italia in quegli anni assistette a una vera e propria rivoluzione e ben presto non ci fu più spazio per banditi alla Toninato o alla Lutring. La malavita si stava organizzando e stavano emergendo incredibili opportunità di guadagno legate alla droga e ai grandi traffici internazionali.

Toninato, il bandito che girava in bicicletta, aveva fatto il suo tempo quando il 17 febbraio 1958 venne catturato dai carabinieri. Si racconta che a tradire il ladro gentiluomo sia stata una soffiata di un marito geloso che, a quanto sembra, non aveva apprezzato l'eccessivo interesse dimostrato da Toninato per sua moglie.

Leggiamo cos'ha detto lo stesso bandito a proposito:

«Se non fosse stato per un marito geloso non so quanto altro tempo sarei rimasto libero»[2].

Un legame con quello che succederà di lì a pochi anni c'è, dato che a qualche colpo della banda Toninato avevano partecipato anche Renato ed Ottorino Maniero, lo zio ed il padre di Felice Maniero, Faccia d'Angelo come venne soprannominato il futuro boss della Mala del Brenta per i suoi tratti gentili e i suoi modi delicati con le donne. Bisogna però fare attenzione a paragonare un bandito come Toninato con Faccia d'Angelo, che è stato a un boss mafioso di prima fascia, come sottolinea anche il Prof. Enzo Guidotto, presidente dell'Osservatorio veneto sul fenomeno mafioso:

«[...] In un ambiente prettamente rurale, Toninato si dedicava soprattutto alle rapine ai danni di allevatori di bestiame. Ma ci sono state altre differenze... Qualche anno fa Maniero ha ribadito di aver "comandato circa 300 persone" e «posso assicurarvi — ha tenuto a precisare — che l'unico che ha veramente guadagnato soldi sono stato io. Tutti gli altri, compresi bracci destri e sinistri, dopo aver patito dieci, quindici anni di galera, oggi sono senza una lira, vecchi, distrutti e disperati". Anche Toninato fu sempre il capo assoluto. Ma, quanto a schèi e potere, da latitante quasi ininterrottamente per circa trent'anni, era stato più... "democratico": nel 1953 divise in due parti la banda ed assegnò a dei luogotenenti la competenza territoriale: uno per la zona a nord di Venezia, l'altro per quella a sud, fino a Monselice. Il primo, Mario Bosso, con i proventi riuscì a costruirsi una villa e ad addobbarla in modo lussuoso ma anche ad acquistare uno stabile a Mestre intestandolo alla moglie. Dunque, circa sessant'anni fa, un classico esempio dei tre livelli dell'economia mafiosa dei nostri giorni: acquisizione, riciclaggio e investimento nel settore legale di capitali derivanti da attività illecite»[3].

---

[1] Luciano Lutring, *Una storia da dimenticare. Storia, ricordi ed emozioni del «solista del mitra»*, 2006, A.CAR editore.

[2] Monica Zornetta, *A casa nostra. Da Cosa Nostra a Felice Maniero: cinquant'anni di mafia e criminalità in Veneto*, 2019, Baldini + Castoldi.

[3] Ecomagazine. Osservatorio sui conflitti ambientali, intervista al Professor Enzo Guidotto a cura di Riccado Bottazzo, 10/11/2015.

L'AZIENDA CRIMINALE VENETA

Felice Maniero nasce a Campolongo Maggiore nel 1954, un piccolo paesino in provincia di Venezia. La madre, Lucia Carrain, è una casalinga, mentre il padre Ottorino gestisce un bar nella frazione di Bosco di Sacco. Ottorino ha delle amicizie poco raccomandabili, tra cui numerosi membri della banda di Toninato: gente dedita a furti e rapine di ogni tipo, ma la vera guida criminale di Felice è lo zio Renato, un pluripregiudicato che gli insegnerà a sparare già in tenera età. A vent'anni Felice viene condannato a tre anni di carcere per aver tentato di abusare di due turiste tedesche. Ecco come ricorderà quegli anni lo stesso Maniero durante un colloquio con il magistrato Antonio Fojadelli:

«Da ragazzo non vedevo l'ora di andare in carcere per sentirmi all'altezza di tutti gli altri che mi circondavano nell'ambiente e per cominciare quella che, tra virgolette, poteva essere definita una sorta di scalata sociale».

La "scalata sociale" di Felice comincia dunque con una serie di affiancamenti allo zio in alcuni furti di bestiame e in qualche piccola rapina, tutti reati minori e che non lasciano presagire che quel ragazzotto sempre sorridente diventerà il boss di una delle più spietate organizzazioni criminali d'Italia. Faccia d'Angelo, a differenza di tutti gli altri banditi della zona, capisce ben presto che per fare la bella vita è indispensabile fare il salto di qualità: non vuole passare il resto dei suoi giorni facendo il ladro di galline, ha già ben chiaro in testa che la sua strada sarà completamente diversa.

La leggenda vuole che guardando un documentario in televisione il giovane Maniero si sia reso conto che a quel tempo, negli anni '70, circa il 25% di tutto l'oro lavorato a livello mondiale passava per i laboratori disseminati nelle campagne della provincia di Vicenza, cittadina veneta situata tra Padova e Verona.

Fu in quel momento che Maniero capì di essere un ragazzo fortunato: era nato al centro di un'immensa miniera d'oro, una Eldorado che sembrava non finire mai e che poteva spalancargli le porte per il tanto atteso salto di qualità. Passare dall'abigeato ai furti ai laboratori orafi rappresentò la vera svolta criminale di Maniero: grazie a quell'intuizione geniale in pochi mesi centinaia di milioni di lire cominciarono letteralmente a piovere nelle tasche del giovane bandito e dei suoi compagni di avventure.

Furono questi primi furti milionari a far crescere a dismisura la fama e la credibilità di Maniero nell'ambiente malavitoso: era chiaro a tutti che quel biondino non era della stessa pasta dello zio, si capiva che il bocia avrebbe fatto strada.

In poche parole Maniero iniziava ad essere "rispettato" nell'ambiente della mala locale: i tempi dei furti nei pollai con lo zio Renato erano finiti, su questo nessuno aveva il minimo dubbio. Tutti gli osservatori sono sempre rimasti senza parole di fronte alla estrema semplicità con cui Faccia d'Angelo e i suoi amici di Campolongo riuscissero a mettere a segno un colpo dietro l'altro senza lasciare la minima traccia, neanche fossero dei fantasmi.

Iniziano a circolare voci su questo ragazzo di paese che sta facendo man bassa d'oro nel vicentino: nell'ambiente della mala locale tutti vogliono conoscerlo ed è proprio in questi anni che Maniero entra in contatto con alcune organizzazioni criminali veneziane e mestrine ma, soprattutto, con alcuni esponenti della malavita organizzata meridionale spediti in soggiorno obbligato in Veneto.

NASCE LA MALA DEL BRENTA

«Era molto intelligente, molto furbo; ed era tanto buono come tanto cattivo. La sua bontà era sempre con uno scopo… in sostanza non faceva niente per niente».
(Fausto Donà, amico d'infanzia di Maniero e "soldato" della Mala).

«Quando Felice chiedeva qualcosa, nessuno osava rifiutare».
(Giuliano Matterazzo, membro della Mala).

«Lui riusciva, bene o male, a farti fare le cose. Ho aiutato mio cugino… l'ho fatto sempre con paura, però l'ho fatto per lui».
(Giulio Maniero cugino del boss).

«Nessuno si poteva sognare di contraddirlo».
(Giuliano Rampin, membro della Mala).

Maniero carismatico. Maniero narcisista. Maniero gentile con le donne e spietato con traditori e nemici. I mille volti del boss fanno da catalizzatore e da collante per gruppi criminali fino ad allora divisi tra loro e che avevano mantenuto zone di influenza distinte. Siamo grosso modo alla metà degli anni '70 e la famigerata Mala del Brenta inizia a essere una realtà ben strutturata e consolidata nel territorio.

Giuseppe Pastore, cognato ed ex braccio destro di Maniero, descrive così l'incontro con il boss:

«Maniero l'ho conosciuto nel 1975. Amante di macchine di lusso e bella vita, non passava inosservato a Padova. In quegli anni frequentava Agostina Rigato, la prima moglie, sorella di Ennio e Massimo, due fedelissimi della banda, e di Emanuela, la donna che io ho sposato nel 1980. Quando ho iniziato a "lavorare" per Felice? Non me lo ricordo… una volta mi chiese di ritirare un "pacco" a Livorno. Al ritorno mi regalò 10 milioni di lire»[4].

Ecco invece come viene descritto il gruppo del giovane Felicetto e le sue prime scorribande all'interno di un rapporto del Nucleo Investigativo dei Carabinieri datato 12 Gennaio 1974:

«Da alcuni giorni un gruppo di teppisti, di giovane età e palesemente armati, durante le ore serali e notturne, commette atti di intimidazione e di violenza ai danni di inermi cittadini e pubblici esercizi dei comuni del Piovese. In particolare i malviventi tentano, con il loro provocatorio atteggiamento, di diffondere panico in alcuni centri a cavallo tra le province di Padova e Venezia onde creare un terreno su cui svolgere l'attività delittuosa contro il patrimonio,

---

[4] Corriere Magazine (allegato al Corriere della Sera), 27 gennaio 2011.

cui sono normalmente dediti, senza timore di essere denunciati. Tali episodi, infatti, hanno già scosso sensibilmente l'opinione pubblica locale con conseguente rifiuto da parte di alcuni denuncianti di sottoscrivere le dichiarazioni oralmente agli organi di polizia. Ed esplode improvvisamente l'omertà nei testimoni e la sfiducia dei cittadini verso le autorità»[5].

"Siamo i ragazzi di Versace…"

Sotto sotto quei giovani banditi non sono altro che semplici ragazzi di campagna: «*Siamo i ragazzi di Versace spruzzati di Van Cleef*», dirà un po' per gioco e un po' sfida Sauna, uno dei membri storici della gang, citando *Siamo ricchi* di Gianna Nannini[6].

Ragazzi di campagna che vedono il Veneto cambiare ed arricchirsi giorno dopo giorno e che vogliono prendersi la loro parte. Ragazzi di campagna per cui l'unico futuro è nessun futuro: per loro il domani non esiste. Ragazzi di campagna che non vogliono un lavoro e una vita normale: al badile preferiscono la pistola, al furgone la Ferrari. Ragazzi di campagna che hanno trovato in Felice la loro guida.

Per assistere alla vera svolta criminale di Felice Maniero e la sua banda dobbiamo aspettare però i primi anni '80:

«*Per dare forza al nostro gruppo facevamo scorrerie nei bar, in casa dei collaboratori di giustizia, abbiamo fatto dei pestaggi: volevamo far vedere che non avevamo paura di nessuno e incutere soggezione. Eravamo in gruppo, sempre: andavamo nelle discoteche, nei bar senza pagare, dove ci facevano pagare l'entrata o ci trattavano male, gli bruciavamo il locale. Abbiamo raggiunto un livello tale che né la mafia e né la 'Ndrangheta hanno mai tentato di invadere il territorio. Noi a Modena abbiamo mandato via i cutoliani»[7].*

Maniero capisce che ci sono molte opportunità per fare soldi a palate, soprattutto nel nord-est italiano degli anni '80 dove a fianco dei casolari di campagna spuntavano sempre più numerosi capannoni industriali e magazzini, la base del benessere economico di questa regione. Nel Veneto di quegli anni sono molte le persone che si arricchiscono con il commercio e con l'industria, le piccole e medie imprese crescono come funghi e sono il tessuto vitale del miracolo economico veneto. Girano molti soldi, tanti dei quali in nero e quindi ben nascosti in contanti nelle abitazioni. Faccia d'Angelo e i suoi tosi hanno intenzione di prendersi la loro parte: loro però hanno deciso di non aspettare: vogliono tutto e lo vogliono subito.

Campolongo Maggiore, il quartier generale di Maniero, guarda con simpatia a quel giovane deciso, determinato, sempre ben vestito e che si fa vedere in paese alla guida di auto di grossa cilindrata. Il figlio ribelle di una campagna in rapido cambiamento viene visto da molti come un piccolo eroe.

Leggiamo come descrive questo rapporto il giornalista Maurizio Dianese:

«*Il rapporto che Maniero ha con Campolongo Maggiore è di empatia, è solo amore corrisposto. Non c'è odio*

---

[5] Nucleo Investigativo dei Carabinieri, rapporto n.32/1, 12 gennaio 1974

[6] Nannini / Riva / Paoluzzi, *Siamo ricchi*, canzone contenuta nell'album *Puzzle*, 1984, Dischi Ricordi (SMRL 6309).

[7] Monica Zornetta, op. cit.

da parte di nessuno. Campolongo Maggiore vent'anni fa viveva nell'omertà perché la maggior parte delle famiglie lavorava per il boss»[8].

Il 10 ottobre 1980 un commando guidato da Maniero si dirige a Cà Vendramin, sede invernale del Casinò di Venezia. L'obiettivo sono i cosiddetti "cambisti", ovvero gli strozzini che stazionano nei pressi della sala da gioco pronti a prestare denaro ad interessi folli ai giocatori rimasti senza un soldo ma che, divorati dal demone del gioco, non vogliono smettere di scommettere. Un affare molto lucrativo che Maniero e i suoi non intendono lasciare a degli indipendenti o, peggio ancora, a qualche altra organizzazione criminale, sono ben decisi ad occupare tutti gli spazi possibili per evitare qualsiasi tipo di infiltrazione su quello che ormai è a tutti gli effetti il loro "territorio". Accerchiati, malmenati e pesantemente minacciati i "cambisti" del Casinò accettano le condizioni imposte loro dal nuovo capo della Mala veneta: da quel momento sborseranno regolarmente un milione e mezzo di lire al giorno per poter continuare a svolgere la loro attività senza problemi. Questo è il caro prezzo che bisogna pagare per assicurarsi la protezione di Faccia d'Angelo. Si trattava di una cifra enorme per l'epoca, ma i cambisti pagheranno sempre puntuali e senza mai protestare per 15 anni.

Il giro d'affari della banda di Maniero è in continua espansione e, naturalmente, la mala del Brenta mette gli occhi anche sul fiorente mercato della droga. Una delle caratteristiche comuni a tutte le organizzazioni criminali moderne è infatti il controllo sistematico e capillare del mercato interno della droga, si pensi ad esempio alla Banda della Magliana o anche a organizzazioni ben più strutturate come la 'Ndragheta o la Camorra. Maniero e i suoi scagnozzi non possono certo farsi sfuggire quel mercato dalle potenzialità infinite: quello della droga è un mercato in piena espansione, garantisce margini di guadagno enormi ed è impensabile rinunciarci.

Lo stesso Maniero in una celebre intervista a Famiglia Cristiana del 1997, quando il giornalista domanda quale fosse il business che portava più soldi all'organizzazione, risponde:

«Gli stupefacenti. Una cosa vigliacca. Vendevi morte e facevi quattrini a palate senza rischiare nulla. Non mi piaceva e me ne occupavo di persona il meno possibile. Io mi tenevo i soldi della droga, delle rapine e del gioco d'azzardo. Il resto lo lasciavo agli altri. Come i furti negli appartamenti: avevamo quattro squadre che partivano ogni sera. Ne vuotavano una ventina per notte. Lasciavo i guadagni ai luogotenenti: ciò consolidava il mio potere»[9].

Tra la fine degli anni '70 e l'inizio degli anni '80 il Veneto come molte altre regioni d'Italia viene letteralmente invaso da fiumi di sostanze stupefacenti che irrompono nella società e nelle famiglie, con tutto il loro strascico drammatico di morte e tragedia. L'impatto è devastante dato che nessuno è minimamente preparato ad affrontare quella che si rivela in breve tempo una vera e propria piaga sociale. I giardini pubblici che fino a ieri ospitavano mamme e bambini di colpo diventano frequentati quasi esclusivamente da spacciatori e tossicodipendenti.

Nelle zone più depresse d'Italia poi il fenomeno prende i connotati di un'autentica tragedia, il degrado avanza in maniera apparentemente inarrestabile. Dietro tutti questi traffici nelle zone del Nordest del paese c'è quasi sempre Maniero con la sua organizzazione. Ma da dove veniva tutta questa droga?

«All'inizio la droga ci arrivava dal clan Fidanzati e da Salvatore Enea, a Milano. Poi da un trafficante turco,

[8] Maurizio Dianese, *Il Bandito Felice Maniero*, 1995, Il Cardo Editore.

[9] *Quando il Veneto era mio*, intervista di Luciano Scalettari a Felice Maniero, Famiglia Cristiana, 1997.

Charlie, uno dei maggiori produttori al mondo. I suoi laboratori sono gestiti dai ribelli curdi del PKK. La coca invece la importavamo direttamente da Medellín»[10].

La droga insomma garantisce un flusso di denaro costante di fronte ad un rischio tutto sommato limitato per la Mala del Brenta. Per Maniero e i suoi è il metodo più facile e veloce per accumulare una ricchezza al di là di ogni immaginazione.

Ma, come ha dichiaro Pastore:

«Era in affari anche con il figlio di Franjo Tudjman, l'ex presidente della Repubblica di Croazia. Un accordo per il traffico d'armi. Alla banda servivano quelle leggere, in Croazia, invece, arrivavano le armi pesanti, carri armati, cannoni, elicotteri da combattimento e Felice aveva incaricato un suo amico per questo, un commerciante d'armi di Verona»[11].

La vera passione di Maniero però, l'arte criminale in cui tutto il suo genio illegale, se così possiamo definirlo, risplende di più, sono state le rapine, sempre organizzate e preparate nei minimi dettagli in maniera maniacale. Quel ragazzo di campagna voleva dimostrare di essere un Arsenio Lupin di prim'ordine e mette a segno una serie di rapine da film che lasciano letteralmente a bocca aperta tutti. Lo stesso Maniero ha raccontato la sua esperienza criminale e la sua personalissima idea di malavita:

«So per certo che i Misso, potente famiglia della camorra napoletana, hanno già avuto approcci in Veneto. Sarebbe una malavita ben diversa dalla nostra: in vent'anni da noi sono state uccise una decina di persone. In Sicilia ne ammazzano mille all'anno. Ho impedito l'eliminazione di almeno cento traditori e "infami" e non abbiamo mai sparato ai poliziotti. Tenga conto che avremmo potuto uccidere qualunque magistrato di Venezia, da Casson a Dalla Costa, da Pavone a Foiadelli. Tramite gli infiltrati sapevamo tutto di loro: indirizzi, scorte, orari, numeri dei cellulari. La mia politica era di evitare per quanto possibile lo spargimento di sangue. Di solito la malavita fa la scelta opposta: uccidere aumenta il prestigio nell'ambiente. Ed è facilissimo. Fare una rapina o evadere è complicato, ci vogliono mezzi e cervello. Ammazzare è tecnicamente banale»[12].

Insomma, le rapine per Felice Maniero mantengono un fascino tutto particolare, sono qualcosa di unico. Secondo il boss della Mala del Brenta le rapine infatti rappresentano innanzi tutto una sfida intellettuale tra l'organizzazione, i rapinati e le forze dell'ordine. Si tratta di un complessa partita aperta in cui rivive il vecchio mito del bandito contrapposto alla polizia, torna la storia romantica del ladro gentiluomo tanto cara alla letteratura di tutto il mondo. E poi c'è l'emozione unica e irripetibile che si prova quando si deve mettere in pratica un piano studiato attentamente in ogni minimo dettaglio:

«La scarica adrenalinica che mi da una rapina io non la provo per nient'altro».

---

[10] Ibid.

[11] Corriere Magazine, op. cit.

[12] Luciano Scalettari, op. cit.

CANI DA RAPINA

Secondo Maniero dunque è con le rapine, più che con la violenza fine a se stessa, che un criminale può dimostrare tutto il suo spessore, chiamiamolo così, ed in questo campo Faccia d'Angelo ha dimostrato di non essere secondo a nessuno. Maurizio Dianese, giornalista che ha seguito per decenni il fenomeno della Mala del Brenta, quando deve parlare di FeliceManiero e dei suoi tosi dice:

«Sono rapinatori nati, cioè hanno il talento del rapinatore»[13].

Due sono le rapine che sono passate alla storia per l'ammontare del bottino e la spettacolarità del colpo, quella all'hotel Des Bains al Lido di Venezia che vi abbiamo già raccontato, e quella all'aeroporto Marco Polo, sempre a Venezia. Due colpi miliardari che lasciarono di stucco le forze di polizia e che sembrano usciti direttamente da un film di Hollywood, quelli in cui gente come Brad Pitt e George Clooney svaligiano prestigiosi casinò grazie a piani elaborati e che sembrano incredibili. La prima, quella all'hotel Des Bains del 3 luglio del 1982, frutta alla banda una cifra che per loro era al di là di ogni immaginazione. Come abbiamo già visto i tosi della Mala del Brenta ripuliscono uno dei ritrovi più chic dell'aristocrazia europea e dei miliardari di tutto il mondo senza dover sparare una sola pallottola. Sembra impossibile che qualcuno riesca a mettere a segno un colpo così perfetto con tanta semplicità, eppure per "i ragazzi di Versace spruzzati di Van Cleef" tutto fila liscio.

All'aeroporto di Venezia un commando composto da Felice Maniero e sette "soldati" entra in azione la sera del 1° dicembre 1983. Questa volta la banda viaggia con il pilota automatico. Un dipendente dello scalo infatti li ha avvertiti che una grossa partita di oro lavorato è in partenza dall'aeroporto Marco Polo diretta a Francoforte in Germania per una fiera di settore. Si tratta semplicemente di riuscire ad entrare all'interno dell'aeroporto senza farsi notare e poi il gioco è fatto. Mancano 45 minuti all'imbarco del preziosissimo carico quando Maniero e i tosi irrompono nell'ufficio della Dogana col volto coperto e con le armi in pugno:

«Verso l'imbrunire scavalcammo la rete di recinzione, eravamo armati di due pistole e due fucili mitragliatori. Eravamo tutti travestiti con passamontagna. Entrammo nel locale dove avremmo dovuto trovare 4 o 5 persone, invece ne trovammo oltre 30, alle quali intimammo di stendersi a terra. Nel caveau c'erano una serie di scatoloni pieni d'oro. Li caricammo su un furgoncino dell'aeroporto. L'oro, 170 chili, venne fuso in lingotti. La rapina fruttò 90/100 milioni a testa».

---

13 Maurizio Dianese, op. cit.

Anche questa volta non c'è stato bisogno di sparare un solo colpo, tutto riesce perfettamente senza che nessuno si faccia male, il piano organizzato da Felicetto si è rivelato semplicemente perfetto. E stiamo parlando di una rapina all'interno di un aeroporto internazionale, uno dei luoghi per definizioni più protetti in assoluto e, nel caso del Marco Polo di Venezia, con pochissime possibilità di scelta per quanto riguarda le vie di fuga dato che l'aeroporto è in riva al mare. Anche questa volta il colpo frutta una cifra da sogno a quei ragazzi di campagna che hanno deciso di prendersi tutto e subito: dal caveau dell'aeroporto infatti i tosi si portano a casa 3 miliardi dell'epoca in oro.

Maniero ed i suoi dimostrano di essere perfettamente in grado di colpire come un falco e di sparire come un alito di vento. Nessuno riesce a mettere le mani su di loro anche se si muovono in un territorio limitato geograficamente, la polizia e gli inquirenti hanno sì tanti sospetti ma alla fine da un punto di vista pratico brancolano nel buio.

Non tutte le rapine però riescono secondo i piani, come quella volta che la Mala assalta un vagone del treno Venezia-Milano che, secondo una soffiata sicura, dovrebbe essere pieno zeppo di soldi. Invece quell'informazione si rivela falsa e i ragazzi di Maniero si ritrovano ad assaltare un treno che trasporta un mucchio di documenti senza valore. Alla fine la banda rimedia un magro bottino di 100 milioni, ma non tutto fila liscio come al solito.

Questa volta però ci scappa il morto:

«*Preparammo esplosivo per far saltare il vagone... A Vigonza costringemmo i macchinisti a scendere, col megafono intimammo agli agenti di scorta di uscire a mani alzate. Poi col kalashnikov esplosero alcuni colpi verso la saracinesca per essere sicuri che non ci fosse nessuno. Quindi applicammo la piastra con l'esplosivo alla saracinesca, che provocò uno squarcio, prelevammo i sacchi e fuggimmo con 100 milioni. Più tardi apprendemmo che sul treno era morta una ragazza. Mi sento responsabile e dichiaro di voler fare tutto quanto mi sarà possibile per riparare*».

La ragazza, Cristina Pavesi è una giovane studentessa di Lettere e Filosofia di appena 22 anni. Una vittima innocente che viaggiava su un treno che va nella direzione opposta: al momento dell'esplosione il vagone nel quale si trova Pavesi viene investito da una pioggia di vetri e schegge di lamiera. Per lei non c'è nessuna speranza di salvarsi dall'esplosione.

Ecco come racconta i tragici momenti immediatamente successivi all'assalto un articolo dell'epoca del quotidiano La Repubblica:

«*Nella scena apocalittica, fumo, odore acre di combustione, donne che piangevano, e i due treni come carcasse fermi nel buio. I rapinatori si sono infilati nel vagone vuoto, hanno preso quel che c'era e si sono allontanati dai binari. Per la fuga sono state adoperate almeno tre macchine: una Audi, una Opel Kadett, una Lancia Delta, sparite nelle stradine di campagna verso Venezia. Oltre una dozzina di persone si lamentavano, ferite in modo più o meno grave. Mentre polizia e carabinieri cominciavano le battute di ricerca, dagli ospedali sono giunti i primi soccorsi. Per Cristina Pavesi non c'era nulla da fare, uccisa praticamente sul colpo*»[14].

Le vittime innocenti della banda sono tante, troppe, come il camionista Gianni Nardini, preso in ostaggio durante l'assalto a un blindato lungo la A13, nei pressi di Boara Pisani, il 21 ottobre 1987. Oltre che con le rapine, la droga, i furti e le altre azioni illegali, la Mala si cimenta anche in un'attività criminale particolarmente vigliacca e tristemente famosa in Italia tra gli anni '70 e '80: i sequestri di persona. Da soli, o con il supporto di bande di nomadi e giostrai specializzati nel prelevamento degli

---

[14] *Assalto al treno col Bazooka*, La Repubblica, 14 dicembre 1990.

ostaggi, Maniero e i suoi hanno infatti gestito alcuni famosi sequestri come quello di Marina Rosso Monti, liberata grazie a un blitz delle forze dell'ordine, ma anche quello di Paola Wilma Banzato che frutta ai tosi la bellezza di 600 milioni di riscatto. Maniero però capisce in fretta che quello non è un ramo criminale nel quale possono avere successo: troppi i rischi legati alla gestione di un sequestrato a fronte di guadagni relativamente bassi. Poi per portare a termine con successo un sequestro sono necessari una struttura ed un'organizzazione specializzate nelle varie fasi dell'operazione, ci sono troppi dettagli da considerare e, sopratutto, troppe persone informate dei fatti, particolare questo che non piace al boss della Mala del Brenta. Per tutta la durata di un sequestro inoltre le zone considerate a rischio di ospitare un ostaggio vengono militarizzate dalle forze dell'ordine, particolare che rende ancora più difficile qualsiasi altro traffico, cosa che alla fine rende anti-economico gestire operazioni di questo tipo. Attenzione però, nella scelta di Maniero non c'è il minimo pentimento o compassione per le persone sequestrate: si tratta di un mero ragionamento economico.

In breve la Mala del Brenta tornerà dunque a concentrarsi esclusivamente sulle più lucrose e a loro congeniali attività illecite come la gestione delle bische, le rapine ed il traffico e lo smercio di sostanze stupefacenti. A questo proposito ecco come Maniero stesso ancora racconta il suo controverso rapporto con la droga:

«All'inizio eravamo contrari alla droga. Poi vedevamo la zona riempirsi di meridionali, nelle case da gioco vedevamo che spacciavano e l'abbiamo fatto per opportunità. L'abbiamo acquistata e un po' alla volta abbiamo preso in mano la zona di Venezia, Mestre, Chioggia, quasi tutta Padova fino a Pordenone. L'acquistavamo e la distribuivamo a chi aveva in mano le varie zone: noi la consegnavamo e loro la pagavano»[15].

---

[15] Monica Zornetta, op. cit.

MAGO DELLE EVASIONI

Se c'è una cosa di Maniero che tutti si ricordano sono le sue rocambolesche evasioni dal carcere: quella del 1987 da Fossombrone in provincia di Pesaro e quella dal carcere di Due Palazzi di Padova del 1994. Anche qui si tornano a fare paragoni con le storie raccontate dal cinema. La fuga da Fossombrone sembra la sceneggiatura di un vecchio film come "Fuga da Alcatraz" o "Fuga di Mezzanotte". Per giorni e giorni alcuni fedelissimi di Maniero scavano un lungo e profondo cunicolo che attraverso le condotte fognarie arriva fin dentro al carcere. Maniero e il suo compagno di cella, il brigatista Peppino di Cecco, saltano dentro in tunnel il 16 dicembre 1987. Ad attenderli all'interno e fuori dal tunnel ci sono i soldati più fidati del boss di Campolongo. I fuggiaschi ed i loro complici a quel punto cominciano a correre a perdifiato per timore di essere inseguiti dalle guardie carcerarie.

Nel suo libro autobiografico "Una Storia Criminale", Felice Maniero ricorda così quell'evasione storica:

«Iniziammo una corsa disperata nei tunnel del labirinto dove la sola luce della torcia era quella di Giulio perché nella confusione avevamo dimenticato le altre vicino al foro [...]. Non sapevo dove stessi mettendo i piedi ma di certo era qualcosa di disgustoso. Improvvisamente sprofondai in una fanghiglia dove l'acqua presto mi arrivò al ginocchio. Cascai nella fogna. Eravamo arrivati ad una barriera di cemento. Mi gettai nello spiraglio di luce all'impazzata senza guardare più niente e nessuno. Temevo di avere le guardie alle calcagna»[16].

In realtà le guardie sono ben lontane dal sospettare dove sbuchi il tunnel e i fuggitivi hanno un discreto margine di sicurezza, tanto che riescono a fuggire indisturbati e così si mettono in salvo:

«Ci tuffammo nelle acque del Metauro. Nuotammo con la forza della disperazione contro la corrente del fiume che ci spingeva a valle (...). Raimondo ci aspettava sulla riva, prese Peppino per il maglione e lo trascinò fino all'automobile che ci aspettava con le portiere aperte ed il motore già in moto. Le ruote iniziarono a divorare l'asfalto nella direzione del casello. "Se riusciamo ad imboccarla è fatta" pensai. [...] girammo a tutta velocità per la strada del casello. Nulla!»[17].

Ancora più scenografica e complessa l'evasione dal carcere di massima sicurezza Due Palazzi di Padova. È il 14 giugno 1994 e Maniero è sottoposto al regime di carcere duro, il famigerato 41 bis, quello riservato ai boss mafiosi. Alle 4.30 del mattino un nucleo di Carabinieri si presenta alle porte

---

[16] Felice Maniero e Antonio Pasqualetto, *Una storia criminale. Nell'autobiografia di Faccia d'angelo tutti i retroscena di una vita fuorilegge*, 1997, Marsilio Editori.

[17] Ibid.

del super carcere della città del Santo. «*Abbiamo un mandato di trasferimento urgente e immediato per questi detenuti*» ...dice un carabiniere al collega di guardia mentre gli porge un documento. La lista, oltre al nome di Felice Maniero, contiene anche i nomi di altri due appartenenti alla Mala, i fedelissimi del boss Baron e Pandolfo, e anche quello di un ergastolano, un camorrista e un turco, Nua Berisa, attivo nel traffico di sostanze stupefacenti ad altissimi livelli. Sembrerebbe un trasferimento di routine, se non fosse per un piccolo particolare: quelli non sono sono veri Carabinieri, quelli sono uomini di Maniero travestiti e anche il mandato di trasferimento è stato abilmente contraffatto.

I falsi Carabinieri, tra cui anche un pizzaiolo che aveva deciso di partecipare all'operazione, escono indisturbati dal carcere di massima sicurezza di Padova insieme ai veri criminali. Le finte auto dell'arma sgommano sull'asfalto: sono momenti di tensione in pochi minuti verrà diramato l'allarme e ci potrebbe anche essere il rischio di uno scontro a fuoco. È proprio in quegli attimi che non sembrano passare mai che alle spalle dei fuggitivi compare un'auto della polizia. I malviventi preparano le armi, se la polizia dovesse decidere di fermarli allora sarebbe costretti a farsi largo con il piombo:

«*Si avvicinarono alla nostra macchina. Batacchi rallentò senza dare dell'occhio. I mitra erano già spianati sulle portiere. Al primo allarme avremmo fatto fuoco e armati come eravamo avremmo sicuramente avuto la meglio. Ma non volevo sporcare così, facendo fuoco su un paio di militari, un'azione perfettamente riuscita con la sola forza dell'audacia. "Non sparate!" ordinai. La gazzella si avvicinò ulteriormente, inserì la freccia per superarci. Ci affiancò. L'agente seduto a destra guardò dalla mia parte continuando a parlare con il collega. Si rigirò e la gazzella proseguì il sorpasso senza fermarci. Chiusi gli occhi e sospirai*»[18].

Questa fuga così rocambolesca e incredibile ha alimentato fin da subito il sospetto che Maniero sia stato aiutato da qualche potente apparato, qualcuno in grado di fornirgli supporto logistico e armi per l'evasione. Nel 2008, durante una trasmissione di Radio24, al Magistrato Renata Cescon che si è occupata del caso della banda di Maniero venne rivolta una domanda proprio su questo argomento:

D. «*È possibile che 4 scalcagnati abbiano progettato un'evasione del genere senza avere alle spalle qualcosa di più grosso?*»
R. «*Non definirei queste persone degli scalcagnati perché solo da un punto di vista delle armi sequestrate avevano a loro disposizione una ventina di kalashnikov, vario munizionamento, bombe a mano e un bazooka*».

D. «*Rimane il fatto però che progettare un'evasione in massa ha bisogno di una mente raffinata che forse non si intravede tra queste persone dedite a rapine e spaccio di droga*».
R. «*Guardi io di questo non posso parlare perché si tratta di un fascicolo coperto da segreto istruttorio*».

Arte e reliquie

Un altro ramo nel quale Felice Maniero e i suoi non hanno avuto nessun rivale in quanto a destrezza e determinazione è stato quello dei furti delle opere d'arte e degli oggetti sacri. In questo campo la banda rivela un'incredibile abilità, quella cioè di capire quanto sia importante l'eco mediatico di certi colpi, al di là del valore puramente monetario delle opere o delle reliquie.

---

[18] Felice Maniero e Antonio Pasqualetto, op. cit.

Maniero descriverà questa singolare attività durante un interrogatorio nel 1995 con queste parole:

«Il fine perseguito con il furto di opere d'arte non era quello di ottenere denaro. Si faceva affidamento sullo sconcerto che questi furti clamorosi provocavano sull'opinione pubblica. Questo consentiva di instaurare una trattativa con le forze istituzionali in modo da ottenere sconti di pena, vantaggi carcerari o qualunque altro beneficio possibile a fronte del recupero delle opere d'arte».

E in effetti il sistema funziona fin troppo bene.

Trattativa con lo stato

Nel 1991 un commando formato da Andrea Batacchi, Giulio Maniero e Stefano Galletto entra nella Basilica di Sant'Antonio: armi alla mano e passamontagna calato sul volto immobilizzano alcuni fedeli e una guardia e si impossessano di un'importantissima reliquia, il mento di Sant'Antonio. Pochi mesi prima del furto un cugino di Maniero a cui il boss era molto affezionato era finito in galera con l'accusa di traffico di droga: la reliquia venne fatta ritrovare due mesi dopo all'aeroporto di Fiumicino e, in seguito al ritrovamento, il cugino del di Faccia d'Angelo beneficiò di un trattamento speciale.

La verità viene a galla soltanto molti anni dopo quando si scopre addirittura che è stato redatto dalle forze dell'ordine un falso rapporto per coprire Maniero e la sua banda. Non si doveva sapere infatti che il mento di Sant'Antonio era stato restituito dal boss dopo una trattativa serrata con lo Stato, trattativa che all'atto pratico venne condotta da Alfredo Vissoli, un ricettatore di Ferrara, e Gianni Ciliberi detto Calipatti, uno 007 del SISMI.

In realtà la preziosa reliquia era rimasta nascosta a pochi metri dalla villa di Felice Maniero a Campolongo Maggiore. All'epoca per non far cadere il palco viene organizzato un finto ritrovamento con tanto di trasporto in grande stile con un DC9 dell'Aeronautica Militare da Roma a Padova, ma quando la verità viene a galla finiscono in carcere Roberto Conforti, il comandante del Nucleo Tutela Patrimonio Artistico e anche due marescialli dei Carabinieri. La verità sulla reliquia del Santo vent'anni dopo lo stesso Maniero per *«riparare, anche solo per la miliardesima parte, al dispiacere che ho provocato ai fedeli»* deciderà di raccontare l'intera vicenda in una lunga intervista esclusiva al Messaggero di Sant'Antonio, il periodico pubblicato dai frati di Sant'Antonio da Padova.

Ecco alcuni passaggi dell'intervista realizzata da Nicoletta Masetto:

«In quel momento avevo un grave problema da risolvere: mio cugino Giuliano era stato appena arrestato, rischiava almeno dieci anni di carcere e io non potevo sopportare una simile eventualità. Dovevo farlo uscire di lì, in qualsiasi modo.

Avevo pensato di tutto: di farlo evadere, di andare a liberarlo, di rubare qualcosa di eclatante per poi effettuare lo scambio, di corrompere qualche magistrato.

[...] Un giorno, mentre chiacchieravo con Giuseppe Pastore, lui mi disse "Feli, il Santo a Padova!". Mi brillarono subito gli occhi. Era una delle rarissime opere d'arte, venerata dal mondo intero, con cui avrei potuto chiedere lo scambio. Senza indugi chiamai un altro mio cugino, Giulio, e altri del gruppo: Andrea Batacchi, Stefano Galletto e Andrea Zammattio. In pochi giorni organizzai la rapina che venne messa a segno. Ottenni quello che mi ero prefissato. Dopo la consegna della Reliquia, Giuliano venne scarcerato.

[...] All'epoca ero sottoposto alla misura di prevenzione. Nella trattativa, oltre alla liberazione di mio cugino, inserii la revoca di quel provvedimento. Ma a me, in via prioritaria, interessava far scarcerare Giuliano. Come "anticipo" dello scambio mi venne data la possibilità di uscire da Campolongo Maggiore per motivi di lavoro. In seguito avrebbero dovuto revocarmi il provvedimento, che sarebbe scaduto entro pochi mesi. Questa promessa

non venne mantenuta. Era prevedibile, avevano già la Reliquia. [...] Per quanto riguardava me, ricattare lo Stato e ottenere ciò che chiedevo era a dir poco eccitante. In ogni caso, ero lontano anni luce, anche solo nell'intenzione, dal fare del male a chicchessia. Sì, in quel momento era l'unica soluzione per ottenere favori concreti»[19].

Tra le altre opere d'arte Maniero e i suoi "prelevano", se così possiamo dire, anche alcuni importanti dipinti custoditi alla pinacoteca di Modena, anche questa volta per agevolare un loro sodale finito dietro le sbarre.

---

[19] Nicoletta Masetto, *Il Santo ritrovato*, Il Messaggero di Sant'Antonio, ottobre 2011.

FACCIA D'ANGELO, CUORE DA DIAVOLO

Se il nome di Felice Maniero è stato sinonimo di grosse rapine e fughe rocambolesche dal carcere, non possiamo dimenticare anche i tanti omicidi di cui si è reso responsabile direttamente o per interposta persona.

La Mala del Brenta, come tutte le organizzazioni criminali infatti nel corso degli anni è stata protagonista di fatti di sangue violenti ed efferati. Gli omicidi che gli inquirenti sono riusciti ad attribuire con certezza alla Mala del Brenta sono stati 18. Il primo è del 1982 quando l'organizzazione decide di uccidere Roberto Menin. L'ultimo è del 1994 quando ad essere ucciso è proprio quel pizzaiolo, Giancarlo Ortes, che aveva aiutato Maniero a fuggire dal carcere Due Palazzi di Padova. I tosi della Mala avevano saputo che Ortes aveva deciso di collaborare con le forze dell'ordine e quindi non c'erano alternative: doveva essere eliminato. I killer lo freddano assieme alla sua compagna, una serba di nome Nazda Sabic, e seppelliscono poi i corpi uno sopra l'altro in un canale nelle campagne di Vigonza, in provincia di Padova.

Una strana storia

Strana storia quella del pizzaiolo prestato al crimine che, da uomo di fiducia della Mala, decide di diventare confidente della DIA. Per questo motivo viene prima individuato, poi intercettato ed infine eliminato senza nessuna pietà. Pare addirittura che il boss non si sia espresso sulla sua eliminazione ma abbia delegato la decisione ai suoi uomini. Questa "anomalia" ha fatto nascere diversi dubbi: più di qualcuno si è chiesto per quale motivo Ortes non avesse ricevuto una protezione adeguata da parte dello Stato. Qualcuno ha anche sostenuto che con la sua morte si è voluta chiudere la bocca di una persona troppo informata su dettagli compromettenti legati all'evasione di Maniero, e non solo. La vicenda è arrivata anche nelle aule del Senato della Repubblica grazie ad alcune interrogazione parlamentari degli onorevoli leghisti Peruzzotti e Bozo che hanno chiesto chiarimenti sull'intera faccenda.

Omicidi poco chiari

L'avventurosa evasione dal carcere Due Palazzi di Padova è collegata ad un altro omicidio rimasto a oggi insoluto, quello di Antonella Bissolotti, 32 anni, massacrata all'interno della sua macchina con 6 coltellate nell'estate del '94. Il suo corpo senza vita viene abbandonato dal killer in un canale nei pressi di Montegrotto, in provincia di Padova. Sembra che la ragazza fosse legata sentimentalmente a Raniero Erbì, l'agente di polizia giudiziaria che aiuta Felice Maniero a evadere e che proprio per questo viene condannato a 9 anni di galera, anche se poi in appello la pena viene ridotta a 3 anni e mezzo. Nessuno però è mai riuscito a collegare i due giovani in maniera inconfutabile e ancora oggi, nonostante le tante confessioni che hanno ufficialmente chiuso questa storia, l'omicidio della povera Bissolotti è avvolto nel più fitto mistero. Il nome di Erbì è balzato di nuovo agli onori della cronaca molti anni dopo quella storica evasione, dato che l'ex secondino è stato protagonista di un vicenda giudiziaria a dir poco kafkiana. Come abbiamo ricordato infatti Erbì è stato condannato per aver aiutato Maniero ad evadere dal Due Palazzi nel 1994, ma la sua condanna è passata in giudicato soltanto il 27 gennaio 2011.

17 anni dopo quella vicenda dunque Raniero Erbì è entrato in carcere per saldare il suo conto con la giustizia. L'ex secondino, raggiunto da diversi giornalisti, ha fatto una serie di dichiarazioni destinate a far discutere. Secondo la ricostruzione ufficiale infatti è stato lui ad aprire la porta blindata e a far finta di cadere in ostaggio del commando, per poi essere tranquillamente liberato nelle campagne del padovano.

Ma possiamo affermare con assoluta certezza che le cose siano andate in questo modo o sotto c'è dell'altro? Raniero Erbì, in un'intervista a Giovanni Viafora pubblicata il 24 febbraio 2011 sulle pagine del quotidiano Il Corriere del Veneto, ha commentato così quei fatti:

«Io non sono mai voluto scendere a patti con nessuno. Mi avevano chiesto di pentirmi e di raccontare una storia che faceva comodo, ma non ho voluto vendere la mia dignità. Maniero, invece, la sua dignità l'ha venduta. Si è fatto i suoi interessi.

Comunque io non ho fatto nulla: non credo nella giustizia italiana, ed è per questo che non ho mai voluto partecipare alle udienze in tribunale e non ho mai parlato con nessuno. Mi hanno buttato addosso di tutto e sono stato l'unico a parlare [...]. Maniero non è scappato soltanto perché io gli ho aperto il cancello. È stato bravo. Fu un'evasione evangelica: neanche uno schiaffo, tutto perfetto. Se ho qualche responsabilità sono pronto a pagare, ma i magistrati hanno indagato in un'unica direzione.

Mi devono spiegare alcune cose: come mai una settimana prima dell'evasione venne sospeso il giro di pattugliamento dei carabinieri all'esterno del carcere? E come mai, quella notte, fui lasciato io a comandare il penitenziario, che ero un semplice agente scelto? Queste non sono coincidenze casuali.

Se parlo adesso prendo altri sei mesi di carcere. Aspettate la mia uscita e poi venite a trovarmi in Sardegna. Lì racconterò tutto, difeso dai miei amici banditi. Loro sono con me e mi vogliono bene. Poi scriverò tutto in un libro».[20]

Quale verità?

Queste parole dunque gettano nuove ombre su quella storica evasione e, soprattutto, fanno emergere prepotentemente il sospetto che il boss non abbia raccontato tutta la verità sulla Mala del Brenta. Ne è convinto Silvano Maritan, l'ex boss della Mala del Veneto orientale che dopo aver passato 33 anni di galera è tornato libero nel 2016. La prima cosa che ha fatto? Accusare Maniero di aver raccontato soltanto quello che ha voluto:

«Felice Maniero si è dimenticato di 8 episodi per un totale di 11 morti ammazzati, ma soprattutto ha condannato all'ergastolo, sulla base delle sue dichiarazioni, un innocente per un triplice omicidio che quello non ha commesso [...] Non ha confessato quegli 11 omicidi perché avrebbe dovuto raccontare del coinvolgimento di suo zio Renato

---

[20] *"Mi consegno ma la verità su Maniero è un'altra". In cella la guardia che aiutò a fuggire il boss*, Giovanni Viafora, Il Corriere del Veneto, 24 febbraio 2011.

e di suo cugino Giulio, che ha invece salvato. Tant'è che l'omicidio di Orlando Battistello, Giulio lo ha confessato solo quando non poteva più negare, visto che lo avevo incastrato prima io e poi Sergio Baron. Sia Giulio che Felice se n'erano dimenticati, guarda un po'. Quindi non è la prima volta che Felice Maniero fa il furbo»[21].

Quella di Maritan è un'altra storia che andrebbe raccontata dato che, poco meno di un mese dopo essere uscito dal carcere, ha ucciso a coltellate un presunto Alessandro Lovisetto, un altro ex della Mala del Brenta. Tra i due era scaturita una lite in pieno centro a San Donà di Piave, piccola cittadina in provincia di Venezia, lite presto degenerata in rissa e poi sfociata in omicidio. Maritan ha estratto un coltello a serramanico e ha letteralmente sgozzato il rivale in amore. Risultato. Dopo poco meno di un mese di libertà grazie a una serie di sconti di pena è arrivata una nuova condanna a 14 anni per omicidio.

Ma torniamo per un'attimo all'incredibile evasione dal carcere di massima sicurezza Due Palazzi di Padova. Un'operazione del genere poteva essere messa in piedi soltanto sfruttando contatti e aderenze molto in alto. Era già attivo nel 1994 il famoso "livello politico" a cui la mala sarebbe dovuta arrivare prima o poi? Chi ha favorito Maniero e i suoi tosi in quella operazione? Tutte domande che resteranno molto probabilmente senza risposta. Un altro omicidio ancora in parte misterioso è quello di Stefano Carraro, detto Sauna, vecchio amico di infanzia di Maniero.

Il cassiere della Mala

Sauna era una specie di cassiere della Mala del Brenta e gestiva, secondo alcuni in modo un po' spregiudicato, le finanze miliardarie del gruppo. Ufficialmente il suo lavoro era quello di massaggiatore sportivo, ma grazie agli ingenti introiti che gli derivavano dal suo "secondo lavoro" poteva sfoggiare uno stile di vita di tutt'altro spessore. Si dice addirittura che ad un certo punto girasse in Rolls Royce, particolare che non passava certo inosservato nella provincia veneta di quegli anni, soprattutto per uno che veniva dalla case popolari. È stato lui a rubare la celebre frase di Gianna Nannini "Noi siamo i ragazzi di Versace spruzzati di Van Cleef"[22], per descrivere i tosi della Mala, come abbiamo ricordato in precedenza.

Per Stefano Carraro dunque va tutto alla grande, finché la notte del 15 agosto 1986 qualcuno suona al campanello della sua villetta in vicolo Ca' Tron a Dolo, in provincia di Venezia. Sauna non è solo in casa, con lui infatti c'è anche la sua compagna Fiammetta Gobbo. Quella che va in scena nella villetta del cassiere della Mala è una vera e propria carneficina: Carraro va ad aprire e viene immediatamente freddato sulla porta da ripetuti colpi di arma da fuoco. Più che di un "normale" omicidio si può parlare tranquillamente di una vera e propria esecuzione. La donna, allarmata dagli spari, prova a rifugiarsi sotto il letto ma gli assassini l'hanno vista o, molto probabilmente, sanno già che è in casa. Per lei non c'è nessuna speranza: i killer la raggiungono e la finiscono a colpi di revolver senza nessuna pietà. Che abbia visto troppo o che sappia troppo non importa, di lei comunque non ci si può assolutamente fidare.

Dopo la carneficina in mezzo alle gambe del corpo senza vita di Carraro viene poi appoggiata una bottiglia di acqua. Il messaggio, per chi parla la lingua della Mala, è chiaro nella sua banale semplicità. Al posto delle palle hai solo acqua. Ufficialmente la morte di Sauna non ha un colpevole, anche se a proposito di questo duplice omicidio Silvano Maritan ha dato la sua versione dei fatti:

---

[21] *Maritan torna a casa e rivela: "Maniero ha taciuto 11 delitti"*, Maurizio Dianese, Il Gazzettino, 23 ottobre 2016.

[22] Nannini / Riva / Paoluzzi, op. cit.

«Sauna e la sua compagna, Fiammetta Gobbo, sono stati uccisi per soldi. Sono stati Giulio Maniero e Orlando Battistello che poi è stato fatto fuori a sua volta da Giulio Maniero sempre su ordine di Felice»[23].

Domande senza risposta

Come abbiamo ricordato ci sono ancora molti punti oscuri intorno a questo omicidio, non tutto torna come dovrebbe. Innanzi tutto non è chiaro chi abbia effettivamente fatto fuoco, né chi sia stato a dare l'ordine di quella che come abbiamo visto è un'esecuzione. In quei giorni Maniero è rinchiuso in carcere a Fossombrone e anche molti anni dopo, quando comincia a collaborare con la giustizia, si è sempre dichiarato estraneo a questo omicidio, anche se abbiamo visto che non tutti sono d'accordo con le verità dell'ex boss. Se fosse stato un alto gruppo ad eliminare Sauna però avremmo probabilmente assistito ad un'escalation criminale, ad una guerra tra bande per ripulire col sangue l'onta subita dalla Male del Brenta. Invece, per quanto ci è dato sapere, niente di tutto ciò si è verificato.

La ricostruzione più plausibile la fa Mario Artuso, il cassiere ufficiale della banda, scomparso nell'ottobre del 2010, che dà ragione a Maniero:

«È vero che Maniero non sa chi ha ucciso Sauna. Stefano Carraro è morto per i 780 milioni che aveva in cassaforte. Stava per scappare in Turchia dove voleva aprire un casinò. Lo hanno ucciso i finanziatori, tra cui "Marietto" Pandolfo e Alceo Bartalucci. A farsi aprire la porta è stato Battistello»[24].

Un regolamento di conti interno insomma contro un uomo che stava per prendere il volo con i soldi della banda per rifarsi una vita altrove, proprio come farà Maniero pochi anni dopo con maggior successo.

---

[23] Il Gazzettino, 23 ottobre 2016, op. cit.

[24] *«Ho gestito i miliardi di Maniero, ma lui ha tentato di farmi uccidere tre volte»*, Maurizio Dianese, Il Gazzettino, 16 ottobre 2010.

STRATEGIA DI SANGUE

La scia di sangue della banda Maniero è molto lunga. Si tratta per lo più di regolamenti di conti interni all'organizzazione, come spesso accade nelle bande criminali di questo tipo. Così in pochi anni vengono freddati, tra gli altri, Zeno Richitina Bertin, Gianni Gabbia, Gianni Barizza e Orlando Battistello, tutti personaggi che avevano avuto un ruolo importante in alcune delle azioni più eclatanti della Mala. C'è chi ha sottolineato come la maggior parte degli omicidi di Maniero possano essere letti in chiave strategica: per usare parole molto semplici il boss, a un certo punto della sua escalation criminale, deve necessariamente eliminare i concorrenti scomodi, quelli che possono sembrare più forti di lui o che possono anche soltanto mettere in discussione il suo ruolo di leader assoluto all'interno dell'organizzazione.

Tutte persone che, inoltre, un domani possono rappresentare un pericolo mortale per Faccia d'Angelo perché, se messe in condizioni disperate, si potrebbero pentire ed iniziare a vuotare il sacco con le forze dell'ordine, con conseguenze disastrose per il boss veneto.

I fratelli Rizzi

I fratelli Rizzi ad esempio hanno deciso di sganciarsi dalla banda Maniero e di mettersi in proprio, un po' lo stesso percorso seguito da migliaia di dipendenti delle aziende venete che in quegli anni aprono un capannone o iniziano un'impresa in maniera autonoma. In fin dei conti quella di non lavorare sotto paròn è sempre stata una delle più grandi aspirazioni venete, e lo stesso Maniero con la sua storia criminale ne è l'esempio perfetto.

Tutti sapevano che Maurizio e Massimo Rizzi erano due personaggi molto potenti a Venezia città. Nelle calli e nei campielli erano loro a controllare praticamente tutto il traffico di eroina, oltre a gestire tutte le attività illegali in quella che resta ancora oggi una delle città più amate dai turisti di tutto il mondo.

I due fratelli Rizzi però avevano un brutto difetto: erano ambiziosi, troppo ambiziosi. E proprio a causa di questa ambizione commisero un errore fatale, ovvero pensare di poter mettere le mani su un territorio che il boss aveva già assegnato a qualcun altro. A un certo punto infatti credono di essere diventati abbastanza potenti da poter mettere in discussione l'autorità e la forza di Maniero, ed è in questo momento che commettono il loro ultimo errore. Decidono di sfidare l'organizzazione e così uccidono uno spacciatore, tale Giancarlo Millo, detto il Marziano, che spaccia a Venezia su mandato ufficiale dei mestrini, il gruppo che fa capo a Felicetto e che controlla la città di Mestre. A questo proposito il magistrato Francesco Saverio Pavone ha sottolineato come

«...i Rizzi in quel momento vengono presi da un delirio di onnipotenza. Dicono: comandiamo noi, noi ci piglieremo la piazza. Lui non comanda niente».

Ecco invece come lo stesso Maniero ricorda quei giorni turbolenti:

«A questo punto la decisione di eliminarli fu naturale per tutti. Già prima c'era quasi la volontà di farlo e io volevo andare a parlare con loro per vedere se si aggiustava la situazione ma dopo l'omicidio Millo non c'era più niente da parlare. Ormai era scoppiata la guerra».

Come regolare i conti con i Fratelli Rizzi? Dove eseguire l'inevitabile sentenza di morte? L'ipotesi di colpire a Venezia, la città dei Rizzi, viene in fretta scartata. Troppo difficile muoversi in quella città e, soprattutto, sarebbe praticamente impossibile scappare. Qualcuno arriva addirittura a pensare di uccidere i due fratelli durante il carnevale, utilizzando dei killer mascherati come si faceva a Venezia ai tempi della Serenisima. Anche quest'idea però viene accantonata dato che alla fine si tratta di un piano con troppi punti deboli: nessuno vuole correre il rischio che la faccenda degeneri in una strage o, peggio, che vengano coinvolti anche dei passanti.

Trappola in terraferma

Non c'è altra soluzione che attirare i fratelli Rizzi in una trappola in terraferma, "portarli a dama" come si dice in gergo malavitoso, e qui risolvere il problema in maniera definitiva. I Rizzi però, anche se in pieno delirio di onnipotenza, conoscono bene quell'ambiente e sono giustamente molto diffidenti di qualsiasi proposta arrivi da Faccia d'Angelo. Sanno benissimo di averla fatta grossa uccidendo il Marziano, per questo non si fidano di nessuno. In un paio di occasioni fiutano il pericolo e all'ultimo momento non si presentano ad una serie di appuntamenti già fissati con gli uomini della Mala. Il 10 marzo 1990, forse attirati dalle lusinghe di un facile guadagno, i fratelli Rizzi accompagnati da un loro fedelissimo, Gianfranco Padovan, si incontrano con Maniero e i suoi a Galta di Vigonovo, sulle rive del fiume Brenta. Dopo pochi secondi però i 3 si rendono conto di essere caduti in una trappola. A quel punto tentano una fuga disperata, ma sono investiti dalle scariche di piombo sparate da Maniero e dai suoi che non lasciano loro nessuna possibilità di salvezza. I cadaveri vengono seppelliti poco lontano, lungo gli argini del fiume che attraversa il Veneto e da cui la Mala ha preso il nome. L'onta è stata vendicata col sangue, ora anche la città di Venezia è tornata sotto il pieno controllo di Felice Maniero della sua banda che ormai è militarizzata in maniera strutturata come le cosche mafiose.

Una lunga attesa

Bisogna attendere fino al 1995 però per avere la versione ufficiale di questa strage sanguinaria, versione con fermata in maniera definitiva dal ritrovamento dei corpi da parte delle forze dell'ordine.
Sarà lo stesso Felicetto, diventato nel frattempo collaboratore di giustizia, a far luce su questo drammatico evento e a far sì che vengano finalmente ritrovati i cadaveri dei fratelli Rizzi e del loro sodale Giancarlo Padovan. Fino a quel momento infatti dei Rizzi non si era saputo più nulla e, anche se tutti sapevano benissimo che erano stati eliminati, nessuno aveva mai aperto bocca e così i corpi non erano mai stati ritrovati. L'aspetto sconcertante di questa storia è che nemmeno i familiari dei due fratelli avevano denunciato la scomparsa dei loro congiunti. Il magistrato Angelo Risi è arrivato ad ipotizzare che, proprio in virtù di questo loro silenzio "d'onore", siano poi stati aiutati da Felice Maniero con grosse somme di denaro.

COLLABORATORE DI GIUSTIZIA

La latitanza di Felice Maniero dopo la rocambolesca fuga dal carcere di Padova del 1994 dura soltanto pochi mesi. Questa volta Felicetto viene catturato a Torino il 12 novembre 1994. Il boss in fuga ha in tasca una carta d'identità falsa, intestata all'architetto Luca Basso. Insieme a lui c'è Marta Bisello, la sua compagna.

"Ancora tu?"

È Michele Festa, oggi sostituto commissario della mobile di Verona e all'epoca dei fatti investigatore della Criminalpol di Venezia, a mettere definitivamente le manette ai polsi di Faccia d'Angelo. I due si conoscono molto bene: sono rivali da una vita e, anche in un momento così drammatico, Faccia d'Angelo non perde la sua solita verve, come ha ricordato lo stesso Festa all'Ansa.

Quando Maniero vede davanti a sé l'investigatore lo riconosce subito e dice, con il suo classico sorriso sulle labbra, «Ancora tu?». Al che Festa gli risponde «Ma non dovevamo vederci più?», citando la famosa canzone di Battisti e Mogol.

Sorrisi e citazioni a parte, il boss della Mala del Brenta questa volta però ha capito perfettamente che la sua carriera criminale è finita. A questo punto si è rende conto che ha una sola possibilità per salvarsi e così diventa un collaboratore di giustizia. In molti hanno sottolineato come tecnicamente Faccia d'Angelo non si sia mai pentito ma, in realtà, abbia soltanto deciso di collaborare perché aveva capito di essere arrivato al capolinea.

Lui stesso ha sempre preferito utilizzare il termine "confidente" per indicare la sua delicata posizione senza mai parlare di "pentimento". A chi gli fa notare che con l'immensa fortuna accumulata nel corso degli anni avrebbe potuto tranquillamente rifugiarsi all'estero e sparire per sempre, risponde che fuori dalla sua terra, fuori di casa e, soprattutto, lontano da sua madre lui non avrebbe mai potuto essere sereno. Da queste parole emerge un punto chiave di tutta la storia criminale di Faccia d'Angelo: Maniero infatti, nonostante le enormi ricchezze accumulate negli anni, non ha mai voluto lasciare Campolongo Maggiore, il suo paese natale.

Il legame con la terra

Vivere da nababbo in qualche paradiso tropicale non avrebbe avuto nessun senso per Felicetto. Il richiamo della sua terra e della sua gente era qualcosa di troppo forte, qualcosa a cui Maniero non avrebbe mai potuto resistere. Lontano dalle sue radici il boss non sapeva che farsene delle sue ricchezze.

Ancora più forte il rapporto con la madre che Maniero non ha mai voluto lasciare sola, e con cui è sempre stato legato in maniera quasi viscerale. C'è stato chi, come il già citato Silvano Maritan, ha sempre sostenuto che il vero capo della banda fosse in realtà Lucia Carrarin, la madre di Maniero, oltre a dire chiaro e tondo che la Mala del Brenta aveva stretto importanti legami con le istituzioni:

«L'arresto di Felice è stata una messinscena. Lui aveva già deciso di collaborare. Con le sue dichiarazioni ha protetto la madre e il cugino, oltre a se stesso, ovviamente. So che i soldi della nostra banda arrivarono in Svizzera grazie a importanti coperture istituzionali di cui Maniero godeva»[25].

Certo, come abbiamo ricordato tra Maritan e Maniero non corre più buon sangue, anche perché a sentire l'ex amico e compagno di scorribande di Felicetto:

«Se oggi mi trovassi dinanzi a Maniero lo ammazzerei. In più occasioni ha cercato di incastrarmi, tentando di attribuirmi suoi delitti. Non potrò mai perdonarlo»[26].

Un figura complessa

Anche Michele Festa, l'ispettore della Criminalpol che come abbiamo ricordato è stato un fiero avversario di Felicetto e che alla fine è anche riuscito a mettergli le manette ai polsi, ha sottolineato in più di un'occasione questo legame fortissimo tra Maniero e la madre:

«Maniero era una persona complessa, autonoma ma condizionabile dalle figure femminile, in particolare dalla madre. Tutto quello che Maniero ha fatto nel suo passato non è mai stata una sua decisione autonomia, ma sulla spinta di altri, le donne soprattutto»[27].

Si tratta comunque di supposizioni, dicerie mai provate da un punto di vista giudiziario. È invece un fatto che Maniero, nel patto stretto con lo Stato, ha preteso l'immunità totale per sua madre, sua sorella e suo cugino. Così come ha preteso ed è riuscito a ottenere di conservare i conti correnti multimiliardari: ecco perché diversi analisti hanno sottolineato, giustamente a nostro avviso, come non sia corretto parlare di "pentimento" nel caso dell'ex boss della Mala del Brenta.

In fuga

Interessante a questo proposito quanto dichiarato da Carmine Damiano, ex capo della Mobile di Padova:

«Quando arrestammo Maniero non era ricercato soltanto da noi: c'erano anche alcuni dei suoi "fedelissimi" che avrebbero voluto prenderlo, per fargli pagare tutto quello che in tanti anni lui non aveva mai condiviso con la sua banda. Lui lo sapeva, non sarebbe potuto comunque durare a lungo. E aveva già raggiunto una conclusione: in caso

---

25 *"I segreti di Maniero tra miliardi in Svizzera e omicidi nascosti"*, Nino Materi, Il Giornale, 24 ottobre 2016.

26 Ib.

27 *Maniero libero, il boss raccontato dal poliziotto veronese che lo arrestò*, TGVerona, 23 agosto 2010.

di cattura molto meglio "collaborare", sacrificare i suoi ormai ex amici e salvare il suo tesoro».

In pratica siamo di fronte ad un vero e proprio accordo tra il capo di un'importante e strutturata organizzazione criminale con lo Stato italiano: Maniero lascia che gli venga sequestrata una parte minima del suo patrimonio miliardario, in cambio ottiene l'immunità totale per i suoi cari (tutti inseriti ufficialmente nel programma di protezione testimoni), oltre ad una serie di importanti sconti di pena nei suoi confronti di cui parleremo. Faccia d'angelo si è reso conto di essere braccato dalla polizia, ma anche di avere a che fare con la nuova criminalità cattiva e affamata proveniente dall'Est Europa che sta invadendo l'Italia in generale e il Nordest in particolare nella seconda metà degli anni '90.

Ormai la partita sta per finire, per Maniero è arrivato il momento di ottenere il miglior risultato possibile con le carte che la fortuna gli ha fatto trovare in quell'ultima disperata mano di gioco. Maniero verosimilmente fa un'analisi lucida della situazione e capisce che i conti correnti segreti salvati nella trattativa con lo Stato, insieme ai grossi investimenti fatti nell'ex Jugoslavia (case, casinò, sale da gioco e locali), gli permetteranno una vita agiata una volta scontata la pena.

Tutti in carcere

Si è parlato a lungo del misterioso "tesoro" di Felice Maniero: alcune stime per difetto hanno calcolato che, soltanto con i proventi della droga, il boss all'epoca guadagnasse circa 50 milioni di lire al giorno: stiamo parlando in un traffico stimato in 30/40 chili al mese di eroina, una quantità spropositata. In tantissimi finiscono in carcere grazie alla confessioni dell'ormai ex capo della Mala del Brenta: dalla sua bocca escono cinquemila pagine di verbali che producono l'arresto di oltre 300 persone, oltre allo smantellamento totale di una delle realtà criminali più organizzate, efficienti e ramificate dell'intero Paese.

Insieme al boss a questo punto decidono di collaborare anche Giuseppe Pastore, il suo vice, l'uomo che aveva sposato Elena, la prima figlia di Maniero. Con lui anche Andrea Zanattio e Giulio Maniero, il cugino del boss. Grazie alle loro dichiarazioni gli inquirenti riescono a ricostruire nei dettagli l'organigramma e l'operato della Mala del Brenta, anche se come abbiamo visto alcune zone d'ombra sono rimaste, non si è riusciti a trovare una risposta soddisfacente alle tante domande aperte sull'attività della banda di Felicetto.

Collusioni e infiltrazioni

Da quelle dichiarazioni sono usciti nomi e cognomi anche di tanti uomini delle forze dell'ordine che erano nel libro paga della banda: la guardia carceraria che aveva aiutato il boss in una delle sue fughe, un maresciallo dei carabinieri, un vice ispettore di polizia della mobile... Come abbiamo sottolineato quello che emerge è il quadro preciso e dettagliato di un'organizzazione criminale strutturata e radicata nel territorio.

Una banda che a nostro avviso non avrebbe tardato molto a tentare di stringere accordi con il potere politico, ammesso e non concesso che accordi di quel tipo non fossero già stati stretti e poi successivamente insabbiati durante le trattative.

UN UOMO LIBERO

Felice Maniero dal 1995 in poi ha beneficiato del programma di protezione testimoni e dall'agosto 2010 è a tutti gli effetti un uomo libero. Con la sua solita faccia tosta si è anche lamentato, a sentire lui infatti è stato addirittura "tradito" dalle istituzioni:

«Mi devo nascondere. Mi danno la caccia e so che ho una condanna a morte sulla testa, perché ho "tradito". Questo è il bilancio, ma non me ne lamento. Trovo ingiusto, invece, che abbiano tolto il programma di protezione ai miei familiari: vivono ogni giorno nella paura di essere riconosciuti. Io non ho violato il patto, lo Stato sì».

Del resto collaborando con la giustizia italiana Maniero ha fatto condannare all'ergastolo Salvatore Trosa, uno dei suoi fedelissimi, ma anche i "mestrini" Gilberto Boatto, Marietto Pandolfo, oltre al già citato Silvano Maritan. Come abbiamo visto in tutto sono stati 130 gli arresti realizzati grazie alle dichiarazioni di Faccia d'Angelo. In questi anni ha cambiato nome, oggi si fa chiamare Luca Mori, e alcuni sostengono che abbia anche subito anche degli interventi di chirurgia plastica al viso: molti vecchi amici di Felicetto infatti gliel'hanno giurata e sono pronti a vendicarsi nell'unico modo che conoscono, col piombo, come avremo modo di vedere nelle prossime pagine.

Uno strano suicidio

Per questo motivo molti credono che il suicidio di Elena, l'adorata figlia del boss, nasconda qualcos'altro. È stato davvero di un suicidio, come hanno sostenuto gli inquirenti alla fine delle indagini, oppure si è trattato di una vendetta nei confronti dell'ex boss per il suo tradimento? Probabilmente non lo sapremo mai, anche se sono in tanti a giurare che quell'inspiegabile volo da una mansarda a Pescara nel febbraio 2006 sia stato tutto tranne che un suicidio. Anche perché pochi giorni prima di quello strano incidente lo stesso Maniero sarebbe dovuto saltare in aria. Era stata piazzata una carica esplosiva nell'aula bunker di Mestre in cui l'ex boss si sarebbe dovuto recare a testimoniare. L'attentato è stato sventato grazie a una intercettazione: ne seguirà l'operazione Ghost Dogs che, nel giro di 3 anni e mezzo, porterà all'arresto di 33 persone.

In un contesto di questo tipo dunque è lecito sospettare che dietro a quello strano suicidio ci sia stato quantomeno qualcosa di poco chiaro... Eppure gli inquirenti non hanno avuto alcun dubbio, per loro la giovane e bellissima figlia di Faccia d'Angelo si sarebbe tolta la vita gettandosi da quella mansarda di via Carducci di proprietà del suo fidanzato. L'autopsia condotta dal medico legale Christian D'Ovidio però ha stabilito semplicemente che la ragazza è morta per le ferite riportare in seguito al volo di 15 metri, ma non ci sono prove che possano stabilire con certezza che sia stata lei a buttarsi nel vuoto. A quanto pare, secondo alcune indiscrezioni che abbiamo avuto modo di raccogliere da ambienti vicini alle forze dell'ordine, il dettaglio che ha fatto nascere molti dubbi è il seguente: il corpo della povera giovane sarebbe stato trovato a diversi metri dal muro del palazzo, come se fosse stata letteralmente "gettata" dalla finestra da due o più persone. Normalmente chi si suicida si lascia cadere nel vuoto e, di conseguenza, difficilmente atterra a diversi metri dal muro del palazzo da cui si è gettato. Si tratta soltanto di indiscrezioni, è bene ricordarlo, che non hanno mai avuto una conferma ufficiale. Sebbene la figlia di Maniero avesse già tentato in precedenza di togliersi la vita, anche l'ex boss ha dichiarato pubblicamente a più riprese di non credere affatto all'ipotesi del suicidio. Ma leggiamo le dichiarazioni dello stesso Maniero a questo proposito, così come sono state riportate da Augusto Parboni sul quotidiano Il Tempo il 24 febbraio 2006:

«Volevano ammazzarmi, ma non ci sono riusciti perché sono diventato un collaboratore di giustizia; e allora volevano togliere la vita a mia figlia, se la volevano prendere con lei...»[28].

Chi crede nell'omicidio di Elena Maniero infine legge i tagli alle vene dei polsi come un banale tentativo di depistaggio da parte dei killer.

Imprenditore pantofolone

Come abbiamo appena ricordato gran parte della sua condanna Maniero l'ha scontata agli arresti domiciliari, dove tra l'altro ha potuto anche far partire con un certo successo un'attività di import-export di prodotti per pulizia. All'indomani della sua scarcerazione il boss è tornato a parlare e ha fatto una serie di dichiarazioni al Corriere del Veneto, ecco i punti salienti:

«Se ho pagato poco per quello che ho fatto? Certamente sì. [...] Mi vogliono uccidere? Avranno l'acquolina in bocca ma non temo la morte. Diciamo che fortunatamente non ci sono ancora riusciti. Felice Maniero ieri era uno spietato generoso criminale, uno stupido playboy che non sapeva amare. Oggi è un pantofolone che non vede l'ora di tornare a casa la sera per godersi la famiglia dopo dieci ore di lavoro. [...] Il mio patrimonio? Non mi crederà nessuno ma il mio patrimonio non è affatto quello che tutti pensano.
Con la mia collaborazione i miei ex compagni hanno fatto un repulisti inimmaginabile. Saranno saltati di gioia per giorni. Sia chiaro, non sono sul lastrico, vivo dignitosamente. Quando non lavoro il mio hobby preferito è la famiglia. Fino a qualche tempo fa ne avevo altri due: tennis e scopone scientifico. Il primo credo di averlo perduto perché sono appena stato operato al tendine della spalla e ho una certa età! Per quanto riguarda lo scopone scientifico dire appassionato è pochissimo. A differenza del tennis.   in questo gioco posso vantarmi di essere fortissimo. A proposito, saluto tutti gli appassionati»[29].

Le dichiarazioni di faccia d'angelo sembrano fantascienza rispetto al suo curriculum criminale, ma anche l'atteggiamento dimostrato da Maniero è sembrato molto lontano dallo stereotipo del bandito che la gente aveva conosciuto attraverso le pagine dei giornali. Potrebbe sembrare un altro uomo anche rispetto ai classici cliché che descrivono gli abitanti delle campagne venete.

---

[28] *Muore la figlia di Felice Maniero. Suicidio o omicidio?*, Augusto Parboni, Il Tempo, 24 febbraio 2006

[29] *Maniero: «È vero ho pagato poco. Ma il mio tesoro non esiste»*, Andrea Pasqualetto, Il Corriere del Veneto, 26 agosto 2010,

Come conclude il giornalista Andrea Pasqualetto nel suo articolo «un boss che al ristorante parla a voce alta delle vecchie rapine senza preoccuparsi dei vicini di tavolo, che divora la pizza ma non beve alcolici, che non bestemmia mai, che non si cura minimamente della sventola bionda seduta di fronte e che quando deve insultare qualcuno arriva a dire "stupidone" o "birichino", come certi veneti di buona famiglia».

Più furbo di quanto si possa credere

Ma c'è anche chi non crede nemmeno a una parola e che continua a sostenere che il boss Maniero è sempre stato una spanna sopra gli altri componenti della banda, sia per carisma che per intelligenza. Mario Artuso, l'ex cassiere della banda, ha ripetuto fino allo sfinimento che il boss avrebbe fatto un patto con lo Stato per salvare se stesso, la sua famiglia e, sopratutto, i suoi conti miliardari che si sono volatilizzati come per magia dopo la sua decisione di diventare un collaboratore di giustizia:

«Maniero già contà quel che'l vol. Per esempio mi ha incastrato sulla rapina al Casinò di Venezia dove non c'entravo proprio»[30].

Maniero quando esce dal carcere, da buon veneto, inizia a fare l'imprenditore e prova a vivere del suo business senza mai separarsi dai suoi famigliari. Finalmente è diventato un piccolo imprenditore del nordest, quello che, forse, aveva sempre voluto essere… Ma siamo sicuri che le cose stiano davvero così? Sembra proprio di no e, infatti, una celebre inchiesta di Report andata in onda nel 2015 fa scatenare un terremoto che rimette in discussione il Maniero "pantofolone".

"Faccio affari con lo stato"

Nella storia di Faccia d'Angelo, sia per quanto riguarda la sua fase criminale che quella di collaboratore di giustizia, c'è sempre stata una costante anomala: l'ombra di un aiuto da parte di qualcuno dentro alle istituzioni. Abbiamo evidenziato di volta in volta come Maniero sia riuscito sempre a trovare una sponda con cui dialogare all'interno del sistema: a volte corrompendo direttamente le persone che gli interessavano, altre volte trovando inaspettati aiuti all'interno dei carceri di massima sicurezza in cui si trovava, altre volte ancora trovando l'improbabile collaborazione delle istituzioni interessate a recuperare reliquie ed opere d'arte. Per non parlare di tutta la gestione poco trasparente del suo "pentimento" che, come abbiamo visto, ha fornito poche risposte e ha invece lasciato aperte molte domande.

Nella sua nuova vita di imprenditore l'ex Faccia d'Angelo ha addirittura lavorato con le amministrazioni pubbliche: grazie ad un paio di brevetti infatti ha aperto la Anyacquae srl, un'azienda intestata al figlio che lavora nel settore delle acque depurate e che fa affari con le amministrazioni di tutta Italia. Tutto questo anche grazie al patrocinio del Ministero delle Politiche Agricole e il bollo del Ministero dello Sviluppo Economico, oltre al fatto che l'azienda vantava una certificazione sanitaria rilasciata dal Ministero della Salute. Dopo l'inchiesta bomba di Report

---

[30] *«Ho gestito i miliardi di Maniero, ma lui ha tentato di farmi uccidere tre volte»*, Il Gazzettino, op. cit.

che fa emergere questo quadro a dir poco preoccupante i tre dicasteri hanno subito negato di aver concesso patrocini e certificazioni, anche se lo stesso Maniero, interrogato a questo proposito, ha parlato senza reticenze, come se la sua fosse una vicenda qualunque:

«Il patrocinio l'ha chiesto mio figlio e gliel'hanno dato due anni fa. Non c'è sotterfugi, non c'è niente... Si immagini se io vado a fare sotterfugi o robe non legali. Io non sono un bugiardo, il ministero è un furbacchione. Io ex, ex di tutto, di bande armate... sono sincero, il ministero è proprio un pinocchio lungo quanto una casa [...]»[31].

Ma le sorprese non sono finite perché salta fuori che Luca Mori, alias Felice Maniero, ha la residenza a Campolongo Maggiore. Com'è possibile che un soggetto come Maniero torni a vivere come se niente fosse a casa sua dopo tutto quello che è successo? In Comune tutti si sono affrettati a smentire, a negare, ma intanto ci si trova ancora una volta ad aver a che fare con verità bizzarre, con dettagli quantomeno strani e con un "ex bandito" che riesce sempre a mischiare abilmente verità e bugie.

Fallimento

Nel febbraio del 2016 arriva un nuovo colpo di scena: in seguito ad una serie di fatture mai pagate il Tribunale di Brescia ha dichiarato fallita la Anyacquae Srl, l'azienda intestata al figlio di Felice Maniero che aveva spostato la sua sede proprio a Bolzano. Faccia d'Angelo insomma ne ha combinata un'altra delle sue e così, la sua nuova vita da imprenditore integerrimo, ha subito uno stop imprevisto a causa di una situazione debitoria molto pesante nei confronti dei fornitori. Dopo una serie di accertamenti si scopre inoltre che l'acqua che usciva dalle colonnine della Anyacquae Srl conteneva una quantità di arsenico superiore a quella consentita dalle norme vigenti. Per questo motivo, e anche in seguito al clamore suscitato dalla già citata inchiesta di Report, molti comuni hanno interrotto i contratti già siglati con l'azienda dell'ex boss della Mala del Brenta.
L'azienda, probabilmente per cercare di far perdere le tracce, si era poi trasferita a Bolzano e aveva ripreso a lavorare come se nulla fosse. Dalle indagini successive al fallimento è emerso uno scenario molto particolare: sembra infatti che diversi fornitori, impauriti dalla reputazioni di Felicetto, avessero rinunciato a far valere i loro crediti nei confronti dell'azienda. Ma la Legno Style Srl di Brescia, che si era occupata degli arredi della sede della Anyacquae Srl, non ha guardato in faccia nessuno e ha portato in tribunale la ditta di Maniero, facendola fallire. Anche questa volta dunque è un tribunale a mettere uno stop alla carriera di Felice Maniero.

---

[31] *Felice Maniero: "Sì, ora mi arricchisco grazie allo Stato"*, Enrico Currò, La Repubblica, 7 giugno 2015.

IL TESORO RITROVATO

La bizzarra vicenda della Anyacquae Srl non è certo l'ultima disavventura per Felice Maniero. Nei primi mesi del 2017 le forze dell'ordine annunciano di aver finalmente scoperto il famoso tesoro di Faccia d'Angelo.

Bella vita e conti sospetti

A fare l'eccezionale scoperta i PM veneziani Paolo Tonini e Giovanni Zorzi che sono riusciti a scovare e a sequestrare un patrimonio di ben 17 milioni di euro: un cavallo di razza, tre ville (una a Santa Croce sull'Arno, una Marina di Pietrasanta, una a Fucecchio), 27 macchine di lusso (tra cui una Bentley Gt Cabrio, 8 Mercedes, due Porsche Cayenne, una Porsche Carrera 911, due Bmw), conti correnti in Svizzera intestati a prestanome. In un contesto di questo tipo tornano di colpo attuali le parole di Silvano Maritan, un affiliato della Mala che, come abbiamo ricordato in precedenza, aveva rotto definitivamente con Maniero:

«L'ultima volta fui io stesso ad accompagnarlo al confine. Lui prese un treno per Lugano e aveva 3 miliardi di lire con sé. Il giorno dopo lo arrestarono. Ma era tutto organizzato e lui era d'accordo. Insomma, prima di stringergli le manette ai polsi, lo Stato gli aveva consentito di mettere il bottino al sicuro. Denaro che ancora oggi consente a Maniero e alla sua famiglia un'esistenza più che agiata»[32].

L'autodenuncia di Maniero

Questo nuovo filone delle indagini è nato, paradossalmente, proprio da alcune rivelazioni dell'ex boss della Mala del Brenta, rivelazioni in seguito delle quali sono stati poi arrestati Riccardo di Cicco (marito della sorella di Maniero, Noretta) e Michele Brotini. Brotini di professione promotore finanziario, è stato accusato di aver fatto sparire i soldi provenienti dai loschi traffici di Maniero in Svizzera, trasformando il contante in investimenti sicuri. Ancora una volta però qualcosa non torna: le carte ufficiali dicono che è stato Felice Maniero a dire agli inquirenti quali erano i beni acquistati con il suo denaro, ufficialmente perché temeva che l'ex marito della sorella, dopo la separazione, volesse far sparire tutto.

Per quanto possa apparire paradossale sembra che Felicetto abbia deciso di far ritrovare i suoi beni soltanto per una semplice ripicca. Dopo aver nascosto il denaro salvato dal patto con lo Stato consegnandolo all'ex cognato perché lo ripulisse, quest'ultimo gli aveva infatti restituito

---

[32] *I segreti di Maniero tra miliardi in Svizzera e omicidi nascosti"*, Il Giornale, op. cit.

progressivamente solo sei miliardi di lire fino al 2015 quando ha detto di non essere più in grado di pagarlo.

«Posso dire che ho sempre pagato io le tasse e i condoni che mio cognato ha fatto nel corso degli anni allo scopo di evitare anche di far trasparire la disponibilità di denaro contante in forma eccessiva. Con i soldi che gli ho dato, mio cognato ha acquistato sicuramente almeno tre immobili. Mio cognato mi ha sempre chiesto l'approvazione per l'acquisto e che io ho sempre concordato in merito, ritenendolo un buon investimento [...] Ha sempre avuto delle macchine di lusso che ha cambiato spesso nel corso del tempo. Ho chiesto di incontrare i magistrati della Procura di Venezia perché voglio parlare del denaro che ho guadagnato con i miei traffici illeciti e del suo successivo riciclaggio [...]. Improvvisamente mio cognato ha cominciato a dichiarare di non avere più la liquidità necessaria per le restituzioni che io gli chiedevo e alla fine ha rinunciato a vedermi.

Nonostante i miei tentativi non sono più riuscito a contattarlo per avere indietro il denaro. Avendomi restituito circa 5-6 miliardi, mio cognato gestisce sicuramente almeno 25-26 miliardi di soldi che io gli ho dato, tenuto conto anche delle perdite che ci sono state con la crisi del 2008 e del fatto che mi riferirono anni fa che avevano perso un miliardo di un mio investimento per problemi finanziari»[33].

La lavatrice si è rotta

Da questo scenario emerge dunque un vero e proprio sistema di "lavaggio" dei soldi sporchi utilizzato tranquillamente fino al 2015, e cioè quando, almeno in teoria, Maniero era ormai diventato un rispettabile uomo d'affari. Maniero in pratica racconta agli inquirenti di aver dato ai suoi uomini fidati più di 30 miliardi di vecchie perché li "ripulissero" con calma, ma di aver ricevuto in cambio poco meno di 3 milioni di euro cash da utilizzare per i suoi comodi.

L'ex boss della Mala si è rivolto alle forze dell'ordine soltanto per paura di non riuscire più a recuperare il resto dei suoi soldi che, nel corso degli anni, è stato investito e diversificato in mille modi: ha preferito far finire tutti in galera (una scena di un film già visto) piuttosto che vederli scomparire con i suoi soldi. Ancora una volta non si riesce a capire a che gioco stia giocando l'ex boss: quei soldi arrivano davvero dalla vecchia attività della banda, o si tratta di proventi di altre operazioni poco pulite? O forse è solo una maxi-operazione di evasione fiscale orchestrato da Maniero che, anche nella sua nuova vita, non è riuscito a perdere l'antico vizietto di infrangere le regole? Solo le indagini potranno stabilire se questa volta Felicetto ha detto il vero o se si tratta dell'ennesima trovata del boss di Campolongo, anche se Andrea Franco, l'avvocato di Maniero, ha già messo le mani avanti con una serie di dichiarazioni molto esplicite:

«La collaborazione di Maniero mi sembra genuina. Sta fornendo un apporto strutturato e articolato alle indagini. Ha una lucidità nel ragionamento del tutto singolare. Ritengo che il Felice Maniero di oggi si rivolge alla Procura per chiedere tutela di fronte a un illecito. Anni prima avrebbe affrontato la vicenda in maniera diversa. Ora è un uomo che ha pagato il proprio conto con la giustizia».

Ancora un volta Faccia d'Angelo sembra aver preso in giro tutti, conducendo il gioco e facendo emergere soltanto la verità che gli interessava, come durante la discutibile intervista concessa a Roberto Saviano.

---

[33] *«Di Cicco con i miei soldi si è comprato tre ville»*, Rubina Bon, La Nuova di Venezia e Mestre, 19 gennaio 2017.

L'intervista a Saviano

Nel novembre del 2018 Roberto Saviano ha intervistato in prima serata Felice Maniero durante il programma "Kings of Crime". L'intervista ha sollevato una vasta eco, non solo perché era la prima di questo genere per l'ex boss della Mala del Brenta, ma soprattutto per le dichiarazioni in libertà fatte da Maniero. Precisiamo subito che a nostro giudizio tutta l'operazione poteva e doveva essere gestita in modo diverso. Saviano ha mandato in onda un'intervista registrata e montata, con una serie di domande palesemente concordate e che non hanno mai messo in difficoltà l'ex boss. Anzi, durante il colloquio con il giornalista napoletano Faccia d'Angelo si è permesso anche di fare la morale allo Stato, di dare lezioncine su come combattere il crimine e, dulcis in fundo, di condannare il traffico di stupefacenti. Lui che ha sulle spalle una serie infinita di delitti di ogni tipo... pazzesco!

Ecco un breve estratto delle dichiarazioni di Maniero in cui, ad esempio, consiglia lo Stato su come dovrebbe essere gestito il traffico della Cocaina, mentre Saviano ascolta in religioso silenzio:

«[...] i miei affari ci sarebbero stati lo stesso, perché io poco prima di collaborare ho fatto una rapina di quattro quintali di lingotti d'oro, quattro quintali e mezzo, in una banca che serviva gli orafi nel Vicentino. Però per le altre organizzazioni la legalizzazione sarebbe la ghigliottina. Mi chiedo come mai ancora non lo abbiano fatto. Beh, un narcotraffico però controllato, non è che uno va a prendersi un chilo! Deve tirar fuori i documenti, codice fiscale e tutto. E poi se uno Stato acquista la cocaina o l'eroina da un altro Stato, con 50 euro può comprarne 2 chili credo, perché non costa niente... e la può vendere anche a 100 euro, 200, tanto per dire, senza porcherie dentro. E io vorrei sapere la stragrande maggioranza degli italiani dove va ad acquistarla: se va a pagare 200-300 euro per un grammo - dipende dalla qualità - o 5 euro. Il prezzo crolla! Crolla il mercato! E quelli le rapine non le sanno fare, non sanno fare neanche i furti. Per cui vorrei vederli che si ammazzano per una... cassa di pomodoro! Ovvio che bisogna fare una cosa che è molto delicata, però visto che sono 50 anni che imperversa in tutto il mondo e in tutta Italia soprattutto - perché l'Italia è uno dei principali Paesi - perché non provano qua? [...]»[34].

E tutto questo senza che Saviano incalzi mai Maniero, senza che l'ex boss venga mai messo di fronte sue responsabilità, senza che vengano mai evidenziati i troppi punti grigi della sua storia criminale e del suo fin troppo discutibile pentimento. Su un punto ci sono pochi dubbi: da questa intervista Maniero ne esce alla grande, sembra quasi uno di quei vecchi boss saggi e tutto sommato simpatici che tanti film hanno raccontato sullo schermo. Peccato che la realtà dei fatti sia molto diversa, come ben sanno i tanti parenti delle vittime della Mala.

L'impressione finale è che Saviano sia caduto in pieno nella trappola ordita da Faccia d'Angelo l'ex boss della Mala ha dimostrato per l'ennesima volta di riuscire a gestire al meglio ogni situazione, manipolando chi si trova di fronte a lui e, soprattutto, la verità. Di fronte all'arroganza di chi ha avuto la pretesa di conoscere la sua storia criminale dopo aver letto qualche bignamino, Maniero ha scelto di mantenere un profilo basso e, alla fine, ha portato a casa la partita senza nemmeno troppi sforzi. Questo episodio ci conferma, se mai ce ne fosse bisogno, che la mossa più geniale di Maniero sia sempre stata quella di farsi sottovalutare. Ogni volta che l'ex boss è riuscito a muoversi low profile, infatti, è sempre stato al sicuro dettando le regole del gioco a suo piacimento.

---

[34] *Felice Maniero. Boss della Mala del Brenta*, Roberto Saviano, Kings of Crime, 14 novembre 2018.

DI NUOVO IN CARCERE

Quando tutto sembra essersi normalizzato ecco che arriva una sorpresa: Felice Maniero torna di nuovo dietro le sbarre. Nell'ottobre del 2019 infatti Faccia d'Angelo viene arrestato a Brescia con l'accusa di maltrattamenti fisici e psicologici alla sua compagna. Le successive richieste di libertà fatte da Maniero sono tutte state respinte sia dal GIP che dal Tribunale del Riesame, e così l'ex boss è dovuto restare in carcere a Voghera. A complicare ulteriormente la vicenda anche l'emergenza sanitaria per il Covid-19 che ha investito tutto il mondo. Il processo è iniziato regolarmente ma, a causa delle limitazioni imposte dal Coronavirus, Marta Bisello, la compagna di Maniero, non ha potuto raggiungere il tribunale di Brescia dove avrebbe dovuto testimoniare. Felice Maniero, collegato in videoconferenza dal carcere di Voghera, ha ribadito però la sua volontà di essere processato in dibattito e non con riti alternativi. A questo punto il processo è stato aggiornato al 19 maggio 2020. A metà aprile poi l'ennesimo coup de theatre del boss, che ha addirittura scritto una lettera all'ANSA per denunciare le condizioni dei detenuti durante l'emergenza coronavirus.

Riportiamo di seguito i passaggi più significativi della missiva ricevuta dall'ANSA:

«Il rischio di eventuali focolai nelle carceri è probabile; dovesse verificarsi un "si salvi chi può" le conseguenze sarebbero inimmaginabili. Dopo le reiterate richieste ci è ancora vietato, da oltre due mesi di acquistare un disinfettante efficiente. Abbiamo diversi compagni in isolamento colpiti da Covid-19 di cui alcuni in terapia intensiva»[35].

Per una macabra ironia a morire a causa del Covid-19 è stato l'ex magistrato Francesco Saverio Pavone, mancato a marzo 2020 all'età di 76 anni. Pavone era stato il magistrato che era riuscito a incastrare Maniero e tutta la banda, tanto che l'ex boss aveva addirittura studiato un piano per assassinarlo.

I conti non tornano

Anche questa volta, però, ci sono tanti particolari fuori posto in una storia che convince poco. Stiamo parlando dell'arresto di Maniero per maltrattamenti alla compagna, un arresto che ha un tempismo molto sospetto. Così come è molto sospetta la volontà di Maniero di evitare vie alternative, dato che in questo modo il processo si sarebbe concluso più velocemente. In molti infatti sono convinti che quella di Maniero sia stata una scelta ben precisa. Il motivo? Meglio restare al

---

[35] *Coronavirus, ex boss Maniero, in carcere. In una lettera indirizzata all'ANSA*, ANSA, 16 aprile 2017.

"sicuro" dietro le sbarre, lontano da vecchi e pericolosi nemici, come ad esempio Antonio Pandolfo, detto "Marietto". Proviamo a mettere in fila un po' di date: Felice Maniero è stato arrestato il 19 ottobre 2019. Dieci giorni dopo, e cioè il 29 ottobre 2019, Antoni Pandolfo è stato scarcerato dal carcere di Rovigo.

Due vecchi amici

Pandolfo non è un ex detenuto qualsiasi. È il numero due della Mala del Brenta. Potremmo definirlo il vice di Maniero. I due si conoscevano fin da bambini e insieme avevano mosso i primi passi della loro inarrestabile carriera criminale. Tra tutti i componenti della Mala finiti dietro le sbarre però Pandolfo è stato l'unico che non ha mai detto una parola agli inquirenti. Stiamo parlando dell'uomo che, secondo alcune ricostruzioni, avrebbe fatto parte del commando che trucidò Stefano Carraro, il cassiere della Mala, insieme alla sua ragazza. Un uomo che è sempre stato al fianco di Maniero in tutti i suoi colpi più delicati: la grande rapina agli orafi a Vicenza, il colpo all'Hotel Des Bains al Lido di Venezia, il mega furto all'Aeroporto Marco Polo di Venezia e quello al casinò del Lido del 1984.

E poi ancora nella famigerata notte dei cambisti e nella drammatica rapina al treno postale a Vigonza, quella in cui perse la vita la studentessa Cristina Pavesi. Un uomo che a causa delle dichiarazioni del Maniero "collaboratore di giustizia" è stato condannato all'ergastolo. Un uomo che si è fatto 25 anni di carcere in silenzio senza mai collaborare con la giustizia. Al termine del processo che l'avrebbe condannato all'ergastolo Pandolfo aveva detto ai giudici parole molto chiare:

«Me ne dia tanti di anni signor giudice perché quando esco io ho un solo obiettivo»[36].

Vendetta

Girano diverse leggende su "Marietto" Pandolfo. Una vuole che in tanti anni di carcere abbia pronunciato soltanto una parola di fronte agli inquirenti che a più riprese avevano cercato di farlo "cantare": *«Vendetta»*.

Maniero e Pandolfo avevano smesso di essere amici da un pezzo, e precisamente da quando l'ex boss aveva deciso di far ammazzare Giancarlo Ortes, il secondino che aveva aiutato proprio Faccia d'Angelo e Pandolfo ad evadere dal carcere Due Palazzi di Padova. C'è invece chi sostiene che alla base dei dissidi tra Maniero e il numero due della Mala del Brenta ci sia stato un carico di cocaina contesa. 50 chili che Pandolfo aveva recuperato in Turchia proprio dopo quella famosa evasione e che Maniero avrebbe deciso di tenere tutti per sé. Impossibile sapere come sono andate davvero le cose, ma su un punto tutti concordano: Maniero aveva paura di Pandolfo, tanta paura. E faceva bene, vista la storia criminale di "Marietto", uno che nella sua vita non si era mai tirato indietro di fronte a niente e a nessuno. In molti sono certi che Maniero nel 1994 si sia convinto a diventare collaboratore di giustizia proprio per timore della vendetta del suo ex amico Marietto, ma anche queste sono soltanto ipotesi.

---

36 36 *Mala del Brenta, Antonio Pandolfo tornerà in libertà il 29 ottobre. Chi è 'Marietto', il vice di Maniero che non ha mai collaborato coi pm*, Ruggero Tantulli, Il Fatto Quotidiano, 6 settembre 2019.

Fine pena a sorpresa

Il fine pena per Pandolfo era previsto per il 2022 e quindi tutti i suoi ex sodali sono rimasti sorpresi quando, a settembre 2019, è stata pubblicata la notizia che sarebbe uscito invece ad ottobre 2019. Pandolfo è sempre stato in duro e a quanto sembra gli anni del carcere non lo hanno cambiato: si è allenato costantemente e ha mantenuto una dieta precisa. Alto e muscoloso tanto da essere soprannominato "Mario grosso", Pandolfo del resto era famoso per le risse che scatenava nei locali, oltre alle rapine e agli omicidi a sangue freddo. Maniero, colto di sprovvista dalla sua inaspettata scarcerazione, avrebbe dunque improvvisato un piano di emergenza per restare al sicuro, lontano dai possibili piani di vendetta dell'ex sodale. Di qui la messa in scena concordata con l'ex compagna, l'arresto e la successiva detenzione. Naturalmente si tratta soltanto di ipotesi che non possono essere confermate da prove, ma sono in tanti a essere convinti che anche questa volta Maniero non la stia raccontando giusta. Come Tiziano Manca, il "doge" della Mala del Brenta, che si è detto molto scettico su queste nuove accuse di violenza domestica a Maniero.

Manca, pure lui tornato in libertà, non ha mai menzionato espressamente Pandolfo, però in un'intervista rilasciata al Corriere del Veneto ha detto di non credere a questa vicenda che ha portato di nuovo in carcere Maniero:

«Lui non è mai stato violento con le donne e proprio oggi mi ha contattato una persona a lui vicina, che mi ha detto che è innocente e che non ha picchiato nessuno»[37].

Dopo tutti questi anni di rapine, indagini, crimini, arresti, omicidi, evasioni, pentimenti, confessioni, nuove vite e chi più ne ha più ne metta, ci sentiamo di poter affermare soltanto una cosa con certezza: sulla storia di Felice Maniero e della Mala del Brenta non è ancora possibile scrivere la parola fine…

---

[37] *Manca, il gran nemico di Felicetto non crede alle accuse: "Non ha mai picchiato le donne"*, Alberto Zorzi, Corriere del Veneto, 21 ottobre 2019.

EPILOGO: ERANO RAGAZZI DI CAMPAGNA…

Erano "i ragazzi di Versace spruzzati di Van Cleef" cantati da Gianna Nannini. Erano ragazzi di campagna che non volevano un lavoro e una vita normale. Volevano tutto. e lo volevano subito. Al badile hanno preferito la pistola, al furgone la Ferrari.

Erano ragazzi di campagna e Felice Maniero era la loro guida. Faccia d'Angelo li ha spinti oltre ogni limite e forse ancora più in là. Ha spalancato loro la porta su mondi e ricchezze che non avrebbero neppure potuto immaginare. Li ha fatti salire su fino al Paradiso e poi, un bel giorno, li ha abbandonati per farli precipitare direttamente all'Inferno.

Con un biglietto di sola andata…

LUDWIG
Follia neonazista a Nordest

ARANCIA MECCANICA
MADE IN VENETO

Siamo a Verona in via Taormina. È la notte del 25 agosto 1977 e fa molto caldo. Guerrino Spinelli è un clochard, un barbone senza fissa dimora che vive in una macchina. La notte è particolarmente afosa e Spinelli ha abbassato i finestrini nella speranza che entri un po' d'aria fresca. Alle 4 di mattina qualcuno si avvicina all'automobile approfittando delle tenebre, la cosparge di benzina e le dà fuoco. In un attimo terribile l'abitacolo diventa una trappola mortale. Le fiamme invadono la tappezzeria interna e bruciano sulla pelle i vestiti di Spinelli che riesce miracolosamente ad aprire uno sportello e a uscire. Ricoverato d'urgenza all'ospedale di Borgo Trento morirà dopo una settimana tra atroci tormenti.

La polizia giunta sul posto nell'immediatezza del fatto trova poco lontano un fiasco contenente della benzina. A parte questo niente: nessuna rivendicazione e nessun indizio ulteriore. Si scava nella vita di Spinelli cercando di capire se ci possa essere qualcuno che abbia un tale risentimento nei suoi confronti da spingerlo a un gesto del genere. Non emerge nulla. La città è scossa da quel folle gesto di violenza, episodi del genere a Verona non erano mai successi. La gente attonita continua a ripetersi che "queste sono cose che si vedono nei film", "sono cose che succedono in America", "non può essere stato nessuno di qui a commettere un'atrocità del genere". Tra lo stupore e l'indignazione generale le indagini continuano ma dopo pochi mesi vengono chiuse per mancanza di riscontri. La morte del povero Spinelli diventa l'ennesimo faldone nell'archivio degli omicidi a opera di ignoti.

L'omicidio Stefanato

Oltre un anno dopo, il 19 dicembre 1978, a Padova viene scoperto il corpo di Luciano Stefanato, un cameriere omosessuale di 44 anni. Il cadavere viene rinvenuto quando la mezzanotte è passata da poco in via Ariosto, appena fuori dalle mura della città del Santo. Stefanato è stato ucciso, ma forse sarebbe più corretto dire che è stato massacrato da una serie impressionante di ferite da arma da taglio. Il corpo di quel poveretto presenta due coltelli da cucina col manico di color arancione conficcati nella schiena. Non c'è nessun dubbio che si tratti dell'arma del delitto.

Questa volta però ci sono dei testimoni: uno dice di aver visto due persone allontanarsi dall'auto dove è stato poi ritrovato il corpo in orario compatibile con quello dell'omicidio. Un altro testimone dice di aver visto due persone salire in auto con la vittima attorno alle 22:30. L'autopsia stabilirà che la vittima ha avuto un rapporto sessuale o per lo meno un'eiaculazione poco prima di essere assassinato. Sul corpo della vittima vengono inoltre repertati alcuni capelli biondi. La dinamica del fatto e le risultanze autoptiche portano gli investigatori a credere che il delitto sia maturato

207

nell'ambiente omosessuale padovano: si tratta di un mondo tutto sommato ristretto e quindi ci sono buone speranze di arrivare presto al colpevole. Si fanno delle indagini approfondita ma, con molto stupore da parte degli inquirenti, non emerge nulla di concreto. Il caso, che per molti aspetti ricorda il celebre delitto di Pier Paolo Pasolini del 1975, viene anch'esso archiviato.

L'omicidio Costa

Passa un altro anno ancora. È la notte del 12 dicembre 1979, siamo a Venezia. Mezzanotte è passata da un pezzo, la città è immersa nelle tenebre. Venezia sembra immobile, proprio come siamo abituati a vederla nella cartoline o nei tanti quadri che ritraggono il capoluogo veneto. Ma quell'atmosfera eterea e immobile è di colpo squarciata da un uomo che corre all'impazzata. Il suo nome è Claudio Costa, è un tossicodipendente di 22 anni. Costa non è pazzo, corre in quel modo per un motivo ben preciso: dietro di lui qualcuno lo insegue ed è sempre più vicino, qualcuno armato con un coltello. L'uomo corre disperatamente senza voltarsi indietro ma viene raggiunto dal suo inseguitore in Corte Canal, dove viene finito da numerose coltellate infertegli alle spalle, alla schiena ed alla testa.

Le perizie successive stabiliranno che l'aggressione è iniziata non lontano da campo Nazario Sauro, duecento metri circa dal punto in cui verrà ritrovato il cadavere. Poco lontano dal corpo vengono trovati degli occhiali di tipo Ray Ban sporchi di sangue. Anche questa volta ci sono dei testimoni. Qualcuno dice di aver visto due persone inseguire, raggiungere e finire il Costa e poi darsi alla fuga. Altri testimoni parleranno di almeno 3 o 4 persone.

La polizia all'inizio pensa che il nome del colpevole sia da cercare negli ambienti dei tossici veneziani, probabilmente Costa ha "sgarrato" e per questo motivo è stato punito. Ma la dinamica dell'omicidio è molto particolare e si adatta male a una ricostruzione del genere. No, c'è qualcosa che non va. La soluzione di questo omicidio è molto più complessa di quanto potrebbe sembrare e infatti anche questa volta le indagini non portano a nulla di concreto.

LE RIVENDICAZIONI

Molti mesi dopo arriva alla redazione del quotidiano Il Gazzettino una lettera di rivendicazione scritta a mano con caratteri runici:

L'ORGANIZZAZIONE LUDWIG SI ASSUME LA RESPONSABILITÀ DELLE SEGUENTI UCCISIONI: GUERRINO SPINELLI, VERONA, AGOSTO 77; LUCIANO STEFANATO, PADOVA, DICEMBRE 78; CLAUDIO COSTA VENEZIA, DICEMBRE 79. COME PROVA DELL'AUTENTICITÀ DI QUESTA RIVENDICAZIONE RIPORTIAMO ALCUNI PARTICOLARI RIGUARDANTI GLI ATTENTATI CHE NON SONO DI DOMINIO PUBBLICO. NEL PRIMO SI È FATTO USO DI 4 BOTTIGLIE MOLOTOV (NON 2, COME RIPORTANO I GIORNALI),CONFEZIONATE CON FIASCHI DA 2 LITRI, DI CUI 2 SONO STATE LANCIATE DENTRO LA MACCHINA E DUE FUORI.
NEL SECONDO SONO STATI USATI COLTELLI COL MANICO IN PLASTICA E DI COLORE ROSSO-ARANCIONE. PER QUEL CHE RIGUARDA IL TERZO, SONO STATI USATI 2 COLTELLI DA CUCINA COL MANICO DI PLASTICA BIANCA, CHE SONO STATI GETTATI SOTTO IL PONTICELLO VICINO AL QUALE E' STATA COLPITA LA PRIMA VOLTA LA VITTIMA MORTA NELLO STESSO VICOLO DOPO ALTRE 2 COLLUTTAZIONI.
GOTT MIT UNS

Secondo questa lettera dunque i tre omicidi sarebbero tutti collegati tra loro e riconducibili a una stessa mano. Un'organizzazione criminale nuova e mai sentita prima si assume la paternità di questi delitti. È con questa lettera di rivendicazione che entra in scena Ludwig. In calce al foglio spicca il motto nazista "GOTT MIT UNS" (Dio è con noi), sulla parte alta un'aquila che stringe una svastica tra gli artigli. Gli investigatori sono cauti ma verificano lo stesso i particolari riportati nella lettera e trovano alcune conferme. In alcuni casi però si tratta di informazioni già trapelate attraverso la stampa quindi si potrebbe trattare anche di un mitomane come spesso accade in casi del genere. Gli inquirenti comunque hanno poco su cui lavorare: nella variegata galassia politica extraparlamentare non si è mai sentito parlare di un gruppo Ludwig e le modalità dei delitti unite alla tardiva rivendicazione rendono questa sigla quanto meno sospetta. Poche settimane dopo l'invio della lettera al Gazzettino però succede qualcosa di nuovo: Ludwig torna ad uccidere.

L'omicidio Barretta

Maria Alice Baretta è una prostituta di più di 50 anni che zoppica vistosamente. Sono circa le 9 di sera del 20 Dicembre 1980 quando la Baretta viene aggredita a colpi di martello ed ascia e lasciata in fin di vita sul marciapiede.

Morirà dopo 2 settimane di agonia. Sul luogo del delitto vengono trovati una scure col manico. di legno e un martello col battente di metallo. Un testimone oculare ricorda di aver visto una persona, una sola, aggredire la Baretta con un oggetto. Quest'uomo, vistosi scoperto, sarebbe fuggito.

Alcuni mesi dopo sempre alla redazione del Gazzettino arriva una nuova lettera di rivendicazione:

RIVENDICHIAMO L'ESECUZIONE DI ALICE M. BARETTA, 20-12-1980,
VICENZA.
PROVE PER L'AUTENTICITA DELLA RIVENDICAZIONE IL MARTELLO
HA IL MANICO GIALLO ED È DELLA MARCA UPEX
PORTA COME MARCHIO IL N° 1500
GOT MIT UNS

Anche questa volta i dettagli coincidono, ma potrebbero essere stati ricavati da un'attenta lettura dei giornali che nei giorni immediatamente successivi al delitto avevano dato ampio spazio a quel brutale fatto di cronaca, riportando anche foto e particolari della scena del crimine. Il tempo trascorso tra il delitto e la rivendicazione inoltre insospettiscono non poco gli inquirenti.

L'incendio dell'ex fortino austriaco

La notte del 24 maggio 1981 qualcuno protetto dalle tenebre si avvicina all'ex fortino austriaco che si trova non lontano dal giardino San Giorgio di Verona. All'interno della casamatta stanno dormendo tre persone: Aurelio Angeli, Fabrizio Ancona e Luca Martinotti.

L'uomo versa della benzina all'interno e accende il fuco. In un attimo la zona viene illuminata a giorno: le fiamme alimentate dalla benzina e dall'ossigeno trasformano il vecchio fortino in una specie di forno crematorio. Soltanto il pronto intervento dei Vigili del Fuoco riesce a domare le fiamme, ma le conseguenze di quel folle gesto sono ancora una volta drammatiche:

Fabrizio Ancona si ustiona in forma lieve e fortunatamente riesce a salvarsi senza danni gravi. Aurelio Angeli invece riporta una sere di gravi ustione di 2° e di 3° grado su tutto il corpo, riuscendo comunque a sopravvivere all'incidente.

Per Martinotti la situazione è disperata: il corpo del ragazzo è devastato da una serie impressionante di ustioni di 3° grado, tanto che il poveretto muore nella tarda mattinata di quello stesso 24 maggio all'ospedale Borgo Trento di Verona.

Testimoni? Nessuno.

Nessuno ha visto niente. Dopo ben 2 anni, nel 1983, arriva una lettera di rivendicazione all'ANSA di Milano:

LA NOSTRA FEDE È NAZISMO
LA NOSTRA GIUSTIZIA È MORTE
LA NOSTRA DEMOCRAZIA È STERMINIO
RENDIAMO NOTO CHE ABBIAMO PUNTUALMENTE RIVENDICATO IL ROGO
DI SAN GIORGIO A VERONA CON UN MESSAGGIO INVIATO
A «LA REPUBBLICA» ALLEGHIAMO UN DISCHETTO METALLICO IDENTICO
A QUELLO APPLICATO SULLA PIU' GRANDE DELLE TRE TORCE USATE
GOTT MIT UNS

Gli investigatori vanno a rivedere i reperti raccolti ma non viene ritrovato nessun dischetto metallico. Sono passati due anni come abbiamo detto e purtroppo non è possibile fare nessun riscontro ulteriore.

La strage di Monte Berico

20 luglio 1982, sono passate da poco le 20:30. Mario Lovato e Giovanni Battista Pigato sono due frati del santuario della Madonna di Monte Berico. Stanno passeggiando nei pressi del santuario quando vengono improvvisamente aggrediti. Qualcuno si avvicina a loro e li colpisce a colpi di martello con furia bestiale. Entrami i religiosi muoiono senza riuscire ad opporre nessuna resistenza e, molto probabilmente, senza neppure vedere in faccia i loro aggressori. La ricostruzione della dinamica dell'omicidio parla di un'aggressione portata a termine da almeno 2 persone. Alcuni testimoni sentiti nell'immediatezza del fatto ricordano 3 giovani seduti nei pressi del santuario in orario compatibile al delitto. Due di loro vengono descritti con i capelli lunghi. Uno di questi avrebbe una folta barba e dei baffi. Altri testimoni parlano invece di due giovani: uno con i capelli chiari lunghi fino alle spalle ed uno con i capelli più scuri. Dopo solo 3 giorni arriva all'Ansa di Milano un messaggio di rivendicazione del gruppo Ludwig:

LUDWIG DOPO IL ROGO DI S. GIORGIO A VERONA HA COLPITO
DI NUOVO A VICENZA SUL MONTE BERICO
SIAMO GLI ULTIMI EREDI DEL NAZISMO
IL FINE DELLA NOSTRA VITA È LA MORTE DI COLORO
CHE TRADISCONO IL VERO DIO
GLI AUTOADESIVI CHE ALLEGHIAMO COMBACIANO
ESATTAMENTE CON QUELLI
APPLICATI SUI MANICI DEGLI STRUMENTI USATI
GOTT MIT UNS

Questa volta non ci sono dubbi: gli adesivi combaciano perfettamente. Chi ha confezionato il messaggio mandato all'Ansa è l'autore materiale dell'omicidio, o per lo meno è una persona molto vicina a chi l'ha commesso. A questo punto gli inquirenti non hanno più nessun dubbio. L'idea che dietro a Ludwig si nascondesse un mitomane viene abbandonata. Le indagini ripartono ma gli elementi in mano agli investigatori sono pochi. Il primo dato che emerge è che il gruppo sembra muoversi con estrema facilità sul territorio, così come appare chiara l'intenzione di colpire soggetti che vivono ai margini della società o, comunque, ritenuti inferiori. Si inizia a tratteggiare un quadro complessivo delle azioni criminali di Ludwig e, nonostante tutto, resta poco chiaro il movente del delitto dei due frati a Monte Berico.

Appare evidente fin da subito invece che la lista delle potenziali vittime per un gruppo dalle idee del genere è lunghissima, cosa che rende estremamente difficile qualsiasi azione di prevenzione sul territorio. Una sola cosa era certa: Ludwig colpirà ancora.

L'esecuzione di Trento

La congregazione di Gesù Sacerdote, meglio conosciuta come Padri Venturini è un'Opera religiosa che si occupa di aiutare sacerdoti e suore in crisi di vocazione. Ha diverse comunità nel mondo e la sede principale si trova a Trento fin dal 1928. I Venturini sono l'esempio di una chiesa progressista e comprensiva che attraverso il lavoro e la preghiera cerca di aiutare i sacerdoti in difficoltà. Inutile sottolineare che per chi aspira ad una società oscurantista e a un cattolicesimo ultra tradizionalista tutto questo è impensabile.

Padre Armando Bison è a pochi passi dall'istituto Venturini quando viene brutalmente aggredito. Sono circa le 7 di sera del 26 febbraio 1983 quando il sacerdote viene colpito ripetutamente al capo. I misteriosi assalitori lo finiscono senza pietà con uno scalpello che viene conficcato con forza nel cranio del religioso. Allo scalpello è stata attaccata una croce in legno. Per gli investigatori il messaggio è chiaro: chiunque abbia una debolezza, una crisi o comunque chiunque aspiri a una società più aperta e a una Chiesa progressista verrà punito in maniera esemplare.

Alcuni testimonianze parlano di due giovani visti aggirarsi con fare sospetto non lontano dalla sede dell'istituto nei giorni immediatamente precedenti l'aggressione. Pochi giorni dopo arriva puntuale una rivendicazione all'ANSA di Milano:

RIVENDICHIAMO L'ESECUZIONE DI TRENTO
IL POTERE DI LUDWIG NON HA LIMITI
IL CROCEFISSO PORTA LA SCRITTA FABA.
GOTT MIT UNS

Colpo di scena

Il 29 marzo 1983 le indagini sul gruppo neonazista Ludwig sono scosse da un colpo di scena. A seguito di un'intercettazione telefonica viene arrestato un professore di fisica, Silvano Romano, ritenuto dagli investigatori la mente dell'organizzazione. A casa sua vengono repertati alcuni ritagli di giornale che parlavano dei delitti di Ludwig. Purtroppo siamo di fronte all'ennesimo buco nell'acqua: dopo appena una settimana il Professor Romano verrà scarcerato. A suo carico non emerge nulla di concreto. Collezionava quei ritagli perché si era appassionato alla vicenda, nulla di più. Purtroppo gli inquirenti devono constatare che le indagini sono ferme al punto zero.

La strage del cinema Eros

Passano poche settimane e Ludwig colpisce ancora. È il 14 maggio 1983, siamo a Milano in viale Monza e più precisamente al cinema porno "Eros", dove quel giorno stanno proiettando il film a luci rosse Lyla, profumo di femmina. All'interno del locale ci sono circa 35 persone quando dalle ultime file divampano le fiamme: i materiali dell'epoca non erano ancora di tipo ignifugo e in un attimo la sala diventa una trappola mortale. Alla fine saranno 6 le vittime del rogo infernale scatenatosi all'interno del cinema Eros. Pasquale Esposito muore in seguito alle ustioni riportate il 16 maggio, Ernesto Mauri il 18 maggio, Domenico La Sala il 19 maggio, Giorgio Fronza il 20 maggio, Livio Ceresoli il 24 maggio e Elio Molteni il 26 maggio. Oltre a loro si contano altri 30 feriti, più o meno gravi.

I periti stabiliranno con certezza che si è trattato di un incendio doloso:

«Le cause dell'incendio sviluppatosi all'interno della sala cinematografica Eros Center di Milano sono da attribuire alla combustione di "benzina super" versata da una tanica di 15 litri e da un bidone di 10 litri, nella zona della porta principale di accesso della sala e in corrispondenza della penultima fila di poltrone, nella parte centrale [...]».

Poche e confuse le testimonianze, la polizia non ha niente di concreto su cui lavorare. Pochi giorni dopo arriva con macabra puntualità all'ANSA di Milano la rivendicazione:

RIVENDICHIAMO IL ROGO DEI CAZZI
UNA SQUADRA DELLA MORTE HA GIUSTIZIATO UOMINI SENZA ONORE
IRRISPETTOSI DELLA LEGGE DI LUDWIG
PER APPICCARE L'INCENDIO AL CINEMA SONO STATI USATI UNA TANICA
E UN BIDONE DI PLASTICA AI CUI MANICI SONO FISSATI RISPETTIVAMENTE
UNA CATENELLA DA LAVANDINO E UNA FASCETTTA METALLICA
MARCA «SERFLEX»
GOTT MIT UNS

Gli elementi riportati nella lettera trovano riscontro nella scena del crimine. Non ci sono dubbi, Ludwing ha colpito ancora.

Il rogo del Liverpool

La discoteca "Liverpool" di Monaco di Baviera è uno di quei locali sotterranei a cui si accede attraverso una ripida rampa di scale. È proprio da queste scale che la sera dell'8 gennaio 1984 alcuni clienti del locale vedono rotolare giù quelle che sembrano due piccole valigie. C'è qualcosa di strano però, dalle valigie sembra fuoriuscire un liquido. In un attimo quel liquido prende fuoco seminando il panico all'interno del locale. Fortunatamente tutti e 15 i clienti del locale e le 10 persone che in quel momento stavano lavorando con diverse mansioni riescono a mettersi in salvo prima di essere divorati dalle fiamme. Corinna Tartarotti, una cameriera di origini italiane, non riesce a mettersi in salvo e muore nell'incendio. Alcuni testimoni parlano di due ragazzi visti allontanarsi dal Liverpool, uno biondo e l'altro con i capelli castani. A parte questo nessun altro indizio.

Dopo circa 2 settimane immancabile arriva la rivendicazione all'ANSA di Milano:

RENDIAMO NOTO CHE L'ATTENTATO DI AMSTERAMD È STATO
RIVENDICATO CON UN MESSAGGIO INVIATO ALL'ANSA
RIVENDICHIAMO LO SPETTACOLO PIROTECNICO DI MONACO
AL LIVERPOOL NON SI SCOPA PIU' FERRO E FUOCO SONO
LA PUNIZIONE NAZISTA
SUL LUOGO È STATA LASCIATA UNA SVEGLIA DI MARCA PETER E NUMERO
DI SERIE 520-780
GOTT MIT UNS

Tutto vero. La sveglia è stata trovata all'interno del locale devastato dalle fiamme. Adesso Ludwig ha preso fiducia e comincia a colpire anche al di fuori dei confini nazionali. Gli investigatori ora sono davvero preoccupati. L'organizzazione Ludwig ha lasciato dietro di sé una scia di sangue tale da non poter più essere ignorata, non si può più far finta che si tratti soltanto di un mitomane. Eppure, nonostante le testimonianze ripetute che parlano a volte di 2, a volte di 3 giovani dai tratti simili visti sui luoghi dei delitti, le indagini sono praticamente ferme al punto di partenza.

Nessun riscontro concreto. Nessun prova. Ludwig rimane una sigla oscura che semina morte senza lasciare tracce.

Due strani Pierrot

Negli anni '80 il Melamara di Castiglione delle Stiviere era una discoteca molto famosa in tutto il nord Italia. Numerose comitive di ragazzi venivano anche da molto lontano per passare qualche ora a ballare all'interno di quel locale che era diventato un piccolo mito per gli appassionati del genere. Il 4 marzo 1984 si sta tenendo una festa in maschera e molti dei ragazzi presenti sono vestiti nei modi più bizzarri. Nessuna presta attenzione a quei due curiosi Pierrot che si aggirano all'interno del locale con due voluminose borse. All'interno delle borse due taniche di benzina.

A un certo punto i due si separano: uno va in bagno, apre la tanica di benzina e taglia il fondo della borsa. Piano piano la benzina comincia a uscire. Mentre cammina il ragazzo lascia dietro di sé una lunga scia di combustibile che va a concentrarsi soprattutto intorno alla pista da ballo e davanti alle uscite di sicurezza. Fortunatamente qualcuno avverte il forte odore di benzina e dà tempestivamente l'allarme. Il deejay a quel punto spegne la musica ed invita tutti a uscire il più in fretta possibile. I due Pierrot non demordono e cercano comunque di dar fuoco in extremis al carburante ma vengono fermati dalla folla inferocita. La tragedia è evitata per miracolo. Sarebbero bastati pochi istanti e oggi saremmo qui a parlare dell'ennesima carneficina firmata da Ludwig. Sotto le maschere di Pierrot a sorpresa ci si sono i volti di due ragazzi di quella che viene definita la "Verona bene": Marco Furlan e Wolfgang Abel. La situazione è davvero surreale e, nonostante tutto, gli investigatori cominciano a interrogare i due ragazzi per cercare di capire cosa sia successo. Per quale motivo, vogliono sapere gli inquirenti, due giovani ricchi e brillanti come loro, due ragazzi con ottime famiglie e un percorso scolastico ineccepibile (Abel è già laureato in matematica con 110 e lode mentre Furlan studia fisica) volevano dar fuoco a quella discoteca?

Soltanto un semplice "scherzo"

Interrogato nell'immediatezza dei fatti Abel farà mettere a verbale:

«Io volevo dare fuoco alla discoteca. Volevo bruciare la discoteca, ma non so perché. L'unico motivo è perché ho qualcosa contro le discoteche. Soprattutto per il tipo di gente che frequenta le discoteche, per l'ambiente, per le persone che vanno nelle discoteche [...] È forse la discoteca in se stessa, come luogo che rende vittime le persone che la frequentano, inducendole a svaghi insulsi che rendono in giro i giovani e pretendono da loro diecimila lire per offrire nient'altro che un po' di musica... È assurdo che nei paesi non pensino ad altro che alle discoteche; che le Vespe girino con gli adesivi delle discoteche. È assurdo che i giovani siano traviati e fuorviati da questi luoghi: io stesso ho constatato che una ragazza pienamente vitale, dopo aver frequentato l'ambiente delle discoteche, aveva completamente cambiato natura, assumendo anche stupefacenti. [...] Quello che in pratica criticavamo era la discoteca come luogo di strumentalizzazione dei giovani e come luogo di diffusione imponente di stupefacenti».

E ancora:

«Eravamo d'accordo che io mettessi la borsa in un punto del locale e Furlan in un altro punto, e che poi ognuno desse fuoco alla sua borsa: dopo il fuoco entrambi saremmo scappati via. Io avevo intenzione soltanto di bruciare la discoteca, ma non di creare una strage».

Agli investigatori non passano inosservate le evidenti contraddizioni di queste dichiarazioni: se l'obiettivo era bruciare la discoteca come locale perché non farlo di notte quando era chiusa senza il rischio di uccidere nessuno? Diverse e, forse, anche più inquietanti le dichiarazioni di Marco Furlan

«Abbiamo concordato di spargere della benzina per vedere un po' di fiammelle, per constatare l'effetto che faceva sulla gente. Non era nostra intenzione di fare del male, volendo divertirci a vedere la reazione della gente. [...] Pur avendo intenzione di dare fuoco alla benzina, volevamo solo vedere che emozioni si potevano provare [...] Il mio intento era quello di fare uno scherzo. Tale era anche l'intento dell'Abel perché così da tutti e 2 era stato concepito. In sostanza intendevamo vedere le reazioni dei ragazzi presenti nella discoteca all'odore della benzina e a qualche fiammella. Escludo che volessimo distruggere la discoteca mediante il fuoco. Non volevamo neppure arrecare gravi danni alla stessa. Meno ancora intendevamo attentare all'incolumità delle persone».

Mentre i due cercano in qualche modo di minimizzare il gesto, negli inquirenti comincia a farsi largo un inquietante sospetto. Secondo loro dietro a Marco Furlan e a Wolfgang Abel si celerebbe niente meno che Ludwig. La dinamica di quella che poteva essere una drammatica strage è troppo simile ai precedenti attentati del folle gruppo neonazista che ha seminato il terrore in tutto il Nord Est e non solo negli ultimi anni perché la cosa passi inosservata.

E le confuse e contraddittorie dichiarazioni dei due giovani, come abbiamo visto, contribuiscono ad aumentare i sospetti nei loro confronti. A sostegno di questa tesi inoltre ci sono una serie di indizi come gli occhiali ritrovati poco lontano il luogo dell'omicidio di Claudio Costa. In seguito a approfondite indagini risulta infatti che Abel possedesse degli occhiali simili e con lenti aventi la stessa gradazione. C'è poi un particolare ancora più inquietante: nel periodo successivo all'omicidio Abel sarebbe passato alle lenti a contatto, come proverebbero alcune indagini svolte presso il suo ottico di fiducia a Verona. Si tratta comunque di un semplice indizio che può essere soltanto una coincidenza. Ma ormai il tarlo del dubbio si è insinuato negli investigatori che, a questo punto, vogliono andare fino in fondo. Un altro elemento concreto aggrava la posizione dei due ragazzi: viene provato che Abel ha acquistato una sveglia nuova di zecca poco prima che si verificasse l'attentato alla discoteca Liverpool in cui venne poi lasciata da Ludwig proprio una sveglia. Ci sono poi i luoghi delle aggressioni, tutti in qualche modo familiari ai ragazzi se si pensa che a Monaco Abel aveva in uso un appartamento. Non sono da dimenticare le testimonianze che hanno spesso parlato di 2 persone sui luoghi dei delitti. Infine c'è l'elemento probatorio più importante. A casa di Abel e Furlan vengono sequestrate alcune copie dei messaggi di rivendicazione.

La scientifica analizza diversi fogli e block notes trovati a casa degli indagati. A catturare l'attenzione degli inquirenti è soprattutto un diario repertato nell'appartamento al numero 7 della Leonhard Frank Strasse di Monaco di Baviera di Wolfgang Abel. Attraverso una tecnica particolare chiamata Esda gli investigatori riescono a trovare i solchi latenti lasciati sui fogli sottostanti quando venivano scritti i comunicati. Posti di fronte a questo pesante indizio Abel e Furlan negano, negano tutto. Abel sostiene di non aver mai visto quel diario. Loro, dicono, con la storia di Ludwig non c'entrano nulla. Ribattono, impugnano le perizie che secondo loro non sono state svolte in maniera corretta.

SERIAL KILLER ALLA SBARRA

Ma chi sono Wolfgang Abel e Marco Furlan? A questo punto è arrivato il momento di cercare di capire chi sono questi due Pierrot colti con le mani nel sacco mentre tentavano di compiere una strage. Entrambi rampolli di due ricche famiglie residenti a Verona, si sono conosciuti sui banchi del liceo Fracastoro. La loro è stata un'esistenza agiata e senza problemi di tipo economico. Nessuna traccia di traumi particolari nella loro infanzia, se non forse una generica mancanza di affetto dovuta all'assenza dei padri, due professionisti molto affermati e di conseguenza molto impegnati. Niente di diverso da migliaia di altri giovani nelle stesse condizioni.

Il padre di Marco Furlan è primario al centro grandi ustionati di Verona mentre il padre di Abel è il direttore di una grossa compagnia assicurativa. Nelle loro vite non si vedono particolari ombre: hanno frequentato con successo il liceo e poi si sono iscritti a due facoltà tra le più impegnative, matematica e fisica, riportando ottimi risultati.

Due ragazzi modello

Abel, oltre alla laurea in matematica ottenuta con un "libretto da record", come scriveranno i giornali di quegli anni, ha studiato con ottimi risultati chitarra classica tanto da essere riuscito a essere ammesso nella prestigiosa Orchestra Scaligera. Forse non sono i tipici ragazzi che hanno molti amici e passano le serate in compagnia anzi, magari tendono a isolarsi e alle discussioni sul calcio o la politica preferiscono disquisizioni filosofiche, alle gite in discoteca preferiscono delle scampagnate in montagna o delle uscite in barca. A parte questo però non emerge nulla che possa minimamente far pensare a due estremisti politici o, peggio, a due serial killer così sanguinari. Inesorabilmente però il cerchio intorno a loro si fa sempre più stretto.

Dal carcere Furlan e Abel continuano a negare tutto e iniziano a dare i primi segni di squilibrio. In diversi casi tentano il suicidio, anche se questo gesto disperato è da interpretarsi come un semplice atto dimostrativo più che come una reale volontà di autodistruzione. Gli inquirenti intanto fanno il loro dovere. In seguito a una serie di indizi e di prove che sembrano inconfutabili Abel e Furlan vengono rinviati a giudizio.

Prima del processo Abel viene anche intervistato da Enzo Biagi durante la trasmissione televisiva SPOT. Il decano dei giornalisti italiani chiede al giovane, tra le altre cose, se è vero che ha dichiarato di preferire una condanna a morte ad una lunga detenzione. Una domanda secca che si basa sulle dichiarazione trapelate sulla stampa in quelle settimane. Ecco come risponde Abel a quella domanda:

«Sì, è vero ma penso che non sia l'unico a ragionare in questo modo».

Parola all'accusa

Per l'accusa dunque i due giovani rampolli della Verona-bene sono i pazzi criminali che per anni hanno messo a segno la lunga serie di delitti che abbiamo raccontato. I due sarebbero stati spinti da un profondo disprezzo nei confronti di ogni elemento marginale della società, per questo motivo avrebbero colpiti con intenti moralizzatori prostitute, tossicomani e barboni, ma anche ragazzi che frequentavano discoteche o preti in crisi mistica. Anche all'interno di un contesto di questo tipo però resta poco chiaro il movente dell'omicidio dei due sacerdoti del santuario di monte Berico.

La rabbia di Abel e Furlan avrebbe trovato un qualche fondamento teorico nel nazionalsocialismo interpretato come teoria politica tendente a proteggere la razza piuttosto che come movimento politico nel suo complesso. L'estremismo di destra, tra l'altro da sempre molto radicato in Veneto e in modo particolare nella città di Verona, con questa storia c'entrerebbe poco: arianesimo, puritanesimo e odio profondo per il diverso sarebbero le molle che hanno spinto Ludwing a uccidere. Anche le armi utilizzate avrebbero un forte valore simbolico: il fuoco purificatore che cancella i peccati; i martelli, dolorosi strumenti di morte così frequenti nelle mitologie nordiche; i coltelli, lame taglienti che spezzano la carne ed il peccato.

La sentenza riconosce Abel e Furlan colpevoli dei reati a loro ascritti e il 10 febbraio 1987 i due giovani vengono condannati a 30 anni come responsabili dei delitti di Ludwig. A entrambi è stato riconosciuto un vizio parziale di mente. Il 15 giugno 1988 entrambi vengono scarcerati per decorrenza dei termini di custodia cautelare e inviati in soggiorno obbligato in due località distinte.

La latitanza e l'arresto di Furlan

Nel febbraio del 1991, poche settimane prima della sua definitiva condanna in Cassazione, Marco Furlan riesce a far perdere le sue tracce e scappare. Verrà catturato 4 anni dopo a Hiraklion, in Grecia, su segnalazione di un turista italiano di ritorno dalle ferie. La coincidenza che ha portato all'arresto di Furlan è davvero paradossale, sembra una di quelle scena che di solito siamo abituati a vedere al cinema: un turista veneto, per puro caso, si è ritrovato Marco Furlan di fronte in aeroporto, l'ha riconosciuto e l'ha fotografato.

Furlan aveva lavorato prima come traduttore e operatore turistico nella penisola calcidica, per poi trasferirsi a Salonicco dove era stato assunto come garzone di farmacia. Negli ultimi sette mesi aveva trovato lavoro a Creta come impiegato per l'agenzia "Rent A Car" della Eurodollar dell'aeroporto. La polizia era comunque sulle sue tracce da tempo perché altri due turisti veronesi lo avevano casualmente ripreso con la loro telecamera a Salonicco. Il nastro era stato poi consegnato ai carabinieri che però erano arrivati tardi. O, meglio, Furlan li aveva anticipati trasferendosi. Ecco allora che torna inevitabile una domanda: di che appoggi poteva godere l'ex Pierrot assassino di Ludwig per sapere che i carabinieri si erano messi sulle sue tracce? Era stato davvero un trasferimento casuale quello che lo aveva portato lontano da Salonicco?

Un altro elemento ha fatto molto discutere dato che, al momento del suo arresto, la polizia ha trovato nel suo appartamento un quantità di denaro decisamente elevata per un latitante che viveva con il misero stipendio da impiegato: 14 milioni in lire, 179 mila dollari, 1500 marchi e 900 mila dracme. Tutti particolari che torneranno prepotentemente attuali quando si parlerà del misterioso "terzo uomo" e del presunto appoggio che Ludwig avrebbe avuto da persone potente e influenti.

La Cassazione comunque riduce la pena per entrambi a 27 anni di carcere, con una sentenza definitiva che fa molto discutere, dato che a più di qualcuno 27 anni di galera sembrano davvero troppo pochi per chi si è lasciato dietro una scia impressionante di 15 cadaveri. Per non parlare delle persone sopravvissute ma che hanno comunque riportato gravi ustioni negli attentati incendiari.

DUE UOMINI LIBERI

Oggi Marco Furlan è un uomo libero: tra indulto e buona condotta ha finito di scontare la sua pena. La decisione di revocargli la misura di sicurezza della libertà vigilata da parte del giudice del tribunale di sorveglianza di Milano è arrivata nel novembre del 2010, suscitando tra l'altro non poche polemiche. Nel provvedimento depositato dal giudice Ceffa si legge che la decisione è stata motivata dal fatto che Furlan non è più socialmente pericoloso

Diversa invece la situazione di Wolfgang Abel che si è visto revocare l'obbligo di firma soltanto nel novembre del 2016, dopo che la richiesta era stata respinta nel 2011 e anche nel 2014. Nel 2011 questa scelta è stata motivata da una perizia psichiatrica disposta dai magistrati e da cui emergeva che Abel di fatto aveva mantenuto negli anni una rilevante *pericolosità sociale con elevato rischio di reiterazione dei comportamenti*. Dalla perizia si evince che, dall'analisi di Wolfgang Abel, emerge un elevato rischio evolutivo di scompensi psicotici in situazione di stress. Questa condizione sarebbe dimostrata dalla *attuale sfumata persistenza di comportamenti psicotici*. Molto probabilmente nella decisione dei periti e in quella successiva del giudice pesa molto il fatto che Abel abbia continuato a dichiararsi totalmente estraneo ai reati per cui era stato condannato. Al giudice aveva consegnato un memoriale scritto di suo pugno nel quale ricostruiva presunti errori che sarebbero stati commessi dagli investigatori, insistendo soprattutto sulla perizia effettuata sul diario sequestrato nel suo appartamento di Monaco.

Abel aveva insistito poi sul fatto di non essere mai stato riconosciuto da nessun testimone oculare:

«Gli identikit degli autori dei reati mostravano persone dalle sembianze molto diverse dalle mie. Ritengo che sia oggettivamente dimostrata la mia estraneità ai delitti Ludwig. Non ho nulla a che fare con il neonazismo, da ragazzo ascoltavo musica progressiva, amavo Woodstock, ero un capellone, mi facevo anche qualche spinello...».

L'unica ammissione di responsabilità riguarda l'attentato fallito alla discoteca di Castiglione delle Stiviere, e del resto non sarebbe potuto essere altrimenti:

«Alcuni mesi prima, in quel locale, avevo litigato con i buttafuori. Era a loro che volevo farla pagare. Uno sbaglio che mi è costato caro. Se sono riuscito a sopportare 22 anni di carcere pur ripetendo a tutti di non avere niente a che fare con Ludwig, è proprio perché mi sento in colpa per aver messo in pericolo quelle persone».

Al termine dell'udienza Abel aveva commentato con queste parole la decisione del giudice:

«Sono deluso, perché ho scontato la mia pena fino in fondo. Furlan è libero e io non ancora: è assurdo».

Anche nel 2014 i magistrati avevano ritenuto che Abel rappresentasse ancora un pericolo per la società a causa del rischio di reiterazione del reato. E questo nonostante una relazione consegnata nel 2013 dai carabinieri al giudice di sorveglianza, nella quale si poteva leggere che la pericolosità sociale di Abel *«va scemando»*.

Molto probabilmente il motivo reale è un altro: anche nel 2014 infatti Abel non aveva mostrato traccia alcuna di pentimento continuando a negare in maniera ferma di aver fatto parte di "Ludwig". Nel 2016 infine Isabella Cesari, il magistrato di Sorveglianza, ha dichiarato "cessato lo stato di pericolosità sociale" di Abel. Di conseguenza ne ha revocato ogni misura restrittiva.

Queste le parole dell'ordinanza di revoca delle misure restrittive:

«Il signor Abel indubbiamente presenta un disturbo di personalità così come già qualificato, ma altrettanto indubbiamente le modalità reattive al momento appaiono del tutto diverse da quelle presentatesi in passato e, in particolare, non emergono indicatori di atteggiamenti che non siano quelli autoriflessivi o comunque con reazioni che non coinvolgono terze persone [...]

Non si può ritenere che vi sia una probabilità concreta di reiterazione dei comportamenti a suo tempo agiti e allo stato la pericolosità sociale è venuta meno [...] Wolfgang Abel da anni tiene un comportamento corretto e ha uno stile di vita regolare, non ha mai manifestato disturbi del pensiero o crisi psicotiche, si sottopone regolarmente alla terapia psicologica prescrittagli, non abusa di alcol, ha recentemente trovato un nuovo lavoro che lo soddisfa e si è dichiarato in più occasioni disponibile a continuare la terapia se il proprio medico gliene indicherà la necessità o l'utilità».

Anche Abel dunque è tornato ad essere un uomo libero, anche se ha continuato a rilasciare dichiarazioni quantomeno inquietanti:

«Come mi sento? Sono un po' più sereno, di certo è finito un incubo. Sono un matematico, le emozioni sono una cosa diversa. Ma sono più sereno, certo».

Nella sua prima e brevissima intervista da uomo libero, rilasciata al Corriere del Veneto nel dicembre del 2016, Abel ha sottolineato per l'ennesima volta di non essere assolutamente implicato nel caso degli omicidi di Ludwig:

«Chi è Ludwig? Sono cinque persone e fra queste c'è Furlan ma io no, io sono completamente estraneo a quei fatti. Di questa cosa si sono occupati i ROS, un ufficiale aveva parlato e io ero stato anche sentito come testimone».

L'intervista, se così si può chiamarla viste le pochissime parole dette da Abel, dopo un vago accenno a Furlan («non ho nessun rapporto con lui, non lo sento da diversi anni») si chiude con un'ultima inquietante frase:

«[...] Scusi ma adesso devo lasciarla, c'è mia madre che mi aspetta».

Due ex amici

I due ex Pierrot assassini ormai non sono più amici, non si frequentano più e come abbiamo visto non si parlano da anni. Abel ha sempre sostenuto con forza la sua completa estraneità ai fatti, l'ha gridato e l'ha ripetuto per tutti questi anni. Anche Marco Furlan non ha mai confessato nulla per molti anni poi, recentemente, ha cominciato a fare qualche ammissione e si è dichiarato pentito. A distanza di anni sembra incolmabile la frattura che li divide.

221

Un caso ancora aperto?

Questa brutta storia che tanto ricorda le scene più terribili di "Arancia Meccanica", il film capolavoro di Stanley Kubrick tratto dal romanzo di Anthony Burgess, non è finita con l'arresto e la condanna di Abel e Furlan. La sigla Ludwig, diventata ormai sinonimo di morte e violenza, ha continuato ad esistere anche dopo l'arresto dei due rampolli veronesi.

Il 27 febbraio 1990 a Firenze un gruppo di persone mascherato portò a termine un violento pestaggio ai danni di alcuni cittadini extracomunitari e venditori ambulanti, i nuovi soggetti deboli e marginali della società moderna. All'indomani della spedizione venne fatto recapitare alla redazione della Gazzetta di Firenze un volantino scritto in caratteri runici:

«La nostra fede è nazismo.
La nostra democrazia è sterminio.
La nostra giustizia è morte.
Firenze ha un male e noi siamo la sua cura.
Rivendichiamo il raid punitivo del XXVII febbraio contro gli immigrati extracomunitari.
Questo è solo l'inizio.
L'erba cattiva bisogna estirparla subito prima che contagi quella buona.
Gott mit uns.
Ludwig».

Gli investigatori sono convinti di essere di fronte soltanto ad un fenomeno imitativo ma è bene tenere la guardia alta prima che a qualcuno possa saltare in mente di raccogliere la sigla seguendo un copione già visto purtroppo per altri gruppi come le Brigate Rosse.

ERANO DAVVERO SOLO IN DUE?

Per molti con la recente confessione di Furlan si chiude una storia iniziata più di trent'anni fa. Ludwig erano Abel e Furlan, anche se per lunghi anni entrambi hanno negato con insistenza ogni addebito. Per molti però ci sono ancora dei punti della vicenda che sono poco chiari. Per prima cosa non è mai stato chiarito perché il gruppo abbia scelto il nome Ludwig. Si sono avanzate le ipotesi più diverse, per qualcuno sarebbe un rimando letterario a "frate Ludovico", il personaggio di un romanzo di Ignazio Silone trovato a casa di Abel. Per altri Ludwig sarebbe il Principe Ludwig di Baviera, mentre per altri ancora sarebbe un filosofo tedesco poco noto, Ludwig Klages, un teorico del razzismo e per alcuni aspetti riconducibile al nazionalsocialismo hitleriano.

La sua complessa visione filosofica vede tra le altre cose nel pensiero giudaico-cristiano un cancro che avrebbe distolto l'uomo dalla venerazione del vero dio, la Madre Terra. In quest'ottica si potrebbe trovare una spiegazione e un movente anche al delitto di Monte Berico. Per persone impregnate di ideali del genere i sacerdoti cristiani, tutti e non solo quelli in crisi esistenziale, rappresenterebbero una minaccia e sarebbero dispensatori di false credenze.

Resta ancora senza risposta l'interrogativo sul numero concreto degli aderenti a Ludwig. Si trattava soltanto di due persone come sostengono gli investigatori o invece dietro a questa sinistra sigla si nascondeva un gruppo più articolato? A creare dei dubbi ci sono le testimonianze delle persone presenti sui luoghi degli omicidi: molti infatti ricordano più di due persone, e in alcuni casi le fattezze fisiche delle persone viste non corrisponderebbero né con quelle di Abel né con quelle di Furlan, come quel ragazzo con barba e baffi visto nelle vicinanze del santuario di Monte Berico assieme ad altri due ragazzi.

Chi ha aiutato Furlan?

C'è poi latitanza di Furlan che difficilmente sarebbe potuta continuare così a lungo come abbiamo già ricordato, per lo meno senza un qualche supporto da parte di un'organizzazione diversa dalla famiglia del ragazzo che, ovviamente, in quel periodo era molto controllata e non avrebbe potuto finanziare Furlan senza destare sospetti. La storia, anche quella recente, è però ricca di esempi latitanze all'estero aiutate dalla famiglia in barba ad ogni controllo di polizia, quindi anche questa ipotesi non può essere scartata a priori. Famosi sono i casi di Francesco Ciancabilla, arrestato. per la morte di Francesca Alinovi, che ha passato diversi anni in sud America prima e in Spagna poi, e che per tutto il periodo ha sempre regolarmente ricevuto visite dai genitori. Oppure quello di Andrea Ghira sottrattosi alla giustizia dopo il massacro del Circeo. Non dimentichiamoci poi che al momento dell'arresto Furlan aveva un documento di identità malamente contraffatto, con il suo cognome che era stato riscritto a macchina e trasformato in Eurlanì. Onestamente questo sarebbe un espediente un po' misero per un gruppo politico organizzato e strutturato.

Azioni scrupolosamente pianificate

Un altro punto che ha fatto sorgere molti dubbi è quello della ritmica stessa degli omicidi: Ludwing ha portato a termine una media di un attacco all'anno dal 1977 al 1984. Questi numeri fanno pensare a un'organizzazione in grado di pianificare e controllare le proprie azioni piuttosto che ad una coppia di serial killer affetti da turbe psichiche auto investitisi del ruolo di crociati. Normalmente la frequenza dei delitti dei killer seriali tende ad aumentare man mano che il tempo passa e il killer acquisisce maggior fiducia in se stesso e nelle sue capacità.

In questo caso la curva degli attacchi è piatta senza nessuna escalation, se non nel numero delle vittime, dato che Ludwig è passato dall'uccidere una persona alla volta a colpire gruppi più numerosi facendo vere e proprie stragi.

Il grande dubbio

Più interessante ancora è un elemento emerso da una deposizione di Abel che, stranamente, non è mai stato evidenziato né dagli investigatori né dai giornalisti che hanno seguito il caso. Ecco cosa dice a proposito del giorno in cui venne arrestato a Castiglione delle Stiviere:

«Prima di andare ad incendiare il Melamara io e Marco ci siamo fermati lungo la strada per fare un pic-nic. Poi abbiamo lasciato la vespa a Carpenedolo ed abbiamo proseguito a piedi con due taniche di benzina da venti litri, ma piene solo per un quarto, ben nascoste nelle borse da ginnastica».

Il particolare sembra irrilevante se non si tiene conto che Carpenedolo e Castiglione delle Stiviere sono separati da ben 7 chilometri di strada statale. Secondo la ricostruzione di Abel insomma i due, tra l'altro vestiti in maschera con i costumi da Pierrot, avrebbero camminato per ben 7 chilometri portandosi appresso le taniche di benzina. Sulla base di queste dichiarazioni c'è chi ha ipotizzato che a accompagnare i ragazzi a destinazione sarebbe stato qualcun altro, qualcuno che li avrebbe prelevati a Carpenedolo e che sarebbe rimasto fuori dal Melamara a fare da palo per evitare l'arrivo di brutte sorprese. Questo qualcuno avrebbe partecipato a molti altri omicidi, specialmente quelli dalla dinamica più complessa, quelli insomma in cui si rendeva indispensabile avere qualcuno di supporto per controllare la zona circostante. Sarebbe stata poi questa persona misteriosa a aiutare Abel durante la sua latitanza, approfittando del fatto che non era minimamente sorvegliato dalla polizia e che quindi poteva muoversi con più libertà. Ma si trattava davvero di una persona sola? Oppure la sigla Ludwig nascondeva in realtà una rete eversiva molto più estesa di quanto gli investigatori abbiano mai immaginato?

Il terzo uomo

A nostro avviso soltanto pensando a un gruppo di persone organizzato si può capire il silenzio ostinato di Abel e di Furlan durante tutti questi anni. Soltanto la paura di eventuali ritorsioni

224

nei confronti dei propri familiari potrebbe aver spinto i due giovani veronesi a non accusare i loro eventuali complici. Una o più persone che per tutti questi anni sono rimaste avvolte nell'ombra, protette dall'omertà, da un insano senso di cameratismo o dalla paura. Non siamo gli unici ad essere convinti che dalla vicenda giudiziaria di Ludwig non sia mai entrato per lo meno un "terzo uomo", se non addirittura una vera e propria associazione a delinquere. Negli anni infatti questa tesi è tornata ciclicamente, anche perché come ha dichiarato il Pubblico Ministero Francesco Pavone:

«Nessuna prova ha mai dimostrato con assoluta certezza l'esatto numero dei componenti di Ludwig. Nella mia requisitoria in Corte d'Assise non ho mai escluso, parlando in termini probabilistici, che un terzo uomo potesse effettivamente esistere».

Uno degli episodi più eclatanti per il filone del così detto "terzo uomo" si è verificato nel 1987:

«Ludwig tornerà e tu sarai il primo a crepare».

A parlare in questo modo è Alberto Paterni, giovane ventiduenne arrestato in flagranza di reato al telefono pubblico del Policlinico di Borgo Roma. Il giovane da diverso tempo minacciava il professor Salvatore De Marco, autore della perizia grafologica che aveva attribuito a Wolfgang Abel e Marco Furlan la paternità delle rivendicazioni dei massacri di Ludwig. Gli inquirenti in un primo momento avevano ipotizzato che Paterni potesse essere il misterioso terzo uomo, ma le indagini successive non hanno portato ad un nulla di fatto.

C'è poi chi, come Gianni Cantù, storico giornalista dell'Arena di Verona, ha ripetuto in più occasioni di essere convinto dell'esistenza di questo misterioso "terzo uomo". Anzi, ha fatto di più, dato che ha affermato di conoscere nome e cognome di questo inquietante personaggio. L'anziano cronista, in un'intervista pubblicata da Il Giornale nell'agosto del 2009, ha dichiarato di aver intuito prima degli investigatori che dietro alla sigla Ludwig si celassero dei giovani veronesi, e più precisamente dopo l'omicidio di Luca Martinotti avvenuto nella casamatta asburgica lungo l'Adige nel maggio dell'81:

«Il fortino austriaco era il rifugio abituale di un minorato psichico, che, avendolo trovato occupato dal saccopelista, vi appiccò il fuoco. Insomma, Ludwig non c'entrava. Nel mio pezzo scrissi che l'incendio era partito da alcune torce, un'espressione di fantasia. Prontamente arrivò una rivendicazione che parlava di torce. Mi persuasi che gli assassini erano del posto, leggevano L'Arena. Cominciai a polemizzare con loro. Dissi che si attribuivano anche delitti non commessi, e questo li fece infuriare. Erano in preda a un delirio di onnipotenza. Non a caso nei loro comunicati proclamavano: "Il potere di Ludwig non ha limiti". Paranoici totali. Mi rispondevano inviando comunicati all'Ansa di Milano, che facevo analizzare dal grafologo Salvatore De Marco. Da lì si arrivò ai famosi "solchi ciechi" trovati su alcuni fogli bianchi sequestrati in casa di Furlan: a produrli era stata la scrittura con righello e normografo dei loro testi farneticanti».

Ma la dichiarazione più inquietante fatta da Cantù riguarda il misterioso "terzo uomo" di Ludwig:

«[era] colui che con la sua Mercedes accompagnò Abel e Furlan alla discoteca Melamara di Castiglione delle Stiviere, dove furono bloccati prima che la incendiassero. Lo riconobbi senz'ombra di dubbio nell'identikit elaborato dagli investigatori a Trento, dove padre Armando Bison era stato ucciso con un punteruolo a forma di crocifisso conficcato nel cranio. Ma la presenza del terzo uomo sulla scena del delitto cozzava contro l'idea che il giudice istruttore s'era fatto di Ludwig, a suo giudizio una coppia impermeabile. Io invece sapevo che era il rampollo di un imprenditore ricchissimo. Oggi è un personaggio molto in vista, ha persin ricoperto alcuni incarichi pubblici».

Come abbiamo avuto modo di vedere il punto focale è quell'inspiegabile tragitto a piedi di più di sette chilometri con le taniche di benzina, anche se gli inquirenti non hanno mai pensato di dover approfondire la questione. Cantù comunque non ha mai rivelato pubblicamente il nome di questo misterioso e sinistro "terzo uomo", gettando sicuramente una luce parzialmente nuova sull'intera vicenda.

Abel e Furlan sono rimasti in silenzio per tutti questi anni perché sapevano di poter godere dell'appoggio "esterno" della potentissima famiglia di questo personaggio? Oppure sono stati spinti da un senso dell'onore distorto tipico di certe forme di estremismo politico? O, più probabilmente, si è trattato soltanto di paura? Abbiamo sottolineato come, tutto sommato, Abel e Furlan abbiano scontato pene relativamente lievi se paragonate alla crudele efferatezza dei delitti per cui sono stati condannati. Marco Furlan in particolare ha trascorso in carcere appena 17 anni, a fronte di una lunghissima scia di sangue e terrore. Che sia stata la *longa manus* di questo sconosciuto "terzo uomo" a far sì che per i componenti di una delle bande più sanguinarie che hanno attraversato la storia d'Italia sia stata eseguita una sentenza così mite? Purtroppo tutte queste domande per il momento sono destinate a rimanere senza risposta, a meno che i protagonisti di questa vicenda nera non decidano di dire, una volta per tutte, la verità.

IL MOSTRO DI FIRENZE

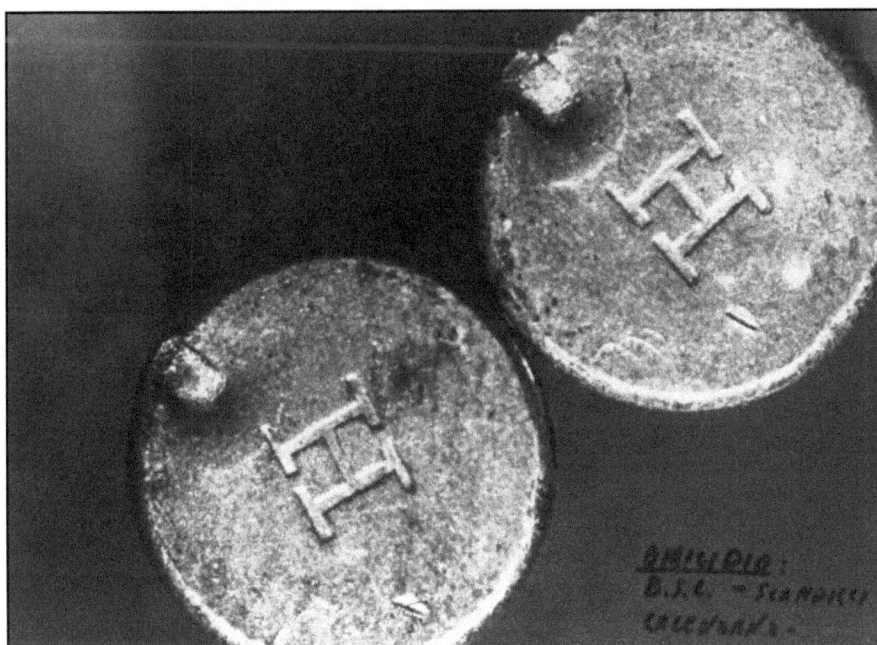

UN PUZZLE MALEDETTO

Questo è il resoconto della serie di delitti più agghiacciante mai avvenuta in Italia negli ultimi 40 anni. Questa storia è un puzzle di cui abbiamo molti pezzi, forse addirittura troppi. Proprio per questo, nonostante gli sforzi, non si riesce mai a metterli tutti insieme in maniera armonica. Questa storia è un puzzle maledetto che, a seconda dei tasselli che decidiamo di selezionare e del modo in cui li disponiamo sul tavolo, mette a fuoco un disegno terrificante e sempre diverso. Un disegno che in ogni caso lascia aperti troppi interrogativi. Ci sono troppe domande senza risposte in questa brutta storia. Troppe zone grigie, troppi sospetti, troppe prove che non tornano, troppe sensazioni disturbanti. Più si va avanti e più ci si rende conto che continua ad esserci qualcosa di sbagliato.

Sì perché questa è una storia su cui non si è ancora riusciti a scrivere la parola fine. Anche se ci sono delle sentenze passate in giudicato, questa incubo continua a popolare le notti di una delle regioni più belle e famose d'Italia, la Toscana. Quello che segue è il resoconto dei delitti del cosiddetto "Mostro Di Firenze".

Stiamo parlando di una vicenda che ha messo in crisi tutti i modelli criminologici esistenti sui serial killer, al punto che possiamo dire che esistono i delitti tradizionali, i serial killer e... "i delitti del Mostro di Firenze".

I DELITTI

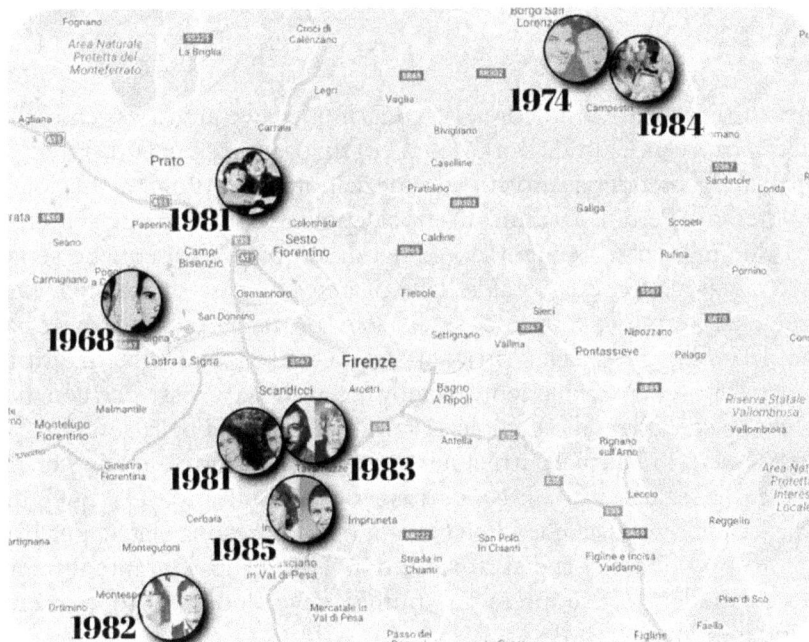

14 SETTEMBRE 1974, LOCALITÀ BORGO SAN LORENZO, 40 CHILOMETRI CIRCA DA FIRENZE

Ore 21 circa. Pasquale Gentilcore, 19 anni, impiegato, arriva assieme alla sorella Cristina alla discoteca Teen Club di Borgo San Lorenzo, in provincia di Firenze. Prende accordi per ripassare a prenderla intorno alla mezzanotte e si dirige a Pesciola di Vicchio, dove risiede la fidanzata Stefania Pettini, 18 anni, all'epoca appena assunta come segretaria presso la ditta Magif di Firenze. I due ragazzi si frequentano ormai da un paio d'anni anche se non hanno ancora ufficializzato la loro relazione. Pasquale guida dalla discoteca a casa di Stefania. Ce lo immaginiamo sereno: l'estate volge al termine e, anche se la sera prima è piovuto, non fa ancora freddo. La macchina, una 127 blu, gli è stata prestata dal padre ed è dotata addirittura di autoradio, un piccolo lusso per l'epoca. Probabilmente il giovane non ha grossi pensieri mentre copre quel tratto di strada: è felice, ascolta la radio e vuole soltanto passare una bella serata.

Sono circa le 21.30 quando Pasquale arriva nei pressi dell'abitazione in cui Stefania viveva assieme alla famiglia. La ragazza saluta tutti, esce di casa e sale sull'auto. Da quel momento il buio. La ricostruzione degli inquirenti dice che i due giovani hanno preso la statale per Borgo San Lorenzo per raggiungere un gruppo di amici che si trovavano al Teen Club. Durante il tragitto hanno deciso di appartarsi in una strada sterrata presso il fiume Sieve, luogo noto per essere frequentano da coppiette in cerca di intimità.

I due ragazzi sono all'interno dell'auto quando verso mezzanotte qualcuno si avvicina dalla parte del sedile di guida. Lo sconosciuto spara a bruciapelo fulminando Pasquale con un colpo al cuore e quattro colpi al corpo. Altri 4 colpi raggiungono Stefania in parti non vitali. Poi, secondo la ricostruzione ufficiale, la ragazza è trascinata fuori dall'auto. Viene spinta a terra nel luogo in cui sarà ritrovata, ovvero sotto il tubo di scarico dell'auto. Qui il Mostro colpisce la povera ragazza con 96 coltellate. Tre di queste ferite sono mortali, sono state inflitte mentre la ragazza era ancora viva   e probabilmente cosciente, provocando così per la prima ed unica volta nella serie dei delitti del Mostro di Firenze un incontro fisico tra la vittima femminile ancora in vita e il killer durante l'assalto. Le altre 93 coltellate vengono inflitte post mortem e si concentrano soprattutto sulla zona pubica e sul seno.

Più che di coltellate però di dovrebbe parlare di "punture", come racconterà in seguito Mario Spezi, come se il killer si fosse fermato a punzecchiare in maniera macabra il cadavere di quella povera ragazza Il Mostro inserisce quindi un tralcio di vite nella vagina della vittima, dopo di che abbandona il corpo.

Prima di lasciare il luogo del duplice omicidio l'assassinio infierisce con 5 coltellate sul corpo senza vita di Pasquale, apre la borsetta di Stefania e ne sparge il contenuto per terra compiendo così quella che diventerà una macabra ritualità nei molti dei delitti successivi. La catenina che la ragazza aveva al collo non verrà mai più ritrovata.

Il ritrovamento dei cadaveri

I corpi senza vita dei due giovani vengono scoperti il mattino dopo da un contadino della zona. La borsetta ed il reggiseno della vittima invece vengono ritrovati a circa duecentocinquanta metri dal luogo del delitto grazie a una telefonata anonima. Avremo modo di vedere come le telefonate e i messaggi anonimi saranno alcuni dei fili rossi di questo caso maledetto. Sul terreno restano dei bossoli Winchester serie H calibro 22 Long Rifle sparati sicuramente dall'arma dell'assassino. La pistola viene individuata in una Beretta compatibile con i modelli 70, 72, 73 e 74. Purtroppo si tratta di alcuni dei modelli di armi da fuoco più diffusi in Italia in quel periodo. Stesso discorso per quanto riguarda le munizioni della Winchester serie H. Fin qui la ricostruzione ufficiale che, per quanto riguarda gli orari, si basa anche sulle testimonianze di due ragazzi che hanno sentito degli spari intorno alla 23.45 passando in prossimità del luogo dell'omicidio.

Una ricostruzione alternativa

Esiste però un'altra ricostruzione degli eventi basata sull'analisi delle immagini della scena del crimine raccolte dalle forze dell'ordine quando i cadaveri sono stati ritrovati. In una di queste foto infatti si vede il corpo di Stefania disteso a terra nei pressi dell'auto: nonostante la foto sia in bianco e nero è facile notare che sotto ai piedi della ragazza ci sono quelle che sembrano le tipiche tracce di terriccio lasciate sulla pianta dei piedi quando si cammina su un prato privi di scarpe e calze.

A quando risalgono queste tracce? Sono precedenti al delitto, e quindi Stefania ha camminato sul prato scalza per qualche motivo, oppure la ragazza ha avuto modo di reagire all'aggressione, uscire dall'auto e magari tentare la fuga? Per quanto tempo ha camminato e fino a dove si sarebbe spinta in realtà? Per imbrattare i piedi della ragazza in quel modo erano sufficienti quei pochi passi tra il posto passeggero, dove con ogni probabilità lei si trovava e che venne ritrovato con la portiera spalancata, e il punto in cui il suo corpo giaceva senza vita? E, ancora: le è stato chiesto di uscire da qualcuno?

C'è chi, sulla base di alcune contusioni sul corpo della giovane, ha avanzato l'ipotesi che tra lei e il killer vi sia stata addirittura una colluttazione. Tutte queste domande purtroppo sono destinate a restare senza risposta.

Il pomeriggio prima di venire uccisa inoltre Stefania aveva confidato ad un'amica di aver fatto un brutto incontro con un personaggio sgradevole. Purtroppo però non aveva fornito ulteriori dettagli. Da una successiva analisi del diario della ragazza non emergerà nulla di utile.

Alcuni elementi di questo primo duplice omicidio, per molti aspetti diverso dalle successive e più meccaniche azioni del Mostro, sembrano portare verso l'idea che l'assassino avesse un grande coinvolgimento emotivo nei confronti della vittima, coinvolgimento che sembra non esserci nei delitti successivi.

Infine non possiamo non sottolineare un ultimo interrogativo a tutt'oggi irrisolto: la distanza tra casa di Stefania e il luogo dell'omicidio è di circa 5 minuti in macchina, quindi i due ragazzi dovrebbero esservi giunti tra le 21:30 e le 22:00, mentre l'omicidio dovrebbe essere avvenuto intorno alle 23:45. L'assassino era già sul luogo ed ha aspettato nell'oscurità per tutto quel tempo il momento propizio per agire, oppure è giunto sul posto successivamente, e cioè poco prima dell'attacco? Alcuni anni dopo il delitto la tomba di Stefania verrà profanata per mano di ignoti: un ultimo e barbaro scempio.

6 GIUGNO 1981
LOCALITÀ MOSCIANO DI SCANDICCI
15 CHILOMETRI CIRCA DA FIRENZE

È un sabato sera senza luna. L'estate è ormai alle porte e due ragazzi sono appartati in macchina non lontano dalla discoteca Anastasia in una zona frequentata da coppiette e guardoni. I due giovani si chiamano Giovanni Foggi, 30 anni, magazziniere all'ENEL, e Carmela de Nuccio, assunta da pochi mesi presso la pelletteria ASI di Scandicci. Si frequentano da pochi mesi ma hanno già deciso di sposarsi. Quella sera hanno cenato a casa assieme ai genitori di Carmela poi, verso le 22:00 sono usciti, così hanno detto, per prendere un gelato.

L'azione del Mostro è fulminea e, molto probabilmente, coglie quasi totalmente di sorpresa i due ragazzi: in un attimo Giovanni viene raggiunto da 3 colpi di pistola precisi: uno al cuore, uno al polmone e uno alla testa. Carmela invece viene centrata da 5 colpi, di cui uno sicuramente mortale sparato a bruciapelo al tronco. In tutto l'attacco dura una manciata di secondi. L'arma è sempre la stessa del duplice omicidio del '74: una Beretta calibro 22. I bossoli sono Winchester serie H. La perizia balistica confermerà in maniera certa che sono stati sparati dalla stessa arma del delitto del 1974. Dopo aver aperto la portiera dell'auto il Mostro afferra la ragazza e la sposta su un terrapieno a circa 12 metri di distanza dove verrà ritrovata completamente vestita e con la collana stretta tra i denti. Qui, dopo averle reciso i jeans fino alla cintura, il Mostro le asporta il pube con tre colpi netti, procurandosi così il primo di una lunga serie di macabri feticci. Non esistono tracce di trascinamento sul terreno circostante, il che fa pensare che il corpo della ragazza sia stato sollevato di peso e trasportato. Prima di lasciare il luogo del delitto l'assassino apre la borsetta della ragazza e ne sparge il contenuto per terra. Infligge quindi alcune coltellate post mortem al cadavere del ragazzo, quasi a sfregio, e se ne va.

La scena del crimine

I corpi vengono ritrovati il giorno dopo da un poliziotto che sta facendo una passeggiata col figlio: il cadavere di Giovanni è ancora all'interno dell'auto seduto al posto di guida con i calzoni parzialmente abbassati. Il finestrino è completamento distrutto. Secondo l'interpretazione più diffusa l'attacco sarebbe stato condotto mentre il ragazzo era in una situazione di svantaggio, ovvero mentre si stava sfilando i pantaloni prima del rapporto sessuale. Secondo altri invece la posizione in cui i pantaloni vennero ritrovati lascerebbe intuire che l'attacco sia stato sferrato alla fine del rapporto, e cioè mentre il ragazzo si rivestiva. Il corpo di Giovanni viene ritrovato con il pantalone infilato quasi completamente nella gamba destra e questo sembra accordarsi meglio con la teoria che ipotizza che il ragazzo si stesse vestendo. Dato che non vi sono evidenze di un rapporto sessuale già consumato questa interpretazione sembra suggerire che i ragazzi stessero abbandonando il luogo, probabilmente perché disturbati da qualcosa o da qualcuno.

Nell'immediatezza del delitto entra in scena una delle figure più ambigue e più cariche di mistero dell'intera vicenda: Enzo Spalletti. Nato a Montelupo Fiorentino nel 1945 ed ivi residente all'epoca dei fatti, Spalletti faceva l'autista di autoambulanza presso la Misericordia, la Croce Rossa locale.

Enzo Spalletti

Spalletti era un guardone, un indiano come venivano chiamati in gergo quelli come lui. Si trattava di centinaia di persone che ogni notte affollavano le campagne fiorentine, e non solo, alla ricerca di emozioni forti spiando le coppiette che si appartavano per effusioni più o meno spinte. La sera del 6 giugno la sua auto era stata vista e segnalata nei pressi del delitto. In effetti quella sera Spalletti si era incontrato con un suo amico e compagno di spedizioni notturne presso la pizzeria "Taverna del Diavolo" in località Roveta. Assieme avevano passato alcune ore nell'oscurità in attesa di qualche coppia a cui rubare qualche attimo di intimità. Verso mezzanotte l'amico se ne va: è tardi e quella non sembra essere una serata buona per la loro squallida caccia notturna.

Spalletti invece non rincasa prima della 2 e, nei giorni successivi all'omicidio, rivelerà alla moglie e ad un paio di avventori del bar del paese di aver visto una coppia di ragazzi assassinati. Arriva anche a parlare delle mutilazioni ma, particolare fondamentale, lo fa prima che la notizia sia diffusa dagli organi di stampa. Gli investigatori, messi sulle tracce di Spalletti dalla segnalazione della sua auto sul luogo del delitto, lo convocano immediatamente in caserma. Sulle prime Spalletti cerca di negare inventando storie inverosimili poi, dopo 6 ore di interrogatorio incalzante, confessa di essere stato nei pressi del luogo del delitto la sera dell'omicidio. Aggiunge infine di essere rincasato verso la mezzanotte, proprio come il suo compagno di spedizioni notturne. Viene però smentito dalla moglie che conferma di non averlo visto fino alle 2 di notte, quando si era coricata. Nel corso dell'interrogatorio emerge anche che Spalletti ha diffuso dettagli del duplice omicidio prima che questo venisse reso noto al pubblico. A questo punto scattano inesorabilmente le manette ai polsi di Spalletti, che però si proclama da subito innocente. Nonostante tutto l'uomo si chiude in un ostinato ed alquanto ambiguo silenzio.

Nel corso di un nuovo interrogatorio dichiara:

«*Voi lo sapete che io non sono l'assassino, ma mi tenete in galera perché state proteggendo qualcun altro*».

Durante la sua permanenza in carcere uno sconosciuto telefona alla moglie e al fratello di Spalletti lasciando messaggi inquietanti:

«*Ditegli che stia zitto e tranquillo, che presto sarà scagionato, presto uscirà dal carcere… però gli sta bene un po' di galera, a quello scemo. Che gli è saltato in mente di dire che aveva saputo dei morti dai giornali, quando i giornali sono usciti con la notizia la mattina dopo?*».

Spalletti rimane in carcere fino al successivo omicidio del Mostro. Non farà più nessuna dichiarazione pubblica né collaborerà in alcun modo con gli inquirenti, per lo meno ufficialmente. Verrà definitivamente prosciolto solo nel 1989.

Un'occasione sprecata

Oggi a distanza di anni, e conoscendo gli sviluppi di questa macabra storia, appare chiaro che tutto l'affaire Spalletti venne gestito nel peggiore dei modi. Dopo aver ricevuto la segnalazione dell'auto gli investigatori avrebbero dovuto attenzionare il soggetto per un certo periodo: pedinarlo, intercettarlo, controllarne abitudini e frequentazioni. Convocarlo subito in caserma con pochi elementi in mano forse è solo servito a "bruciare" un potenziale testimone, addossandogli responsabilità che probabilmente sarebbero state escluse a priori se si fosse operata un'indagine preliminare a suo carico. Questo, naturalmente, con il senno di poi. Dobbiamo però metterci nei panni degli investigatori che all'epoca brancolavano nel buio e che avevano bisogno di produrre dei risultati in fretta perché pressati dall'opinione pubblica e dagli organi di stampa. Come è facile immaginare la scarsa protezione della privacy nella storia di Spalletti stuzzicò la pruderie di molti normali cittadini che scoprivano un mondo fatto di guardoni, appostamenti notturni, immagini e forse suoni rubati (girò a lungo la leggenda metropolitana per cui molti di questi personaggi avessero apparecchiature per la registrazione audio e addirittura video), e di cui si vociferava facessero parte anche insospettabili della cosiddetta Firenze bene.

Questo clima di caccia alle streghe molto probabilmente ha inibito non pochi indiani dall'andare a collaborare con gli inquirenti: per molte persone, magari sposate o con ruoli pubblici, non sarebbe stato possibile confessare pubblicamente un passatempo tanto vergognoso. Noi siamo convinti che non si sia scavato abbastanza in questa direzione: cos'ha realmente visto Spalletti? Ha assistito al delitto o è arrivato sul posto in un momento immediatamente successivo? Perché si è fatto mesi di carcere da innocente senza aprire bocca? Era minacciato? E da chi? E poi quanti altri guardoni potrebbero aver assistito a qualcosa di sospetto senza magari saperlo? E, soprattutto, com'è possibile che si sia chiuso in un silenzio ostinato durato ormai quasi quarant'anni?

Resta l'amaro in bocca la pensiero di quanti potrebbero avere, anche inconsapevolmente, sentito magari solo un suono o intravisto un banale dettaglio. Particolari che, se inseriti in quadro investigativo organico, avrebbe potuto mettere gli investigatori su una buona pista. Ma tutti questi potenziali testimoni non si sono mai fatti avanti per paura di essere messi alla gogna come Spalletti. Ogni dettaglio, ogni più piccola informazione poteva essere fondamentale, ma nessuno a quanto pare ha mai collaborato con gli investigatori.

22 OTTOBRE 1981
LOCALITÀ LE BARTOLINE
30 CHILOMETRI CIRCA DA FIRENZE

È una serata abbastanza fredda, l'estate ha ormai lasciato spazio all'autunno. Stefano Baldi, operaio tessile di 26 anni, e Susanna Cambi, impiegata di 24, sono appartati in macchina in un viottolo isolato. È molto buio, sullo sfondo una cascina abbandonata. Sicuramente hanno sentito parlare del duplice omicidio di giugno, forse hanno anche un po' di paura ma, si sa, queste cose capitano sempre agli altri. E quella poi è una zona piuttosto lontana da quei terribili delitti. I ragazzi hanno cenato a casa di Stefano, in fondo la loro relazione è ufficiale e hanno in programma di sposarsi a breve. Dopo cena, verso le 22:00, escono sulla Golf nera di Baldi dicendo che sarebbero andati a vedere un film al cinema. I loro cadaveri verranno trovati la mattina dopo. Due pensionati che stanno facendo una passeggiata nei paraggi vedono la Golf nera abbandonata nel viottolo. Si avvicinano e scoprono l'orrore: Stefano e Susanna giacciono entrambi fuori dall'auto riversi sul terreno.

Stefano è stato raggiunto da 4 colpi di pistola di cui almeno 2 mortali al cuore. L'assassino poi ha infierito crudelmente sul suo cadavere con 4 ferite da taglio inflitte post mortem. Susanna, secondo la ricostruzione ufficiale, è stata colpita 5 volte. Dopo di che è stata estratta dall'auto, adagiata sul terreno a circa 10 metri dalla vettura dalla parte del passeggero e qui mutilata del pube. Tra le mani stringe un ciuffo di capelli, forse di Stefano Baldi, che a quanto pare però sono spariti dai reperti e quindi non sono mai stati analizzati. Anche Stefano è stato trascinato all'esterno dell'auto e adagiato dalla parte del guidatore. Secondo la ricostruzione ufficiale il corpo del ragazzo sarebbe stato d'intralcio all'assassino impedendone i movimenti durante la fase di estrazione della ragazza dall'abitacolo, per questo sarebbe stato rimosso.

Secondo altri invece lo sportello del lato del guidatore venne ritrovato bloccato, quindi si può supporre che il Mostro abbia estratto il corpo del ragazzo dal lato passeggero e, forse, addirittura in un momento successivo rispetto a quello della ragazza. Il corpo invece di essere scaricato nei pressi dello sportello passeggero sarebbe stato quindi trasportato tutt'intorno alla macchina e deposto dalla parte del guidatore. Questo gesto di separare i corpi delle vittime è stato letto come un istinto incontrollabile da parte dell'assassino, forse il vero e proprio fine a livello psicologico di tutti gli omicidi.

Un'interpretazione alternativa

Un'ulteriore interpretazione fatta a distanza di anni sulla base degli sviluppi dell'inchiesta, ha ipotizzato un tentativo di fuga da parte dei ragazzi e la probabile presenza sulla scena del crimine di 2 assassini. Comunque sia intorno alla vettura non erano visibili segni di trascinamento. Di nuovo la borsetta viene rovistata dal Mostro, anche se non è stato possibile determinare se mancasse qualcosa. Nei pressi della scena del crimine viene trovata un'impronta di uno scarpone di taglia 44. Non distante dall'auto viene repertata una pietra a forma di piramide tronca di basalto nero.

La mattina successivo all'omicidio e prima che i corpi venissero ritrovati, un uomo cerca di mettersi in contatto telefonico con la madre di Susanna, sostenendo di avere notizie importanti sulla figlia. A causa di un guasto alla centralina telefonica purtroppo la comunicazione si interrompe quasi immediatamente. Questo telefonata è un particolare molto inquietante: da pochissimi giorni infatti madre e figlia erano ospiti della zia di Susanna e il loro nuovo recapito non appariva in nessun elenco telefonico.

A questo punto Enzo Spalletti, all'epoca ancora in carcere con l'accusa di essere il Mostro viene scarcerato e prosciolto. È evidente che non può essere lui il Mostro.

19 GIUGNO 1982
LOCALITÀ BACCAIANO
25 CHILOMETRI CIRCA DA FIRENZE

Sono le 23:15 circa quando un amico della coppia vede la 127 del ragazzo parcheggiata in una stretta piazzola non lontano dal centro di Baccaiano. All'interno della macchina ci sono Paolo Mainardi, 24 anni, meccanico, e Antonella Migliorini, 19 anni, cucitrice presso un'azienda tessile. Sono una coppia molto affiatata e gli amici li chiamano "Vinavil", proprio come la famosa colla, per sottolineare il fatto che non si staccano mai. Anche loro, come tutti i ragazzi della zona, hanno sentito parlare dei delitti del Mostro ed hanno paura. Gli amici delle vittime raccontano che Antonella in particolare aveva il terrore di appartarsi in zone isolate e che pretendeva di fermarsi solo in zone trafficate e ben visibili. La piazzola dove si trovavano i due ragazzi ha in effetti queste caratteristiche, dato che si trova a pochi centinaia di metri da un centro abitato e su una strada molto trafficata. A qualche chilometro di distanza poi si sta celebrando una festa di paese e il traffico è ancora più intenso del solito. Purtroppo questo accorgimento non basta a scongiurare il pericolo del Mostro.

Tra le 23.40 e mezzanotte circa due amici diretti verso un bar di Baccaiano passano davanti all'auto di Paolo e la vedono dal lato opposto della strada con il muso sollevato e le ruote posteriori incastrate in un fosso. Proseguono verso il paese dove trovano il bar chiuso e tornando indietro decidono di fermarsi a dare un'occhiata a quella macchina. Inizialmente infatti pensano che si tratti di un banale incidente stradale. In quel momento sopraggiunge l'auto di un'altra coppia di fidanzati che si erano appartati a circa 500 metri di distanza e che avevano sentito dei colpi e visto strani movimenti provenire da quella direzione. Si avvicinano e notano un buco sul parabrezza che sembra prodotto da un proiettile. Vedono il ragazzo rantolare all'interno dell'auto e, a quel punto, capiscono: no, quello non è un normale incidente. I due ragazzi in preda al terrore si precipitano a chiamare i carabinieri mentre la coppia chiama l'autoambulanza.

<u>Una tenue speranza</u>

All'arrivo dei paramedici le operazioni di estrazione dei corpi è resa difficoltosa dal fatto che la portiera dal lato del guidatore è bloccata: cadendo nel fosso la lamiera si è deformata quel tanto che basta da renderne impossibile l'apertura senza forzarla. Lo sportello del lato passeggero invece è chiuso a chiave. Il corpo di Paolo viene estratto dall'auto e trasportato d'urgenza all'ospedale dove spirerà poche ore dopo senza aver mai ripreso conoscenza. I paramedici constatano immediatamente la morte di Antonella che era stata ritrovata dai carabinieri nel sedile posteriore dell'automobile. Secondo la testimonianza dei barellieri anche il corpo di Paolo si trovava sul sedile posteriore dell'auto accanto a quello di Antonella, secondo i ragazzi che per primi hanno scoperto l'omicidio invece Paolo si trovava seduto al posto di guida.

Una dinamica molto complessa

Sulla dinamica dell'assalto esistono molte versioni diverse: la versione "ufficiale" dice che l'assassino ha sparato alcuni colpi poco precisi quando la vettura era ancora parcheggiata nella piazzola, oppure i ragazzi hanno sentito dei rumori e si sono allarmati. Fatto sta che Paolo sarebbe riuscito ad ingranare la retromarcia e ad attraversare la strada nella direzione opposta. Purtroppo però, forse a cause della tensione, non sarebbe riuscito a controllare la velocità dell'auto che si sarebbe incagliata nel fosso dall'altra parte della strada perdendo aderenza con le ruote anteriori. A questo punto il Mostro si sarebbe avvicinato: avrebbe esploso due colpi precisi contro fari che gli illuminavano il volto e che rendevano lui e l'auto molto visibili dalla strada. Avrebbe poi finito i due ragazzi da distanza ravvicinata e, a questo punto, forse innervosito dalla posizione troppo esposta del mezzo, avrebbe deciso di non infierire sui corpi. Non dimentichiamoci infatti che ci troviamo su una strada abbastanza trafficata anche di notte ed è ragionevole pensare che qualcuno si sarebbe potuto fermare, così come in effetti è successo dopo pochi minuti. Il Mostro quindi avrebbe infilato le mani all'interno dell'abitacolo, avrebbe afferrato le chiavi, chiude lo sportello del passeggero forse per ritardare le operazioni di soccorso per sparire nella notte. Come ultimo estremo gesto di stizza avrebbe lanciato le chiavi non lontano dall'automobile.

Questa versione contrasta però con le testimonianze dei paramedici che ricordano di aver estratto il corpo di Paolo dal sedile posteriore, e anche con alcune foto dell'epoca in cui si vedono una serie di gocce di sangue sulla portiera dell'auto dal lato guidatore, gocce che scendono perpendicolare al terreno. Se il rigagnolo di sangue fosse stato prodotto quando l'auto era già incagliata nel fosso, infatti, avrebbe dovuto essere obliquo, seguendo l'angolazione nella quale l'auto si trovava in quel momento. Allora cos'è accaduto di preciso quella notte? Secondo una ricostruzione l'attacco è stato fulmineo e preciso e ha inchiodato i due ragazzi sul sedile posteriore quando l'auto si trovava ancora nella piazzola. A questo punto il Mostro sarebbe salito sulla macchina e avrebbe ingranato la retromarcia per spostare la macchina da quel luogo troppo esposto. Secondo questa ricostruzione il Mostro avrebbe perso il controllo del mezzo per un attimo, forse distratto dalla reazione di uno dei ragazzi ferito in maniera non mortale durante l'assalto, e sarebbe quindi finito dentro al fosso con le ruote posteriori. Constatata l'immobilità del mezzo e, forse, impaurito dalla vista di alcune macchine di passaggio, sarebbe uscito dalla vettura, avrebbe chiuso la porta e si sarebbe liberato delle chiavi. Bene, ma la macchia di sangue?

Forse il Mostro ha colpito i ragazzi mentre erano sulla piazzola, con Paolo al volante dell'auto intento a mettere in moto e Antonella che invece si trovava ancora dietro. Secondo questa ricostruzione il killer sarebbe entrato nell'auto dalla parte del guidatore sedendosi sul corpo del ragazzo, o spostandolo nel sedile posteriore, e avrebbe prodotto quella striscia di sangue perpendicolare che si vede nelle foto dell'epoca. Il killer avrebbe quindi inserito la retro perdendo però il controllo del mezzo per qualche motivo e il resto lo sappiamo.

La dinamica di questo omicidio resta uno dei misteri più dibattuti nelle indagini sui delitti del Mostro di Firenze. A seconda di come decidiamo di leggere gli elementi in nostro possesso infatti possiamo ipotizzare scenari completamente diversi che lasciano aperte molte domande: dove voleva andare il Mostro quando si è messo al volante dell'auto? Voleva solo spostare il mezzo di pochi metri per operare le sue escissioni a lato strada, o aveva già predisposto un luogo più sicuro nei paraggi in cui agire indisturbato? In questo caso si tratterebbe di un comportamento adottato solo in questo omicidio o di un modus operandi già sperimentato in precedenza?

Se invece prendiamo per buona la ricostruzione ufficiale viene da chiedersi perché tanto accanimento nel portare a termine un assalto compromesso in partenza dalla reazione di una delle vittime: per quale motivo continuare un'azione assumendosi così tanti rischi, visto che la strada sarebbe stata probabilmente percorsa da qualcuno di lì a poco? Non sarebbe stato meglio ritirarsi subito e far perdere le proprie tracce? Qualcuno ipotizza che un comportamento così avventato da parte dell'assassino sia dovuto dalla necessità di celare la sua identità. In altre parole si pensa che il Mostro avesse paura di essere stato riconosciuto dalle vittime, o che avesse fornito involontariamente elementi tali, nel vestiario per esempio, da temere di essere identificato e di conseguenza rintracciato. Paolo Mainardi infatti è ancora vivo quando arrivano i soccorsi, caso unico in tutta la sanguinosa storia dei delitti del Mostro di Firenze: il povero ragazzo viene trasportato d'urgenza all'ospedale ma, come abbiamo già ricordato, non riprenderà mai conoscenza.

Trappola al Mostro

Il procuratore Silvia della Monica però decide di far arrivare ai giornalisti notizie che suggeriscano che Mainardi prima di spirare abbia fornito dettagli utili alle indagini. La speranza è che l'assassino, messo sotto pressione dagli articoli pubblicati sulla stampa, faccia un passo falso ed esca allo scoperto. L'intuizione del procuratore Della Monica è corretta dato che il Mostro, probabilmente preoccupato da questa fuga di notizie pilotata dagli inquirenti, decide di entrare in azione. Purtroppo però anche in questa occasione non commetterà nessun passo falso.

Nei giorni successivi al delitto infatti Lorenzo Allegranti, l'autista dell'ambulanza che aveva soccorso Mainardi e il cui nome era apparso sui giornali, riferisce di aver ricevuto una telefonata inquietante. Una persona senza nessun particolare accento, qualificatasi genericamente come "inquirente", gli chiede di riferirgli cosa avrebbe detto Mainardi prima di morire. Al rifiuto netto di Allegranti di fornire alcuna informazione telefonicamente lo sconosciuto avrebbe interrotto bruscamente la comunicazione. Dopo pochi secondi però il telefono è squillato di nuovo. Questa volta la misteriosa voce si sarebbe qualificata in modo molto preciso: lo sconosciuto avrebbe detto di essere il Mostro di Firenze e minacciato Allegranti di non riferire a nessuno di quella chiamata. Allegranti dichiarerà di aver ricevuto un'altra telefonata dalla stessa persona nel 1984 presso la pensione nella riviera romagnola dove stava trascorrendo le ferie. Secondo Allegranti le telefonate di questo misterioso sconosciuto sarebbero continuate in vario modo fino al 1985. Eppure il suo telefono non venne mai messo sotto sorveglianza dagli inquirenti…

Colpo di scena

Dopo l'omicidio di Baccaiano si verifica uno degli episodi più difficili da decifrare in tutta questa brutta storia. Un episodio che, molto probabilmente, ha cambiato in maniera irreversibile il corso delle indagini sui delitti del Mostro.

Un maresciallo dei carabinieri, Francesco Fiori, si ricorda infatti di un vecchio omicidio con caratteristiche molto simili a quelli compiuti dal Mostro di Firenze. Si tratta di un omicidio avvenuto molti anni prima, per la precisione 14, quando il maresciallo Fiori era di servizio in località Signa. Per quell'omicidio però c'è già un colpevole che di sicuro non poteva aver commesso per lo meno uno degli assassinii del Mostro, quello del '74, perché all'epoca dei fatti era rinchiuso in carcere. Gli inquirenti comunque decidono di andare a rivedere il faldone di quel caso dimenticato, che per una questione di competenza territoriale tra procure si trovava a Perugia. Dopo tutti quegli anni i reperti di un caso passato in giudicato in teoria avrebbero dovuto essere già distrutti, ma invece con un incredibile colpo di fortuna vengono trovati alcuni bossoli di pistola calibro 22, bossoli che dalla perizia balistica risultano esplosi dalla stessa arma utilizzata dal Mostro. Fin qui la versione ufficiale.

Da alcune indiscrezioni uscite a mezzo stampa all'epoca, così come da alcune testimonianze di persone coinvolte nella vicenda, pare invece che la segnalazione o meglio, la soffiata, con l'indicazione di andare ad rivedere il caso del 1968, sia arrivata ai Carabinieri attraverso una serie di segnalazioni anonime. C'è anche chi si è convinto che tutta questa operazione sia stata fin dall'inizio un colossale depistaggio messo in atto dal Mostro con o senza la collaborazione di un complice con forti aderenze nel tribunale di Perugia. Si tratterebbe di una persona in grado di inserire artatamente dei bossoli del Mostro in un fascicolo che non c'entrava nulla con quel caso, portando da quel momento gli inquirenti in una direzione nuova e, forse, compromettendo per sempre l'esito delle indagini. Vedremo poi che la città di Perugia entrerà a più riprese nella storia del Mostro, elemento questo che alimenterà ulteriormente sospetti e ombre su questo fortunoso ritrovamento.

I fautori di quest'ultima tesi di conseguenza ritengono che l'omicidio del 1968 non vada incluso nella serie dei delitti del Mostro, escludono cioè che la pistola che ha sparato a Signa sia la stessa dei delitti successivi. Va detto però che, da un punto di vista balistico, non c'è dubbio alcuno che i bossoli ritrovati sui luoghi di tutti i delitti del Mostro di Firenze, compreso quello del 1968 (ammesso e non concesso che a commettere quel duplice omicidio sia stato anche in quel caso il Mostro), sono stati sparati dalla stessa pisola. Chi sposa la tesi del depistaggio dunque si domanda perché il Mostro abbia messo in piedi questa macchinazione poche settimane proprio dopo il delitto di Baccaiano, dato che a quanto pare le lettere anonime sarebbero arrivate ai carabinieri proprio pochi giorni dopo questo omicidio (anche se a questo proposito non ci sono prove ma soltanto voci di corridoio). È stata una coincidenza o, effettivamente, come sostengono in molti, a Baccaiano, il Mostro si era convinto di aver commesso un errore che potesse rivelarne l'identità?

Forse il Mostro aveva paura che Paolo Mainardi avesse veramente parlato prima di morire, rivelando quindi qualche dettaglio che permettesse di smascherarlo o di indirizzare le indagini in qualche modo, magari rivelando dettagli sul suo abbigliamento o dicendo che l'attacco era stato compiuto da più di una persona?Purtroppo nessuno finora è riuscito a rispondere a queste domande, anche se dobbiamo sottolineare un'incongruenza che a nostro giudizio mina profondamente le teorie che parlano di depistaggio per quanto riguarda il caso del vecchio faldone ritrovato a Perugia. Chi è convinto di questa teoria infatti parte dal presupposto che il Mostro avesse una serie di agganci nelle forze dell'ordine, agganci che gli hanno permesso all'epoca di manomettere della documentazione già archiviata dalle forze dell'ordine e dalla magistratura. Non stiamo parlando dunque di semplici amicizie o di contatti superficiali. Ma allora com'è possibile che il Mostro non fosse a conoscenza della "trappola" che gli era stata tesa? Com'è possibile che non fosse informato sul reale svolgimento delle indagini da parte degli inquirenti? Domande, anche in questo caso, che sono destinate a rimanere senza risposta.

21 AGOSTO 1968
SIGNA, 20 CHILOMETRI CIRCA
DA FIRENZE

Sono circa le 2 di notte del 21 agosto 1968. Il signor De Felice all'improvviso sente suonare alla sua porta. Quando si affaccia al balcone per vedere chi è la scena che si presenta ai suoi occhi è da film dell'orrore: nel bel mezzo della notte, solo e scalzo, c'è un bambino di 6 anni che gli dice semplicemente:

«Aprimi la porta perché ho sonno ed ho il babbo ammalato a letto. Dopo mi accompagni a casa perché c'è la mi' mamma e lo zio che sono morti in macchina».

De Felice a quel punto chiama subito i Carabinieri. Seguendo le indicazioni del bambino le forze dell'ordine arrivano fino alla macchina, dove effettivamente si trovano i corpi senza vita della madre del piccolo e del suo amante. Secondo la versione ufficiale, dopo una serata passata al cinema, Barbara Locci, casalinga di 32 anni, e Antonio Lo Bianco, manovale di 29 anni, si erano appartati in cerca di intimità a poca distanza dal cimitero di Signa. All'interno dell'auto assieme ai due amanti c'era anche il figlio della Locci, Natalino. Barbara era sposata con Stefano Mele, padre di Natalino, e come lui era emigrata dalla Sardegna in Toscana alcuni anni prima. Le indagini prendono subito la direzione più ovvia, ovvero quella del marito geloso che perde la testa quando scopre la moglie che lo tradisce. Ma c'è un problema: Barbara aveva avuto molti amanti e la cosa non sembrava aver mai infastidito il marito che, anzi, forse vittima della situazione, sembrava accettare quel menage senza grosse preoccupazioni. Gli investigatori interrogano comunque il Mele.

L'uomo in un primo momento nega tutto, poi cerca di addossare delle responsabilità su altri sardi, alcuni dei quali erano stati amanti della moglie. Alla fine si addossa la colpa dell'omicidio e finisce in carcere. L'arma del delitto però non verrà mai ritrovata: Mele dirà di averla gettata in un fosso, ma non saprà dare maggiori dettagli. Caso chiuso, per lo meno fino al 1982 quando la provvidenziale memoria del maresciallo Fiori, o più probabilmente alcune lettere anonime, mettono in relazione questo delitto con quelli che stanno insanguinando la Toscana. Da quel momento tutta questa storia prende un'altra piega. A questo punto infatti le attenzioni degli investigatori si spostano su Francesco Vinci, un pluripregiudicato sardo residente a Montelupo Fiorentino che era stato, tra le altre cose, uno degli amanti fissi della Locci.

Già coinvolto nell'omicidio del '68 da una confessione poi ritrattata di Mele, Vinci aveva tutte le carte in regola per essere considerato un Mostro: era violento ed era stato denunciato diverse volte per maltrattamenti alla moglie. Per quanto riguarda i delitti del Mostro di Firenze inoltre si era potuta accertare la presenza del Vinci nei pressi dei luoghi dei delitti in periodi coincidenti con quelli degli omicidi. Quando è ancora in carcere però ecco che succede qualcosa, qualcosa che tutti forse temevano, ma che nessuno credeva potesse davvero succedere. Il Mostro, quello vero, torna a colpire.

9 SETTEMBRE 1983
LOCALITÀ GIOGOLI
10 CHILOMETRI CIRCA DA FIRENZE

La scena che si presenta agli occhi di Rolf Reinecke, il primo a scoprire l'ennesimo duplice omicidio del Mostro, è a dir poco surreale: parcheggiato a pochi metri da villa "La Sfacciata", dove all'epoca risiedeva, si trova un furgoncino volkswagen di quelli resi famosi dai film on the road americani. Il mezzo ha targa tedesca e dall'autoradio continuano a uscire ossessive le note della colonna sonora del film "Blade Runner", rimandate all'infinito dall'autoreverse del mangianastri. Sul terreno sono sparsi dei bossoli Winchester calibro 22 serie H. In prossimità del furgone verranno poi ritrovate alcune pagine di una rivista pornografica di carattere omosessuale. Le vittime questa volta sono due ragazzi tedeschi di 24 anni, entrambi studenti all'università di Munster, Horst Meyer e Jens-Uwe Rush. I due giovani stavano trascorrendo le loro vacanze in Italia.

Il Mostro ha colpito i due ragazzi mentre si trovavano a bordo del loro furgoncino, forse intenti a leggere ascoltando la musica, o magari semplicemente a chiacchierare del più e del meno. I colpi sono stati tutti molto precisi. Alcuni sono stati sparati dall'esterno del veicolo e hanno attraversato la fiancata del furgone. In particolare la perizia stabilirà che i primi due colpi sono stati esplosi da una distanza di circa 40 centimetri dal vetro sul lato destro. Poi il Mostro si sarebbe spostato sulla fiancata sinistra del furgone e da qui avrebbe esploso altri 3 colpi. A questo punto sarebbe infine entrato all'interno del mezzo, dove avrebbe sparato gli ultimi 2 colpi.

Le analisi fatte sull'angolazione dei fori di entrata dei proiettili rinvenute sulla carrozzeria stabiliscono che l'altezza del killer dovrebbe essere di circa 180 centimetri o forse anche di più, ma anche su questo punto non mancano contestazioni da parte di chi ritiene che l'altezza del killer potrebbe benissimo essere inferiore, visto che molto dipende dalla tecnica di sparo adottata.

Dopo questo delitto l'opinione pubblica e gli investigatori ripiombarono di nuovo nel buio: perché uccidere due uomini? si era trattato di un errore del Mostro o c'era stata premeditazione nella scelta delle vittime? In altre parole il killer aveva scambiato una delle vittime per una ragazza e quindi era convinto di trovarsi di fronte all'ennesima coppia appartata in intimità, o aveva voluto colpire proprio una coppia di uomini, forse perché li riteneva omosessuali? Aveva ucciso due stranieri perché non riusciva a trovare coppie italiane, oppure aveva avuto modo di individuare, seguire e massacrare proprio questi ragazzi per qualche motivo particolare? Secondo alcuni poi la rivista omosessuale trovata nei pressi del furgone dal titolo Golden Gay in realtà sarebbe stata portata lì dal Mostro, come testimonierebbero l'ottimo stato di conservazione della carta e la totale assenza di impronte. Questo, per alcuni, starebbe a significare una premeditazione da parte del Mostro che avrebbe portato con sé quella rivista di proposito, preparando così una macabra messa in scena per qualche inspiegabile motivo, dopo che aveva deciso di uccidere per la prima volta una coppia di uomini.

Francesco Vinci esce di scena

Francesco Vinci, il sardo che negli ultimi mesi aveva assunto le sembianze del Mostro per l'opinione pubblica, non può essere l'assassino. L'uomo infatti era chiuso in carcere al momento l'omicidio. Ma Francesco Vinci tornerà a far parlare di sé ancora a lungo. Alcuni anni dopo verrà trovato incaprettato e carbonizzato all'interno della sua auto assieme a un altro sardo, Angelo Vargiu. C'è chi ha ipotizzato che si sia trattato di un omicidio legato in qualche modo alla storia dei delitti del Mostro di Firenze. Più probabile che, viste le modalità molto marcate di questo crimine, si sia trattato semplicemente di un regolamento di conti all'interno della malavita sarda. Uscito di scena Francesco Vinci le attenzioni degli investigatori continuano a indirizzarsi sul mondo dei sardi che ruotavano attorno a Stefano Mele e sua moglie. Così, sulla base di una serie di indizi e di alcune parziali dichiarazioni di Stefano Mele che li coinvolgevano nell'omicidio della Locci, vengono incarcerati Giovanni Mele, fratello di Stefano, e suo cognato Piero Mucciarini. Sono ancora in carcere quando avviene un altro delitto.

29 LUGLIO 1984
LOCALITÀ BOSCHETTA DI VICCHIO
30 CHILOMETRI CIRCA DA FIRENZE

Pia Rontini ha 18 anni ed è stata assunta da poco come barista presso un bar non lontano da casa. Quella sera a causa di cambio turno dell'ultimo momento rientra prima del previsto e così riesce a cenare con la madre. Verso le 9 di sera, su suggerimento della madre, esce per andare a raggiungere il suo fidanzato, Claudio Stefanacci, studente di 21 anni. Insieme decidono di andare a fare una passeggiata. Verso le 21.45 un cacciatore che si trova a passare nella zona assieme alla moglie sente distintamente il rumore di 5 colpi di arma da fuoco. Verso le 3 di notte, quando le famiglie dei due giovani sono da ore allarmate per il loro mancato rientro, viene ritrovata l'automobile parcheggiata in località Boschetta, a pochi minuti da casa di Claudio. La FIAT Panda ha il finestrino del lato passeggero in frantumi e i sedili anteriori ribaltati in avanti. Il corpo di Claudio si trova senza vita sul sedile posteriore. È stato raggiunto da tre colpi di arma da fuoco che, con ogni probabilità, non ne hanno determinato immediatamente la morte. Sul suo corpo 10 ferite di arma da taglio inferte con grande violenza ed accanimento. Pia invece si trova a pochi metri dall'auto lungo un viottolo laterale. È stata raggiunta da alcuni colpi di pistola molto precisi quando ancora era all'interno dell'abitacolo. Con ogni probabilità ha perso immediatamente conoscenza. Ha subito l'asportazione del pube così come quella del seno sinistro. Sulla portiera destra dell'auto viene rilevata un'impronta che si ritiene lasciata dal ginocchio dell'assassino nell'atto di sparare.

I rilievi antropometrici condotti su questa traccia portano a confermare l'altezza del Mostro in 180 centimetri, come nel caso della stima fatta dopo l'omicidio dei due ragazzi tedeschi. Tutto intorno all'auto non vengono rilevate tracce lasciate dal killer in fase di allontanamento. La cosa è piuttosto strana dato che il luogo è circondato da un campo di erba medica e, soprattutto, viste le condizioni di pessima visibilità di quella zona di notte. Per i più questa è una conferma del fatto che il Mostro scegliesse o, per lo meno, perlustrasse i luoghi degli assalti prima degli omicidi per familiarizzare con eventuali insidie e per studiare una via di fuga.

Anche in questo caso la vittima femminile pare avesse subito delle molestie nelle settimane precedenti il delitto. In particolare sembra che Pia avesse confidato a una amica danese di aver fatto dei brutti incontri presso il bar dove lavorava e di non sentirsi sicura perché qualcuno la seguiva. Il gestore di un bar a San Piero a Sieve dichiarerà di riconoscere in Pia e Claudio una coppia di fidanzati che avrebbero consumato qualcosa nel suo bar quel pomeriggio. Ricorderà di aver visto anche un "signore distinto" dai capelli rossicci in giacca e cravatta che, ordinata una birra, si era seduto vicino alla coppia senza perderli di vista un momento. Quando i due ragazzi se n'erano andati anche lui si era alzato e li aveva seguiti. Questa testimonianza però, oltre ad essere in contrasto con altre ricostruzioni della giornata delle vittime, non ha mai permesso agli investigatori di fare nessun concreto passo avanti.

7 O 8 SETTEMBRE 1985 (DATA INCERTA), LOCALITÀ SCOPETI 20 CHILOMETRI CIRCA DA FIRENZE

Jean Michel Kraveichvili e Nadine Mauriot facevano campeggio libero con una tenda canadese nella campagna toscana. L'omicidio, secondo le ricostruzioni ufficiali, sarebbe avvenuto nella notte tra l'8 ed il 9 settembre. Altri invece ipotizzano la notte tra il 7 e l'8, stima effettuata in base allo stadio di sviluppo delle larve di mosca sul corpo della ragazza. Il dibattito sulla data esatta della morte di Kraveichvili e Mauriot è tutt'ora apertissimo, dato che l'intera ricostruzione processuale del caso si basa sul presupposto che i due ragazzi francesi vennero uccisi la notte tra l'8 e il 9 settembre. Noi siamo portati a credere che la datazione corretta dell'omicidio sia invece la notte tra il 7 e l'8 ma il dibattito è ancora aperto tra gli esperti.

È notte. I due ragazzi francesi stanno facendo l'amore all'interno della loro tenda immersa nell'oscurità di una piazzola a San Casciano Val di Pesa, località Scopeti. Secondo una prima ricostruzione il killer si sarebbe dapprima avvicinato alla coppia dal lato della tenda rivolto verso la piazzola, avrebbe tagliato il telo esterno della canadese, e poi si sarebbe spostato sul lato opposto. Qui avrebbe aperto il fuoco. La ragazza, che con ogni probabilità si trovava distesa sopra Jean Michel, sarebbe morta immediatamente raggiunta al corpo da una serie di colpi letali. Il ragazzo, invece, sarebbe stato colpito solo di striscio. Il giovane, completamente nudo, sarebbe riuscito a guadagnare l'uscita della tenda e a percorrere alcuni metri nel buio della notte prima di essere raggiunto dal Mostro, che l'avrebbe finito a colpi di coltello. Il suo corpo verrà ritrovato a pochi metri di distanza dall'automobile, parzialmente coperto da dei coperchi di alcuni bidoni che si trovavano nei paraggi. Una volta massacrato il ragazzo il Mostro sarebbe tornato sui suoi passi e, secondo questa prima ricostruzione, avrebbe compiuto le sue macabre escissioni all'interno della tenda.

Secondo una diversa ricostruzione invece il Mostro avrebbe dapprima spostato la ragazza all'esterno per avere maggiore libertà di movimento e, forse, anche per presidiare meglio il luogo. Avrebbe poi riportato il corpo all'interno della tenda, probabilmente con l'obiettivo di ritardarne il più possibile il ritrovamento da parte delle forze dell'ordine. Alla donna vengono asportati il pube e il seno sinistro.

Lunedì 9 settembre un cercatore di funghi che nel primo pomeriggio si trova a passare nei paraggi intravede tra le frasche il corpo di Jean Michel e lancia subito l'allarme. Le forze dell'ordine giunte sul posto scoprono il cadavere di Nadine nella tenda ed in breve identificano entrambi i corpi.

Messaggi inquietanti

Martedì 10 settembre giunge agli uffici della procura di Firenze una busta indirizzata testualmente al "Dott. Della Monica Silvia Procura della Republica". Della Monica però non si occupa più del caso del Mostro di Firenze da circa un anno. La busta viene comunque aperta dai cancellieri. Al suo interno viene trovato un lembo del seno di Nadine Mauriot. L'indirizzo sulla busta è stato composto incollando lettere ritagliate da rotocalchi popolari. Le lettere sono ritagliate con una lama e non con una forbice come stabiliranno successivamente le perizie.

La busta presenta un evidente errore di ortografia con la parola Repubblica che è stata scritta con una "b" sola. Anche l'anteposizione del cognome al nome per alcuni rappresenterebbe un basso livello culturale del Mostro di Firenze. Per altri si tratterebbe solo di astuti depistaggi volti a portare l'attenzione degli inquirenti verso ceti sociali e culturali più modesti rispetto a quello dell'assassino. Viene stabilito che la busta è stata imbucata al più tardi lunedì mattina da San Piero a Sieve a quasi 60 chilometri dal luogo del duplice omicidio. Sulla busta non vengono repertare tracce o impronte di nessun tipo.

Martedì 10 settembre 1985 è una data storica in questa vicenda perché da quel giorno il Mostro di Firenze scompare per sempre nel buio da cui era venuto, lasciando dietro di sé una scia di dolore e sangue.

LE INDAGINI

Le indagini sui delitti del cosiddetto Mostro di Firenze interessano un arco temporale di circa 50 anni, se prendiamo come data di partenza il delitto del 1968. Molti investigatori si sono misurati con questo complicato rebus e centinaia di sospetti e testimoni hanno sfilato davanti a loro a vario titolo. È facile capire come in tutti questi anni e con tutte queste persone coinvolte le ipotesi investigative siano state via via le più diverse e, ancora oggi, a seconda dell'angolazione da cui si guardano gli eventi si possono inquadrare diverse realtà.

Quella che segue è una carrellata completa e dettagliata delle più importanti teorie ed ipotesi investigative formulate negli anni dagli inquirenti e dagli esperti che, a vario titolo, si si sono interessati al caso del Mostro di Firenze. Alcune sono state particolarmente apprezzate per un periodo, per poi essere accantonate e magari riprese ed arricchite da nuovi dettagli o nuove intuizioni dopo alcuni anni. Altre possono dirsi tranquillamente superate al giorno d'oggi.

Teoria investigativa classica

Le indagini sul delitto del '68 si mossero da subito all'interno della famiglia della vittima. Si scavò nel passato di Barbara Locci e si ritenne di individuare nel gruppo che orbitava intorno a lei la possibile figura dell'assassino. Sostanzialmente le indagini vennero svolte secondo la maniera classica, ovvero cercando un movente che legasse la vittima al carnefice. Al di là dell'esito processuale, che vende in Stefano Mele l'unico colpevole con sentenza passata in giudicato, in molti anche a distanza di anni ritengono che per quell'omicidio quella fosse la strada giusta da seguire.

Per il delitto del 1974, vista la distanza di anni e in parte le diverse modalità con cui fu portato a termine rispetto a quello del '68, ci si comportò allo stesso modo. Anche nel caso del delitto del '74 dunque si cercò di scavare nella vita delle vittime cercando di ricostruirne abitudini ed amicizie per individuare eventuali moventi che avessero potuto spingere qualcuno a commettere un tale gesto. Le strade imboccate nell'immediatezza dei fatti sulla base di segnalazioni e ricostruzioni si rivelarono ben presto inconsistenti e così il delitto venne attribuito a un generico maniaco sessuale.

Il serial killer unico e le inquietanti coincidenze

Va subito chiarito che il concetto di serial killer era qualcosa di nuovo con cui le forze di polizia e gli organi di stampa si trovarono a confrontarsi verso la fine degli anni 70, soprattutto in Italia.

Quando apparve chiaro che i delitti venivano compiuti dalla stessa arma e con modalità simili riconducibili a uno schema ben preciso, tutti si trovarono fortemente impreparati ad affrontare la situazione. I classici sistemi di indagine infatti servono a poco in casi del genere. Conoscere le vite e le amicizie delle vittime può essere importante, ma non è detto che sia fondamentale. In un contesto generale di forte dubbio si cominciarono ad avanzare dunque le ipotesi più diverse: dato che il killer è una persona che ha dimestichezza con l'uso dei coltelli e le lame e compie le escissioni con una certa perizia potrebbe essere un chirurgo. Ma potrebbe essere anche un semplice calzolaio, o una persona che per qualunque motivo ha una buona manualità. Del resto quello della buona manualità è un tratto comune in letteratura a molti serial killer.

Nascono così le ipotesi più disparate: il Mostro vive in zona perché sa muoversi bene nelle strade statali e provinciali toscane; anzi no, vi risiede solo nel periodo estivo visto che è durante questa stagione che colpisce.

L'assassinio conosce o comunque seleziona con cura le sue vittime attraverso diversi pedinamenti più o meno lunghi; o forse no, non seleziona le vittime ma seleziona i luoghi degli attacchi sulla base della loro sicurezza; oppure fa entrambe le cose: seleziona le vittime e poi le segue fino a che non individua i luoghi in cui si appartano e solo allora comincia a preparare l'assalto.

Il Mostro ha un lavoro stabile dal lunedì al venerdì perché di fatto colpisce soltanto nei week-end o nei giorni prefestivi; oppure si tratta di una semplice coincidenza perché, da un punto di vista statistico, quelle sono le serate con un maggior numero di coppie appartate.

Mano a mano che i delitti aumentano emergono anche alcune inquietanti coincidenze:

- molte delle vittime italiane avevano perso da poco un genitore;
- praticamente tutte le vittime erano di estrazione sociale medio bassa. Non si registrano casi di omicidi di figli di professionisti o di ceti sociali considerati "alti";
- tutte le coppie (escluso il duplice omicidio del '68 e quello dei due ragazzi tedeschi) erano consolidate, ovvero coppie ufficiali. Sebbene la realtà della provincia toscana dell'epoca fosse sicuramente diversa da quella di oggi, non è possibile non notare come non siano quasi mai state colpite coppie clandestine di amanti, o coppie occasionali frutto dell'incontro di una serata;
- molte vittime femminili avevano lamentato strani incontri o si erano sentite pedinate nei giorni precedenti gli omicidi;
- molte vittime lavoravano in qualche modo nell'industria tessile.

Il profilo del Mostro

Nel 1984 viene affidato al professor De Fazio il compito di redigere un profilo del Mostro. Sulla base delle conoscenze sui serial killer disponibili all'epoca e sulle informazioni in loro possesso il professor e il suo staff preparano un primo rapporto sul Mostro di Firenze. Secondo il professor De Fazio e la sua equipe dunque il Mostro sarebbe una persona sola, di sesso maschile, tra i 30 e 40 anni, alto circa 1.85, di cultura anglosassone. Un uomo con marcate deviazioni sessuali e che uccide a scopo di libidine.

Alcune delle teorie più "eleganti" che hanno tentato di spiegare i vari delitti del Mostro appartengono proprio a questo filone del cosiddetto serial killer unico, in particolare la teoria dell'avvocato Nino Filastò, ma anche la teoria di Mario Spezi e Douglas Preston.

Teoria Filastò

Secondo l'avvocato Filastò esistono elementi oggettivi raccolti sulle scene di diversi crimini come la posizione delle vittime, la posizione di attacco del killer (di solito dalla parte del finestrino del guidatore) e, soprattutto, l'inesistente traccia di qualsiasi reazione da parte dei ragazzi, che porterebbero a credere che il Mostro riuscisse ad avvicinarsi alle sue vittime addirittura senza destare alcun sospetto, anzi forse incutendo addirittura un certo timore reverenziale. Il ritrovamento di alcuni documenti personali, portafogli o libretti di circolazione delle auto fuori posto sulle scene del crimine, farebbe propendere l'avvocato per l'ipotesi che il killer fosse un uomo in divisa (poliziotto, carabiniere o guardia caccia poco importa), o che l'assassino si travestisse da tutore dell'ordine per avvicinare le sue vittime con la massima tranquillità.

Teoria Spezi/Preston

Mario Spezi è uno dei giornalisti che per primo si è occupato del caso e, tra le altre cose, è stato l'uomo che ha coniare la definizione "Mostro di Firenze", espressione che ormai è entrata nel linguaggio comune. Secondo Spezi e lo scrittore americano Douglas Preston la chiave per risolvere questo caso è tutta nella pistola. Spezi infatti prende per assodata l'ipotesi che la Beretta calibro 22 che ha ucciso nel 1968 sia esattamente la stessa che ha ucciso in tutti gli altri delitti del Mostro di Firenze. Del resto le evidenze balistiche confermano questa ipotesi, proprio per questo motivo Spezi non ha dubbi sui bossoli ritrovati quasi per miracolo in un faldone di un processo ormai passato in giudicato.

La teoria Spezi/Preston si basa su due punti fissi: il primo è che chi ha ucciso nel 1968 era una persona vicina al cosiddetto clan dei sardi; il secondo è che negli ambienti criminali un'arma utilizzata per un delitto non viene mai ceduta a nessun titolo e per nessuna ragione. Di conseguenza è ragionevole credere che la famosa Beretta cal.22 sia rimasta nelle disponibilità di qualcuno che era implicato nel delitto del '68. Secondo Mario Spezi e Douglas Preston questa pistola sarebbe poi stata rubata, unico modo per cui un'arma che scotta possa passare di mano, e avrebbe ricominciato ad uccidere.

Il giornalista toscano e lo scrittore americano ricostruiscono bene questi passaggi dell'arma fino a individuare quello che, secondo loro, è a tutti gli effetti il vero Mostro di Firenze. Si tratterebbe di una persona del clan dei sardi interessata dalle indagini precedenti solo in maniera marginale e che, durante i periodi in cui non sono stati commessi gli omicidi del mostro, non si trovava nelle zone dei crimini. Nell'edizione americana del loro romanzo-inchiesta, "Dolci colline di sangue", Spezi e Preston fanno anche nome e cognome della persona che loro considerano il Mostro di Firenze, nome che però non compare nell'edizione italiana del libro (probabilmente per evitare denunce).

Mario Spezi si è spento nel settembre del 2016 al termine di una lunga malattia.

La pista sarda

Con il termine Pista Sarda si intende tutto il filone di indagine che ha riguardato a vario titolo il cosiddetto clan dei sardi. La Pista Sarda ha portato all'attenzione degli inquirenti diversi soggetti implicati o accusati a vario titolo nelle indagini, soggetti che poi si sono sempre rivelati estranei agli eventi, di solito perché il Mostro aveva colpito ancora mentre molti di loro erano detenuti in carcere. Molte di queste persone avevano un passato discutibile alle spalle e, spesso, hanno anche assunto un atteggiamento provocatorio e poco collaborativo nei confronti delle forze dell'ordine. Su alcuni di loro si sono sollevati molti sospetti, ma ad ogni modo non si è mai arrivati a niente di concreto. La teoria di Spezi/Preston viene normalmente considerata una derivazione di questo filone di indagine ufficialmente abbandonato nel 1989.

Pietro Pacciani

Nel 1992 Ruggero Perugini, il capo della SAM, la "Squadra Anti Mostro", ovvero il pool di polizia e carabinieri esclusivamente dedicati al caso, lancia un appello al Mostro attraverso i microfoni di una trasmissione televisiva:

«Io non so perché, ma ho la sensazione che tu in questo momento mi stia guardando e allora ascolta. La gente qui ti chiama Mostro, maniaco, belva ma in questi anni credo di aver imparato a conoscerti, forse anche a capirti e so che tu sei soltanto il povero schiavo in realtà di un incubo di tanti anni fa che ti domina. Ma tu non sei pazzo come la gente dice, la tua fantasia, i tuoi sogni ti hanno preso la mano e governano il tuo agire. So anche che in questo momento probabilmente ogni tanto cerchi di combatterli, vorremmo che tu credessi che noi vogliamo aiutarti a farlo. Io so che il passato ti ha insegnato il sospetto, la diffidenza, ma in questo momento non ti sto mentendo e non ti mentirò neanche dopo se e quando ti deciderai a liberarti di questo Mostro che ti tiranneggia. Tu sai come, quando e dove trovarmi, io aspetterò».

Ormai gli investigatori sono convinti di aver individuato l'assassino che da molti anni li tiene in scacco. Non assomiglia per niente a nessuno dei profili fin lì preparati dagli esperti, tanto meno a quello del professor De Fazio e della sua equipe. Non è una persona slanciata e di buona cultura ma un contadino toscano piccolo di statura e di bassa scolarità: Pietro Pacciani. Ma come si è arrivati a Pacciani? Torniamo indietro di alcuni anni.

La figura di Pacciani entra nel novero dei sospettati l'11 settembre 1985, all'indomani dell'ultimo delitto del Mostro. Una lettera anonima lo mette in relazione con i delitti e suggerisce agli investigatori di indagare su di lui. Anni dopo si scoprirà che a mandare la missiva era stato un compaesano di Pacciani sulla base esclusivamente di alcuni suoi personali sospetti. Alcuni giorni dopo le forze dell'ordine perquisiscono la sua abitazione ma trovano nulla di particolare. Negli anni successivi la Squadra Anti Mostro elaborerà alcuni elenchi di persone che per residenza, precedenti penali, età ed altri parametri potrebbero essere considerati potenziali sospetti. Gli elenchi sono via via più circostanziati e comprendono sempre meno persone. Il nome di Pacciani è presente in tutti questi elenchi.

Pacciani è una brutta persona, su questo non ci sono dubbi: è stato condannato per l'omicidio di un uomo sorpreso in atteggiamenti intimi con una sua fidanzata e addirittura, dopo aver pugnalato a morte il rivale, pare che Pacciani abbia obbligato la ragazza a far l'amore con lui a fianco del cadavere ancora caldo. Il manovale toscano inoltre ha una lunga storia di maltrattamenti familiari alle spalle ed è stato in carcere per aver abusato sessualmente delle figlie. Pacciani è senza dubbio un mostro: ma è veramente lui il Mostro di Firenze?

Tra il 1990 e il 1992 la sua casa viene setacciata diverse volte e vengono repertati una serie di oggetti ritenuti compromettenti tra cui:

- dei ritagli di giornale raffiguranti seno di donna;
- una cartina stradale con evidenziate a penna le località di Signa e San Casciano;
- una copia di un quadro raffigurante una figura sinistra in divisa;

- un cartellone per sedute medianiche ed altri oggetti riconducibili al mondo dell'occultismo;
- un binocolo funzionate;
- un volantino pubblicitario del 1985 con sul retro scritto a penna un numero di targa di Firenze e la parola "coppia";
- un blocco notes con annotato un appunto: Vicchio-Mercatale 132 chilometri;
- un foglio con annotata la data del delitto degli Scopeti;
- dei ritagli di giornale sul Mostro di Firenze;
- un proiettile difettoso inesploso Winchester serie H cal 22;
- un blocco da disegno Skizzen Brunnen in vendita solo in Germania;
- un portasapone di fabbricazione tedesca.

In base a questi e ad altri indizi Pacciani viene arrestato nel 1993 con l'accusa di essere il Mostro. Numerose sono le intercettazioni ambientali registrate in casa sua che vengono ritrasmesse durante i suoi processi. Da queste intercettazioni emerge un mondo fatto di quotidiani soprusi domestici in cui l'uomo aggredisce la moglie per i motivi più disparati, ma in sostanza nulla che possa ricondurlo direttamente alle scene del crimine.

In particolare è famosa una di queste intercettazioni registrata quando la moglie Angiolina era da poco rientrata da un interrogatorio con il PM. Prima dell'incontro con il PM Pacciani aveva chiesto alla moglie di dire che aveva mal di testa e che non voleva rilasciare nessuna dichiarazione. Quando però viene a sapere che Angiolina non solo ha parlato con il PM, ma ha addirittura riferito che il marito in passato aveva posseduto un fucile, allora Pacciani non ci vede più e aggredisce la moglie con tale violenza che questa scappa di casa. Pacciani resta solo in casa: le cimici disseminate in casa sua ne registrano ogni movimento. Lo si sente aggirarsi in cucina e ad un certo punto parlando a voce alta pare che dica: «undo' la metto ora?».

Secondo l'accusa Pacciani sta parlando della pistola, per la difesa invece Pacciani avrebbe detto «e undo' la metto ora?», parlando al maschile e, comunque, si riferiva a qualcos'altro, forse a qualcosa che aveva in mano in quel momento e comunque non alla pistola. Per un certo periodo girò addirittura l'ipotesi che la frase non fosse da riferirsi alla pistola ma piuttosto a qualcosa d'altro, sempre ricollegabile al caso, ma che per sua natura fosse sfuggito alle perquisizioni. Qualcuno arrivò a pensare ad una cassetta, audio o addirittura video, dove erano registrati uno o più omicidi e con la quale Pacciani ricattava qualcuno. È molto probabile però che si tratti di semplici fantasie considerando gli strumenti tecnici non professionali disponibili all'epoca. Ad ogni modo gli investigatori che erano all'ascolto non intervennero sul momento chiarendo definitivamente la cosa. Questo ancora oggi resta uno dei tanti punti grigi molto dibattuti della vicenda.

Si scava anche sul patrimonio di Pacciani: sembra improbabile che un manovale che ha vissuto di lavoretti occasionali e per di più che ha passato anni in galera sia stato capace di mettere da parte una piccola fortuna, stimata con parametri di oggi in alcune centinaia di migliaia di euro. Sono molto sospetti anche alcuni acquisti di buoni postali in date non lontane dagli omicidi: non si è mai trovata una spiegazione convincente per questo denaro. Purtroppo però nell'Italia dell'epoca moltissimi lavori artigianali venivano svolti rigorosamente in nero quindi non è possibile escludere che questo denaro abbia una provenienza lecita, seppur fiscalmente non dichiarata. Per qualcuno invece questi soldi rappresenterebbe la prova del coinvolgimento di Pacciani con i delitti: sa chi è il Mostro, lo ricatta e per questo ha ricevuto quel denaro. Oppure è un assassino che agisce su commissione e per questo viene pagato. Pietro Pacciani viene processato e condannato nel 1994 sulla base degli oggetti rinvenuti a casa sua durante le perquisizioni, le intercettazioni e le testimonianze presentate in aula. Nelle motivazioni della sentenza però si avanza l'ipotesi che, per lo meno per l'ultimo omicidio (quello dei due giovani francesi), gli assassini fossero in due e che quindi Pacciani avesse un complice. Nel 1996 comincia il processo d'appello ma appare chiaro fin da subito che la sentenza non verrà confermata: troppo scarsi gli elementi in mano agli inquirenti, fragili gli indizi, quasi del tutto inconsistenti le cosiddette prove. Dopo pochi giorni di dibattimento è addirittura il PM a chiedere l'assoluzione di Pacciani che così può lasciare l'aula di tribunale da persona libera. Durante le battute finali del processo l'accusa tenta di presentare 4 nuovi testimoni le cui generalità vengono celate dietro le lettere dell'alfabeto greco Alfa, Beta, Gamma e Delta. Per un vizio di forma la corte però non ammette queste testimonianze ed il processo si chiude come sappiamo.

Poco dopo però i giochi si riaprono: la corte di cassazione annulla la sentenza di assoluzione e si prepara un nuovo processo che vedrà ancora una volta il contadino toscano su banco degli imputati. Nel 1998 però Pacciani viene trovato morto nella sua abitazione a Mercatale. Si dice che sia stato stroncato da un infarto. Ma c'è qualcosa di strano: innanzi tutto per la posizione in cui viene trovato, e cioè con i pantaloni abbassati e la maglia tirata sù. Ancora più strani i risultati dell'esame tossicologico compiuti sul cadavere: emergono infatti tracce di un potente farmaco antiasmatico, fortemente controindicato per una persona con le sue patologie cardiache. Certo, può essere che Pacciani abbia assunto volontariamente quel farmaco ignorandone le controindicazioni. C'è però chi non è convinto di quella morte e avanza l'ipotesi che in realtà Pacciani sia stato ucciso, forse per evitare che rivelasse dei segreti collegati agli omicidi del Mostro di Firenze. Comunque sia il 22 febbraio 1998 cala definitivamente il sipario su Pacciani.

I compagni di merende

L'espressione "compagni di merende" è nata durante il primo processo Pacciani. Tra i vari testimoni sfilano anche alcuni amici di Pacciani, uno di questi è Mario Vanni, il postino del paese. Alla domanda «*Signor Vanni che lavoro fa lei?*», l'uomo risponde «*Io sono stato a fa' delle merende co' i' Pacciani, no?*», dando subito l'idea di essere stato istruito a rispondere da qualcuno, come sottolineò il giudice Enrico Ognibene che disse «*Lei comincia male, sembra che venga a recitarci una lezioncina*». Ma chi sono i compagni di merende e come ha fatto l'accusa ad arrivare a loro?

Come abbiamo segnalato in precedenza durante il secondo processo Pacciani l'accusa voleva interrogare quattro misteriosi testimoni soprannominati Alfa, Beta, Gamma e Delta. I loro nomi sono Fernando Pucci, Giancarlo Lotti, Gabriella Ghiribelli, Norberto Galli. A Loro si è giunti attraverso una serie di intercettazioni telefoniche ed indagini nelle zona e tra le amicizie di Pacciani. Va ricordato che la sentenza del 1994 aveva avanzato l'ipotesi che gli assassini fossero più di uno e comunque, è bene sottolinearlo, la pistola con cui il Mostro ha compiuto tutti i delitti non è mai stata trovata e quindi potrebbe essere stata nascosta da qualcuno della zona. Da una di queste intercettazioni spunta qualcosa: in particolare si registra una conversazione tra Giancarlo Lotti e Gabriella Ghiribelli in cui Lotti fa intendere di aver assistito personalmente all'ultimo delitto. Lotti viene immediatamente interrogato dagli investigatori: all'inizio nega ogni cosa, poi si contraddice e alla fine ammette di aver assistito all'ultimo duplice omicidio, quello della coppia di francesi. Anzi, dirà di più: sostiene infatti di essere stato presente sul luogo perché doveva fare da palo a Pacciani e Vanni mentre uccidevano i ragazzi ed asportavano i macabri feticci dai loro corpi. Dirà anche di aver portato sul luogo dell'omicidio un suo amico con gravi ritardi mentali, Fernando Pucci, ma che lui con questa storia non c'entra nulla. Gabriella Ghiribelli e Norberto Galli confermeranno agli inquirenti di essere transitati in prossimità della piazzola dove sostavano i francesi la notte dell'omicidio e di aver intravisto l'auto di Lotti. Come un fiume in piena Lotti aggiunge che era presente anche all'omicidio di Vicchio sostenendo che Pia gridava ancora mentre Pacciani la tirava fuori dall'auto. Sulla base della confessione di Giancarlo Lotti, un uomo che, non va dimenticato, ha gravi problemi di alcolismo e una vita di espedienti alle spalle, viene istruito il cosiddetto processo ai Compagni di Merende, ovvero il gruppo di persone che facente capo a Pacciani avrebbe portato a termine con tanta ferocia i delitti del Mostro di Firenze. Lotti dà informazioni e fornisce dettagli che a volte sono in palese disaccordo con la ricostruzione dei fatti e con le evidenze scientifiche, come quando parlò dell'omicidio di Vicchio sostenendo che Pia era ancora cosciente ed urlava mentre veniva estratta dall'auto. Secondo l'autopsia però Pia sarebbe stata colpita in maniera mortale dai primi spari perdendo conoscenza quasi subito: impossibile quindi che potesse reagire in alcun modo mentre veniva tirata fuori dall'auto.

Se il processo a Pacciani aveva aperto uno squarcio su una realtà di orrori famigliari, con il processo ai compagni di merende si apre il vaso di Pandora dei vizi inconfessabili della provincia italiana. In sede dibattimentale si sentono storie di esistenze misere, animalesche. Uomini che frequentano abitualmente prostitute, perversioni e violenze sessuali di ogni tipo, magia nera e altri riti propiziatori forse retaggio di una certa cultura di campagna. Secondo la ricostruzione ufficiale Pacciani, Vanni e in alcuni casi Lotti avrebbero commesso per lo meno gli ultimi 4 delitti. Il motivo? È ancora una volta Lotti a suggerirlo: c'era una persona in vista, un signore, un medico che commissionava i delitti e pagava per avere i feticci. Esisterebbe quindi un secondo livello, un livello di insospettabili che per qualche motivo, molto probabilmente magico-esoterico, avrebbe commissionato i delitti a questa banda di disperati, pagandoli pure profumatamente. Va detto che anche Vanni, come Pacciani, al momento dell'arresto ha nelle sue disponibilità un patrimonio che difficilmente si può giustificare con il suo lavoro di postino.

Il 24 marzo 1998, quindi dopo la morte di Pacciani, per Vanni e Lotti arriva la sentenza di primo grado: i "compagni di merende" vengono condannati come esecutori degli ultimi quattro duplici omicidi in concorso con Pacciani. Nel 2000 arriva la conferma della sentenza in Cassazione. Lotti viene condannato a 30 anni, ma muore nel 2002 per un tumore al fegato. Mario Vanni, condannato all'ergastolo, muore nell'aprile del 2009. È l'ultimo dei "compagni di merende" ad uscire di scena.

Ecco come commentò la morte dell'ex postino di San Casciano Val di Pesa dalle pagine del Corriere della Sera Michele Giuttari, l'uomo che dal 2003 è stato a capo del GIDES, il pool investigativo impegnato nella ricerca dei possibili mandanti del delitti del Mostro di Firenze:

«Con tutta probabilità si porta nella tomba dei segreti che non ha voluto o potuto rivelare, quelli sui mandanti del mostro».

Per lo Stato Italiano dunque, Vanni e Lotti sono stati gli esecutori materiali di almeno quattro dei duplici omicidi del Mostro. Ma c'è di più: i giudici che condannano "i compagni di merende" scrivono chiaramente che erano emersi elementi tali da far supporre che i delitti fossero commissionati da un "mandante". Si apre dunque uno scenario assolutamente nuovo nell'inchiesta sui delitti del Mostro di Firenze: siamo di fronte ad un "secondo livello".

IL SECONDO LIVELLO

L'inchiesta si allarga e il nostro puzzle, proprio quando siamo sicuri di aver trovato l'ultimo tassello, si modifica e muta forma. Secondo gli investigatori la bassa manovalanza di Pacciani, ormai deceduto, e Vanni, con l'ausilio in alcuni casi del reo confesso Lotti avrebbe seminato il panico in Toscana seguendo una perversa regia esterna. Una regia di personaggi insospettabili che, celati dietro le loro professioni e il buon nome delle loro famiglie, avrebbero commissionato i delitti.

<u>La pista esoterica</u>

Questo livello superiore avrebbe commissionato gli omicidi per finalità esoteriche. Secondo gli investigatori tracce di ritualità e magia nera infatti sono evidenti in vari aspetti dei delitti, come ad esempio le armi, che sono sempre le stesse per tutti gli omicidi, come pare serva in questo tipo di rituali.

Un altro dettaglio che spinge gli inquirenti in questa direzione è quello delle notti senza luna in cui sono stati commessi tutti i duplici delitti del Mostro di Firenze, ma anche il fatto che i luoghi dei delitti sono vicini a viti e corsi d'acqua, elementi che secondo questo filone di indagine sono carichi di simbolismo esoterico. Ci sono inoltre gli indizi raccolti sui luoghi dei delitti come quella pietra di basalto nero rinvenuta nei pressi del luogo dell'omicidio delle Bartoline nel 1981, che per alcuni sarebbe un totem esoterico mentre per altri un semplice ferma porte. Ci sono inoltre una serie di cerchi fatti con delle pietre rinvenute in una zona in cui i due francesi si erano accampati qualche giorno prima del delitto e dalla quale erano stati fatti spostare da un guardacaccia. Secondo alcuni esperti di esoterismo questi cerchi significherebbero "coppia di francesi, prescelti e destinati al sacrificio". A onor del vero la pista esoterica era già stata stata proposta alcuni anni prima dal criminologo Francesco Bruno che nel 1984 aveva redatto un profile killer su richiesta dei servizi segreti. In questo dossier Bruno aveva sottolineato come secondo lui il killer agisse su impulso mistico-esoterico. Di questo dossier pare si siano però perse le tracce e sembra che non sia mai arrivato sulle scrivanie degli organi investigativi che si occupavano del caso. Nel dossier Bruno, scritto tra l'altro con il contributo di sua moglie Simonetta Costanzo, non viene fatta l'ipotesi che il Mostro agisca in gruppo e l'aspetto mistico-esoterico riguarderebbe esclusivamente la personalità del killer ed i suoi moventi inconsci, più che delineare un progetto di tipo omicida pensato e attuato quale parte integrante di un qualche rituale satanico.

Ma chi sarebbero questi insospettabili membri della setta esoterica? Pezzi grossi, nomi in vista, gente importante: si fanno dei nomi ed alcuni di questi personaggi arrivano addirittura sul banco degli imputati, come il farmacista di San Casciano Francesco Calamandrei che però, al termine di un discusso processo, verrà prosciolto da ogni accusa.

Il nome più famoso emerge ancora una volta a seguito di una intercettazione telefonica in cui a una donna vittima di usura vengono rivolte esplicite minacce. In particolare la voce dall'altra parte del telefono la minaccia di farle fare la fine del medico morto su lago Trasimeno. Chi è questo medico? Francesco Narducci dicono gli investigatori, un gastroenterologo perugino morto nel 1985 nelle acque del lago Trasimeno.

Francesco Narducci

Secondo un'interpretazione forse più corretta la minaccia registrata nell'intercettazione farebbe piuttosto riferimento ad un altro medico, questo sì finito in un giro di usura, di nome Giampiero Puletti, suicidatosi sulla spiaggia del lago Trasimeno nel 1995. La procura però è convinta che si stia parlando di Francesco Narducci e così si apre un nuovo filone di indagine destinato a durare per anni. Ma chi era Francesco Narducci? Cosa sappiamo di lui?

Perugino, rampollo di una famiglia della Perugia bene, Narducci era un professionista rispettato e aveva un tenore di vita invidiabile. Molto ricco, aveva sposato una ragazza, Francesca Spagnoli, anch'essa rampolla di una nota famiglia in città. Una vita all'apparenza serena, un'esistenza invidiabile. A una prima occhiata tutto sembrava a posto: non emergono grosse cose a suo carico, a parte il fatto che probabilmente possedeva una pistola. Eppure c'è qualcosa di strano, sia perché una vox populi degli anni '80 lo indicava come in qualche modo compromesso con la vicenda del Mostro, sia perché a quanto pare la Squadra Anti Mostro era già arrivata a mettergli gli occhi addosso negli anni '80, inserendolo in una lista di persone fortemente sospette.

Non sappiamo il motivo che possa aver spinto gli investigatori in direzione di Narducci già negli anni '80, ma qualcosa ci deve essere stato. Forse una lettera anonima, anche se come abbiamo già avuto modo di vedere di lettere anonima all'epoca ne arrivavano tante. Si vocifera anche che vi fu una segnalazione da parte di un infermiere di Foligno che aveva notato qualcosa di strano. Si dice poi che l'auto o, forse, la moto di Narducci fosse stata avvistata nelle vicinanze di una scena del crimine la notte di uno dei delitti, e che la sua moto avesse forzato un posto di blocco alcuni giorni prima della sua scomparsa. Si parla anche di una serie di pedinamenti e controlli svolti dalle forze dell'ordine in maniera del tutto irrituale. Voci e ricordi sbiaditi, ma in sostanza ci sono pochi elementi chiari su questa storia.

Narducci morì incidentalmente, per lo meno questa fu la versione ufficiale, poco dopo il duplice omicidio dei francesi. Proprio quando l'occhio del ciclone delle indagini forse stava prendendo la sua direzione. Da quel momento in poi le indagini, come sappiamo, presero tutta un'altra piega anche perché saltò fuori che durante uno dei delitti, quello di Calenzano del 1981, Narducci stava seguendo un corso di specializzazione negli Stati Uniti. Peccato però che il corso non avesse obbligo di frequenza e non esistessero registri di presenza di nessun tipo.

Resta comunque una forte sensazione di disagio nell'apprendere che una pista investigativa che sembrava promettente sia stata praticamente abbandonata dal 1985 al 2002. Ci sono delle zone d'ombra su Narducci, delle voci sua sulla vita ma in particolare sulla sua presunta morte l'8 ottobre 1985.

MISTERI ITALIANI - IL MOSTRO DI FIRENZE

Giallo al Lago Trasimeno

Secondo la ricostruzione ufficiale quel giorno Narducci è al lavoro all'ospedale Monteluce di Perugia. A un certo punto riceve una telefonata a seguito della quale dice di doversi assentare. Torna a casa, pranza con la moglie e poi decide di andare al lago a fare una gita in barca. Prima però pare sia passato presso la villa di proprietà della sua famiglia a San Feliciano dove avrebbe lasciato uno scritto. Esce con la barca e da quel momento di lui si perdono le tracce. Dopo alcune ore si mette in moto la macchina dei soccorsi. La barca viene ritrovata ma di lui nessuna traccia fino a che il 13 ottobre un corpo non emerge liberato dai fondali limacciosi del lago.

La famiglia Narducci è una famiglia in vista e molto potente in città e forse per questo, per sveltire le procedure burocratiche, non vengono svolti gli accertamenti che sono previsti in casi come questo, e cioè quando la causa della morte non è certa. Non viene dunque fatta l'autopsia. C'è anche chi dice che il cadavere restituito dal lago quel giorno non fosse quello di Francesco Narducci: troppo gonfio, scuro, con un attaccatura di capelli completamente diversa, in avanzato stato di putrefazione nonostante siano passati pochi giorni dalla scomparsa e, soprattutto, molto più basso del Narducci. A riprova del fatto ci sarebbero le testimonianze dei presenti e poi alcune fotografie "rubate" durante le operazioni di recupero del corpo, mentre uno stretto cordone di forze dell'ordine e notabili locali impedivano l'accesso alla banchina a tutti i fotoreporter. In un momento di distrazione qualcuno riesce a trovare l'angolo giusto e scatta qualche foto del cadavere ripescato disteso a terra sul pontile. Le immagini sono prese da troppo lontano e l'angolatura non permette di scorgere con precisioni i tratti del viso, ma da quelle foto è possibile comunque ricavare una serie di informazioni. In particolare il gruppo di analisi scientifica dei Carabinieri, il R.I.S, riesce a stimare l'altezza del corpo confrontandola con le assi del pavimento del pontile: da questo calcolo risulterebbe che il corpo ripescato sia di almeno 10/15 centimetri più basso rispetto a Narducci.

Nel 2002 viene riesumata la salma e sottoposta all'autopsia che sancisce senza ombra di dubbio che il cadavere all'interno della bara è quello di Narducci, ma i dubbi rimangono perché, secondo la teoria che vede torbido in questa storia, possiamo sì essere sicuri che il corpo è quello Narducci, ma non possiamo essere certi che fosse suo il corpo ripescato nel lago nel 1985. Insomma, Narducci in quella tomba ci sarebbe finito in un secondo momento. Quando i medici aprono la bara con loro grande sorpresa trovano un cadavere in buone condizioni, niente a che vedere con il corpo deteriorato che molti testimoni hanno detto di aver visto sul pontile. Dall'esame autoptico sembra emergere che Narducci non sia morto per annegamento e comunque non abbia passato 5 giorni in acqua, anche se non è possibile ottenere una risposta chiara e definitiva su un cadavere così vecchio. Se ancora non bastasse ci sono anche alcune lesioni alla cartilagine tiroidea che porterebbero a pensare ad una causa di morte diversa: asfissia meccanica secondo una modalità omicidiaria. Narducci dunque sarebbe morto strangolato.

Una storia strana, non c'è dubbio, ma il 20 Aprile 2010 arriva la sentenza al termine dell'udienza preliminare davanti al GUP di Perugia che vedeva imputati a vario titolo 19 persone accusate di aver organizzato la messinscena del lago: tutti gli imputati vengono prosciolti e così, ancora una volta, sembra calare il sipario su Francesco Narducci. Quella sentenza verrà poi annullata nel 2013, come ha ribadito con forza l'ex magistrato Giuliano Mignini in una lettera pubblica inviata al quotidiano Perugia Today:

«Gentile Direttore di Perugia Today. Sono Giuliano Mignini, da poco a riposo dopo essere andato in pensione come magistrato. Durante la mia carriera, mi sono occupato, tra l'altro, della vicenda del gastroenterologo Francesco Narducci e, con una certa sorpresa, ho letto oggi un articolo relativo alla recente morte dell'ex maresciallo della Polizia Provinciale che conobbi durante le indagini e che si dimostrò sempre leale e collaborativo verso gli inquirenti. Lo ricordo

con simpatia. Nell'articolo si dice però una cosa profondamente inesatta che, purtroppo, non è una novità in questa vicenda. Si dice cioè che, per il Tribunale, il Narducci sarebbe morto per disgrazia, mentre per me e per il dr. Giuttari sarebbe morto per omicidio (con tutto il contorno di doppio cadavere e connessioni fiorentine). Per il Tribunale perché? Perché per l'allora GUP Paolo Micheli, autore di una macroscopica sentenza, il Narducci sarebbe morto per disgrazia.

Eppure, dovrebbe essere ormai chiaro a tutti che quella sentenza è stata tolta di mezzo dalla Quarta Sezione della Corte di Cassazione, il 22 marzo 2013, dietro mio ricorso. E pensare che l'unica statuizione del Tribunale rimasta in piedi sia l'ordinanza del gip De Robertis nel procedimento 1848/08/21 che ha stabilito la causa di morte del medico nell'omicidio, il "doppio cadavere" e le connessioni fiorentine. E questo senza parlare dell'ordinanza del Tribunale d'Appello cautelare di identico tenore. Questi non sono giudizi, sono fatti».

Al di là della sostituzione del cadavere sul quel molo sul Lago Trasimeno e sulla misteriosa morte di Narducci, a carico del medico perugino restano una serie di misteriose coincidenze, come quella della cessazione degli omicidi dopo la sua morte o scomparsa avvenuta guarda caso quando gli investigatori stavano spostando su di lui il focus delle indagini. Ma basta questo a renderlo il Mostro? E poi avrebbe agito da solo? Sarebbe stato un serial killer solitario come praticamente tutti i dossier criminologici sul caso sembrano suggerirci? E Pacciani e i compagni di merende che ruolo avrebbero allora in questa storia? Come si collegano le loro storie e le loro esistenze animalesche fatte di istinti primordiali con le atmosfere sofisticate del rampollo di buona famiglia? E la setta esoterica? Esiste veramente, come sostengono in molti, questa organizzazione in grado di commissionare delitti e depistare le indagini di cui Narducci sarebbe stato membro?

L'ex legionario

Nel luglio del 2017, tra lo stupore degli organi di stampa di tutto il mondo, il caso del Mostro è stato riaperto. I pubblici ministeri Canessa e Turco, che secondo una serie di indiscrezioni erano al lavoro sul caso già dal 2013, hanno infatti iscritto formalmente nel registro degli indagati due nuovi nomi, anche se non sappiamo se per concorso in omicidio, favoreggiamento o per altri reati legati al possesso di armi.

Uno è quello di Giampiero Vigilanti, ex legionario pluriottantenne da sempre vicino agli ambienti dell'estrema destra e amico di Rolf Reinecke, il tedesco che aveva scoperto i corpi di Horst Meyer e Jens-Uwe Rush nel 1983 a Giogioli. L'altro invece è quello del medico Francesco Caccamo. Vigilanti durante un interrogatorio fiume ha fatto infatti il nome di Caccamo, sostenendo che fosse lui ad ordinare gli omicidi delle coppiette. Ancora una volta ci troviamo di fronte al teorema del secondo livello anche se, a più di trent'anni dall'ultimo omicidio, e visti i personaggi coinvolti, ogni informazione è da prendere con le pinze. L'ex legionario peraltro era già stato sentito dagli inquirenti nel 1985, quando era stato perquisito per la prima volta. Durante una seconda perquisizione, avvenuta nel 1994, le forze dell'ordine avevano poi sequestrato a Vigilanti 176 proiettili Winchester calibro 22 serie H, lo stesso tipo di quelli utilizzati dal Mostro.

L'Avv. Capano, difensore di Vigilanti, è subito intervenuto pubblicamente per smentire ogni ipotesi di un possibile collegamento tra il suo assistito e i delitti del Mostro di Firenze:

«Ha conosciuto Pietro Pacciani e dice di aver conosciuto di vista anche Mario Vanni e Giancarlo Lotti? Non ci vedo nulla di strano: se Vanni e Lotti erano amici di Pacciani e il mio assistito conosceva Pacciani può averli incrociati. Stiamo discutendo di una cosa a scatola vuota. Non mi risulta che Vigilanti abbia ricevuto alcun avviso di garanzia, non si sa esattamente per cosa sia indagato e non c'è un verbale di perquisizione in tempi recenti.

Per questo sono perplesso e mi chiedo qual sia lo scopo di far sapere pubblicamente che esiste un'indagine di questo tipo».

Da sempre il caso del Mostro ha attirato mitomani di ogni tipo, e Vigilanti ha dalla sua una vita a dir poco eccentrica, particolare che ha messo in allarme più di qualche osservatore in merito alla sua attendibilità. Caccamo, anche lui pluriottantenne, vive a Dicomano, nel Mugello, ma in passato aveva un ambulatorio a Prato ed è stato a lungo il medico curante di Vigilanti. Dopo le dichiarazioni dell'ex legionario le forze dell'ordine hanno perquisito la casa del medico, senza però trovare alcunché. Vigilanti ad ogni modo ha dichiarato che i delitti del mostro sarebbero stati compiuti da più persone, particolare che ancora un volta cozza contro ogni teoria criminologica sui delitti seriali di questo tipo, come abbiamo già avuto modo di sottolineare in precedenza, per non parlare delle evidenze scientifiche rilevate sui luoghi dei delitti del Mostro.

Nuove evidenze scientifiche?

Due però sono gli aspetti che potrebbero davvero riaprire il caso: uno riguarda la famigerata Beretta .22 utilizzata dal Mostro, l'altro è invece legato alle moderne analisi del DNA. Per quanto riguarda la pistola abbiamo già detto delle munizioni rinvenute in casa del Vigilanti nel 1994, ma va sottolineato che l'ex legionario detiene regolarmente quattro pistole, tra cui anche un Beretta .22. Di quest'ultima però ne è stato denunciato il furto nel 2013, proprio l'anno in cui i pubblici ministeri Canessa e Turco hanno riaperto nella massima discrezione le indagini… Diverso invece il discorso per quanto riguarda le tracce di DNA dato che si stanno rianalizzando infatti tutti i reperti del caso del Mostro con le moderne tecniche forensi nella speranza di trovare qualche traccia che, all'epoca, era sfuggita agli investigatori o che non poteva essere analizzata.

Nel novembre del 2019 sono emerse infatti nuove prove che potrebbe far riaprire il caso. Indagando sul duplice delitto di Scopeti, ovvero quello del 1985 con cui terminano i delitti del Mostro di Firenze, è stata scoperta una traccia di DNA appartenente a un profilo sconosciuto. Il genetista Ugo Ricci analizzando le tracce biologiche presenti sui reperti del duplice omicidio ha fatto una serie di scoperte che hanno evidenziato come le indagini nel corso degli anni siano state condotte in maniera quantomeno amatoriale: non sono mai stati immagazzinati i profili genetici di Giancarlo Lotti e Mario Vanni, ad esempio, ma anche quelli delle vittime. Inoltre su un paio di pantaloni taglia 44 presenti all'interno della tenda canadese in cui si trovavano i due ragazzi francesi è stata rinvenuta una traccia di DNA di un profilo maschile, battezzato "uomo sconosciuto 1", diverso da quello della vittima Jean Michel Kraveichvili (anch'esso assente dalla banca dati ma ricavato da altri reperti). Un ulteriore profilo è spuntato dalla busta da lettere che racchiudeva tre proiettili spediti ai pm Vigna, Canessa e Fleury. Ma questi due profili genetici non sono compatibili. Non sono di Vigilanti né del medico Francesco Caccamo. Non sono neppure di Francesco Narducci (profilo archiviato dopo la riesumazione del corpo nell'ambito dell'inchiesta per la presunta sostituzione del suo cadavere al momento del ritrovamento nel lago Trasimeno nell'ottobre del 1985). E neppure di Rolf Reinecke, il tedesco ormai defunto che scoprì i cadaveri dei due ragazzi tedeschi del 1983 (profilo ricavato tramite la figlia). Sono di Pietro Pacciani? No, non sono neppure del "Vampa".

Il fatto che non si abbiano riscontri con nessuno dei personaggi coinvolti in qualche modo nel caso non sta a significare nulla, sia chiaro, dato che stiamo parlando di tracce di DNA più cercato a 30 anni di distanza. Per non parlare del modo in cui sono stati repertate le prove del caso negli ultimi decenni… Da questo scenario però emerge in maniera inquietante un dato palese:

le poche evidenze scientifiche del caso sembrano ogni volta incrinare le dichiarazioni del "pentito" Lotti , ovvero le fondamenta su cui si basa la verità giudiziaria relativa ai delitti del Mostro di Firenze.

La pista nera

Quella al vaglio degli inquirenti sarebbe una vera e propria pista nera, una nuova teoria che andrebbe dunque ad aggiungersi a tutte quelle seguite negli ultimi anni. Leggiamo cosa scrive il quotidiano La Nazione infatti a proposito del duplice delitto del 1974

«...La Pettini, che era figlia di un partigiano, verrà oltraggiata anche con un tralcio di vite nella vagina, un dettaglio che si ritrova negli eccidi nazifascisti, ad esempio quello di Vinca, sulle Alpi Apuane. [...] Con questa impostazione, è inquietante il dettaglio, ribadito più volte al processo, secondo cui Pia Rontini, uccisa nel 1984 alla Boschetta di Vicchio con il fidanzato Claudio Stefanacci, aveva rivelato alle persone a lei vicine di aver avuto l'impressione di essere stata pedinata, forse avvicinata.

Nel 2015, i carabinieri del ROS "batterono" insistentemente Prato sulle tracce delle conoscenze di Rolf Reinecke, tedesco dalle marcate simpatie neonaziste, amico di Vigilanti, che dopo la separazione dalla moglie si era trasferito da Prato a Giogoli. Aveva affittato una porzione di una villa situata proprio davanti alla piazzola dove i due omosessuali tedeschi avevano parcheggiato il loro Volkswagen.

Anche lui perquisito nell'immediatezza, gli vennero trovate delle pistole ma non la calibro 22 [...]».

C'è stato anche chi ha evocato l'ombra dei Servizi Segreti, un classico del complottismo tricolore, ma francamente in questo caso si ha l'impressione di trovarsi di fronte soltanto a storie fantasiose.

SOLTANTO IPOTESI...

Ipotesi. Soltanto ipotesi. A volte, forse, pura fantasia. Comunque la si voglia pensare però è innegabile che Narducci sarebbe per molti il tassello perfetto che fino a questo momento mancava in tutta questa vicenda. Finalmente c'era qualcuno che aveva quei tratti anglosassoni e la cultura raffinata tracciati dai dossier dei profiler e che mancava nei vari Spalletti, Vinci, Pacciani, Lotti, Vanni e in tutti gli altri personaggi grotteschi di questa storia.

Come abbiamo più volte ripetuto siamo di fronte ad un rebus anzi, ad un puzzle complesso con molte tessere che alle volte non combaciano. Per questo si ha la forte la sensazione che gli inquirenti, per salvare il lavoro fatto fino a quel punto, per non abbandonare una teoria o semplicemente per fare passi avanti sulla base di nuovi scenari, abbiano cercato di mettere in relazione persone, ambienti e situazioni che effettivamente avevano poco o nulla in comune.

La storia di Narducci è sospetta e misteriosa come a modo loro lo sono le storie di molti dei personaggi che a vario titolo sono entrati in questa orribile vicenda. Scavando nelle loro vite abbiamo scoperto mondi e situazioni che non avremmo voluto conoscere. Storie di violenza, illegalità e poco rispetto per le persone e le istituzioni. Mostruosità che però non hanno ancora permesso di scrivere la parola fine su questa storia, su questa storia che è a tutti gli effetti un puzzle indecifrabile. Un puzzle infinito. Proprio quando crediamo di averlo completato ci accorgiamo che per farlo abbiamo dovuto inserire a forza alcuni pezzi, inserendo alcuni tasselli laddove invece non andavano. Oppure che non abbiamo usato abbastanza pezzi e per questo l'immagine che vediamo non è mai nitida e chiara. E a questo punto non ci resta che ricominciare tutto da capo...

IL CASO MORO

UN CASO ANCORA APERTO

«È in grado qualcuno di dire che tutto è chiaro del rapimento di Aldo Moro?».
(Valentino Parlato)

Il sequestro di Aldo Moro è durato 55 giorni, questo il tempo trascorso dal 16 marzo 1978, giorno dell'agguato in via Fani, al 9 maggio successivo, quando il cadavere dell'On. Moro verrà ritrovato in via Caetani, una laterale di via delle Botteghe Oscure dove si trovava la storica sede del PCI, a pochi passi dalla sede della DC di Piazza del Gesù. Se, dunque, il sequestro più famoso della storia d'Italia si è tragicamente concluso in meno di due mesi, il Caso Moro, ovvero lo tsunami politico giudiziario che ha investito il nostro Paese è durato per decenni. Anzi, durerà molto di più, dato che possiamo affermare con tranquillità che il Caso Moro è destinato a restare aperto ancora a lungo.

Se guardiamo la storia del Novecento soltanto un altro episodio di cronaca può essere paragonato a quello del sequestro e dell'assassinio di Aldo Moro, ovvero il caso dell'assassinio del Presidente Kennedy[1]. L'*affaire* Moro, infatti, è senza ombra di dubbio il punto più oscuro della storia repubblicana italiana, uno dei misteri più ingarbugliati del secondo dopo guerra, una storiaccia in cui tutti si sono sporcati le mani: terroristi, politici, giornalisti, forze dell'ordine, servizi segreti (deviati e non), il Vaticano, governi, spie internazionali, militari di diversi paesi. Raccontare il Caso Moro è davvero arduo, se non impossibile, perché si ha la certezza che molti documenti e molto prove del caso sono state costruite ad arte per gettare fumo negli occhi a chi guarda. Provare a fare luce sul Caso Moro significa inoltrarsi con gli occhi bendati nella notte della Repubblica, come la definì a suo tempo Sergio Zavoli. Una notte buia e senza luna.

Un nuova commissione parlamentare d'inchiesta

Nonostante i tribunali, le confessioni, i collaboratori di giustizia, le condanne, le assoluzioni e le pene scontate o da scontare, le rivelazione e gli scoop a orologeria, il Caso Moro sembra destinato a non finire mai. La prova più eloquente è l'apertura nel 2013 dell'ennesima Commissione Parlamentare, questa volta presieduta dall'On. Giuseppe Fioroni. In tanti hanno criticato l'apertura di una nuova Commissione Parlamentare interamente dedicata al Caso Moro, eppure sono bastati pochi mesi di indagini per far emergere notizie sensazionali, segreti che sembravano dimenticati, particolari che erano inspiegabilmente sfuggiti agli inquirenti, addirittura nastri registrati dalle Brigate Rosse e mai ascoltati dalle forze dell'ordine dopo più di trent'anni.

---

[1] Si veda a questo proposito *JFK. Omicidio Kennedy, un caso mai risolto*, di Wiki Brigades, LA CASE Books, 2013.

Il Paese delle ombre lunghe

In questi decenni in tanti hanno provato a trovare un senso in una storia che, da qualunque parte la si guardi, appare sempre priva di senso: libri, inchieste giornalistiche, programmi tv, film e siti internet hanno tentato disperatamente di ricomporre i frammenti del sequestro e dell'uccisione dell'On. Aldo Moro, un episodio che, con la sua assurda follia, ha avvelenato per sempre un Paese intero.

Anche dopo anni di studio delle carte, di ricostruzioni precise, di analisi dettagliate e di confronti di ogni tipo, si ha sempre la gradevole sensazione che si prova di fronte a uno specchio rotto o scheggiato. L'immagine che abbiamo di fronte resta sempre deforme. Per quanto ci si sforzi di trovare un punto in cui specchiarsi, non riusciamo mai a ritrovare un'immagine nitida. C'è sempre qualcosa che non va, c'è sempre qualcosa fuori posto.

E in questo incubo senza fine purtroppo le cose fuori posto sono tante, troppe. Sono trascorsi più di 40 anni da quei giorni terribili, eppure siamo ancora molto lontani dall'avere una verità condivisa. Il paradosso è proprio questo: più passa il tempo e più le ombre si ingigantiscono, come durante una calda giornata d'estate. E proprio come l'allungarsi delle ombre d'estate ci rende perfettamente consapevoli che il sole sta calando e che presto sarà sera, allo stesso modo proviamo sulla nostra pelle la sgradevole sensazione che anche su questo mistero stia per scendere definitivamente il buio dell'oblio. Per carità, ormai a ogni 16 marzo e a ogni 9 maggio si ripete il rito di postare su Facebook le solite foto che ricordano la strage della scorta e poi l'assassinio di Moro, sui giornali compaiono sempre gli stessi articoli di maniera che ripercorrono quei giorni, in tv viene proiettata l'ennesima replica dello speciale di approfondimento dal programma di cronaca nera di turno. E non manca mai il giornalista d'assalto che promette scoop incredibili per promuovere il suo nuovo libro sul rapimento di Moro.

Però poi tutto si ferma lì, nessuno ha il coraggio di sporcarsi le mani e di mettersi a scavare, ci si accontenta delle solite frasi di circostanza senza rendersi conto che le ombre si allungano un altro po', che la notte è sempre più vicina e che la verità invece si allontana sempre di più. Sì perché questa volta la notte tornerà per restare, non andrà più via. Per questo abbiamo deciso di accendere una luce. Non vogliamo rassegnarci alla notte, non vogliamo accettare una verità parziale, zoppicante.

Un salto nel buio

Quello che stai per iniziare, caro lettore è un salto nel buio. Scoprirai verità che non ti piacciono, leggerai cose sgradevoli, ti troverai di fronte a fatti che non avresti mai voluto conoscere, ti renderai conto che per lungo tempo ti hanno raccontato soltanto bugie. Per questo ti avvisiamo subito, se non te la senti non proseguire oltre, lascia perdere. Continua a perpetuare il ricordo della strage ogni 16 marzo postando la tua bella foto su Facebook, o condividendo il solito vecchio e riciclato articolino dal sito del Corriere e di Repubblica, magari aggiungendo anche un bel commentino indignato sugli anni di piombo, o qualche citazione a effetto. Oppure, perché no, puoi sempre guardarti l'ennesima replica della puntata di un qualsiasi speciale tv dedicato al sequestro Moro, quelle di cui parlavamo prima. Su Youtube se ne trovano parecchie, di sicuro in qualche canale televisivo trasmetteranno qualche vecchio approfondimento sul Caso Moro, anche se un po' ammuffito sarà sicuramente interessante.

Ma, non dimenticarlo, alla fine avrai soltanto contribuito a far allungare di qualche centimetro quell'ombra maledetta che avvolge una gran parte della storia recente di questo Paese. Se a te sta bene così, fai pure, in fondo non hai tutti i torti. Se invece hai le spalle quadrate e te la senti di sopportare questo peso, se davvero pensi di poter guardare in faccia l'abisso senza che l'abisso poi inizi a scrutare minaccioso dentro di te, beh, allora non devi far altro che continuare a leggere. Buona fortuna, ne hai davvero bisogno.

16 MARZO 1978

«Non ci devono essere vittime sacrificali, non si devono fare sacrifici umani.
La DC fa quadrato attorno ai suoi uomini.
Non ci processerete sulle piazze, non ci lasceremo processare».
(Aldo Moro)

Il 16 marzo 1978 non è un giorno qualunque. In Parlamento si deve votare la fiducia al Governo Andreotti che dovrebbe riportare un po' di equilibrio in una situazione politica a dir poco frammentaria e lacerata da mille tensioni. Ma la mattina di quel 16 marzo succede qualcosa di imprevedibile per tutti, o per lo meno così ci hanno raccontato. Un evento che cambierà per sempre le sorti dell'Italia Repubblicana.

Un politico diverso dagli altri

Quella mattina, come sempre, l'On. Moro si sta recando in Parlamento. Aldo Moro però non è un parlamentare come gli altri. È stato Ministro degli Affari Esteri, Ministro dell'Istruzione e della Giustizia, per ben cinque volte Presidente del Consiglio e ora, dopo aver ricoperto il ruolo di Segretario Nazionale della Democrazia Cristiana, è il Presidente del Consiglio Nazionale della Democrazia Cristiana. Un pezzo grosso, grossissimo. Insieme a Giulio Andreotti è senza dubbio il politico più importante del Paese.

Per questo motivo viaggia sempre sotto scorta. Non dimentichiamo che siamo nel pieno degli anni di piombo, non si contano gli omicidi e le gambizzazioni da parte di frange estremiste rosse e nere, per non parlare delle bombe in piazza che hanno insanguinato l'Italia a partire dalla fine degli anni '60. I "fantastici anni '70" in Italia sono anni di sangue, la gente ormai non fa più caso alla notizia in cui si parla della vittima del giorno e i politici, soprattutto quelli più in vista, vivono costantemente protetti con l'incubo di subire un'aggressione o di essere rapiti. Per un uomo come Moro dunque la scorta è diventata ormai un'abitudine, una di quelle cose scontate a cui non dare più peso. E così anche quel 16 marzo, proprio come tutte le mattine, il Presidente della DC saluta la sua famiglia di buon'ora per recarsi in Parlamento.

Sono ancora le 9.00 del mattino e l'On. Moro è a bordo di una Fiat 130 blu, comodamente seduto sui sedili posteriori. Il maresciallo Leonardi, il caposcorta, occupa il posto del passeggero, mentre al volante invece c'è l'appuntato Domenico Ricci. Dietro alla macchina di Moro un'altra auto di servizio, un'Alfetta bianca. All'interno si trova il resto della scorta dell'Onorevole: il vice brigadiere Francesco Zizzi e gli agenti di polizia Giulio Rivera e Raffaele Jozzino.

Lo scacchiere in via Fani

Quel 16 marzo però la Fiat 130 blu di Moro non arriverà mai in Parlamento. Il loro viaggio si ferma in via Fani. Ad aspettare l'auto del Presidente della DC in quell'anonima via romana, infatti, c'è un commando di ben 11 brigatisti, anche se il numero non sarà mai davvero confermato e ancora oggi persistono non pochi dubbi su chi fosse effettivamente presente sulla scena del crimine. Non appena le due auto imboccano via Fani scatta la segnalazione. La terrorista Rita Algranati con un mazzo di fiori in mano avvisa i suoi complici che è il momento di passare all'azione.

La strategia messa in atto dai brigatisti è quella chiamata "a cancelletto", nota all'epoca perché utilizzata ad esempio dai terroristi tedeschi della RAF. Due auto bloccano il convoglio dell'onorevole, una si piazza davanti alla Fiat 130 blu di Moro e una invece subito dietro all'Alfetta in cui viaggiava il resto della scorta. Via Fani è una stradina stretta, in discesa (l'auto di Moro la percorreva dall'alto verso il basso), l'imbuto perfetto per mettere a segno un agguato del genere. Vi abita peraltro l'Onorevole Pino Rauti, che da una finestra di casa assisterà ad alcuni momenti della strage, tanto che alle 9:15 chiamerà la centrale operativa dei carabinieri dicendo di aver sentito una serie di raffiche di mitra, di aver visto due uomini sospetti vestiti da ufficiali dell'aeronautica e una Fiat 132 blu.

Sul lato destro di via Fani Mario Moretti, uno dei membri di spicco del Comitato Esecutivo delle Brigate Rosse, è posizionato al volante di una Fiat 128 che ha una targa falsa del Corpo Diplomatico "CD 19707". Le indagini successive accerteranno che quella targa era stata assegnata all'ambasciata del Venezuela diversi anni prima e che ne era stato denunciato il furto l'11 aprile 1973.

Dall'altra parte della strada ci sono invece Alvaro Lojacono e Alessio Casimirri, anche loro a bordo di una Fiat 128. La brigatista Barbara Balzerani aspetta a bordo di una terza Fiat 128, parcheggiata in senso di marcia opposto rispetto alle due auto dei brigatisti, e cioè in direzione di via Stresa (da cui proveniva Moro). C'è infine una quarta auto, una Fiat 132 blu, che si trova lungo via Stresa, a pochi metri dall'incrocio con via Fani. Al volante di quest'ultima automobile Bruno Seghetti. Il gruppo di fuoco, composto da Valerio Morucci, Raffaele Fiore, Prospero Gallinari e Franco Bonisoli, è appostato dietro alle siepi del bar Olivetti che si trova proprio sull'angolo dell'incrocio e che in quei giorni è chiuso per lavori. Tutti e quattro indossano delle comuni divise da assistenti di volo Alitalia.

Secondo la ricostruzione ufficiale dunque si contano 11 brigatisti in via Fani quella mattina. Inizialmente i primi terroristi arrestati nelle loro confessioni e nelle ricostruzioni dei fatti avevano parlato di soli 9 uomini presenti sul luogo della strage, naturalmente per coprire i compagni che non erano stati ancora arrestati o individuati. Col tempo si è arrivati a una "verità giudiziaria" di 11 brigatisti, ma in tanti sono convinti che in realtà in via Fani quella mattina ci fossero anche altre persone.

Tra i dubbiosi perfino Alberto Franceschini, uno dei fondatori delle Brigate Rosse insieme a Renato Curcio e a Mara Cagol:

«[...] per il sequestro Sossi, che era abbastanza facile da compiere, nel senso che era una persona che si muoveva senza scorta, il rapimento fu effettuato di sera in una viuzza. Semmai, si presentavano problemi per la via di fuga, ma non tanto per la presa del soggetto. Comunque, per compiere questa operazione, noi eravamo diciotto persone, stando anche a ciò che dice Bonavita nella sua ricostruzione. Quindi, mi sembra assolutamente improponibile che un'operazione militare complessa come quella di via Fani sia stata compiuta da solo da undici persone».

L'agguato

Quando l'auto dell'On. Moro imbocca via Fani Mario Moretti si piazza di fronte con la sua Fiat 128. In prossimità dell'incrocio il brigatista frena di colpo, bloccando improvvisamente la colonna d'auto in mezzo alla strada. Di fatto la Fiat 130 dell'On. Moro resta incastrata tra la 128 di Moretti e l'Alfetta della scorta, a sua volta bloccata dalla seconda 128 del commando brigatista.

È in questo preciso istante che scoppia l'inferno: il gruppo di fuoco infatti irrompe sulla scena scaricando una tempesta di piombo sulle due auto bloccate. La prima perizia effettuata dagli inquirenti conterà in tutto 91 colpi, 45 dei quali a segno sugli uomini della scorta. Valerio Morucci e Raffale Fiore avrebbero sparato contro la Fiat 130 in cui si trovava Moro, mentre Prospero Gallinari e Franco Bonisoli avrebbero scaricato le loro armi contro l'Alfetta di supporto.

Carneficina

Il primo a morire è il maresciallo Leonardi, massacrato da una raffica di mitra esplosa da Valerio Morucci. L'arma del brigatista però a quel punto si inceppa, mentre il resto del commando si accanisce contro l'Alfetta della scorta. Anche Fiore si trova in panne a causa del mitra inceppato e così, secondo la ricostruzione ufficiale, l'appuntato Ricci avrebbe avuto qualche secondo per cercare disperatamente di uscire da quella situazione drammatica. Il tentativo di fuga però non riesce perché sul lato destro della strada è parcheggiata una Mini Minor che impedisce ogni movimento alla 130.

Intanto nel giro di pochi secondi Morucci riesce a disinceppare il suo mitra e finisce senza pietà l'appuntato Ricci. Convulsa la situazione anche a bordo dell'Alfetta. Gli agenti Rivera e Zizzi vengono freddati immediatamente dai colpi esplosi da Gallinari e Bonisoli, mentre l'agente Iozzino, che si trovava nel sedile posteriore, riesce a uscire dalla macchina e risponde al fuoco. Anche Gallinari e Bonisoli, dopo aver sparato la prima scarica, hanno un problema ai mitra ma riescono comunque ad uccidere l'agente Iozzino colpendolo con le pistole che avevano portato con loro.

Sono trascorsi pochi secondi eppure l'intera scorta del Presidente Moro è stata letteralmente annichilita dalla potenza di fuoco delle Brigate Rosse. Domenico Ricci, 42 anni, autista di Moro, e il Maresciallo Oreste Leonardi, 52 anni, giacciono morti all'interno della Fiat 130 dell'Onorevole crivellata di colpi. A bordo dell'Alfetta della scorta si trovano invece la guardia di Pubblica sicurezza Giulio Rivera, 24 anni, e il vicebrigadiere di Pubblica sicurezza Francesco Zizzi, 30 anni; quest'ultimo è ancora vivo, nonostante le numerose ferite. La sua morte verrà annunciata ufficialmente alle 12:36 dallo staff del Policlinico Gemelli. La guardia di Pubblica sicurezza Raffaele Iozzino, 25 anni, è invece distesa supina in mezzo alla strada, a pochi passi dall'Alfetta. Aldo Moro, miracolosamente illeso nonostante quel diluvio di piombo, si trova in stato di shock all'interno della Fiat 130.

Raffaele Fiore si avvicina all'automobile e, insieme a Mario Moretti, prende Moro e lo fa sedere all'interno della Fiat 132 guidata da Bruno Seghetti. Moretti e Fiore entrano nella 132, dietro di loro la Fiat 128 bianca con Casimirri, Lojacono e Gallinari. A questo punto come se niente fosse le due auto si allontanano spedite lungo via Stresa. Valerio Morucci invece si ferma qualche secondo in più sul luogo della strage perché si preoccupa di raccogliere due delle borse dell'On. Moro. Il particolare delle borse in seguito verrà sottolineato più volte dai complottisti: Morucci prende solo due delle cinque borse che Moro aveva con sé all'interno dell'automobile, scegliendo apparentemente a caso. Eppure in quelle due borse ci sono i documenti riservati e i medicinali di Moro. Com'è possibile che in un frangente del genere il brigatista romano sia riuscito a intuire in una frazione di secondo quali fossero le borse indispensabili da prendere?

Altri invece hanno ipotizzato che le borse mancanti siano state prelevate successivamente nel corso delle prime indagini sul posto da soggetti non identificati, forse legati ai Servizi Segreti italiani. Morucci comunque dopo aver preso quello che gli interessa dall'auto di Moro si siede al volante della Fiat 128 blu e segue velocemente le altre due automobili. Dentro alle 128 insieme a Valerio Morucci ci sono altri due terroristi, Barbara Balzerani e Franco Bonisoli. Sono le 9.05, da quando l'agguato è scattato sono passati appena 180 secondi.

Spariti nel nulla

Si può dire che il Caso Moro è iniziato da pochi istanti ed ecco che ci troviamo già di fronte al primo mistero di questa torbida faccenda. Com'è possibile che un commando armato fino ai denti riesca a sparire letteralmente nel nulla nel centro di una delle città più sorvegliate d'Italia? Eppure, per quanto tutto questo possa sembrare folle e privo di senso, è proprio quello che avviene.

Alle 9:03 il 113 viene avvisato da una telefonata anonima che si è verificata una sparatoria in via Fani e, di conseguenza, viene subito allertata la pattuglia del Commissariato di Monte Mario. Gli agenti arrivano sul posto alle 9:05 e capiscono immediatamente di trovarsi di fronte a qualcosa di grosso: fanno subito allontanare i curiosi che si sono addensati nella via, provano a vedere se ci sono dei superstiti e, naturalmente, avvisano il comando di quella situazione drammatica.

Le prime informazioni raccolte dagli agenti sono incredibilmente fedeli alla dinamica dei fatti. Gli uomini delle forze dell'ordine chiedono che vengano inviate delle ambulanze per "la scorta di Moro", dopo di che aggiungono che "hanno sequestrato l'Onorevole". Gli agenti comunicano ai colleghi che i colpevoli dell'agguato sono scappati a bordo di una Fiat 128 bianca targata "Roma M53995", secondo le testimonianze dei passanti inoltre i membri del commando indossavano "divise da marinai o da poliziotti". Vengono dunque raccolte e diramate fin da subito informazioni molto precise e dettagliate, eppure i brigatisti che hanno rapito Aldo Moro sembrano spariti nel nulla, nessuno ha la più pallida idea di dove siano finiti.

Intanto nel giro di pochi minuti la notizia fa il giro della capitale e, in breve, del mondo intero: tutte le principali forze di polizia vengono allertate, mentre in via Fani iniziano ad arrivare anche i giornalisti.

Alle 9:10 tutte la volanti della sala operativa della Questura vengono allertate. Sono coinvolte nel rapimento anche una seconda macchina, una Fiat 132 blu targata "Roma P79560" e una non meglio precisata "moto Honda Scura", particolare apparentemente di poco conto e su cui avremo modo di tornare meglio in seguito. Naturalmente anche il Ministero dell'Interno viene informato dei fatti. Il capo della polizia Giuseppe Parlato telefona infatti a Francesco Cossiga, all'epoca Ministro degli Interni, alle 9.20. Poco prima era stato avvisato anche Giulio Andreotti.

Mentre i brigatisti spariscono nel nulla in via Fani continua ad arrivare sempre più gente: forze dell'ordine, giornalisti, politici, magistrati, la moglie dell'On. Moro, semplici curiosi…. In tutta Roma si moltiplicano posti di blocco di ogni tipo, mentre la Fiat 132 targata "Roma P79560" abbandonata dai terroristi in via Licinio Calvo viene ritrovata dalla polizia alle 9.23.

Edizione straordinaria

Alle 9.25 il GR2 interrompe le trasmissioni per un'edizione straordinaria, dietro al microfono c'è Giorgio Palandri:

«Gentili ascoltatori, siete collegati con la redazione del Gr2. Interrompiamo le trasmissioni per una drammatica notizia che ha dell'incredibile e che anche se non ha trovato finora conferma ufficiale, purtroppo sembra sia vera. Il Presidente della Democrazia Cristiana, On. Aldo Moro, è stato rapito poco fa a Roma da un commando di terroristi. L'inaudito, ripetiamo, incredibile episodio è avvenuto davanti all'abitazione del parlamentare nella zona della Camilluccia. I terroristi avrebbero sparato contro la scorta, avrebbero poi caricato a viva forza l'On. Moro e si sarebbero allontanati [...] C'è da aggiungere che la scorta dell'On. Moro era composta da cinque agenti. Sarebbero tutti morti. A risentirci più tardi».

La redazione del GR2 anticipa tutti dando una notizia che, di fatto, non era ancora ufficiale, dato che la prima agenzia sul rapimento viene battuta soltanto alle 9.28 dall'Agenzia Giornalistica Italia.

Alle 9.31 anche il GR1 interrompe le trasmissioni per dare la drammatica notizia:

«GR1, edizione straordinaria. Il presidente della Democrazia Cristiana Aldo Moro è stato rapito a Roma, stamane, all'uscita della sua abitazione. Gli uomini della scorta sono stati colpiti e uccisi, non si sa ancora se tutti, dal fuoco del commando».

In tutta Italia scoppia una bomba mediatica paragonabile soltanto a quella che ha scosso il mondo intero l'11 settembre 2001. Le persone si attaccano alle radio, alle televisioni, tutti cercano di saperne di più, all'inizio c'è chi crede che si tratti di una bufala. Le edicole vengono prese d'assalto e tutti i quotidiani italiani escono con un'edizione straordinaria.

Alle 10.00 Bruno Vespa apre un'edizione straordinaria del TG1 con Paolo Frajese che commenta la situazione in diretta da via Fani:

«Ecco la macchina con i corpi degli agenti che facevano parte della scorta dell'On. Moro, coperti da un telo. Vi sono due uomini sulla 130, un altro corpo è sulla macchina che seguiva. I carabinieri stanno facendo i rilievi. Sono quattro morti più un ferito, mi dice un collega, che ringrazio... sembra che sia stato anche ferito... guardate i colpi... puoi andare sulla portiera per piacere? Guardate i colpi sparati evidentemente con mitragliatori, il corpo di un altro di questi... di questi agenti. Ecco per terra ancora... andiamo qui a destra per piacere... i bossoli... vedete, e poi... ancora a destra... vediamo la borsa, evidentemente la borsa di Moro e il berretto di un... di un... non si capisce di cosa sia, sembra di un pilota... sembrerebbe, no, un berretto probabilmente di un metronotte, sembra forse un berretto dell'Alitalia ma no, l'Alitalia non ha quei gradi... e il caricatore di un mitra. Forse gli attentatori erano mascherati... può darsi... con una strana divisa. Questa è la scena.

Ancora un altro corpo qui a destra... per piacere vieni di qua... stavo pestando inavvertitamente i bossoli... ecco il corpo di un altro, probabilmente uno dei componenti della scorta o forse un passante, non sappiamo ancora, le notizie evidentemente potranno essere raccolte solo in un secondo momento. Il sangue... il sangue per terra, una pistola automatica, ecco... quattro corpi, quattro corpi, qui, alle dieci del mattino a via Fani. Quattro... per terra. Ecco il documento di questa mattina. Non sappiamo se ci sono testimoni oculari... proviamo a cercare».

Dalle parole di Frajese emerge un particolare a dir poco inquietante: la scena del crimine non è stata in alcun modo sigillata e i giornalisti vanno e vengono, via Fani è una vera e propria bolgia in cui succede di tutto. È chiaro che in uno scenario di questo tipo eventuali infiltrati possono manomettere le prove senza troppi problemi. Sul luogo della strage c'è anche Giuseppe Marrazzo, inviato speciale del TG2, che riesce ad intervistare in diretta i primi testimoni.

«Da queste finestre lei, signora, ha potuto vedere esattamente quell'uomo?».

«Quell'uomo era un pochino più alto di Moro, all'incirca, lui era vestito di chiaro... quello che veniva rapito era vestito di scuro invece».

«E ha visto che questo rapito, diciamo...».

«Sì, che camminava, e appunto...».

«Non sembrava ferito?».

«No, e lo prendeva con il braccio... questo diciamo con l'impermeabile... prendeva il rapito per il braccio e lo portava... ma molto calmi erano... Non erano concitati, non correvano...».

«E dove l'hanno fatto salire?».

«L'ha fatto salire su una 128 scura, blu, che si dirigeva poi verso via Trionfale, naturalmente.

Ero in camera mia... ha visto?

Là ci sono dei fiori... nella camera da bagno... io ero nella camera appresso, cioè nella mia camera da letto, fortunatamente stavo ancora a letto e ho sentito dei rumori...».

«Ha sentito anche delle voci?».

«Sì. Ho sentito addirittura delle grida, poi...».

«Le grida di un uomo?».

«Di tanti uomini e anche di una ragazza, ho sentito anche la voce di una ragazza... adesso, che fosse una passante o meno, questo non lo so».

«Che diceva questa ragazza?».

«No... senta... io ho sentito la voce di una persona anziana distintamente che diceva "lasciatemi", poi delle altre voci molto giovani, secondo me, che dicevano "no, quello no"...».

La rivendicazione

Alle 10.10 squilla il telefono nella redazione romana dell'ANSA: le Brigate Rosse rivendicano il rapimento dell'On. Aldo Moro e l'uccisione della scorta. Ironia della sorte la mattina del 16 marzo la sede romana dell'ANSA era mezza vuota a causa di uno sciopero. Come verrà acclarato in seguito a parlare è Valerio Morucci, uno dei brigatisti che hanno partecipato all'agguato di via Fani e che per tutta la durata del sequestro svolgerà il compito di "postino" delle BR insieme ad Adriana Faranda, la sua compagna. Dopo quella telefonata all'ANSA viene immediatamente interrotto lo sciopero e alle 10.16 viene diffuso il comunicato dei brigatisti. Quasi contemporaneamente arrivano due telefonate simili nelle sedi di Milano (alle 10:08) e di Torino (alle 10.13) dell'ANSA.

Bruno Vespa legge in diretta al TG1 la rivendicazione dei brigatisti:

«Le Brigate Rosse hanno rivendicato poco fa il rapimento di Moro. Hanno telefonato alle 10.10 alla redazione centrale dell'Ansa, che peraltro oggi è in sciopero, dettando questo messaggio di tre righe:

"Questa mattina abbiamo sequestrato il Presidente della Democrazia Cristiana, Moro, ed eliminato la sua guardia del corpo, teste di cuoio di Cossiga. Seguirà comunicato. Firmato Brigate Rosse".

Le teste di cuoio, come ben sapete, sono un reparto speciale dell'esercito tedesco che è stato impiegato con successo in operazioni antiterrorismo [...]».

Scoppia il panico

Giulio Andreotti indice una riunione straordinaria con i principali esponenti dei più importanti partiti politici per affrontare la situazione, mentre alle 11.30 Francesco Cossiga organizza al Viminale il Comitato tecnico-operativo che dovrà coordinare le indagini e contrastare l'attacco al cuore dello stato portato dalle BR. Oltre a Cossiga, Ministro degli Interni, ci sono anche i ministri della Difesa, Attilio Ruffini, delle Finanze, Franco Maria Malfatti, e di Grazia e Giustizia, Franco Bonifacio, il sottosegretario agli Interni, i capi dei servizi di sicurezza, e i capi della Polizia, dei Carabinieri e della Guardia di Finanza.

Intanto in tutto il paese scoppia il panico. La popolazione è profondamente scossa da quella notizia e iniziano a sorgere un po' ovunque scioperi spontanei per solidarietà nei confronti di Moro e dei membri della scorta trucidati nell'agguato. In breve le piazze di tutta Italia vengono invase da persone che manifestano in maniera del tutto spontanea il loro grido contro il terrorismo. Sono più di 200mila in Piazza San Giovanni a Roma, ma anche a Milano, a Napoli, a Firenze, a Bologna e in tantissime altre città la gente si riversa in mezzo alle strade. La maggior parte del Paese reagisce con sdegno e preoccupazione a quel massacro: a Roma i negozi abbassano le serrande, mentre gli studenti di tutta Italia escono dalle scuole e dalle università per formare assemblee spontanee.

Va detto però che non tutti gli italiani si schierano in maniera netta contro la strage. Ci sono infatti minoranze che manifestano apertamente solidarietà nei confronti dei brigatisti e che, anzi, accolgono con soddisfazione il colpo sferrato all'odiata Democrazia Cristiana. In alcune università si assiste addirittura a scene di esultanza quando viene diramata la notizia del blitz di via Fani. Stiamo parlando dei gruppi più estremi del mondo studentesco, ma anche di alcune frange della base operaia da sempre molto vicine agli ambiente della lotta armata e dell'estremismo politico extraparlamentare. Per quanto riguarda gli studenti poi si registra un aumento dei ragazzi che scelgono di entrare a far parte della lotta armata dopo essere stati impressionati dalla devastante dimostrazione di forza esibita dalle BR in via Fani.

In fuga con l'ostaggio

Come abbiamo detto le tre auto dei terroristi si allontanano lungo via Stresa, continuano poi per via Trionfale attraversando piazza Monte Gaudio e Largo Cervinia. A quel punto svoltano in via Belli, poi in via Casale de Bustis, una stradina secondaria il cui accesso era bloccato da una sbarra chiusa da una catena. È proprio quest'ultima svolta che permette ai brigatisti di seminare definitivamente gli eventuali inseguitori. La fuga comunque continua in via Serranti e poi in via Massimi. I brigatisti raggiungono quindi via Bitossi, dove li aspetta un camioncino Fiat 850T. A quel punto Morucci scende dalla Fiat 128 (portando con sé le due borse di Moro) e si mette alla guida del camioncino lungo via Bernardini, seguito a breve distanze dalle altre macchine.

Sono all'incirca le 9:20 e i terroristi arrivano indisturbati fino a piazza Madonna del Cenacolo, dove Aldo Moro viene caricato all'interno del camioncino e fatto stendere all'interno di una cassa di legno. Ora Mario Moretti passa alla guida del camioncino, mentre Morucci e Seghetti lo seguono a bordo di una Citroën Dyane. A questo punto le tre auto vengono abbandonate in via Licino Calvo ma, é bene ricordarlo, verranno poi ritrovate in momenti diversi. Anzi, per essere precisi quando avviene il primo ritrovamento una troupe della televisione si reca sul posto addirittura per uno speciale. Dall'analisi del video di quella prima ripresa sembra evidente che al momento del primo ritrovamento le altre due auto non si trovassero ancora in via Calvo, particolare che non è mai stato chiarito.

Per questo motivo in molti credono che le BR avessero una base o per lo meno un garage nella zona in cui occultare tranquillamente le automobili per alcune ore. Sono le 9:25 e il commando si separa. Fiore, Bonisoli e la Balzerani se ne vanno a piedi ognuno per la sua strada. Moretti, seguito dalla Dyane con a bordo Morucci e Seghetti, guida indisturbato per altri venti di minuti fino a un parcheggio sotterraneo della Standa dei Colli Portuensi, nella zona ovest di Roma. Ad attendere i brigatisti ci sono Prospero Gallinari e Germano Maccari (ma esistono per lo meno quattro versioni diverse anche su questo particolare all'apparenza insignificante).

Nel parcheggio la cassa in cui è stato rinchiuso Aldo Moro viene spostata all'interno di una Citroën Ami 8. A quel punto Gallinari e Maccari guidano la Citroën fino all'appartamento di via Montalcini 8, il luogo in cui l'On. Moro resterà rinchiuso, secondo la ricostruzione ufficiale dei fatti, fino al giorno della sua morte.

Le forze dell'ordine brancolano nel buio

Nei minuti immediatamente successivi al rapimento le forze dell'ordine si muovono correttamente, soprattutto se si considera il caos che sta sconvolgendo Roma e l'Italia intera. Il problema sorge dopo, quando ci si rende conto della portata degli eventi e bisogna iniziare a impostare le indagini in maniera strutturata e coordinata. Nel 1992, di fronte alla commissione stragi, l'ex capo della polizia Vincenzo Parisi descrisse in questo modo quella situazione:

«Posso soltanto dirle che nel 1978 lo Stato era assolutamente impreparato rispetto a emergenze di quel tipo. Non sapeva quasi niente della realtà del terrorismo. [...] si era in una situazione di debolezza neanche lontanamente sospettabile; perciò, vedendo in retrospettiva come fu condotta la gestione del sequestro Moro, posso dire che essa fu del tutto artigianale e non adeguata alla situazione».

Ecco invece come ricorda quei momenti il Professor Stefano Silvestri, uno degli esperti che collaborarono con le autorità su precisa richiesta di Francesco Cossiga durante i 55 giorni del sequestro:

«[...] Credo che effettivamente ci siano state improvvisazione e impreparazione molto forti a livello amministrativo e dal punto di vista gestionale. Questa era l'impressione che avevamo noi. Non conosco le ragioni per cui queste persone o altre non vennero contattate; non so se ciò avvenne per gelosie professionali o per motivi del genere. Posso sospettarlo, ma il risultato praticamente era che la struttura non funzionava e soprattutto non metteva a fattore comune tutte le informazioni. Questo sembrava essere evidente. Francamente, dall'atmosfera che si respirava, fatta di continue riunioni, caratterizzata dalla sorpresa continua, si comprendeva che non c'era uno sfruttamento sistematico delle informazioni».

Al di là delle indagini sul luogo della strage, che sono inevitabilmente inquinate dall'enorme quantità di persone presenti sul luogo del delitto, vengono comunque fatte delle mosse azzeccate. Come ad esempio quella del dirigente della DIGOS Domenico Spinella, che invia degli uomini alla ricerca di una serie di personaggi attivi nel mondo dell'estremismo politico noti alle forze dell'ordine e di cui si erano perse le tracce. In quel pomeriggio degli agenti perquisiscono anche le case di Valerio Morucci e di Adriana Faranda, due dei membri del commando di via Fani, che però naturalmente non si fanno trovare. Purtroppo però si tratta di azioni isolate che mancano in maniera pressoché completa di coordinamento. In uno scenario così confuso, in cui ognuno si muove in base a intuizioni e a scelte estemporanee, ben presto si scatena il caos, anche perché da più fonti spuntano notizie e indiscrezioni di ogni tipo, in alcuni casi veri e propri depistaggi. Per non parlare poi dell'enorme quantità di segnalazioni che arrivano dai cittadini comuni e da fonti anonime che fanno perdere un'enormità di tempo e di risorse alle forze dell'ordine che sono costrette comunque a non trascurare nessuna pista, soprattutto in mancanza di direttive chiare da parte dei piani alti.

Un caso macroscopico di errore è quello del Ministero dell'Interno, che diffonde i nomi e le foto di 19 presunti terroristi che potrebbero essere coinvolti nell'agguato di via Fani. Si tratta di una lista a dir poco lacunosa, all'interno della quale compaiono molti delinquenti comuni, ma ci sono anche criminali che al momento sono rinchiusi in galera. Va detto comunque che all'interno di quella lista erano effettivamente presenti alcuni dei terroristi attivi in via Fani come Mario Moretti, Franco Bonisoli e Prospero Gallinari.

La reazione delle politica

Il sequestro di Moro e l'assassinio di tutta la scorta creano un terremoto tra i partiti, tanto che esponenti di primo piano della politica come Ugo La Malfa parlano in maniera aperta di "stato di guerra" e di "misure eccezionali di guerra". A fine giornata, poco dopo le 20:00, viene votata la fiducia al Governo Andreotti (545 voti favorevoli, 30 voti contrari e tre astenuti). Intanto il Ministro Cossiga scioglie la riunione del Comitato tecnico-operativo che però si è risolta praticamente in un nulla di fatto. Le uniche decisioni prese sono quelle di intensificare i posti di blocco, di intensificare i contratti con i servizi segreti dei paesi stranieri che operano in Italia e, infine, di pianificare un'azione di massicce perquisizioni in tutta la città.

Azioni che si dimostreranno completamente inutili, anche se stiamo parlando di una serie di operazioni di dimensioni pazzesche in termini numerici, soprattutto se si considera che vennero effettuate in un arco temporale di 55 giorni: 72.460 posti di blocco (6.296 a Roma o nelle vicinanze della capitale), 37.702 perquisizioni domiciliari (6.933 solo a Roma), 6.413.713 persone controllate (167.409 soltanto a Roma), 3.383.123 ispezioni di autoveicoli (96.572 a Roma).

LA PRIMA FASE DEL SEQUESTRO

«Sono un prigioniero politico che la vostra brusca decisione di chiudere un qualsiasi discorso relativo ad altre persone parimenti detenute, pone in una situazione insostenibile».
(Aldo Moro)

L'Italia che si sveglia il 17 marzo è un'Italia sicuramente spaventata, un'Italia più debole, insicura. Un'Italia che ha perso molti dei suoi punti di riferimento. Le Brigate Rosse hanno avanzato le loro richieste, libereranno Aldo Moro se verranno scarcerati una serie di terroristi tra cui Renato Curcio, storico fondatore delle BR. In quei giorni peraltro a Torino è in corso un importantissimo processo contro il cosiddetto Nucleo Storico delle BR, tra cui anche lo stesso Curcio.

A ogni modo il fronte del "non si tratta con i terroristi" è compatto e, cosa più unica che rara in un paese come l'Italia, assolutamente trasversale. Tutti i politici, Giulio Andreotti in testa, si sprecano in dichiarazioni fotocopia: si parla di "attacco allo stato e alle sue istituzioni", di "ora più drammatica della nostra Repubblica", di "guerra dichiarata allo Stato", di "pena di morte", di "leggi d'emergenza".

Le parole di Bettino Craxi mettono d'accordo tutti, per lo meno da un punto di vista formale: bisogna *"tentare l'impossibile pur di salvare Aldo Moro"*. La realtà dei fatti però è molto più complessa perché, come abbiamo ricordato, le indagini procedono in maniera caotica.

La prima foto e il primo comunicato

Il 18 marzo si celebrano i funerali degli uomini della scorta. A mezzogiorno le Brigate Rosse telefonano alla redazione romana del Messaggero per indicare il luogo in cui hanno lasciato una busta arancione di formato commerciale. La busta è stata abbandonata sulla parte superiore di una macchina per fotografie formato tessera che è situata in un sottopassaggio di largo Argentina. All'interno vengono rinvenute cinque copie del primo comunicato e la celebre fotografia che ritrae Aldo Morto in maniche di camicia, seduto. Dietro di lui sullo sfondo la stella a cinque punte e la scritta Brigate Rosse. Si tratta senza dubbio di una delle foto più famose della storia della Repubblica italiana.

La foto viene pubblicata il giorno dopo su tutti i giornali, così come il "Comunicato numero 1"[2]. Ecco con che parole Mario Moretti ricorderà il momento in cui scrisse il primo Comunicato reso pubblico dalle Brigate Rosse durante il sequestro Moro:

«Mi concentro sul volantino, i contenuti sono già stati discussi con il Comitato Esecutivo, la bozza l'ho in testa. Butto giù il testo, capisco che è un po' raffazzonato, ma dobbiamo immediatamente rivendicare l'azione e caratterizzarla, altrimenti ci toccherà rincorrere le interpretazioni degli altri. [...] Insomma scrivo il comunicato, non è granché, mi sento anche un po' grottesco mentre lo stendo là in cucina, ma se in queste tragedie uno non riesce a ridimensionarsi perde il senso della realtà. Il comunicato lo passo a Morucci insieme alla foto di Moro e sullo sfondo la bandiera. Avevamo deciso che fosse Morucci a dare i comunicati alla stampa»[3].

Leggi di emergenza

Nel Paese la tensione cresce giorno dopo giorno, tanto che già dal 19 marzo l'esercito a Roma affianca la polizia non solo nei blocchi stradali, ma anche nelle ricerche a tappeto sul territorio. Il 20 marzo arrivano a Roma anche 32 funzionari della polizia tedesca, tutti esperti di antiterrorismo, per coadiuvare le forze dell'ordine italiane. Contemporaneamente si attivano anche agenti delle forze dell'ordine inglesi e perfino reparti scelti del Mossad, il celebre servizio segreto israeliano. Nei giornali e in Tv intanto freme il dibattito politico, una sorta di tutti contro tutti che contribuisce ad aumentare in maniera esponenziale la tensione e il forte senso di disagio che attraversa l'Italia intera.

Il 21 marzo la maggioranza compatta decide di varare le leggi di emergenza, come da più parti invocato, ritenute uno strumento indispensabile per far fronte alla minaccia terroristica. Ironia della sorte le cosiddette leggi di emergenza non sono mai più state abrogate e, con il passare degli anni, sono diventate la normalità. Ma quali sono i cambiamenti introdotti dalle leggi d'emergenza? Vediamoli insieme.

Innanzitutto per ordinare delle intercettazioni telefonica da questo momento è sufficiente l'autorizzazione verbale di un magistrato; viene poi istituito l'arresto provvisorio per chi è soltanto sospettato di preparare non meglio specificate azioni criminose; si introduce il fermo per identificazione; diventa possibile interrogare un sospetto in questura senza la presenza di un avvocato; si modifica il segreto istruttorio.

Nel frattempo Francesco Cossiga, su decisione unanime dei partiti che compongono la maggioranza di Governo, diventa l'unico responsabile del coordinamento tra la Pubblica Sicurezza, i Carabinieri e la Guardia di Finanza. Nonostante il gran fermento l'impressione generale però è che lo Stato brancoli nel buio, tenuto in scacco da un manipolo di ragazzotti che, sfidando tutto e tutti, se ne stanno rinchiusi in un appartamentino della Capitale.

---

[2] Tutti i comunicati delle BR rilasciati durante il sequestro dell'On. Aldo Moro sono riportati in versione integrale in appendice a questo volume.

[3] Mario Moretti, Carla Mosca e Rossana Rossanda, *Brigate Rosse. Una storia italiana*, Mondadori, 2017.

Nuovi comunicati delle Brigate Rosse

Il 25 marzo arriva un colpo di scena. Una serie di telefonate alle redazioni della Gazzetta del Popolo e dell'ANSA di Torino, del Messaggero e di Radio Onda Rossa di Roma, del Giornale Nuovo di Milano e del Secolo XIX di Genova informano la stampa del luogo in cui ritrovare nuovo comunicato delle BR, testo che diverrà noto con il nome di "Comunicato n. 2". La carta utilizzata dai brigatisti è diversa rispetto quella del "Comunicato n. 1", oltre al fatto che questa volta il testo è battuto con font di dimensione 10 e non 12 come nel precedente. Passano pochi giorni e le Brigate Rosse fanno ritrovare un terzo comunicato nelle città di Roma, Genova, Torino e Milano. La novità, questa volta, è che oltre al testo dei brigatisti, c'è anche una lettera di Moro per Francesco Cossiga.

Naturalmente la stampa dà grandissimo risalto alla lettera di Aldo Moro, anche se l'interpretazione delle parole del Presidente della DC è unanime. Tutti i giornali sono convinti che il prigioniero sia stato costretto contro la sua volontà a scrivere quelle parole, in cui Moro chiede apertamente di trattare con le BR.

Ecco cosa scrive Repubblica:

«Moro scrive a Cossiga. In un messaggio chiaramente estorto il leader DC chiede al governo di trattare con le Brigate Rosse»[4].

Così invece il Corriere della Sera:

«Le Brigate Rosse hanno costretto Moro con una lettera a chiedere uno scambio»[5].

Il Giornale si spinge oltre:

«Moro chiede in una lettera a Cossiga che siano aperte trattative con le BR. Il testo è autografo ma lo stile è comunque diverso da quello abituale dello statista»[6].

Anche l'Unità non ha dubbi:

«Una tragica lettera di Moro. Dice di scrivere costretto dalle BR. Accenna a torture e chiede lo scambio»[7].

Il Manifesto invece avanza dei timidi dubbi, ma è comunque l'unica testata che accenna a una ipotesi diversa da quella che tiene banco sul resto della stampa:

«Moro nella prigione delle BR (o di chi altro?) sotto un dominio pieno e incontrollato chiede lo scambio perché lo Stato non lo ha difeso»[8].

---

[4] La Repubblica, 30 marzo 1978.

[5] Il Corriere della Sera, 30 marzo 1978.

[6] Il Giornale, 30 marzo 1978.

[7] L'Unità, 30 marzo 1978.

[8] Il Manifesto, 30 marzo 1978.

A ogni modo la risposta della Democrazia Cristiana è chiara e categorica: nessuna trattativa con le BR. Una delle poche voci fuori dal coro è quella dell'On. Saragat:

«Un atto del parlamento che condannasse a sicura morte un innocente sarebbe insensato. Occorre, in una situazione tanto complessa, lasciare al potere esecutivo la necessaria elasticità di atteggiamenti per fare il possibile allo scopo di salvare la vita dell'onorevole Moro».

Il 3 aprile anche Papa Palo VI, amico personale di Aldo Moro, interviene. Da Piazza San Pietro il pontefice rivolge un accorato appello ai rapitori dell'On. Moro, appello che però cade nel vuoto.

La lettera di Moro a Zaccagnini

Il 4 aprile le Brigate Rosse recapitano un nuovo comunicato, insieme a una lettera di Aldo Moro, questa volta indirizzato a Beniamino Zaccagnini. Si tratta di un documento di fondamentale importanza, in cui Moro esprime un'analisi chiara non solo sulla drammatica situazione che sta vivendo, ma anche sull'intera classe politica che domina la scena italiana.

«Caro Zaccagnini scrivo a te, intendendo rivolgermi a Piccoli, Barlolomei, Galloni, Gaspari, Fanfani, Andreotti e Cossiga, ai quali tutti vorrai leggere la lettera e con i quali tutti vorrai assumere le responsabilità che sono ad un tempo individuali e collettive. Sono un prigioniero politico che la vostra brusca decisione di chiudere un qualsiasi discorso relativo ad altre persone parimenti detenute, pone in una situazione insostenibile. Il tempo corre veloce e non ce n'è purtroppo abbastanza. Ogni momento potrebbe essere troppo tardi. Se così non sarà l'avrete voluto, e lo dico senza animosità, le inevitabili conseguenze ricadranno sul partito e sulle persone».

E profetizza:

«Poi comincerà un altro ciclo più terribile e parimenti senza sbocco [...] che Iddio vi illumini e lo faccia presto, come necessario».

Nonostante queste parole pesanti come macigni la Democrazia Cristiana non cambia minimamente posizione. Giulio Andretti alla Camera infatti afferma che

«Non si può patteggiare con gente che ha le mani grondanti di sangue».

Sui giornali intanto si sprecano analisi e contro-analisi delle lettere di Moro, che vengono passate al setaccio naturalmente anche dagli esperti delle forze dell'ordine. C'è chi dice che quelle parole non sono di Moro, chi invece è convinto che Moro abbia scritto sotto dettatura, altri ancora ipotizzano che le BR abbiano fatto il lavaggio del cervello al loro prigioniero. Così Eugenio Scalfari su Repubblica:

«Quelle parole non sono credibili. Manca alla lettera autografa una data certa e manca ogni prova verificabile sull'effettivo stato di salute e di consapevolezza psichica del prigioniero. Le BR hanno ridotto un uomo alla condizione disumana d'un fantoccio. Non è attraverso un fantoccio che possano parlare ad una nazione».

Il quarto comunicato delle Brigate Rosse viene fatto ritrovare con una lettera alla redazione milanese di Repubblica. Oltre al comunicato e alla già citata lettera di Moro a Zaccagnini, c'è anche la "Risoluzione strategica delle Br".

Trattative segrete

Nel frattempo se la Democrazia Cristiana ha scelto con fermezza di non trattare in nessun modo con i terroristi, a livello sotterraneo le cose si muovono molto diversamente. Si aprono una serie di trattative segrete tra la famiglia di Moro e i Brigatisti, trattative che vengono favorite dal Vaticano che sta cercando di salvare lo statista utilizzando tutti i suoi canali, ufficiali e non. Si vocifera che ci sia una scambio di lettere tra i terroristi e la moglie di Moro, che contemporaneamente ha aperto un tavolo anche con i vertici della DC, Andreotti e Zaccagnini in testa. I sospetti diventano certezze il 10 aprile, quanto la polizia intercetta una lettera di Moro diretta alla moglie in cui si parla apertamente di intavolare una trattativa con le Brigate Rosse per uno scambio di prigionieri, unica via per poter uscire da quella situazione drammatica. Ma come hanno fatto le forze dell'ordine a sapere della lettera? Molto semplice: il telefono di uno dei più stretti collaboratori dell'On. Moro, Rana, è sotto controllo.

Aldo Moro è sotto sequestro ormai da 25 giorni quando una telefonata alla redazione milanese di Repubblica annuncia un nuovo comunicato. Come ormai da prassi altre tre buste identiche vengono recapitate a Roma, Torino e Genova. Nel pomeriggio del 10 aprile infatti arriva anche il "Comunicato n. 5" delle Brigate Rosse che, tra le altre cose, smentisce l'esistenza di trattative segrete tra le BR e la famiglia di Moro. A un mese esatto dal rapimento, il 15 aprile, mentre il Veneto è scosso da una serie di ben 11 attentati, le forze dell'ordine effettuano una perquisizione nello studio personale di Aldo Moro. Sempre il 15 aprile, con il solito sistema della telefonata anonima nella redazione milanese di Repubblica, viene fatto ritrovare in un cestino dei rifiuti in via dell'Annunciata a Milano il "Comunicato n. 6" delle Brigate Rosse.

Nonostante ci sia una mobilitazione mai vista prima non emerge nemmeno il più piccolo indizio su dove si trovi la "prigione del popolo" in cui è rinchiuso l'On. Moro. Gli inquirenti brancolano nel buio e la cosa è talmente evidente che il 17 aprile è la stessa Democrazia Cristiana, per bocca del suo vicesegretario Galloni, a lanciare un appello disperato per la salvezza di Moro. Per rendersi conto della reale situazione delle ricerche è interessante rileggere quanto detto da Steve Pieczenik, l'esperto statunitense che ufficialmente coordinava il collegamento tra i servizi segreti americani e quelli italiani e che aveva servito come Deputy Assistant Secretary of State and/or Senior Policy Planner sotto i Segretari di Stato Henry Kissinger, Cyrus Vance, George Schultz e James Baker.

Pieczenik, in un libro-intervista pubblicato 30 anni dopo i fatti del 1978, scrive che quando arrivò in Italia Cossiga gli disse in maniera molto chiara che lo Stato italiano non aveva la più pallida idea di come fare per superare quella crisi. Ecco il ritratto impietoso dello scenario a dir poco imbarazzante in cui si trovavano le più alte istituzioni del nostro Paese durante il Caso Moro fatto da Pieczenik:

«Capii subito quali erano le volontà degli attori in campo: la destra voleva la morte di Aldo Moro, le Brigate Rosse lo volevano vivo, mentre il Partito Comunista, data la sua posizione di fermezza politica, non desiderava trattare. Francesco Cossiga, da parte sua, lo voleva sano e salvo, ma molte forze all'interno del paese avevano programmi nettamente diversi, il che creava un disturbo, un'interferenza molto forte nelle decisioni prese ai massimi vertici. [...] Il mio primo obiettivo era guadagnare tempo, cercare di mantenere in vita Moro il più a lungo possibile. Il tempo, necessario a Cossiga per riprendere il controllo dei suoi servizi di sicurezza, calmare i militari, imporre la fermezza in una classe politica inquieta e ridare un po' di fiducia all'economia. Bisognava fare attenzione sia a

sinistra sia a destra: bisognava evitare che i comunisti di Berlinguer entrassero nel governo e, contemporaneamente, porre fine alla capacità di nuocere delle forze reazionarie e antidemocratiche di destra. Allo stesso tempo era auspicabile che la famiglia Moro non avviasse una trattativa parallela, scongiurando il rischio che Moro venisse liberato prima del dovuto. Ma mi resi conto che, portando la mia strategia alle sue estreme conseguenze, mantenendo cioè Moro in vita il più a lungo possibile, questa volta forse avrei dovuto sacrificare l'ostaggio per la stabilità dell'Italia [...]»[9].

Le trattative clandestine intanto proseguono senza sosta: Bettino Craxi incontra in privato la moglie di Aldo Moro mentre il Vaticano si dice disponibile ad atti umanitari in cambio della liberazione del prigioniero delle Brigate Rosse. Da più parti si spinge verso l'apertura di una trattativa, anche segreta, con le BR, ma la Democrazia Cristiana non ha la minima intenzione di cedere, la linea della fermezza resta l'unica presa in considerazione dallo Stato.

---

[9] Emmanuel Amara, Nicole Biondo, Steve Pieczenik, *Abbiamo ucciso noi Aldo Moro. La vera storia del rapimento Moro*, Cooper, 2015.

LA SECONDA FASE DEL SEQUESTRO

«*[…] comunichiamo l'avvenuta esecuzione del Presidente della DC Aldo Moro, mediante "suicidio" […]*».
(Falso Comunicato n. 7 delle Br)

Il 18 aprile segna una svolta nel Caso Moro. Poco prima delle 9:30 una telefonata alla redazione romana del Messaggero annuncia che in piazza Belli a Roma ci sono due nuovi messaggi delle BR. All'interno della solita busta arancione viene rinvenuto invece un unico messaggio, una fotocopia del "Comunicato n. 7".

Abbiamo riunito i testi integrali di tutti i comunicati emessi dalle Brigate Rosse durante il sequestro Moro in appendice a questo volume, ma in questo caso abbiamo preferito riportare subito questo fondamentale documento in forma integrale:

IL PROCESSO AD ALDO MORO

Oggi 18 aprile 1978, si conclude il periodo "dittatoriale" della DC che per ben trent'anni ha tristemente dominato con la logica del sopruso. In concomitanza con questa data comunichiamo l'avvenuta esecuzione del presidente della DC Aldo Moro, mediante "suicidio". Consentiamo il recupero della salma, fornendo l'esatto luogo ove egli giace. La salma di Aldo Moro è immersa nei fondali limacciosi (ecco perché si dichiarava impantanato) del lago Duchessa, alt. mt. 1800 circa località Cartore (RI), zona confinante tra Abruzzo e Lazio. È soltanto l'inizio di una lunga serie di "suicidi": il "suicidio" non deve essere soltanto una "prerogativa" del gruppo Baader Meinhof. Inizino a tremare per le loro malefatte i vari Cossiga, Andreotti, Taviani e tutti coloro i quali sostengono il regime.

P.S. - Rammentiamo ai vari Sossi, Barbaro, Corsi, ecc. che sono sempre sottoposti a libertà "vigilata".

18/4/1978
Per il Comunismo
Brigate Rosse

Le BR dunque annunciano l'avvenuta esecuzione di Aldo Moro ma, come verrà chiarito in seguito, il "Comunicato n. 7" è un falso. Il messaggio del resto si presenta con caratteristiche completamente diverse dai precedenti testi diffusi dai brigatisti. Innanzitutto è molto breve, è scritto con uno stile satirico, contiene diversi errori di ortografia che mancavano completamente nei lunghi comunicati precedenti e non ci sono i soliti slogan conclusivi. Anche il foglio è visibilmente più corto del solito, inoltre all'interno del testo non viene usato il numero "1" ma, al suo posto, la lettera elle minuscola (l). Altra differenza significativa rispetto agli altri comunicati è l'intestazione, "Brigate Rosse", che questa volta è scritta a mano. Eppure alcuni degli esperti che analizzano il comunicato ritengono che si tratti a tutti gli effetti di un comunicato originale dei brigatisti, emesso soltanto per capire quale sarebbe stata la reazione dell'opinione pubblica alla notizia della morte di Aldo Moro.

All'epoca comunque il comunicato comunque venne ritenuto autentico e, inevitabilmente, scoppia il panico nel Paese, con la notizia che deflagra come una vera e propria bomba. Iniziano in maniera frenetica le ricerche del corpo dell'On. Moro nel lago della Duchessa, mentre a Roma viene scoperto un covo delle Brigate Rosse in via Gradoli a causa di una banale perdita d'acqua nelle tubature. Questa "banale" perdita d'acqua forse nasconde molto più di quanto si potrebbe credere in un primo momento, ma di questo parleremo più dettagliatamente in seguito.

Depistaggi e trame occulte

Già il 20 aprile però, mentre continuano le ricerche tra i fondali limacciosi del lago, c'è chi mette in dubbio la veridicità di quel documento così diverso dagli altri. Peraltro in quel periodo dell'anno il lago della Duchessa è ghiacciato, particolare che rende particolarmente difficoltose le operazioni per le centinaia di membri delle forze dell'ordine impegnati in quella affannosa ricerca: elicotteri, cani poliziotti, sommozzatori... non si lascia nulla di intentato pur di ritrovare il cadavere di Aldo Moro.

Come abbiamo accennato però c'è chi dubita della veridicità del "Comunicato n. 7", come gli avvocati delle BR che, sulle pagine del Corriere della Sera, esprimono tutte le loro perplessità:

«[...] chi ha dato credito a quel documento ha fatto perdere un giorno prezioso. Vi sono possibilità di trattare [...] Ho già detto l'altro ieri che se si vuole aprire una trattativa su basi politiche e reali, è necessario dialettizzarsi con Moro. Mediatore potrebbe essere lo stesso presidente democristiano [...]».

Poco a poco inizia ad insinuarsi il dubbio che in effetti il comunicato ritrovato possa essere un falso, e lo stesso Francesco Cossiga, riferendo al Senato, afferma che esistono molti dubbi sulla veridicità di quel documento, senza però spiegare né motivare in alcun modo un'affermazione tanto pesante.

Il "vero" Comunicato n. 7 delle BR

Il 21 aprile ogni dubbio è fugato. Con una telefonata alla redazione romana del Messaggero poco dopo le 12.20 le Brigate Rosse annunciato dove poter trovare il loro nuovo comunicato. Questa volta la solita busta arancione si trova in via dei Maroniti, a pochi passi dalla sede del Messaggero. Appare subito chiaro che il precedente "Comunicato n. 7" è un falso, dato che all'interno della busta c'è una foto Polaroid di Aldo Moro con in mano una copia del quotidiano La Repubblica con data 19 aprile.

Il comunicato, che viene diffuso anche a Torino, Genova e Milano, dimostra dunque al di là di ogni dubbio che l'On. Moro è ancora vivo. Nel testo diffuso dalle Brigate Rosse si legge chiaramente che il precedente comunicato è un falso, si parla addirittura di "provocazione" messa in atto da Giulio Andreotti. In tutto ciò emergono comunque spiragli leggermente positivi, dato che dalle parole dei brigatisti sembra che lo spazio per trattare sia sempre più ampio, anche perché il fronte che chiede a gran voce di dialogare con i sequestratori di Moro trova sempre maggiori consensi, e non solo tra le forze politiche, ma anche tra la società civile e ampi strati della popolazione. Nel frattempo la sera del 21 aprile viene fatta recapitare a Zaccagnini dalle Brigate Rosse una nuova lettera scritta da Moro.

La lettera di Papa Paolo VI alle Brigate Rosse

Mentre nel Paese cresce sempre più la sensazione di impotenza di fronte a quella situazione che sembra davvero irrisolvibile, si allarga a macchia d'olio il fronte di chi vuole aprire una trattativa ufficiale con i brigatisti. La Democrazia Cristiana però non ha la minima intenzione di cambiare strategia. L'unica via percorribile per il partito guidato da Giulio Andreotti e Francesco Cossiga è quella della fermezza. Con le BR non si tratta.

A questo punto dal Vaticano arriva una mossa a sorpresa. Papa Paolo VI scrive una lettera alle Brigate Rosse.

«Io scrivo a voi, uomini delle Brigate Rosse: restituite alla libertà, alla sua famiglia, alla vita civile l'onorevole Aldo Moro. Io non vi conosco, e non ho modo d'avere alcun contatto con voi. Per questo vi scrivo pubblicamente, profittando del margine di tempo, che rimane alla scadenza della minaccia di morte, che voi avete annunciata contro di lui, Uomo buono ed onesto, che nessuno può incolpare di qualsiasi reato, o accusare di scarso senso sociale e di mancato servizio alla giustizia e alla pacifica convivenza civile. Io non ho alcun mandato nei suoi confronti, né sono legato da alcun interesse privato verso di lui. Ma lo amo come membro della grande famiglia umana, come amico di studi, e a titolo del tutto particolare, come fratello di fede e come figlio della Chiesa di Cristo.

Ed è in questo nome supremo di Cristo, che io mi rivolgo a voi, che certamente non lo ignorate, a voi, ignoti e implacabili avversari di questo uomo degno e innocente; e vi prego in ginocchio, liberate l'onorevole Aldo Moro, semplicemente, senza condizioni, non tanto per motivo della mia umile e affettuosa intercessione, ma in virtù della sua dignità di comune fratello in umanità, e per causa, che io voglio sperare avere forza nella vostra coscienza, d'un vero progresso sociale, che non deve essere macchiato di sangue innocente, né tormentato da superfluo dolore.

Già troppe vittime dobbiamo piangere e deprecare per la morte di persone impegnate nel compimento d'un proprio dovere. Tutti noi dobbiamo avere timore dell'odio che degenera in vendetta, o si piega a sentimenti di avvilita disperazione. E tutti dobbiamo temere Iddio vindice dei morti senza causa e senza colpa. Uomini delle Brigate Rosse, lasciate a me, interprete di tanti vostri concittadini, la speranza che ancora nei vostri animi alberghi un vittorioso sentimento di umanità. Io ne aspetto pregando, e pur sempre amandovi, la prova».

Il testo del Papa appare però come un clamoroso autogol, dato che viene chiesto ai terroristi di rilasciare Moro "senza condizioni". Una richiesta del genere è chiaramente inaccettabile dalle BR, e allora perché il Pontefice ha usato quelle parole che, di fatto, suonano come una tetra condanna a morte per il Presidente della Democrazia Cristiana? Sappiamo bene che tutti i documenti ufficiali del Vaticano vengono attentamente soppesati parola per parola, lettera per lettera, quindi non è pensabile che quelle due parole siano state scritte con leggerezza.

Ecco l'opinione di Eleonora Moro su questo punto molto dibattuto:

«[...] il Pontefice scrisse quella lettera bellissima, ma che conteneva un'espressione poco felice, quel "senza condizioni" (pare gli fu fatto aggiungere) che non era nel suo pensiero originale».

Ecco cosa dirà a questo proposito anni dopo il brigatista Mario Moretti durante una celebre intervista televisiva con Sergio Zavoli:

«[...] Tutti noi proponevamo uno scontro con lo Stato, un'alternativa globale alla Democrazia Cristiana, al sistema, si figuri se su queste cose noi cedevamo. La trattativa su questo piano generale, politico e ideologico, era assolutamente impensabile. Sul fatto specifico, era stato catturato, preso, rapito, il Presidente della Democrazia Cristiana, e per contro noi registravamo che nelle carceri italiane c'erano dei prigionieri politici italiani, e dicevamo: signori, trovatela voi una strada, riconoscete questo fatto, troviamo un modo....

E allora succede che Moro questo tipo di linea politica lo propone ai suoi, ha dei riferimenti storici, nel passato recente anche della Democrazia Cristiana e del governo, e sostiene con molta dignità e molta forza questa sua posizione. Arriva a scrivere una lettera al papa nella quale cita anche un rapporto personale, un percorso comune degli anni   di gioventù, la militanza nella Fuci, la visita privata che fece con i suoi familiari al pontefice, chiedendo quasi,   come dire, un intervento equilibratore dentro un grande conflitto e un grande scontro e quindi anche un intervento mediatore tra forze istituzionali non propriamente omogenee, comunque bloccate... e si sente rispondere: uomini   delle Brigate Rosse, liberatelo così, senza alcuna condizione. Ma il problema politico viene completamente ignorato.

È una scelta politica di campo, per così dire, che Moro capì subito. Allora si sentì perduto, perché comprese; io invece non ne so nulla di cosa gira nel Palazzo. È stata una delle nostre peggiori lacune in tutti questi anni. La nostra estraneità al Palazzo ci ha portato anche a delle interpretazioni tutte ideologiche di certi meccanismi. Noi, dicevo, non sapevamo nulla, ma Moro sì. Moro sapeva tutto del Palazzo, quindi era in grado di interpretare il significato vero della lettera al papa; e cioè che era, come dire, il sigillo di una decisione che non si sarebbe più mossa. In questo senso, è vero, io simpatizzai moltissimo con quest'uomo in questo momento»[10].

Perfino il Segretario Generale dell'ONU scrive direttamente alle Brigate Rosse, ma tutte le lettere e le richieste che arrivano a più parti risuonano vuote come parole al vento.

Il Comunicato n. 8 delle BR

Nel Comunicato n. 7 i brigatisti avevano lanciato un ultimatum allo Stato, ecco perché quando ci si ritrova di fronte al Comunicato n. 8 tutti restano a dir poco spiazzati. È il 24 aprile, il giorno che precede l'anniversario della Liberazione e, poco dopo mezzogiorno, le Brigate Rosse con il solito sistema fanno ritrovare un nuovo comunicato. Questa volta i terroristi giocano a carte scoperte e chiedono apertamente la scarcerazione di 13 detenuti in cambio della salvezza di Aldo Moro. Contemporaneamente arriva anche una nuova lettera di Moro all'amico e compagno di partito Zaccagnini.

Le lettere autografe del prigioniero vengono analizzate paragrafo dopo paragrafo, parola dopo parola, lettera dopo lettera. Nonostante lo stile sia quello tipico di Aldo Moro e, soprattutto, nonostante l'analisi di quella drammatica situazione sia comunque estremamente lucida e sensata,

---

[10] Sergio Zavoli, *La notte della Repubblica*, Mondadori, 2017.

da più parti si ripete che l'On. Moro è costretto a scrivere sotto dettatura da parte dei brigatisti.

Nei giorni seguenti si arriva addirittura al paradosso, con cinquanta personalità di spicco del mondo cattolico che sottoscrivono un appello in cui si afferma che quelle presenti nelle lettere "non sono parole di Moro". La lettera del 24 aprile ha anche un alto valore simbolico, dato che rappresenta in un certo senso il testamento spirituale e politico di Aldo Moro.

La spaccatura tra la famiglia Moro e la DC

A ogni modo è lo stesso Giulio Andreotti a mettere una pietra tombale su ogni possibile trattativa durante un annuncio televisivo a tutta la nazione:

«Non esistono falchi e colombe nella maggioranza. Abbiamo giurato di rispettare e di far rispettare la legge, questo è un limite che nessuno di noi ha il diritto di valicare».

Con queste parole, di fatto, viene sancita pubblicamente la condanna a morte di Aldo Moro. È ormai palese che le forze dell'ordine non sono minimamente in grado di ritrovare il covo brigatista in cui è rinchiuso il Presidente della Democrazia Cristiana. Da questo momento in poi la famiglia di Moro capisce che la DC ha scaricato il suo Presidente, non c'è nessuna volontà di trovare una soluzione politica ad una vicenda che ormai si sta avviando drammaticamente verso il suo tragico epilogo. Ormai non c'è più spazio per le diplomazia, come testimoniano le parole durissime utilizzate dai famigliari di Moro in un comunicato stampa ufficiale:

«Sappia la delegazione democristiana che il comportamento di immobilità e di rifiuto di ogni iniziativa ratifica la condanna a morte».

Parole dure ed esplicite che sanciscono in maniera definitiva la frattura insanabile tra la famiglia di Aldo Moro e la DC, ma potremmo dire anche tra la famiglia Moro e tutto l'apparato dello Stato che continua a restare fermo su una posizione suicida. Non a caso nei giorni seguenti vengono interrogati tre dei principali collaboratori della famiglia Moro, ovvero Rana, Guerzoni e Freato. Gli inquirenti infatti sono convinti che esista una canale sotterraneo di trattative tra le Brigate Rosse e la famiglia Moro, che ormai ha deciso di tentare il tutto per tutto pur di salvare il prigioniero delle BR.

Il 30 aprile Mario Moretti in persona telefona a casa Moro. Il leader delle Brigate Rosse è convinto di parlare con la figlia dell'on. Moro. La telefonata viene registrata:

«Senta, io sono uno di quelli che ha qualcosa a che fare con suo padre. Devo farle un'ultima comunicazione. Noi facciamo questa telefonata per puro scrupolo, perché suo padre insiste nel dire che siete stati un po' ingannati e probabilmente state ragionando su un equivoco. Finora avete fatto tutte cose che non servono assolutamente a niente. Noi crediamo invece che ormai i giochi siano fatti e abbiamo già preso una decisione. Nelle prossime ore non potremo far altro che eseguire ciò che abbiamo già detto nel Comunicato n. 8. Quindi crediamo solo questo, che sia possibile un intervento di Zaccagnini, immediato, e chiarificatore in questo senso; se ciò non avviene, rendetevi conto che noi non potremo far altro che questo. Mi capisce? Mi ha capito esattamente?»

«Sì, l'ho capita benissimo».

«Ecco, e quindi è possibile solo questo; lo abbiamo fatto semplicemente per scrupolo, nel senso che, sa, una condanna a morte non è una cosa che si possa prendere così alla leggera neanche da parte nostra. Noi siamo disposti a supportare la responsabilità che ci competono e vorremmo appunto... siccome la gente crede che non siete

intervenuti direttamente perché mal consigliati...».

«Ma noi abbiamo fatto quello che abbiamo potuto fare, che ci lasciano fare, perché ci tengono proprio prigionieri...».

«No, il problema è politico, quindi a questo punto deve intervenire la Democrazia Cristiana. Abbiamo insistito moltissimo su questo, perché è l'unica maniera per arrivare eventualmente a una trattativa. Se questo non avviene, mi ascolti... guardi, non posso discutere, non sono autorizzato a farlo, devo semplicemente farle questa comunicazione. Solo un intervento diretto, immediato e chiarificatore, preciso, di Zaccagnini, può modificare la situazione; noi abbiamo già preso la decisione, nelle prossime ore accadrà l'inevitabile, non possiamo fare altrimenti. Non ho nient'altro da dirle».

Ecco come commenterà questa telefonata il brigatista Valerio Morucci molti anni dopo:

«[...] penso che questo sia il quadro della situazione in quel momento. La telefonata del 30 aprile alla famiglia Moro testimonia lo stato di difficoltà di Mario Moretti; in quella telefonata mi sembra che dicesse che stava andando oltre il mandato che gli era stato dato; mi sembra che abbia detto questo, ma se non sono tali le testuali parole si tratta di qualcosa di molto simile. Disse alla signora Moro (che peraltro lui riteneva fosse la figlia) cose che non erano state decise nel comitato esecutivo: quindi andò oltre il mandato che gli era stato dato, proprio perché voleva assolutamente far capire qual era l'oggetto vero della questione. In quella telefonata disse che "la DC" e non lo Stato doveva prendere una posizione [...]».

Il Comunicato n. 9 delle Br: "sentenza eseguita"

Il Comunicato n. 9 delle Brigate Rosse viene fatto ritrovare il 5 maggio con le solite modalità. Sono ormai trascorsi 50 giorni dall'agguato di via Fani. Le parole usate dai brigatisti questa volta sono molto chiare e non lasciano spazio ad alcun tipo di trattativa:

«[...] Concludiamo quindi la battaglia iniziata il 16 marzo, eseguendo la sentenza a cui Aldo Moro è stato condannato».

La sentenza, naturalmente, è di condanna a morte. Dopo il falso comunicato del lago della Duchessa questa volta sembra che tutto sia davvero finito. Sui giornali nel frattempo il dibattito assume toni paradossali, con giornalisti ed esponenti di primo piano della politica che affogano l'immobilismo degli inquirenti in un fiume di parole vuote, ipotesi campate in aria, teorie filosofiche, questioni di principio, sofismi morali ed intellettuali. La situazione reale è che le forze dell'ordine annaspano in maniera preoccupante in un mare fatto di niente: nessun indizio concreto, nessuna pista affidabile, nessuna ipotesi da verificare. Sono passati quasi due mesi e, nonostante l'impressionante dispiegamento di forze messo in campo dallo Stato, la situazione è praticamente la stessa in cui ci si trovava alle 9:30 del 16 marzo.

Il ritrovamento del cadavere

Il comitato direttivo delle Brigate Rosse, nonostante qualche divergenza interna, ha pronunciato la sentenza di morte. Anche se Mario Moretti apparentemente ha cercato di ritardare il momento dell'esecuzione alla fine per l'On. Moro non c'è più niente da fare.

Germano Maccari, il misterioso "Ing. Altobelli" di via Montalcini, racconta così il momento dell'esecuzione dello statista:

«Per quanto riguarda il 9 maggio, lei ha parlato di 8-9 colpi, invece andò così: Moretti, che aveva una Walter PPK silenziata, sparò uno o due colpi al presidente Moro, la Walter PPK si inceppò e, a quel punto, lui mi diede la pistola e io gli passai la mitraglietta Skorpion e Moretti sparò una o due brevi raffiche. Quindi, il corpo del presidente Moro fu colpito prima da uno o due proiettili calibro 9 corto della pistola Walter PPK e subito dopo da una o due brevi raffiche della mitraglietta Skorpion che era di calibro 7,65 civile»[11].

Il 9 maggio arriva dunque la notizia che tutti ormai aspettavano: Valerio Morucci telefona al Prof. Tritto, uno dei più più stretti collaboratori di Aldo Moro per informare la famiglia del luogo in cui ritrovare il cadavere dello statista:

«È il professor Franco Tritto?».
«Chi parla?».
«Il dottor Nicolai».
«Chi, Nicolai?».
«È lei il professor Franco Tritto?».
«Sì, ma io voglio sapere chi parla».
«Brigate Rosse. Ha capito?»
«Sì».
«Adempiamo alle ultime volontà del presidente comunicando alla famiglia dove potrà trovare il corpo dell'On. Aldo Moro. Mi sente?».
«Che devo fare? Se può ripetere…».
«Non posso ripetere, guardi. Allora, lei deve comunicare alla famiglia che troveranno il corpo dell'On. Aldo Moro in via Caetani. Via Caetani. Lì c'è una Renault 4 rossa. I prima numeri di targa sono 5…».
«Devo telefonare…».
«No, dovrebbe andare personalmente».
«Non posso…».
«Non può? Dovrebbe per forza».
«Per cortesia… no… mi dispiace (a questo punto Tritto scoppia in lacrime, ndr)».
«Se lei telefona, verrebbe meno all'adempimento delle richieste che ci aveva fatto espressamente il presidente».
«Parli con mio padre, la prego».
«Va bene».
«Pronto?».
«Guardi, lei dovrebbe andare dalla famiglia dell'On. Moro, oppure mandare suo figlio, comunque telefonare, basta che lo sappiano, il messaggio ce l'ha già suo figlio».
«Non posso andare io?».
«Certamente. Purché lo faccia con urgenza, perché la volontà, l'ultima volontà dell'onorevole, è questa, cioè di comunicare alla famiglia perché la famiglia doveva riavere il suo corpo. Va bene? Arrivederci».
«Va bene».

---

11 *Atti della Commissione parlamentare d'inchiesta sul terrorismo in Italia e sulle cause della mancata individuazione dei responsabili delle stragi*, Inchiesta sugli sviluppi del caso Moro: audizione del signor Germano Maccari, 21 gennaio 200.

È Germano Maccari, che quel giorno guida l'R4 con il corpo di Moro nel bagagliaio, a raccontare il percorso seguito da via Montalcini fino a via Caetani:

«Dal palazzo di via Montalcini usciamo da Villa Bonelli per una strada e sbuchiamo su via della Magliana (vecchia o nuova non ricordo, ma si trattava della via principale); giriamo a sinistra verso il centro di Roma e andiamo in zona piazzale della Radio e passiamo sotto al cavalcavia verso Porta Portese. Da lì prendiamo il Lungotevere fino a piazza di Monte Savello dove sappiamo che troveremo una macchina dell'organizzazione con due militanti a bordo che ci faranno da scorta nel tragitto che riteniamo più pericoloso. Dobbiamo passare, infatti, davanti alla Sinagoga, sul Lungotevere, davanti al Ministero di grazia e giustizia, per via Botteghe Oscure, fino ad arrivare in via Caetani dove l'organizzazione ha preventivamente messo un'altra automobile che viene spostata dal Morucci o dal Seghetti (questo non lo ricordo, ma non cambia molto). Moretti, che guida la Renault 4, si mette al posto dell'altra macchina»[12].

Via Caetani è situata nel cuore di Roma, è una laterale di via delle Botteghe Oscure in cui si trovava la sede storica del PCI, a poche centinaia di metri da Piazza del Gesù. Come avremo modo di vedere anche sulla dinamica dell'effettivo ritrovamento del cadavere di Aldo Moro sorgeranno non poche polemiche, per non parlare dei tanti dubbi mai risolti sul reale svolgimento dei fatti, ma di questo appunto parleremo nei prossimi capitoli. La famiglia Moro, rispettando le volontà espresse dall'ormai ex prigioniero delle Brigate Rosse in una delle ultime lettere, ordina funerali senza nessuna manifestazione pubblica, né cerimonie, né discorso, nessun lutto nazionale, né funerali di Stato o medaglie alla memoria. E, soprattutto, funerali senza la partecipazione di nessuna autorità pubblica o statale.

Sulla figura di Aldo Moro cala un silenzio che pesa come un macigno e che suona come una condanna senza appelli ad una classe dirigente incapace di leggere la realtà del paese. Il 10 maggio la salma di Moro è tumulata dalla famiglia a Torrita Tiberina, un paesino in provincia di Roma. Il Governo tiene ugualmente i funerali di Stato, celebrati addirittura da Papa Paolo VI, ma si tratta di una vera e propria farsa dato che non solo non partecipa nessun esponente della famiglia Moro, ma non c'è neppure la bara con il corpo dello statista.

---

[12] *Atti della Commissione parlamentare d'inchiesta sul terrorismo in Italia e sulle cause della mancata individuazione dei responsabili delle stragi*, Inchiesta sugli sviluppi del caso Moro: audizione del signor Germano Maccari., 21 gennaio 200.

PERCHÉ ALDO MORO?

«Aldo Moro era di Maglie, il paese di mia madre. Giocavano insieme da bambini.
Mia madre, sua sorella Raffaella e Aldo, l'unico politico decente che ha avuto forse questo Paese».
(Carmelo Bene)

Prima di iniziare qualsiasi analisi sui tanti misteri che circondano il Caso Moro, sui suoi risvolti giudiziari e politici, è importante fare chiarezza sul perché le Brigate Rosse scelsero di rapire proprio Aldo Moro per portare il loro "attacco al cuore dello stato".

Chi era Aldo Moro

Nato il 23 settembre 1916 a Maglie, in provincia di Lecce, Aldo Moro si laurea in Legge all'Università di Bari e in breve fa una brillante carriera accademica, che lo porta alla cattedra di Filosofia del Diritto già nel 1939. Durante la Seconda Guerra Mondiale combatte prima come ufficiale di fanteria, poi come commissario nell'aeronautica. Al ritorno dal fronte inizia ad interessarsi di politica: entra nella Democrazia Cristiana e, aderendo alla componente dossettiana, dimostra fin da subito la sua spiccata tendenza democratico-sociale. Nel corso della sua carriera politica dimostrerà di essere un ottimo mediatore, abile soprattutto nella gestione delle diverse correnti che si muovevano all'interno di un partito vasto e complesso come la DC di quegli anni.

Nel 1945 si sposa con Eleonora Chiavarelli, con cui avrà quattro figli. Sempre nello stesso anno diventa direttore della rivista Studium e viene eletto presidente del Movimento Laureati dell'Azione Cattolica. Nel 1946 Moro diventa vicepresidente della Democrazia Cristiana ed entra a far parte dell'Assemblea Costituente che scriverà la Costituzione. Nel 1948 viene eletto in parlamento dove viene nominato sottosegretario agli esteri nel gabinetto De Gasperi. Nel 1955 è Ministro di Grazia e Giustizia del Governo Segni, mentre ricopre il ruolo di Ministro della Pubblica Istruzione nel Governo Zoli e in quello Fanfani. Nel marzo 1959 viene eletto nuovo segretario della Democrazia Cristiana, ruolo in cui guida il VII congresso nazionale del partito.

La carriera universitaria di Moro procede di pari passo con quella politica: già professore ordinario di diritto penale all'Università di Bari, nel 1963 viene trasferito all'Università di Roma, ricoprendo il ruolo di titolare della cattedra di Istituzioni di Diritto e Procedura penale nella Facoltà di Scienze politiche. Nel dicembre dello stesso anno, a soli 47 anni, diventa Presidente del Consiglio.

Il primo Governo di Centro-Sinistra

Il Governo Moro è il primo che presenta una coalizione di Centro-Sinistra, ne fanno parte infatti DC, PSI, PSDI e PRI. Anche se è da sempre un cattolico osservante e praticante, fin dai primi anni '60 Moro è profondamente convinto che per il bene del Paese sia necessaria un'alleanza tra la Democrazia Cristiana e il Partito socialista italiano. Durante la stessa legislatura, che termina nel 1968, Moro è alla guida di altri due Governi (il governo Moro III, 23 febbraio 1966 - 5 giugno 1968, con i suoi 883 giorni resta ancora oggi uno dei più duraturi della storia della Repubblica Italiana). Dal '69 al '74 è Ministro degli Affari Esteri, per tornare poi a ricoprire il ruolo di Presidente del Consiglio fino al 1976. Nello stesso anno viene eletto Presidente del Consiglio Nazionale della Democrazia Cristiana.

Il governo di solidarietà nazionale

Poco prima di essere rapito Moro era riuscito a convincere la maggior parte della DC dell'esigenza di un governo di "solidarietà nazionale" aperto alla sinistra, come aveva già fatto durante il congresso democristiano del '62. Questa volta però all'interno della maggioranza parlamentare c'è anche il PCI, il Partito comunista italiano, che negli anni '70 gravitava ancora in orbita comunista e che era il vero e proprio "spauracchio" delle classi medie e, sopratutto, degli Stati Uniti, il più importante alleato dell'Italia nel secondo dopo guerra.

Molti analisti politici hanno visto proprio in questa decisione di arrivare al secondo "compromesso storico" (dopo quello con Nenni) tra DC e PCI uno dei motivi che portarono le Brigate Rosse a scegliere di rapire Aldo Moro: per i brigatisti infatti un accordo tra DC e PCI sarebbe stato deleterio per l'intero scenario politico italiano.

A ogni modo al di là delle sue aperture verso la sinistra, Aldo Moro insieme a Giulio Andreotti era sicuramente l'esponente più di spicco della DC e, di conseguenza, dell'intero panorama politico italiano.

Perché?

Al di là dell'importanza fortemente simbolica di Aldo Moro, qual è stato il vero motivo che ha spinto le Brigate Rosse a rapire proprio lui e non, ad esempio, Giulio Andreotti o Francesco Cossiga?

Facciamo questi nomi perché effettivamente le Brigate Rosse studiarono un piano per rapire Giulio Andreotti, ma poi si resero conto che il livello di protezione garantito ad Andreotti era troppo alto per la forza di fuoco dei brigatisti, come ricorderà molti anni più tardi il brigatista Franco Bonisoli:

«Da tempo avevamo l'idea fissa di fare quello che noi chiamiamo il contro-processo: prendere cioè una grossa personalità dello Stato, o un rappresentato di questo Sim, questo Stato imperialista delle multinazionali, e porci come da contraltare al grande processo che veniva fatto alle Brigate Rosse attraverso i compagni del cosiddetto nucleo storico, i primi che furono arrestati. Nel 1976 iniziamo a pensare seriamente a questa cosa e, con alcuni compagni, andammo a Roma per iniziare un certo tipo di inchieste.

Si cominciò con Andreotti, perché pensavamo che era il massimo della politica controrivoluzionaria. Furono fatte alcune indagini, il lavoro andò avanti, ma non si ottennero grandi risultati anche perché un'azione di quel genere presupponeva quello che chiamavamo un radicamento nella situazione, una serie di possibilità, di basi, di militanti, di forze capaci di reggere un sequestro del genere»[13].

Come abbiamo ricordato in molti hanno avanzato l'ipotesi che il motivo principale sia stato la volontà del Presidente Moro di avvicinare DC e PCI, ma le successive testimonianze dei brigatisti che vennero arrestati hanno dato una prospettiva molto diversa alle reali motivazioni alla base del rapimento.

Ecco la testimonianza di Adriana Faranda, rilasciata nel 1998 di fronte alla Commissione parlamentare d'inchiesta sul terrorismo in Italia e sulle cause della mancata individuazione dei responsabili delle stragi:

«[...] Sicuramente, anche se - ripeto - non fu il compromesso storico in sé e quindi la strategia promossa da Moro il motivo primo della scelta dello stesso Moro come obiettivo del sequestro, si trattava di una politica che spingeva secondo noi la Sinistra, il partito operaio, da noi sempre riconosciuto come tale, dentro un cul de sac, come ci insegnava l'esperienza del Centro-Sinistra che non aveva portato alcun significativo mutamento ed aveva invece paralizzato il Partito socialista in una morsa.

Come dimostrava la composizione del Governo che si presentava alle Camere il 16 marzo, la lista dei Ministri proposta al Partito comunista. Vedevamo in tutto ciò una manovra di assorbimento dell'antagonismo operaio ed in genere sociale, come lo spegnimento delle tensioni, di tutti gli stimoli di trasformazione e di mutamento. E rimproveravamo al Partito comunista di lasciarsi intrappolare in questo gioco perverso nel quale loro non avrebbero avuto effettivamente voce in capitolo e sarebbero rimasti succubi di questa sorta di, essa sì, tela di ragno»[14].

Il vero obiettivo del commando brigatista in realtà rientrava in un progetto di più ampio respiro, ovvero il progetto politico, se così si può chiamare, elaborato in quegli anni dal comitato direttivo delle BR. L'obiettivo numero uno era quello di colpire proprio la Democrazia Cristiana, punto di forza dello Stato imperialista delle multinazionali (Sim) in Italia. In quest'ottica il PCI non era dunque un nemico da combattere, ma piuttosto un concorrente che puntava allo stesso scopo, anche se con mezzi molto diversi (il PCI puntata a quell'obiettivo con la lotta politica, le BR invece con la lotta armata).

Raimondo Etro, brigatista romano che ebbe un ruolo secondario nel rapimento Moro, risponde così alla domanda "perché sceglieste proprio Aldo Moro"?

«Gallinari disse che era l'uomo sopra le parti, che non era un capo corrente e che per lui la DC avrebbe trattato. Un capo corrente lo avrebbero lasciato a se stesso. Negli anni mi sono reso conto che in realtà era l'uomo più in conflitto con gli Stati Uniti mentre noi aveva di lui ben altra idea. Sbagliammo».

---

[13] Sergio Zavoli, op. cit.

[14] *Atti della Commissione parlamentare d'inchiesta sul terrorismo in Italia e sulle cause della mancata individuazione dei responsabili delle stragi,* Inchiesta sugli sviluppi del caso Moro: audizione della signora Adriana Faranda, 11 febbraio 1998.

Un simbolo

Secondo il piano strategico elaborato dai vertici delle Brigate Rosse "l'attacco al cuore dello Stato" avrebbe sbarrato la strada alla "normalizzazione" del PCI all'interno dei partiti di governo. Dopo una tale dimostrazione di forza militare infatti le Brigate Rosse pensavano di poter diventare gli unici referenti della sinistra italiana all'interno del Paese, in una sorta di delirio di onnipotenza erano davvero convinti di potersi porre come forza politica alternativa alla DC a livello popolare.

Aldo Moro dunque era l'obiettivo perfetto perché non solo era il Presidente della Democrazia Cristiana, ma anche perché era stabilmente al Governo da più di 30 anni e, di conseguenza, sapeva praticamente tutto quello che c'era da sapere sull'Italia dalla Costituente in poi. Aldo Moro venne scelto in quanto simbolo di tutto quello che i brigatisti volevano abbattere.

Strategia fallimentare

Paradossalmente le conseguenze del rapimento e dell'uccisione di Aldo Moro furono proprio l'opposto di quanto preventivato dalle BR. Se da un lato il PCI uscì definitivamente da qualsiasi ipotesi di governo, dall'altro il sentimento popolare nei confronti delle Brigate Rosse divenne di aperta ostilità anche in molti strati della popolazione che prima simpatizzavano in maniera più o meno aperta nei confronti della lotta armata.

Subito dopo il rapimento le BR divennero molto popolari tra i giovani che bazzicavano il mondo della sinistra extra-parlamentare, ma l'omicidio di Aldo Moro aveva tagliato quel canale di simpatia, chiamiamolo così, che era ancora aperto tra le BR e una parte importante delle popolazione italiana. È come se la violenza feroce dell'agguato di via Fani e, soprattutto, la violenza psicologica e la tensione che dilagarono in tutto Paese durante i 55 giorni del sequestro, avessero logorato in maniera irrecuperabile l'immagine delle Brigate Rosse, cancellando quei tratti di "umanità" e di "sogno rivoluzionario" che comunque il movimento brigatista ispirava in larghe fasce della popolazione.

Da un punto di vista pratico inoltre la Democrazia Cristiana venne di fatto autorizzata a reprimere in maniera sempre più dura quello che era diventato un problema politico di livello internazionale, godendo di appoggi sempre maggiori anche dai suoi alleati atlantici. Da un punto di vista operativo-militare il rapimento e l'assassinio di Aldo Moro costituirono senza dubbio il punto più alto della parabola brigatista, ma paradossalmente proprio quest'operazione segnò l'inizio del declino politico-ideologico della lotta armata in Italia.

LA PRIGIONE DEL POPOLO

«Quello di cui sono certo, e sono giunto a questa certezza dopo anni di colloqui con i brigatisti, è che esisteva certamente una prigoine di riserva in cui spostare Moro in caso di emergenza».
(Ferdinando Imposimato)

Aldo Moro per tutti i 55 giorni del suo sequestro rimane rinchiuso in un appartamento in via Camillo Montalcini 8 nel quartiere Portuense a Roma, appartamento divenuto in seguito tristemente famoso con il nome di "prigione del popolo".

L'appartamento di via Montalcini 8 è uno degli snodi fondamentali del Caso Moro. Da un lato appare ancora oggi incredibile come in una capitale europea in cui erano attivi per lo meno una decina di servizi segreti diversi, oltre all'impressionante dispiegamento di forze dell'ordine messo in campo dallo Stato italiano, nessuno abbia mai ricevuto nemmeno una soffiata, un indizio o un banale sospetto sull'appartamento di via Montalcini. Per non parlare poi di tutti i gruppi malavitosi che operavano a Roma, come ad esempio la celebre Banda della Magliana, gruppi che avevano al loro interno infiltrazioni di ogni tipo e che, spesso, avevano fatto affari anche con i brigatisti e con i protagonisti della stagione dell'eversione rossa e nera.

Durante i giorni del sequestro c'erano stati alcuni sospetti, come ad esempio quello relativo a via Gradoli, nome che in maniera a dir poco incredibile saltò fuori dalla famosa seduta spiritica a cui partecipò, tra gli altri, Romano Prodi, e di cui parleremo più nel dettaglio in seguito. Il fatto che l'appartamento di via Montalcini non venne mai mai nominato dagli inquirenti a nessun livello ha fatto sospettare più di un analista che in realtà alcuni apparati deviati dello stato fossero a conoscenza di via Montalcini e, forse, anche di molto altro. Per questo motivo si sarebbero preoccupati di far sparire sistematicamente ogni minimo accenno a quell'indirizzo tanto pericoloso dalla lista delle indagini.

Una coppia al di sopra di ogni sospetto

La verità giudiziaria emersa nel corso degli anni, basata in un primo momento principalmente sulle confessioni di Valerio Morucci e Adriana Faranda, afferma che l'appartamento di via Montalcini 8 venne acquistato nel 1977 dalla brigatista Anna Laura Braghetti con i 50 milioni di lire ottenuti dal sequestro di Pietro Costa. Braghetti, ragazza a modo e al di sopra di ogni sospetto, per tutto il periodo del sequestro vive nell'appartamento insieme a quello che apparentemente è il suo fidanzato, "l'ingegner Luigi Altobelli". Dietro al nome del mite ingegnere si cela in realtà un altro brigatista, Germano Maccari, la cui storia è un ulteriore giallo nel giallo, come avremo modo di vedere più avanti. Maccari era un militante romano di vecchia data molto legato a Valerio Morucci. Per tutto il periodo del sequestro all'interno dell'appartamento c'era anche Prospero Gallinari. Gallinari all'epoca dei fatti era latitante dopo una rocambolesca evasione, di conseguenza non poteva mai uscire liberamente. Proprio per questo motivo svolse il ruolo di "carceriere" di Aldo Moro. Mario Moretti, il capo militare delle BR durante il sequestro Moro, viveva invece in via Gradoli insieme a Barbara Balzerani, per lo meno fino al 18 aprile, quando il covo venne scoperto in maniera banale a causa di una perdita d'acqua alle tubature come abbiamo già ricordato. Moretti comunque si recava quotidianamente in via Montalcini per elaborare la gestione strategica e politica del sequestro insieme ai membri del Comitato Esecutivo. Moretti aveva anche il compito di interrogare personalmente Aldo Moro.

La scoperta del covo di via Montalcini

Il covo di via Montalcini in seguito sarà intercettato dall'UCIGOS e, quando i brigatisti si rendono conto di essere pedinati, non possono far altro che abbandonarlo. Ironia della sorte nessuno aveva minimamente sospettato che si trattasse del luogo in cui Moro era stato rinchiuso, e soltanto in seguito ci si rese conto di cos'era davvero successo in via Montalcini. Tra l'altro nel luglio del 1980 si viene a sapere che l'UCIGOS nell'estate del 1978 aveva già svolto indagini su Braghetti e su via Montalcini. Ma c'è un particolare ancora più inquietante: pochi giorni dopo la strage di via Fani alla polizia arriva una segnalazione precisa, tanto che vengono eseguite una serie di perquisizioni in tutto lo stabile di via Montalcini ma, inspiegabilmente, nessuno bussa all'interno 1.

Ecco come commenta quest'increscioso episodio l'ex magistrato Ferdinando Imposimato:

«*Il mistero della prigione di Moro era stato sciolto già nell'estate del 1978. Se la segnalazione della presenza delle Renault 4 rossa mi fosse giunta subito avremmo potuto fare irruzione nell'appartamento di via Montalcini, catturare brigatisti pericolosi, trovare documenti fondamentali relativi proprio alla prigionia del Presidente della DC.*

Quando cercai di sapere qualcosa di più, mi rivolsi a due abili funzionari dell'ufficio politico della questura di Roma, Ansoino Andreassi e Domenico Spinella. Entrambi mi risposero sdegnati di non aver mai saputo nulla né dell'inchiesta segreta del Viminale, né di quelle visite dell'Ucigos. Venni così a sapere che non ero stato l'unico cui l'Ucigos aveva mentito. Andreassi, che considero uno dei più acuti e intelligenti investigatori, pur trovandosi a Roma dalla fine del maggio 1978, era stato tenuto all'oscuro. Tutto era stato insabbiato dopo la cacciata di un altro grande investigatore, Emilio Santillo.

Stranamente la Corte non convocò mai i funzionari dell'Ucigos autori dell'appunto del 16 ottobre 1978, che erano stati in via Montalcini e si erano riuniti con gli inquilini dello stabile. Non convocò mai gli inquilini dello stabile in cui era ubicata la prigione di Moro. Il presidente della Corte sembrava nutrire una sorte di timore reverenziale nei confronti dell'ex ministro Cossiga, ormai presidente del Consiglio e quando lo interrogò non gli fece alcuna domanda su quella gravissima serie di sventatezze, occultamente, omissioni, reticenze, depistaggi e silenzi da parte di uomini di fiducia del ministro che avevano sostituito eccellenti ed esperti investigatori, fedeli alla Costituzione»[15].

---

[15] Ferdinando Imposimato, *I 55 giorni che hanno cambiato l'Italia. Perché Aldo Moro doveva morire? La storia vera*, Newton Compton. 2018.

I primi accenni alla "prigione del popolo" vengono comunque fatti dal pentito Patrizio Peci, che racconta di aver sentito che Aldo Moro era stato rinchiuso nel retrobottega di un non meglio precisato negozio nei pressi di Roma. Anni dopo, nel gennaio del 1982, al termine del rapimento Dozier, Antonio Savasta collaborerà con gli inquirenti dichiarando che aveva saputo che l'On. Moro era stato rinchiuso per tutta la durata del sequestro in un appartamento di proprietà di Anna Laura Braghetti. A quella notizia le forze dell'ordine si concentrano, manco a dirlo, sull'appartamento sbagliato, e cioè su un alloggio di via Laurentina 501 che in passato era stato di proprietà del padre della Braghetti. Soltanto in un secondo momento le indagini si concentrarono sul locale di via Montalcini 8.

Un'altra verità

Non tutti però sono convinti che Aldo Moro sia rimasto in via Montalcini per l'intera durata del suo sequestro. Su questo dato infatti abbiamo soltanto le testimonianze dirette dei brigatisti, non c'è nessun'altra contro-prova o fatto certo oltre ogni dubbio che possano confermare quando detto dalle BR, e per di più alcune delle confessioni dei terroristi catturati negli anni differiscono per alcuni dettagli e particolari.

Anche per questo motivo il magistrato Carlo Alfredo Moro, fratello del Presidente della DC sequestrato e uccido dalle BR, ha avanzato un'ipotesi alternativa. Secondo il magistrato infatti Moro avrebbe trascorso l'ultimo periodo del suo sequestro nei pressi di una località di mare. Questa idea non è campata in aria e nasce dal fatto che sul corpo di Aldo Moro all'interno della celebre Renault 4 rossa sono state rinvenute tracce di sabbia e di particolari tipi di vegetali. In seguito Barbara Balzerani dirà che la sabbia era stata messa volontariamente sul corpo del Presidente della DC per depistare le indagini, sabbia che la stessa Balzerani era andata a raccogliere nel litorale romano.

C'è un altro particolare che ha spinto diverse persone a sospettare che Moro non sia rimasto sempre in via Montalcini. L'autopsia infatti ha rilevato che Moro aveva un buon tono muscolare, cosa possibile soltanto se il prigioniero durante il sequestro avesse avuto la possibilità di fare un po' di movimento fisico. Particolare questo impossibile in via Montalcini viste le dimensioni dell'appartamento e, soprattutto, della prigione in cui sarebbe stato rinchiuso Moro.

Per non parlare delle 86 lettere scritte dallo statista italiano durante il sequestro: come avrebbe potuto fare una cosa del genere rinchiuso in un esiguo spazio di pochi metri quadrati ricavato tra due muri? Infine si è molto discusso sui gettoni telefonici trovati nelle tasche di Moro. Di norma i brigatisti quando lasciavano libero uno dei loro ostaggi gli mettevano alcuni gettoni del telefono in tasca, per permettergli di telefonare ai familiari per farsi venire a prendere. Se, invece, le BR avevano già deciso di uccidere Moro, perché mettergli dei gettoni nelle tasche? I brigatisti nel corso degli anni hanno ripetuto che in definitiva si sia trattato di un gesto di pietà e di rispetto per l'On. Moro che, in quel modo, avrebbe avuto l'illusione di essere ormai vicino alla liberazione. Ma questa spiegazione non ha convinto a fondo tutti gli analisti, soprattutto tenendo conto della freddezza militare dimostrata dalle Brigate Rosse nel corso degli anni.

Un'altra prigione in via Caetani?

Abbiamo già sottolineato come condurre da via Montaclini a via Caetani l'auto con il cadavere di Moro nel bagagliaio sia stata un'azione quanto meno sconsiderata, perlomeno da un punto di vista strategico. Sulla scia di queste riflessioni c'è stato chi è arrivato ad ipotizzare che in realtà Moro fosse rinchiuso in una base in via Caetani, o comunque nella zona del centro di Roma, perlomeno nell'ultimo periodo della sua detenzione. Sembra addirittura che lo stesso Moro abbia inserito una serie di indizi nelle sue lettere per far capire che si trovava prigioniero in via Caetani. Nello specifico si tratta delle lettere inviate alla moglie il 6 aprile e quella non consegnata a Paolo VI.

Nelle due lettere Moro dice di essere convinto che si poteva ripercorrere la strada fatta durante la Seconda Guerra Mondiale per liberare il prof. Giuliano Vassalli, all'epoca prigioniero delle SS. A quel tempo Vassalli era stato liberato dopo un accordo sotterraneo, per così dire, tra i tedeschi e il Vaticano.

Ecco cosa dice nel concreto Aldo Moro nella prima lettera, quella inviata alla moglie:

«*[…] tempi di Pio XII che contendeva ai tedeschi il giovane Prof. Vassalli, condannato a morte. Si dovrà ritentare […]*».

Ecco invece cosa scrive il Presidente della Democrazia Cristiana nella lettera non consegnata al Papa:

«*[…] alla Santità vostra, l'unica che possa piegare il governo italiano ad un atto di saggezza. Mi auguro si ripeta il gesto efficace di S.S. Pio XII in favore del giovane Prof. Vassalli, che era nella mia stessa condizione*».

Il prof. De Lutiis, presidente del Centro di documentazione storico-politica su stragismo, terrorismo e violenza politica, dal 1994 al 2001 è stato coordinatore dei consulenti della Commissione parlamentare su stragi e terrorismo, ed è convinto che in quelle semplici righe fosse nascosto in realtà un messaggio molto più complesso:

«*[…] Credo che Moro sia entrato dall'ingresso principale della casa di un principe e poi sia uscito sul lato sinistro direttamente sulla strada dove è stato trovato. […] Io condivido la tesi che la prigione, la prima prigione di Moro fosse vicina a Via Fani. Dopo il sanguinoso sequestro non è pensabile che i brigatisti abbiano fatto chilometri e chilometri per per arrivare in Via Montalcini attraversando una Roma blindata, in allarme. Non se lo potevano permettere.
[…] fa bene la nuova commissione parlamentare d'inchiesta ad indagare sul luogo in cui in quei giorni si sono perse le tracce delle macchine del rapimento. […] ci sono persone che non hanno detto e non dicono tutto quello che sanno. Sono passati tanti anni e ora si potrebbe tentare di fare chiarezza. Ci sono uomini dei servizi che potrebbero contribuire a fare luce*»[16].

Secondo Lutiis in via Caetani ci sarebbe stata la terza e ultima prigione di Aldo Moro, anche perché esistono due informative del Ros dei Carabinieri firmate dai colonnelli Mario Mori e Demetrio Cogliandro in cui si specificava che Palazzo Caetani (palazzo storico che si affaccia in via Caetani) era un luogo coinvolto nel Caso Moro. Eppure, anche se in entrambe le informative veniva specificato che si trattava di una "fonte attendibile", nessuna delle due venne poi trasmessa agli inquirenti e così rimasero per anni rinchiuse dentro a un cassetto.

L'On. Giovanni Galloni, che in quegli anni era il Direttore de Il Popolo, a questo proposito ha dichiarato:

«*Noi vogliamo sapere dove è stato tenuto prigioniero Moro. Se ancora non si è saputo nulla, ci dovrà pur essere un motivo. Deve essere qualche motivo importante che porta a nascondere un fatto che avrebbe potuto essere puramente*

---

[16] *Caso Moro: la vera e ultima prigione era in Via Caetani?*, Askanews, 8 maggio 2015.

logistico. Se la prigione era in centro, vicino al luogo di ritrovamento della Renault rossa, tacendo della circostanza si sta forse cercando di proteggere qualcuno?»[17].

Altro particolare quantomeno curioso è che in via Caetani si affaccia anche Palazzo Antici Mattei, all'interno del quale, sempre secondo un'informativa dei Ros, si trovava il centro studi americani amministrato da un consiglio direttivo composto di tredici membri, due dei quali designati dal United States Information service. Senza parlare del fatto che sempre a Palazzo Antici Mattei, al quarto piano per la precisione, per più di 10 anni c'erano stati degli uffici del Sisde.

Di opinione opposta invece l'ex magistrato Ferdinando Imposimato:

«Se Moro sia stato anche in altra prigione è difficile dirlo: io sono propenso a credere di no, anche se l'appartamento del Ghetto, mai trovato, potrebbe essere stato un punto di appoggio prima del trasporto del corpo di Moro in via Caetani. Quello di cui sono certo, e sono giunto a questa certezza dopo anni di colloqui con i brigatisti, è che esisteva certamente una prigione di riserva in cui spostare Moro in caso di emergenza»[18].

---

[17] *Caso Moro: la vera e ultima prigione era in Via Caetani?*, Askanews, 8 maggio 2015.

[18] Ferdinando Imposimato, op. cit.

LA VERSIONE DELLE BR

«È tutto chiaro nell'attività delle BR [...] è storicamente dimostrato che Moro è roba nostra.
È per quello che siamo stati condannati. Non c'entrano nulla la mafia, non c'entrano nulla i servizi segreti».
(Prospero Gallinari)

La ricostruzione giudiziaria del Caso Moro, quella che cioè possiamo definire con l'espressione "verità giudiziaria", si basa prevalentemente sulle confessioni dei brigatisti che hanno partecipato attivamente al sequestro. I primi a collaborare in maniera decisiva con gli inquirenti sono stati Valerio Morucci e Adriana Faranda che, con le loro dichiarazioni iniziate a metà anni '80, hanno permesso di colmare i tantissimi buchi neri che caratterizzavano le ricostruzioni fatte fino a quel momento. Nel corso degli anni infatti gli uomini e le donne delle Brigate Rosse vennero arrestati uno a uno, e chi prima, chi dopo, hanno tutti raccontato la loro versione di quei giorni. Del resto, come ha detto Adriana Faranda, anche per gli stessi brigatisti non era certo facile ricostruire quei momenti difficili:

«È difficile oggi descrivere le emozioni di quel giorno. Erano soprattutto segnate da una enorme ansia, perché sentivo che stava per avvenire comunque qualche cosa sicuramente più grande di noi, di estremamente grave, di estremamente pesante. A questo si aggiungeva anche l'ansia... rispetto agli affetti... alle persone che conoscevo e che non sapevo se sarebbero tornate a casa... perché non era un tipo di azione che avesse un esito certo»[19].

A ogni modo senza quelle preziose confessioni gli inquirenti sarebbero rimasti in alto mare, anche se va detto che non sempre le dichiarazioni dei brigatisti sono state del tutto trasparenti, anzi. In diversi casi infatti sono stati taciuti particolari, dettagli, nomi, situazioni che avrebbero potuto compromettere persone ancora in libertà, oppure aggravare la posizione di brigatisti che erano già stati arrestati per altri motivi. Molto chiare a questo proposito le parole di Mario Moretti quando parla dei testi delle lettere e in generale dei documenti scritti dall'On. Moro durante la prigionia:

«[...] ciò che so è che quello che noi avevamo è stato pubblicato. È stato pubblicato, è stato reso noto, non c'è niente che noi abbiamo tenuto segreto. Non c'era ragione, e non ce n'è ancora oggi, di tenere segreta qualche cosa. [i colloqui] sono stati registrati e trascritti; credo che tutta questa roba sia stata distrutta. [...] è sicuro che sia stata distrutta.

---

[19] Sergio Zavoli, op. cit.

Lo so per certo. Non posso, le ripeto... vede purtroppo so che fa una brutta impressione, però questi dettagli, e moltissimi altri, non avrei alcuna difficoltà a chiarirli perché sono delle banalità che non spostano nulla nella valutazione storica e politica sull'episodio e sull'intera storia delle Brigate Rosse, non aggiungerebbero niente di significativo. È che ciascuna di queste specificazione porterebbe quasi certamente della gente in galera, perché questa storia che politicamente è finita non è una storia giuridicamente finita»[20].

I due casi più emblematici sono quelli di Germano Maccari, il misterioso Ing. Altobelli che viveva in via Montalcini con la Braghetti, che venne scoperto e arrestato soltanto negli anni '90, così come il ritrovamento apparentemente casuale del memoriale di Aldo Moro e delle lettere scritte durante la prigionia nel covo brigatista di via Monte Nevoso a Milano.

La colonna romana

Le Brigate Rosse erano attive nella capitale già dal 1976 dopo aver preso contatto con i gruppi estremisti che vivevano a Roma, soprattutto con chi aveva aderito al gruppo para-militare noto come "Potere Operaio", ma anche con altri aderenti a vario titolo alle strutture della vasta galassia della sinistra extra-parlamentare. Per la costituzione della colonna romana si erano trasferiti a Roma Mario Moretti (il suo nome di battaglia era Maurizio), membro di spicco delle BR e in clandestinità già dal 1972, Franco Bonisoli (nome di battaglia Luigi) e Maria Carla Brioschi (nome di battaglia Monica).

I primi due membri clandestini della nuova colonna sono Valerio Morucci, nome già molto conosciuto nella variegata area della sinistra extra-parlamentare romana, e Adriana Faranda, che al tempo era la sua compagna. Morucci aveva già organizzato diversi gruppi attivi nel mondo della lotta armata ed era molto esperto di armi (infatti sarà uno degli uomini del gruppo di fuoco in via Fani). Oltre ai membri clandestini si unirono nei mesi successivi anche Bruno Seghetti, Barbara Balzerani, Francesco Piccioni, Alessio Casimirri, Rita Algranati, Germano Maccari, Renato Arreni, Anna Laura Braghetti e Antonio Savasta.

Dopo l'evasione dal carcere di Treviso del 1977 anche Prospero Gallinari si stabilisce a Roma, naturalmente in clandestinità. A organizzare in maniera strutturata la colonna romana ci pensa Mario Moretti. Divenuto col passare degli anni il leader delle Brigate Rosse Moretti a Roma inizia a elaborare l'idea di alzare il livello portando l'attacco "al cuore dello Stato", ovvero alla DC, il cosiddetto "partito stato". Questo anche perché Roma, rispetto a due città fortemente industriali come Milano e Torino, aveva un tessuto sociale molto particolare, privo di una grande classe operaia ad esempio.

Risoluzione Strategica

Nei primi mesi del 1978 le BR diffondono un documento noto come "Risoluzione Strategica" in cui viene teorizzato il nuovo livello della lotta armata. Nel documento si parla di vero e proprio "salto di qualità", di passaggio dalla fase della "propaganda armata" a quello della "guerra civile dispiegata". I termini utilizzati dalle Brigate Rosse sono a tutti gli effetti termini militari. Si parla apertamente di "campagna di primavera" per attaccare la Democrazia Cristiana, le BR sono convinte

---

[20] Sergio Zavoli, op. cit.

di essere in guerra contro tutto e tutti. Da mesi poi i brigatisti stanno già sorvegliando i principali politici italiani: Giulio Andreotti, Amintore Fanfani e, naturalmente, Aldo Moro. Come abbiamo già avuto modo di vedere la scelta finale cade sul Presidente della DC perché, a detta dei brigatisti, è il politico meno sorvegliato, anche se in seguito Mario Moretti ha più volte smentito questa teoria dichiarando che fin dal principio l'unico obiettivo delle Brigate Rosse era Aldo Moro.

In un primo momento le BR studiano un piano che prevede il rapimento di Moro senza spargimento di sangue. Secondo Morucci sarebbe possibile rapire il Presidente della DC mentre si trova in preghiera nella Chiesa di Santa Chiara in piazza dei Giochi Delfici, dove Moro si recava ogni mattina e dove era sorvegliato soltanto da un paio di uomini della scorta. A quanto pare il piano viene scartato a causa dell'alto rischio di un conflitto a fuoco che avrebbe potuto coinvolgere persone innocenti, oltre alle oggettive difficoltà riscontrate nell'accedere alle vie di fuga. Adriana Faranda, che partecipa attivamente a tutte le fasi del sequestro Moro fin dalla preparazione del rapimento, ricorda così la fase di elaborazione del primo piano da parte delle Brigate Rosse:

«Moro, la mattina intorno alle nove, si recava nella chiesa di Santa Chiara per la messa. Partì una inchiesta massiccia e fu ideata una prima ipotesi di sequestro. Questa prima ipotesi non prevedeva l'uccisione della scorta, doveva effettuarsi all'interno della chiesa e con la diretta partecipazione di un nucleo di sette militanti BR. Era prevista una via di fuga che dall'interno della chiesa, passando per un corridoio in una scuola, arrivava in via Zandonai; perché completamente fuori dalla vista di chi si trovava in piazza dei Giochi Delfici, su cui si affaccia la chiesa.

Furono analizzate anche altre vie di fuga e tutte le strade che in automobile erano percorribili da via Zandonai fino ai luoghi più sicuri. Questo progetto venne abbandonato perché piazza dei Giochi Delfici si trovava in una zona altamente militarizzata, e se ci si fosse accorti del sequestro in atto sarebbe potuto nascere un conflitto a fuoco che avrebbe coinvolto passanti e reso impossibile la fuga dei brigatisti coinvolti; nel piano, come copertura, si arrivava più o meno a venti persone».

Una volta cambiata idea viene dunque elaborato il piano definitivo, quello cioè che avrebbe portato al massacro di via Fani. Si tratta però di un piano molto complesso da gestire, soprattutto da un punto di vista logistico, per cui vengono fatti scendere a Roma altri brigatisti più esperti come Raffaele Fiore e Franco Bonisoli. Il via definitivo al piano per sequestrare Moro, che viene chiamato in codice "Operazione Fritz", è ufficialmente deciso soltanto nel febbraio del 1978 durante una Direzione Strategica delle BR che si tiene nei pressi di Velletri, anche se poi l'ultima decisione viene presa dal Comitato Direttivo soltanto una settimana prima dell'agguato.

Inferno di piombo in via Fani

Come già detto Morucci, Fiore, Gallinari e Bonisoli formano il corpo di fuoco delle Brigate Rosse in via Fani. Indossano tutti pesanti maglioni a giro collo, giubbotti antiproiettile e quattro impermeabili azzurri su cui sono stati cuciti i fregi dell'Alitalia, berretti azzurri con visiera e fregi Alitalia. I mitra vengono riposti all'interno di borse di cuoio, anche queste col marchio Alitalia, mitra che poco prima dell'agguato vengono invece tirati fuori e poi riposti sotto agli impermeabili. Valerio Morucci e Franco Bonisoli arrivano a piedi in via Fani alle 8:45 (hanno lasciato la loro Autobianchi A112 via Stresa), sono armati entrambi con mitra FNAB-43. Morucci poi ha anche una pistola Browning HP, mentre Bonisoli porta con sé una pistola Beretta M51. Gli altri due del corpo di fuoco arrivano poco dopo. Gallinari ha un mitra TZ45 e una pistola Smith&Wesson 39, Fiore invece una pistola mitragliatrice Beretta M12 e una pistola Browning HP. Si posizionano quindi dietro le siepi del bar "Olivetti", chiuso per lavori, con le saracinesche abbassate, che si trova all'angolo della strada nei pressi dello stop di via Fani su via Stresa Mario Moretti, a bordo della Fiat 128 con la targa rubata Corpo Diplomatico ferma sulla destra di via Fani, ha un mitra Beretta MAB 38 e una pistola Browning HP.

Casimirri e Lojacono, armati con un fucile M1 cal. 30, sono anche loro in attesa sul lato destro di via Fani a bordo di una Fiat 128 bianca. Sulla Fiat 128 blu ferma all'altezza dell'incrocio di via Stresa c'è invece Barbara Balzerani con una mitraglietta Vz 61 Skorpion. Infine Bruno Seghetti, all'interno di una Fiat 132 blu, aspetta a pochi metri dall'incrocio: subito dopo l'attacco avrebbe dovuto tornare in retro fino al luogo della strage per caricare a bordo Aldo Moro. Rita Algranati si trova all'inizio di via Fani con un mazzo di fiori in mano e ha il compito di avvisare i compagni dell'arrivo dell'auto di Moro tramite un segnale convenuto, dopo di che se ne va a bordo di un motorino. Non appena Moretti vede il segno della Algranati parte e si inserisce perfettamente davanti all'auto di Moro, bloccando poi di colpo l'automobile allo stop su via Stresa.

È questo il momento in cui i quattro uomini del corpo di fuoco si piazzano in mezzo alla strada e scaricano le loro armi contro l'auto di Aldo Moro e quella della scorta. Come abbiamo visto Morucci e Fiore si dedicano all'auto di Moro, Gallinari e Bonisoli invece si concentrano sulla scorta come abbiamo già raccontato. Valerio Morucci in seguito ricorderà con queste parole l'attentato di via Fani:

«L'organizzazione era pronta per il 16 mattina, uno dei giorni in cui l'On. Moro sarebbe potuto passare per via Fani. Non c'era certezza, avrebbe anche potuto fare un'altra strada. Era stato verificato che passava lì alcuni giorni, ma non era stato verificato che passasse lì sempre. Non c'era stata una verifica da mesi.

Quindi il 16 marzo era il primo giorno in cui si andava in via Fani per compiere l'azione, sperando, dal punto di vista operativo, ovviamente, che passasse di lì quella mattina. Altrimenti si sarebbe dovuti tornare il giorno dopo e poi ancora il giorno dopo, fino a quando non si fosse ritenuto che la presenza di tutte queste persone, su quel luogo per più giorni, avrebbe comportato sicuramente il rischio di un allarme. La macchina con la targa del Corpo Diplomatico si mise in seconda fila, mentre l'altra rimase dov'era. Appena visto arrivare il 130 blu di Moro da via Trionfale, il 128 targato Corpo Diplomatico è partito ad andatura abbastanza sostenuta per evitare di farsi sorpassare, perché solitamente le due macchine andavano abbastanza veloci. Passò davanti al bar Olivetti e frenò bruscamente all'altezza dello stop.

A quel punto il 130 tamponò il 128, l'Alfetta di scorta tamponò il 130, il 128 bianco con a bordo le altre due persone, si pose dietro per chiudere l'accesso ad altre macchine; la persona che doveva occupare l'incrocio occupò l'incrocio, e noi quattro che eravamo dietro le siepi del bar Olivetti uscimmo per sparare... per sparare sulla scorta. Due erano incaricati di sparare sull'Alfetta e gli altri due di sparare sull'autista e sull'altra persona che occupava il posto al suo fianco nel 130. Io ero tra questi due e quindi sparai contro il 130.

Nel frattempo l'autista del 130, appuntato Ricci, cercò disperatamente di guadagnare un varco verso via Stresa, e più volte fece marcia indietro e marcia avanti mentre era in corso la sparatoria. Il maresciallo Leonardi, invece, per prima cosa si preoccupò di proteggere l'On. Moro e si girò per farlo abbassare. Infatti, è stato trovato morto in quella posizione. Lo stesso accadde per Jozzino che uscì dalla macchina, questo non l'ho visto, lo desumo dai fatti, per esplodere un paio di colpi con la sua pistola»[21].

Da notare però come la notte prima dell'agguato le BR avessero pensato di bucare le gomme del furgone del fioraio che parcheggiava proprio nella zona dell'agguato per impedirgli di interferire con il commando di fuoco. In altre parole sembra che, magari grazie a una soffiata, le Brigate Rosse avessero in realtà la certezza che quel giorno Moro e la scorta sarebbero passati proprio di là.

---

[21] Sergio Zavoli, op. cit.

Spariti nel nulla

La ricostruzione ufficiale della fuga e della sparizione dei brigatisti è sicuramente una delle (tante!) note stonate di questa brutta storia. Il lungo e tortuoso percorso fatto attraverso mezza Roma fino al covo di via Montalcini 8 è infatti davvero poco credibile. Fatto sta che come abbiamo visto Moretti e Gallinari raggiungono il covo 35 minuti dopo il rapimento, anche se non sono mai stati chiariti del tutto i vari passaggi e relativi cambi di auto avvenuti da via Fani a via Montalcini.

I MISTERI DEL CASO MORO

«Si può sfuggire alla polizia italiana – alla polizia italiana così come è istruita, organizzata e diretta – ma non al calcolo delle probabilità. E stando alle statistiche diffuse dal ministero degli Interni, relative alle operazioni condotte dalla polizia nel periodo che va dal rapimento di Moro al ritrovamento del cadavere, le Brigate Rosse appunto sono sfuggite al calcolo delle probabilità. Il che è verosimile, ma non può essere vero e reale».

(Leonardo Sciascia)

Fin da subito emergono diverse zone d'ombra nella ricostruzione ufficiale dei fatti, zone d'ombra che con il passare degli anni invece di dissiparsi sono aumentate sempre di più. Esistono tutta una serie di particolari che rendono il Caso Moro un vero dedalo di sospetti, misteri, bugie, depistaggi, mezze verità. Stiamo parlando del resto di un caso che è stato passato al setaccio in ogni minimo particolare per più di trent'anni, è più che normale che non tutto torni perfettamente, sopratutto quando alla verità ufficiale si sovrappongono le confessioni dei brigatisti, dei pentiti di mafia e della mala, oltre ai presunti scoop dei giornalisti e agli immancabili ricordi a orologeria di chi è stato coinvolto anche soltanto in parte con la vicenda. Per non parlare poi del livello politico di tutta la faccenda, livello che coinvolge stati, governi, servizi deviati e non, patti segreti.

Tutto questo inserito in uno scenario, quello della Guerra Fredda tra blocco occidentale e blocco orientale, in cui l'Italia è stata purtroppo un laboratorio politico-militare degli estremismi rossi e neri, elemento che ha prodotto una serie di "segreti" e "misteri" che non hanno eguali nella storia delle altre democrazie occidentali. Per questo molti analisti sono convinti che all'interno delle Brigate Rosse fossero infiltrati degli agenti della CIA, oppure di Gladio, la rete clandestina della NATO che a livello europeo si chiamava "Stay Behind" e che era destinata a bloccare un'eventuale invasione sovietica nei paesi dell'Europa Occidentale. Ma cerchiamo di analizzare punto per punto i tanti misteri e i punti mai chiariti che ancora oggi circondano il Caso Moro.

Il falso comunicato n. 7

Il falso comunicato n. 7 delle Brigate Rosse, quello in cui si annunciava la morte di Aldo Moro, è sicuramente uno dei punti cruciali di tutta questa brutta vicenda. Come abbiamo ricordato l'ipotesi più diffusa è che si sia trattato di una "prova generale" per testare l'impatto sull'opinione pubblica della morte di Aldo Moro. È di questa idea ad esempio l'ex brigatista Enrico Fenzi:

«Secondo le Brigate Rosse, il comunicato del Lago della Duchessa era un falso del governo, della polizia, insomma del potere... ed il segnale chiaro e inequivocabile che nessuna trattativa era possibile... che lo Stato non avrebbe mai trattato con Moro»[22].

Bene, ammesso e non concesso che questa ipotesi sia vera, chi sarebbe stato il regista di questa "prova generale"? La verità giudiziaria ha stabilito che a realizzare quel documento è stato Antonio Chichiarelli, noto falsario romano vicino agli ambienti della Magliana. Chichiarelli, che dopo il sequestro di Aldo Moro fu l'autore di altri falsi comunicati delle Brigate Rosse, venne peraltro ucciso nel 1984 in circostanze mai del tutto chiarite. Precisiamo subito che all'epoca della sua morte Chichiarelli non era minimamente indagato né sospettato per il falso comunicato n. 7, anche se ne aveva parlato con diverse persone, tra cui anche Luciano Dal Bello, noto informatore dei carabinieri e del Sisde. Dal Bello disse poi di aver passato la preziosa informazione ad un maresciallo dei carabinieri ma, tanto per cambiare, non fu aperto nessun fascicolo a carico del falsario della Magliana.

Tra l'altro durante il processo che seguì alla misteriosa morte di Chichiarelli si venne a sapere che le forze dell'ordine avevano rinvenuto in casa del falsario romano delle foto Polaroid di Moro sequestrato, foto ritenute autentiche dagli esperti che ebbero modo di analizzarle. Il fatto che Chichiarelli fosse contiguo ai circoli dell'Autonomia, unito ad alcune intercettazioni risalenti alla fine degli anni '70, ha fatto credere a qualcuno che in realtà non fossero le Brigate Rosse a condurre l'interrogatorio di Moro nel covo di via Montalcini, ma gruppi di fiancheggiatori come altri esponenti di Autonomia Operaia. Chi sostiene questa tesi, a nostro avviso molto poco credibile, è convinto che le Brigate Rosse, dopo aver assistito agli interrogatori, avrebbero anche conservato le bobine con le dichiarazioni di Moro durante il sequestro.

Per tornare invece al falso Comunicato n. 7, secondo Steve Pieczenik, uno dei massimi esperti di terrorismo internazionale del Dipartimento di Stato americano, l'idea del falso comunicato era stata discussa anche durante una delle riunioni di crisi a cui avevano partecipato, tra gli altri, Francesco Cossiga e il prof. Franco Ferracuti, che come si venne a sapere in seguito era un membro della Loggia Massonica P2. L'obiettivo di una mossa del genere era quello di preparare l'opinione pubblica internazionale allo scenario più probabile, ovvero la morte di Aldo Moro.

Anomalie difficili da spiegare

Uno dei particolari più discussi di tutta la vicenda è quello relativo alla scelta strategico-operativa dei brigatisti di rapire Moro in via Fani. Il Presidente della Democrazia Cristiana era un uomo estremamente metodico, come ebbero modo di appurare i brigatisti che avevano iniziato a sorvegliarlo dal 1976. Ogni mattina Moro si recava insieme al nipotino nella Chiesa Santa Chiara in Via Forte Trionfale, dopo di che si dedicava ad una piccola passeggiata insieme a uno dei suoi agenti di scorta. Per i terroristi dunque sarebbe stato molto più semplice rapire Moro durante le sue passeggiate a piedi. C'era soltanto un uomo della scorta da affrontare, oltre al fatto che non c'erano automobili da bloccare.

---

[22] Sergio Zavoli, op. cit.

Anche Eleonora Moro nel corso degli anni ha sollevato diversi punti di domanda sui fatti di via Fani, oltre che sulla gestione dell'intero sequestro da parte delle forze dell'ordine. Va detto comunque che in diverse occasioni è stata proprio la signora Moro a fare chiarezza su presunti "complotti" o su dettagli che potevano sembrare strani ma che, inquadrati nel contesto quotidiano di Aldo Moro, risultavano invece perfettamente logici se non addirittura banali. Ad esempio quando Eleonora Moro si recò in via Fani, nell'immediatezza della strage, si sentì dire dagli agenti presenti sul luogo che quello che era successo "era opera delle BR". La rivendicazione ufficiale del sequestro avvenne diverse ore dopo ma una dichiarazione del genere magari può benissimo essere sfuggita a qualche agente, non va dimenticato il clima di terrore che si respirava nell'Italia degli anni di piombo.

Un altro dettaglio che cozza con la personalità di Aldo Moro è la mancanza totale di riferimenti agli uomini della scorta massacrati delle BR nelle lettere scritte dal Presidente della DC durante la prigionia. Durante i 55 giorni del sequestro Moro scrisse ben 86 lettere, eppure in nessuna di queste vengono mai menzionati gli agenti che lo proteggevano, anche se la moglie di Moro ha ricordato come tra lo statista e la sua scorta ci fosse un forte legame affettivo che andava al di là del rapporto professionale.

Misteri in via Fani

La ricostruzione ufficiale dell'agguato in via Fani sostiene che a sparare furono quattro brigatisti, e cioè Valerio Morucci, Raffaele Fiore, Prospero Gallinari e Franco Bonisoli. Secondo una perizia balistica effettuata nel 1993 su incarico della Corte invece in via Fani ci sarebbe stato anche un misterioso quinto uomo. Secondo questa perizia l'anonimo "brigatista scomparso" avrebbe fatto fuoco contro la Fiat 130 sparando dal lato destro dell'auto sul lato passeggero.

La verità giudiziaria parla di 11 terroristi presenti in via Fani in quel 16 marzo, mentre le ricostruzioni dei periti al contrario sostengono che sul luogo ci dovessero essere almeno 14 brigatisti. Ma i dubbi sulla reale dinamica dei fatti durante l'agguato di via Fani non si fermano qui. Abbiamo già sottolineato in precedenza come Aldo Moro uscì illeso dall'agguato (esclusa una piccola ferita da arma da fuoco sulla coscia rilevata durante l'autopsia), eppure sulla sua auto e su quella della sua scorta venne scaricato un inferno di piombo. Gli inquirenti contarono ben 93 bossoli sul terreno, tutti sparati nel giro di una manciata di secondi con armi tutt'altro che perfette (quasi tutte infatti si incepparono) e da un gruppo di fuoco che non era composto da militari professionisti. L'ex brigatista Alfredo Bonavita in Corte d'Assise racconterà in termini molto chiari quei momenti:

«Avevamo cinque mitra e se ne erano inceppati tre, o due, o uno… non so… però, in soldoni, avevamo quattro armi scassate, quattro persone di cui qualcuno se la faceva pure sotto, abbiamo agito ed è andata bene. Per cui questo favoleggiare sulle armi sofisticatissime, su questa strategia internazionale delle Brigate Rosse, cade un po' nel ridicolo»[23].

Il primo particolare che balza subito agli occhi nella dichiarazione di Bonavita è quello relativo ai 5 mitra, quando invece tutte le ricostruzioni parlano di 4 mitra, anche se poi l'ex brigatista parla in tono confuso come se non ricordasse bene i dettagli dell'operazione. Al di là di questi particolari

---

[23] *Atti della Commissione parlamentare di inchiesta sul rapimento e sulla morte di Aldo Moro*, Mercoledì 10 giugno 2015.

resta il fatto che i quattro (o cinque?) brigatisti che fecero fuoco dimostrarono una precisione balistica a dir poco incredibile. Soprattutto se, come racconterà poi Prospero Gallinari, il gruppo di fuoco e i brigatisti che parteciparono all'operazione in via Fani effettuarono un'unica esercitazione generale per provare le mosse da mettere in atto durante il sequestro all'incirca un mese prima dell'agguato di via Fani.

Ecco allora che è stato ipotizzato che il quinto brigatista, l'uomo che non è mai stato ritrovato, in realtà fosse un tiratore scelto, probabilmente armato di un mitra a canna corta (e così tornerebbero anche i conti a proposito dei "5 mitra" di cui parla Bonavita).

Ecco cos'ha dichiarato a questo proposito il Generale Gerardo Serravalle che, fino al 1974, era stato a capo di Gladio:

«Dietro la "Geometrica Potenza" brigatista dispiegata in via Fani c'erano killer professionisti. Uno che spara in quel modo, centrando come birilli, tutti gli uomini della scorta senza lasciar loro il tempo per la fuga o per la difesa, è senza dubbio alcuno un tiratore scelto di altissimo livello. 49 colpi in una manciata di secondi: un record! In Europa di siffatti uomini si contano sulle dita d'una mano».

Sarebbe stato dunque questo killer sconosciuto a sparare la maggioranza dei colpi (i periti rileveranno che 49 dei 93 colpi totali erano stati esplosi da un'unica arma). Sull'identità di questo misterioso tiratore scelto negli anni se ne sono sentite di tutti i colori: agente del KGB, della CIA, un terrorista tedesco della RAF, un membro di Gladio, uomo di fiducia dei servizi segreti italiani infiltrato nelle BR. L'Espresso avrebbe addirittura fatto nomi e cognomi, affermando che il misterioso killer di via Fani fosse in realtà Giustino De Vuono, ex soldato della Legione Straniera affiliato alla 'Ndrangheta calabrese.

Ricostruzioni in 3D e schizzi autografi di Moretti

Nel giugno del 2015 una serie di documenti e di dichiarazioni di alcuni dei protagonisti di questa vicenda hanno riaperto l'attenzione sul Caso Moro. Uno di questi documenti è stato uno schizzo realizzato da Mario Moretti nel 2006 in cui l'ex brigatista aveva tentato di ricostruire l'agguato di via Fani con carta e penna a favore degli inquirenti. Si tratta infatti di un foglietto presentato di fronte alla Commissione d'inchiesta Moro da Marco Clementi, ricercatore universitario autore di diversi saggi sulla figura di Aldo Moro e sulle Brigate Rosse.

Lo schizzo realizzato da Moretti, un disegno piuttosto semplice ed elementare che corrisponde alla ricostruzione ufficiale dell'agguato, è stato poi acquisito ufficialmente dalla Commissione parlamentare d'inchiesta sul Caso Moro presieduta dall'On. Fioroni. Gli inquirenti hanno anche realizzato una complessa ed articolata ricostruzione in 3D della strage di via Fani, ricostruzione che in diversi punti non combacia perfettamente con la "versione ufficiale", chiamiamola così, dell'agguato. Secondo la ricostruzione in 3D a sparare in via Fani furono sì 4 killer delle Brigate Rosse con una serie di colpi singoli e molto ben mirati da sinistra, ma a differenza di quanto sostenuto dai brigatisti la Fiat 130 blu in cui si trovava il Presidente Moro al momento dell'attacco era ancora in movimento, particolare che rende ancora più incredibile la straordinaria precisione balistica delle BR in via Fani. Subito dopo gli uomini delle BR si sarebbero spostati sul lato destro esplodendo tutta la loro forza di fuoco anche contro l'auto della scorta.

La ricostruzione digitale evidenzia inoltre come l'automobile in cui si trovava il Presidente Moro non tamponò la vettura guidata da Moretti ma, di fatto, si appoggiò semplicemente sul paraurti. Su un dettaglio però questa nuova ricostruzione hi-tech combacia perfettamente con la verità giudiziaria dell'agguato: a sparare in via Fani il 16 marzo 1978 sarebbero stati soltanto gli uomini delle Brigate Rosse, senza nessun intervento di killer esterni o di misteriosi uomini dei servizi segreti.

La perquisizione mancata

Il 18 marzo, soltanto due giorni dopo la strage di via Fani, le forze dell'ordine perquisirono lo stabile di via Gradoli, "dimenticandosi" però di entrare nell'appartamento in cui vivevano da latitanti Mario Moretti e Barbara Balzerani. Quella perquisizione era stata eseguita dopo una segnalazione di Lucia Mokbel, una ragazza che viveva in quello stabile e che disse alla polizia di sentire dei rumori molto particolari provenire da uno degli appartamenti di via Gradoli, come se qualcuno stesse comunicando con l'alfabeto Morse. Eppure i carabinieri giunti sul luogo perquisirono tutto il palazzo tranne l'interno 11, cioè l'appartamento da cui secondo la segnalazione provenivano i suoni sospetti, e questo anche se soltanto due giorni prima l'Italia intera era stata sconvolta dall'agguato di via Fani.

A questo proposito ecco cos'ha dichiarato il Maresciallo Domenico Merola che condusse quella perquisizione:

«*Non mi fu dato l'ordine di perquisire le case, era solo un'operazione di controllo durante la quale furono identificati numerosi inquilini, mentre molti appartamenti furono trovati al momento senza abitanti e quindi, non avendo l'autorizzazione di forzare le porte, li lasciammo stare, limitandoci a chiedere informazioni ai vicini. L'interno 11 fu uno degli appartamenti in cui non trovammo alcuno. Una signora che abitava sullo stesso piano ci disse che lì viveva una persona distinta, forse un rappresentante, che usciva la mattina e tornava la sera tardi*»[24].

Ma chi era Lucia Mokbel, la donna che fece la segnalazione ai carabinieri? Ufficialmente una studentessa universitaria di origine egiziana, ma il suo nome negli anni seguenti emerse in molte inchieste che la videro coinvolta come informatrice dal SISDE e dalla polizia. Inoltre il vice capo della Squadra Mobile romana Elio Cioppa, che effettuò la perquisizione del 18 marzo, poco tempo dopo l'uccisione di Moro venne promosso a vicedirettore del SISDE, al cui vertice c'era Giulio Grassini. Si scoprirà in seguito che sia Grassini che Cioppa erano membri della P2. Semplici coincidenze? Forse.

Anche il verbale di quella perquisizione ha fatto impazzire gli analisti, dato che è stato scritto su fogli intestati "Dipartimento di Polizia". Eppure quella particolare dicitura a Roma venne utilizzata soltanto a partire dal 1981, ovvero tre anni dopo i fatti. Com'è possibile? Nessuno è mai stato in grado di fornire una risposta credibile a questa domanda.

Il covo di via Gradoli

Come abbiamo già detto in precedenza i brigatisti Mario Moretti e Barbara Balzerani fino al 18 aprile vivevano a Roma nell'appartamento in via Gradoli. Questo appartamento, che divenne poi famoso come il "covo" di via Gradoli, è al centro di molti punti di domanda mai del tutto chiariti.

---

[24] *Come si è arrivati tardi a scoprire il covo di via Montalcini*, Ansa, 7 maggio 2005.

Secondo Alberto Franceschini la scoperta del covo di Gradoli infatti è il punto di svolta di tutto l'affare Moro:

«*Interviene un momento di svolta su cui si dovrebbe indagare, sia politicamente che con atti giudiziari, ed è la scoperta del covo di via Gradoli. Ho sempre pensato che la cosiddetta linea della fermezza avesse un senso perché si riteneva che, comunque, lo Stato disponesse di forze per liberare Moro. Sono sempre stato convinto che si conosceva la prigione di Moro, si sapeva dove Moro fosse rinchiuso e quindi si riteneva possibile una operazione che poi è stata condotta pochi anni dopo durante il caso Dozier. Ritengo che, a quel punto, sia accaduto qualcosa che ha cambiato lo scenario e penso che sia attribuibile a ciò che Moro aveva detto. Questa è una mia ipotesi*»[25].

Mario Moretti aveva affittato l'appartamento nel 1975 utilizzando il nome di Mario Borghi, anche se quel contratto non sarà mai registrato dall'affittuaria, la signora Bozzi, che però non era una "signora" normale. Luciana Bozzi infatti era molto amica di Giuliana Conforto, il cui padre era nella lista Mitrokhin come agente del KGB sotto copertura, particolare che negli anni alimenterà la teoria che voleva le BR sotto l'influenza diretta del KGB. Tra l'altro, proprio nell'appartamento di Giuliana Conforto in via Giulio Cesare 47, la polizia arresterà nel 1979 i brigatisti Valerio Morucci e Adriana Faranda. All'interno di quell'alloggio inoltre verrà rinvenuta la mitraglietta Skorpion usata da Mario Moretti per assassinare Moro.

Ma fin qui si tratta di semplici casualità dato che nello stesso palazzo viveva un informatore della polizia e, addirittura, più di un appartamento era intestato a membri del SISMI, il servizio segreto italiano. Come se non bastasse dall'atra parte della strada, sempre in via Gradoli, abitava addirittura un sottufficiale dei carabinieri in forza al SISMI che era compaesano di Mario Moretti. Con tutta probabilità dunque il covo di via Gradoli era ben noto alle forze dell'ordine, se è vero che il giornalista Mino Pecorelli nel 1977 aveva giocato un brutto scherzo al terrorista Mario Moretti, inviando una cartolina con scritto "saluti, brrrr" in via Gradoli al signor Borghi (pseudonimo con cui Moretti aveva affittato l'appartamento), cartolina spedita da Ascoli Piceno (Moretti era nato a Porto San Giorgio, in provincia di Ascoli Piceno).

E così proprio il 18 aprile, giorno in cui viene diffuso il falso comunicato che annuncia la morte di Moro, le forze dell'ordine scoprono un covo brigatista che era noto a mezzo mondo, anche se nessuno è mai riuscito a portare una prova certa che metta in relazione diretta il falso comunicato e la successiva scoperta del covo di via Gradoli. Uno degli elementi che lasciano ancora oggi basiti è il materiale che venne ritrovato all'interno del covo di via Gradoli: la targa originale di una delle auto utilizzate durante il sequestro e un'uniforme da aviatore indossata dai membri del corpo di fuoco in via Fani. Per quale motivo conservare materiale tanto scottante?

Mino Pecorelli, dalle pagine del suo Osservatore Politico, sottolineerà come fosse davvero paradossale che un manipolo di brigatisti lasciasse una serie di prove così schiaccianti tranquillamente in vista, senza preoccuparsi minimamente di nasconderle in alcun modo.

Anche il particolare della famosa perdita alle tubature non è poi così semplice da spiegare. In realtà qualcuno aveva misteriosamente lasciato aperta una doccia, preoccupandosi però di appoggiarla sopra ad una scopa e facendo in modo che lo spruzzo bagnasse direttamente il muro. Di fronte a questa ricostruzione i brigatisti arrestati hanno sempre detto che si trattò soltanto di un caso, come fece ad esempio Valerio Morucci nel 1997 di fronte alla Commissione parlamentare d'inchiesta sul terrorismo in Italia e sulle cause della mancata individuazione dei responsabili

---

[25] *Atti della Commissione parlamentare d'inchiesta sul terrorismo in Italia e sulle cause della mancata individuazione dei responsabili delle stragi*, 50esima seduta, 17 marzo 1999.

delle stragi:

«[...] L'altra possibilità è che Barbara Balzerani, che oltre ad essere miope è sempre stata molto sbadata, abbia lasciato aperta la doccia. Non so esattamente cosa sia stato rinvenuto, né come, né quanto possano essere esatte le relazioni che sono state fatte al momento, sappiamo perfettamente che spesso e volentieri sono abbastanza superficiali se non completamente errate [...] sto dicendo soltanto che è possibile che la relazione dei vigili del fuoco su ciò che hanno rinvenuto nel bagno dell'appartamento di via Gradoli possa essere errata su qualche particolare, ad esempio la doccia fissata sulla scopa; non lo so. So soltanto che in quella vasca erano sempre a bagno le innumerevoli camicie di Mario Moretti; quindi, poiché la Balzerani, oltre ad essere fortemente miope era molto sbadata - soprattutto la mattina presto con la pressione bassa - è possibile che abbia disposto malamente la direzione del getto della doccia tanto da provocare un'infiltrazione di acqua che poi ha portato all'arrivo dei pompieri. È questa l'ipotesi che posso fare [...] Posso dire che è abbastanza insolito. Dopo di che, ragionando logicamente, dato che non sono entrato in quell'appartamento il 18 mattina, chi altri avrebbe potuto creare quell'apparecchiatura, come lei l'ha chiamata? Non credo né Mario Moretti né Barbara Balzerani; dubito fortemente che qualcuno avesse le chiavi di quell'appartamento per predisporre una tale apparecchiatura, è probabile che la relazione dei pompieri sia imprecisa su questo particolare»[26].

L'ennesima strana coincidenza? Assolutamente no, perlomeno a sentire Alberto Franceschini, uno dei fondatori delle Brigate Rosse:

«Da come l'ho vista io stando in carcere e riflettendoci anche successivamente, lì certamente c'è un messaggio preciso ai brigatisti che diceva: "Vi abbiamo individuato". Tenete presente che quella era la casa di Moretti e lui la mattina alle 7,30 era uscito ed aveva preso un treno per recarsi a Firenze dove c'era la riunione del comitato esecutivo. Questo lo hanno detto a me.

[...] In pratica, loro all'una accendono la televisione, c'era il telegiornale e Moretti dice: "Cavolo, ma quella è casa mia. Pensa te, questa mattina sono uscito da lì e se non vedevo la televisione tornavo lì e mi arrestavano". [...] probabilmente non è Moretti che ha aperto la doccia. Comunque lì chiaramente è un messaggio preciso, secondo me, ai brigatisti, a quelli che avevano Moro, per dire: "Noi vi abbiamo individuato, potremmo prendervi quando ci pare". Quindi, di lì inizia qualcosa. Non so cosa inizia ma lì c'è una svolta. Io questa l'ho vissuta e me la ricordo bene in carcere. Cioè, i messaggi che ci arrivavano dai compagni fuori dopo via Gradoli sono: "Qui non c'è più niente da fare, dobbiamo chiudere".

Noi gli dicevamo: "Va beh, ma se Moro ha detto delle cose interessanti cominciate a renderle pubbliche, come noi avevamo fatto con Sossi" [....]»[27].

Oppure qualcuno all'interno dei servizi o di corpi deviati dello stato, dopo aver sentito quel comunicato, aveva pensato bene di far scoprire il covo brigatista dove si pensava potesse essere stato nascosto Aldo Moro? Mario Moretti, come abbiamo letto dalle parole di Alberto Franceschini, quel giorno non torna in via Gradoli perché ha sentito dai media che la polizia ha scoperto un covo BR in zona. Anche questo tempismo dei media è quantomeno sospetto, sarebbe sicuramente stato più opportuno mantenere il silenzio stampa per arrestare poi con tutta i calma i brigatisti al loro rientro in casa, ma evidentemente a nessuno è venuta in mente un'idea così banale.

---

[26] *Atti della Commissione parlamentare d'inchiesta sul terrorismo in Italia e sulle cause della mancata individuazione dei responsabili delle stragi*, 22esima seduta, 18 giugno 1997.

[27] *Atti della Commissione parlamentare d'inchiesta sul terrorismo in Italia e sulle cause della mancata individuazione dei responsabili delle stragi*, 50esima seduta, 17 marzo 1999.

Le Brigate Rosse eterodirette?

Nel corso degli anni si è sempre più rafforzata l'ipotesi che le Brigate Rosse fossero eterodirette, soprattutto durante la gestione di Mario Moretti. Lo stesso Alberto Franceschini ha più volte espresso questo dubbio, mentre altri brigatisti come Adriana Faranda hanno smentito categoricamente ogni ipotesi di questo tipo:

«Moretti è stato da sempre nelle Brigate Rosse quindi è difficile immaginarle senza di lui. Non credo assolutamente alle tesi secondo le quali Moretti potesse essere un brigatista e contemporaneamente qualcos'altro. Forse è vero che le Brigate Rosse non sarebbero state più le stesse senza Moretti, ma non per quel motivo; più semplicemente perché egli era, forse, tra gli altri, quanto meno tra i componenti dell'esecutivo, quello che politicamente era più attivo e più capace di portare avanti ragionamenti politici che avessero presa sugli altri. Però, per la mia esperienza di conoscenza e di contatti con Mario Moretti, non ho mai avuto assolutamente il benché minimo sospetto che egli potesse essere anche qualcos'altro»[28].

Anche Germano Maccari, il quarto uomo di via Montalcini, smentirà in maniera categorica questa ipotesi:

«[...] Una cosa è certa: noi combattevamo lo Stato per cui i nostri nemici erano polizia, carabinieri, servizi segreti e magistratura e quindi vedevamo queste istituzioni con il fumo negli occhi. Sicuramente sarebbe stato molto difficile per un militante delle Brigate Rosse venire in una struttura dell'organizzazione, a partire dalla brigata di quartiere alla colonna fino alla direzione strategica, e affermare di avere un contatto con i servizi segreti chiedendo di poterlo sfruttare. Per la mia piccola esperienza nelle Brigate Rosse – un po' più lunga nel movimento rivoluzionario e nelle piccole bande armate negli anni dal 1974 al 1976 – presumo che questo fosse impossibile. Questa persona sarebbe stata isolata, emarginata e magari perché si poteva pensare che i servizi segreti fossero più forti e meglio organizzati di noi e quindi sarebbero stati loro a guadagnarci. Non era un'organizzazione in grado di gestire rapporti con qualunque servizio segreto.

Altra cosa è che un servizio segreto possa agire autonomamente e per suo conto sfruttando le mosse di un'organizzazione terroristica. Mi sembra logico che un servizio segreto – per chi si è interessato delle problematiche relative ai servizi segreti, ma anche ripercorrendo la storia di movimenti rivoluzionari del passato – possa infiltrarsi e addirittura manovrare una piccola banda armata composta di 7–8 al massimo 10 elementi. Non credo tuttavia che esista al mondo un servizio segreto in grado di gestire le Brigate Rosse, vale a dire circa 4.000 persone in tutta Italia con una rete di supporto, di simpatizzanti, quindi di persone che tifavano per le Brigate Rosse molto ampia. Parliamo di 30-40.000 persone. Credo che ciò sia materialmente impossibile»[29].

Va subito precisato che non esistono prove certe di queste presunte infiltrazioni all'interno delle Brigate Rosse, anche perché a seconda di chi sostiene questa tesi si parla di volta in volta di CIA, KGB, Mossad (Alberto Franceschini arrivò a sostenere addirittura che Mario Moretti fosse un agente israeliano, voce che trova ancora qualche credito in alcuni ambienti), P2, apparati deviati dei servizi italiani, ecc. Lo stesso Cossiga ha ripetuto più volte che gli USA furono scarsamente collaborativi con lo Stato italiano quando si trattò di liberare il Presidente Moro, e anche durante

---

[28] *Atti della Commissione parlamentare d'inchiesta sul terrorismo in Italia e sulle cause della mancata individuazione dei responsabili delle stragi,* 31esima seduta, 11 febbraio 1998.

[29] *Atti della Commissione parlamentare d'inchiesta sul terrorismo in Italia e sulle cause della mancata individuazione dei responsabili delle stragi,* 60esima seduta, 21 gennaio 1998.

il processo ai brigatisti la vedova Moro sostenne apertamente che suo marito era malvisto dagli Stati Uniti. Il motivo è presto detto: le aperture a sinistra di Aldo Moro erano considerate molto pericolose dalla CIA e dal Governo USA, che guardava con molto timore l'espandersi del comunismo in una stato geopoliticamente strategico come l'Italia. Eleonora Moro disse addirittura che Kissinger aveva apertamente minacciato suo marito, dicendogli che doveva smetterla con certi comportamenti (e cioè con l'aprire al Partito comunista all'interno di una compagine governativa) oppure sarebbe finito male, anche se poi il politico americano ha sempre negato questo episodio.

In uno scenario di questo tipo il falso comunicato e la successiva scoperta del covo di via Gradoli sono stati spiegati in due modi molto semplici. Il falso comunicato sarebbe stato un messaggio diretto alle Brigate Rosse su come portare a termine il sequestro Moro, mentre la scoperta del covo di via Gradoli sarebbe stato un avvertimento per mettere sotto pressione i terroristi. Entrambe queste interpretazioni però a nostro avviso hanno un punto molto debole. Ammesso e non concesso che Moretti fosse eterodiretto, per quale motivo un soggetto esterno capace di far fare alle BR quello che voleva doveva aver bisogno di sistemi così eclatanti per comunicare con i brigatisti? Non sarebbe bastato esercitare la sua influenza direttamente all'interno delle Brigate Rosse?

C'è anche chi ha avanzato l'ipotesi che il comunicato e la contemporanea scoperta del covo di via Gradoli sarebbero stati una mossa coordinata dai brigatisti per alleggerire la tensione su via Montalcini e, approfittando del caos in via Gradoli e del massiccio dispiegamento di forze sul lago della Duchessa, poter trasferire Aldo Moro in una prigione più sicura. Questa ipotesi si ricollegherebbe peraltro con la teoria avanzata dal fratello dell'On. Moro che abbiamo già riportato. Non va dimenticato poi un particolare importantissimo: Mario Moretti, il cosiddetto "capo" delle BR durante il Caso Moro, l'uomo che ha guidato la strage di via Fani, che ha interrogato Moro durante il sequestro e che, alla fine, lo ha ucciso, non era nemmeno indagato all'epoca dei fatti.

Eppure, come abbiamo già detto, il giornalista Mino Pecorelli conosceva alla perfezione lo pseudonimo utilizzato da Moretti e l'indirizzo dell'appartamento in cui viveva in via Gradoli. A questo proposito interessante leggere gli atti ufficiali della Commissione parlamentare d'inchiesta sul terrorismo in Italia e sulle cause della mancata individuazione dei responsabili delle stragi, commissione che ha dedicato un ampio capitolo a Mario Moretti, e di cui riportiamo un estratto a nostro giudizio molto significativo:

«[...] Così, di Mario Moretti non sembra vi sia nessuna traccia sino a quando, seppure con circostanze che meritano tuttora un approfondimento, il 17 maggio 1978 viene scoperta la tipografia brigatista di via Foà a Roma. Dieci giorni prima il cadavere di Aldo Moro era stato ritrovato nella Renault 4 parcheggiata in via Caetani. Ad uccidere il Presidente della DC era stato proprio Moretti, così com'era stato Moretti a condurre la macchina da via Montalcini 9 al luogo del ritrovamento. Allora, tuttavia, almeno formalmente, Mario Moretti non risultava rivestire alcune ruolo all'interno delle BR, e potrebbe addirittura dirsi che neppure la sua appartenenza all'organizzazione terroristica venisse ritenuta suscettibile di essere perseguita dall'autorità giudiziaria romana.

È, infatti, solo a seguito del pedinamento di Teodoro Spadaccini che il 17 maggio 1978 la Digos pervenne alla scoperta della tipografia di Enrico Triaca, il quale - a sua volta - portò gli investigatori sulle tracce di "Maurizio", vale a dire Mario Moretti, quale responsabile ultimo della tipografia e delle Brigate Rosse della capitale. È lui che avrebbe fornito il denaro necessario all'allestimento della tipografia e all'acquisto del macchinario utilizzato per stampare i comunicati e le risoluzioni dei terroristi. Sulla base delle dichiarazioni dei personaggi coinvolti – tutti gravitanti nell'estrema sinistra romana - il sostituto procuratore generale Guasco chiede al consigliere istruttore, con provvedimento del 19 maggio, l'emissione di un mandato di cattura nei confronti dei personaggi coinvolti nell'indagine sulla tipografia.

Conformemente alla richiesta, il medesimo 19 maggio, il consigliere istruttore Achille Gallucci emette mandato di cattura nei confronti di:

"1) SPADACCINI Teodoro, nato a Vasto il 14.7.1944; 2) LUGNINI Giovanni, nato a Roma il 11.10.1953; 3) MARINI Antonio, nato a Roma il 10. 11. 1950; 4) MARIANI Gabriella, nata a Olevano Romano il 9.5.1948; 5) MORETTI Mario (...) per aver (...) organizzato e partecipato in Roma e nel territorio dello Stato ad una associazione eversiva denominata Brigate Rosse, costituita in banda annata (...)".

Quanto riportato sopra riproduce esattamente la copia del mandato di cattura agli atti di questa Commissione10. È agevole notare - e non potrebbe essere altrimenti - l'anomala iscrizione di Moretti nell'elenco dei catturandi, laddove per i primi quattro vengono riportate le generalità, mentre per il solo Moretti vengono omessi luogo e data di nascita. Eppure, fin da prima del rapimento Moro, come abbiamo visto, le generalità di Moretti sono più che note. Come si spieghi ciò, e cosa abbia indotto un magistrato a firmare un mandato di cattura siffatto, non è dato conoscere e non rientra tra le competenze di chi scrive avanzare ipotesi.

È possibile soltanto constatare che si tratta di un provvedimento del tutto regolare, munito dei numeri di Registro generale dei PM e del Registro generale di istruzione, del timbro dell'Ufficio istruzione del Tribunale di Roma e firmato, oltre che dal consigliere istruttore, anche dal cancelliere Leo Piccone. Un provvedimento destinato alla diramazione verso tutte le forze dell'ordine e gli apparati di sicurezza ai fini della cattura del capo delle BR, ma privo dell'elemento fondamentale per la sua individuazione: i dati anagrafici! Ma agli atti della Commissione esiste un altro provvedimento a firma del consigliere istruttore Achille Gallucci.

Si tratta di un secondo mandato di cattura emesso nei confronti dei medesimi soggetti di cui al mandato del 19 maggio, nonché nei confronti di Enrico Triaca, altro personaggio legato alla tipografia di via Foà. Il documento, per essere privo di data, non consente, tuttavia, di risalire al giorno della sua emissione, ma è con ogni probabilità di poco successivo al primo.

L'imputazione a carico dei sei catturandi è, infatti, a questo punto, non più la sola banda armata Brigate Rosse, bensì la strage di via Fani del 16 marzo, il rapimento e l'uccisione di Aldo Moro. La procura di Roma è, quindi, giunta alle sue prime conclusioni, individuando un altro consistente gruppo responsabile dell'operazione.

Tra gli imputati, in realtà, il solo Moretti ha rivestito un ruolo operativo e di responsabilità nel rapimento e nell'omicidio di Moro, avendo gli altri assunto un ruolo più di appoggio e di fiancheggiamento nella famosa tipografia. Tuttavia anche per questo mandato di cattura appare opportuno individuare alcune anomali.

Anzitutto per essere presente il numero del procedimento del Registro generale di Istruzione - 1482/78 - manca il numero del Registro del PM, e il provvedimento, come detto senza data, risulta privo di timbro e di fine. In secondo luogo - ed è ciò che qui interessa - accanto al nome di Moretti sono riportate anche le sue generalità: "n. a Porto San Giorgio 16.1.1946 latitante".

Ad una più attenta lettura, tuttavia, appare evidente la sovrascrittura di tali generalità all'originario foglio che, fuori di dubbio, ne era, in un primo momento, privo. Luogo e data di nascita sono, infatti, scritti con una diversa macchina e in posizione non allineata con il cognome e il nome di Moretti.

Appare quasi superfluo aggiungere che, come in precedenza, non è possibile trarre conclusioni dai citati documenti. Ma, è opportuno ribadirlo, non può non destare sorpresa che l'Ufficio istruzione del Tribunale di Roma non conoscesse le generalità del capo brigatista, o non fosse comunque in grado di riportarle nel mandato di cattura. Alla luce di quanto esposto sopra, dunque, è altrettanto plausibile che il 22 luglio militi dei Carabinieri della compagnia di Fermo (AP) redigano "perché consti" un "processo verbale di vane ricerche di Moretti Mario, residente a Milano in via Ande 16 (in realtà, n. 151)".

I carabinieri, infatti, non sono riusciti a "rintracciarlo neppure presso il domicilio della sua genitrice in Porto S. Giorgio - via Cialdini 12 - né nel territorio di questa compagnia, ove viene da tempo attivamente ricercato". E se i Carabinieri di Fermo non sembrano avere alcuna responsabilità per non riuscire a rintracciare il latitante Moretti, diversamente stanno le cose in altri ambiti.

Due documenti agli atti di questa Commissione, pur non consentendo alcuna valutazione di colpevolezza, assumono un valore indiscutibile circa l'inefficienza degli apparati dello Stato [...]»[30].

La seduta spiritica

Le ombre, i sospetti e i misteri legati a via Gradoli continuano, assumendo però tratti paradossali. Quella che stiamo per raccontare è una vicenda completamente senza senso, una vera e propria comica all'italiana, un pasticciaccio brutto di sapore gaddiano, solo che questa volta c'è ben poco da ridere.

Il 2 aprile 1978, pochi giorni prima del falso Comunicato n. 7 delle BR e della scoperta del covo di via Gradoli, tre professori dell'ateneo bolognese si riuniscono in campagna, a Zappolino, insieme alle moglie e ai figli. Si tratta di Romano Prodi, Mario Baldassarri (senatore di AN, viceministro per l'Eco nomia e le Finanze dei governi Berlusconi II e Berlusconi III) e Alberto Clò (economista ed esperto di politiche energetiche, Ministro dell'Industria nel governo Dini e proprietario della casa di campagna dove avvenne la seduta spiritica).

Purtroppo piove e così, per cercare di allentare la noia, Prodi, Baldassarri e Clò pensano bene di effettuare una seduta spiritica. Sì, avete letto bene, una seduta spiritica. Vengono dunque evocati gli spiriti di don Luigi Sturzo e Giorgio La Pira, a cui viene chiesto, tra le altre cose, dove si trovi la prigione in cui è rinchiuso il Presidente Moro.

Nel 1998, di fronte alla Commissione parlamentare d'inchiesta sul terrorismo in Italia e sulle cause della mancata individuazione dei responsabili delle stragi, Mario Baldassarri ricorderà così quel pomeriggio:

«[...] Quello che racconterò, confermando quanto da me riferito quell'unica volta che sono stato sentito dalla Commissione Moro, potrà sembrare abbastanza buffo. Non si trattava affatto di una riunione ma di un invito a pranzo nella casa di campagna del professor Clò. Non potei accettare quell'invito per il pranzo perché avevo a mia volta ospiti a Bologna. Pertanto dissi loro che li avrei raggiunti nel pomeriggio.

Arrivai lì attorno alle quattro del pomeriggio e debbo confessare che (non so se risulta nel verbale perché sono trascorsi vent'anni e non ricordo quanto dissi allora, ma questi sono i fatti) quando entrai in casa con la mia precedente moglie e i miei due figli, che all'epoca avevano sette e due anni, insieme anche ad una parente della mia ex moglie (casualmente a Bologna e che rappresentava la ragione del nostro ritardo, trovandosi a pranzo da noi quel giorno) quando arrivai, dicevo, stava piovendo e tutti insieme stavano già facendo questo gioco in un'atmosfera rilassata, con alcuni amici che cucinavano salsicce e le donne che preparavano il caffè. In un primo tempo pensai che si fossero messi d'accordo per prendermi in giro. Non avendo mai visto prima questo giochetto rimasi per un po' in piedi davanti al tavolo, con i bambini che correvano tutt'intorno, pensando che, essendo arrivato tardi, avevano deciso di organizzarmi uno scherzetto. Dissi a me stesso: "Sono arrivato tardi, si sono messi d'accordo e mi stanno facendo uno scherzo, come spesso succede". Sono rimasto quindi lì a guardare.

Questa mia sensazione, dopo una mezz'ora, devo dirvi, anche se rischio di apparire buffo, è cambiata. Non avevo mai assistito a quel gioco e non sapevo come funzionasse, ma proprio per questo motivo, convinto che fosse uno scherzo ai miei danni come succede fra amici, mi sono messo a guardare attentamente: mi sono abbassato cercando di vedere chi muoveva il piattino, quale dito lo toccava e quindi spingeva, o se avevano, in qualche modo, concordato un comportamento. Per quello che ho visto, il piattino si muoveva per conto suo.

---

[30] *Atti della Commissione parlamentare d'inchiesta sul terrorismo in Italia e sulle cause della mancata individuazione dei responsabili delle stragi*, Doc. XXIII n. 64 VOLUME PRIMO Tomo I.

La cosa è ridicola e imbarazzante, ma io continuo a dire questo. È quanto ho verificato, per quello che potevo vedere e per il motivo che vi ho detto, cioè che ero straconvinto che volessero prendermi in giro, tutto qua. All'inizio, meglio, quando sono arrivato, uscivano cose assolutamente prive di senso: lettere in sequenza, k, z, t, r, senza alcun significato [...] Faccio l'economista, uso anche un po' di matematica e mi rendo conto che è un'assoluta apparente sciocchezza quella che vi sto raccontando. Però questo ho visto e questo dico.

Dopo una buona mezz'ora che ero arrivato, incuriosito della cosa, mi sono messo a seguire un po' il gioco e il piattino in alcuni momenti si muoveva molto lentamente ma in altri con estrema velocità. Non è che girasse pian pianino sopra le lettere.

In alcuni momenti vibrava velocissimo e poi all'improvviso si fermava sopra una lettera. Come ho detto sono venute fuori quelle tre parole.

Viterbo e Bolsena le conoscevamo. Gradoli no, nessuno lo conosceva e sapeva che esistesse un paese con questo nome. Solo dopo, consultando una cartina stradale che non so chi, forse il fratello di Clò, era andato a prendere in macchina, ci accorgemmo che intorno al lago di Bolsena esisteva il paese di Gradoli. La cosa ci sembrò strana e Prodi, credo il giorno dopo, decise di comunicare questo fatto.

Tutti noi dicemmo che si trattava di un gioco, di uno scherzo e che non era il caso di creare ancora più confusione di quella che già c'era riguardo a Moro, per cui già si sentiva dire che c'erano dei medium che andavano in giro e quant'altro.

[...] Ho detto che ci si alternava e che il gioco veniva guidato prevalentemente da Alberto Clò il quale credo l'avesse già fatto in precedenti occasioni. Io, ad esempio, non solo non l'avevo mai fatto prima ma non l'avevo neanche mai visto fare e quindi non sapevo neppure come funzionasse e come fosse organizzato»[31]

Questa invece la testimonianza di Alberto Clò:

«[...] il piattino formò il termine: "Gradoli" a seguito di una domanda con la quale si chiedeva quale fosse la località specifica nella quale si trovava nascosto l'Onorevole Moro. I termini che si componevano e che avevano un senso compiuto emergevano sempre in risposta a domande che erano state poste, del tipo: "dove si trova esattamente?". Inizialmente le domande avevano carattere generico.

Sul foglio aperto le lettere e i numeri si trovavano in ordine sparso; c'erano anche i termini: "sì" e "no" che servivano come risposta a domande del tipo: "l'Onorevole Moro è vivo?" oppure: "è morto?". Le domande furono poi fatte in modo più circoscritto ed ecco quindi il riferimento all'area geografica.

Il termine "Gradoli" venne in riferimento alla domanda che atteneva a quale fosse la località geografica. Quindi, non sapevamo neanche se si trattasse di un comune. Ripeto, si chiese quale fosse la località e si fece un riscontro su una cartina geografica piuttosto che su un elenco telefonico. [...] ribadisco con tutta, profonda onestà, corrisponde al vero (per quanto nemmeno io sappia spiegare ciò che è irrazionale, quindi perché il piattino si muovesse) è amara. Voglio dire che sul piano della profonda coscienza una congettura che ci dipinge come un assieme di persone che hanno costruito una verità falsa su questa vicenda sinceramente è una congettura che mi ferisce profondamente.

Dico ciò con tutto il rispetto per la Commissione e per chi legittimamente condivide questa congettura che io respingo con forza, con costernazione, per quanto mi renda conto che la vicenda che abbiamo vissuto e che abbiamo narrato abbia degli aspetti di irrazionalità che io stesso non so comprendere [...]»[32]

Ecco infine la testimonianza ufficiale rilasciata da Romano Prodi alla Commissione Moro

[31] *Atti della Commissione parlamentare d'inchiesta sul terrorismo in Italia e sulle cause della mancata individuazione dei responsabili delle stragi*, 35esima seduta, 17 giugno 1998.

[32] *Atti della Commissione parlamentare d'inchiesta sul terrorismo in Italia e sulle cause della mancata individuazione dei responsabili delle stragi*, 36esima seduta, 23 giugno 1998.

il 10 giugno 1981 (Prodi nel 1998 rifiuterà di presentarsi di fronte alla Commissione parlamentare d'inchiesta sul terrorismo in Italia e sulle cause della mancata individuazione dei responsabili delle stragi):

«Era un giorno di pioggia, facevamo il gioco del piattino, termine che conosco poco perché era la prima volta che vedevo cose del genere. Uscirono Bolsena, Viterbo e Gradoli. Nessuno ci ha badato: poi in un atlante abbiamo visto che esiste il paese di Gradoli. Abbiamo chiesto se qualcuno sapeva qualcosa e visto che nessuno ne sapeva niente, ho ritenuto mio dovere, anche a costo di sembrare ridicolo, come mi sento in questo momento, di riferire la cosa. Se non ci fosse stato quel nome sulla carta geografica, oppure se fosse stata Mantova o New York, nessuno avrebbe riferito. Il fatto è che il nome era sconosciuto e allora ho riferito [...]»[33].

In pratica durante una non meglio precisata "seduta spiritica col piattino" emerge il nome di "Gradoli" e, su questa base il 6 aprile il Viminale ordina alla questura di Viterbo di passare al setaccio il paesino di Gradoli, piccolo borgo medievale nei pressi di Viterbo, nella speranza di trovare la prigione di Moro. La situazione diventa ancora più paradossale se si aggiunge che Eleonora Moro fa notare alle forze dell'ordine in diverse occasioni che a Roma esiste una via Gradoli, senza che però nessuno pensi bene di intervenire.

Come leggere questa vicenda? A nostro avviso c'è una sola interpretazione: come abbiamo detto il covo di via Gradoli era senza dubbio noto da tempo alle forze dell'ordine e anche ad alcuni apparati dello Stato che, probabilmente, volevano che in qualche modo quel nome saltasse fuori. Sicuramente uno dei tre protagonisti della fantomatica "seduta spiritica col piattino", ammesso che si sia effettivamente svolta, era a conoscenza del covo di via Gradoli e studiò quello stratagemma per provare a risolvere la soluzione, senza mettere nei guai la sua fonte.

Ecco cosa disse in seguito a questo proposito Giulio Andreotti:

«Non credo alla storia di Gradoli a cui si arrivò con la seduta spiritica. Quell'indicazione venne dall'autonomia operaia di Bologna. Non lo si disse per non dover inguaiare qualcuno».

Parole in seguito confermate anche dall'Avv. Giancarlo Ghidoni, difensore di molti protagonisti della stagione dell'autonomia bolognese:

«Gradoli era una parola che nell'ambiente di autonomia operaia si sussurrava. L'organizzazione all'epoca del sequestro Moro premeva perché lo statista non fosse ucciso e fosse liberato. L'autonomia era molto preoccupata, voleva che cessassero certe attività, convinta che il fucile stesse sopravanzando la testa, e che certe cose andassero a danno della sinistra rivoluzionaria [...] Una persona, di cui non posso ovviamente rivelare il nome, mi disse: "Hanno detto che Moro è a Gradoli. Intendeva proprio il paesino del viterbese dove andarono a cercare Moro, non la via romana con lo stesso nome. Evidentemente le informazioni che aveva erano parziali" [...]»[34].

Probabile che qualcuno a Roma non abbia gradito la pensata dei professori bolognesi e così ha fatto in modo che le indagini si spostassero nel piccolo borgo in provincia di Viterbo insabbiando tutto.

---

[33] *Relazione della Commissione parlamentare d'inchiesta sulla strage di Via Fani, sul sequestro e l'assassinio di Aldo Moro e sul terrorismo in Italia,* 10 giugno 1981.

[34] *I fantasmi di Prodi sul caro Moro,* Luigi Amicone, Il Giornale, 4 dicembre 2015.

Il ritrovamento in via Caetani

La telefonata con cui Valerio Morucci comunica al Prof. Tritto dove trovare il corpo dell'On. Moro è delle 12.13, un fatto documentato e certo oltre ogni dubbio. Eppure Vitantonio Raso, all'epoca dei fatti giovane anti-sabotatore che venne inviato in via Caetani per aprire la Renault 4 rossa insieme al suo collega Giovanni Chiricetta (si temeva una trappola esplosiva da parte delle Brigate Rosse), disse che l'ordine di recarsi in via Caetani quel 9 maggio gli venne comunicato addirittura prima delle 11.00 di mattina.

Secondo Raso poi Francesco Cossiga, insieme ad altri funzionari statali, era presente in via Caetani già a metà mattinata anche se per la versione ufficiale l'allora Ministro dell'Interno arrivò in via Caetani soltanto verso le 14.00:

«Quando dissi a Cossiga, tremando, che in quella macchina c'era il cadavere di Aldo Moro, Cossiga e i suoi non mi apparvero né depressi, né sorpresi come se sapessero o fossero già a conoscenza di tutto. [...] Ricordo bene che il sangue sulle ferite di Moro era fresco. Più fresco di quello che vidi sui corpi in Via Fani, dove giunsi mezz'ora dopo la sparatoria»[35]

Com'è facile immaginare si tratta di rivelazioni che minano in maniera strutturale la versione ufficiale che, alla luce di queste nuove rivelazioni, fa apparire del tutto inutile la telefonata di Morucci delle 12.13. Ma se le forze dell'ordine non sono state informate dalle Brigate Rosse del luogo in cui ritrovare il cadavere di Aldo Moro, come avevano fatto a sapere che la Renault 4 rossa con il cadavere di Moro era stata parcheggiata in via Caetani?

Eppure, altro particolare surreale e privo di senso, Raso non è mai stato interrogato dalle forze dell'ordine, come il suo collega Chirichetta, che ha addirittura raccontato che sul sedile anteriore dell'R4 c'era una lettera di cui non si sa assolutamente nulla. A smentire le dichiarazioni degli artificieri è stato invece il Colonnello Cornacchia, all'epoca del Caso Moro colonnello e comandante del nucleo investigativo dei carabinieri di Roma.

Cornacchia, il cui nome nel 1981 comparirà all'interno della famosa lista degli iscritti alla P2 di Licio Gelli, sostiene infatti di essere stato il primo ad arrivare in via Caetani:

«Me lo ricordo perfettamente quel 9 maggio del 1978. Quando mi dissero di andare in via Caetani erano le 13,20. La voce via radio era del colonnello Gerardo Di Donno, che comandava la sala operativa. Io ero in piazza Ippolito Nievo. Non sapevo dove fosse via Caetani. Ci pensò il mio autista, Di Francesco. Quando arrivammo, non c'era nessuno. Vidi la Renault rossa parcheggiata e bloccai la strada, chiedendo a Di Donno due auto di rinforzo che piazzai all'angolo con via delle Botteghe Oscure e in fondo, verso via dei Funari. La Renault era chiusa. Da fuori non si vedeva niente. Per me poteva anche esserci una bomba, quindi dissi agli artificieri di aprire prima di tutto il cofano. Poi tirai fuori dalla mia auto un piede di porco. Lo so che non avrei dovuto avere quell'arnese ma a via Gradoli, quando scoppiò quel casino del covo delle Brigate Rosse su cui ci attaccarono da tutte le parti, ci avevo aperto tutte le porte chiuse. E ci aprii anche il portabagagli della Renault [...]»[36]

Una ricostruzione piuttosto fantasiosa perché appare quantomeno improbabile che un agente delle forze dell'ordine con quella esperienza compia l'azzardo di aprire con un piede di porco

---

[35] *Moro, le rivelazioni di un artificiere*, La Stampa, 29 giugno 2013

[36] *Aldo Moro, Antonio Cornacchia: "Sono giunto in Via Caetani alle 13,20. Gli artificieri sono arrivati dopo"*, Andrea Purgatori, Huffington Post, 30 giugno 2013.

un auto che poteva benissimo contenere una bomba. Particolare che, ripensando al clima di tensione in cui si viveva in quei giorni, è davvero sospetto. Ad alimentare ulteriori sospetti sulla cronologia del ritrovamento del corpo di Moro in via Caetani anche le dichiarazioni di Claudio Signorile, che la mattina del 9 maggio 1978 si trovava insieme a Francesco Cossiga.

Signorile infatti ha affermato di essersi recato da Cossiga tra le 10 e le 11 del mattino per un caffè, quando l'altoparlante in presa diretta annunciò che era stata ritrovata un'auto in via Caetani con un corpo da identificare. Poco dopo la notizia che si trattava del cadavere dell'On. Moro. Una testimonianza che dunque confermerebbe quanto detto dagli artificieri e che rende ancora meno credibile la versione ufficiale, aprendo così scenari inediti per eventuali ricostruzioni alternative dei fatti. Anche perché i documenti in cui si parla della telefonata con cui Cossiga venne informato dell'identità del corpo all'interno dell'R4 sono ancora ancora segreti e conservati all'Archivio di Stato e presso il Senato (carte della Commissioni stragi). Così come sono ancora segreti un foglio manoscritto, con note informative e mappe della zona di via Caetani (datato 11 maggio), una lettera del primo distretto di polizia (sempre dell'11 maggio) e un appunto informale su una telefonata ricevuta dal capo della polizia (del 12 maggio).

Tutti elementi che potrebbero senza dubbio contribuire a fare chiarezza sui buchi della ricostruzione ufficiale del ritrovamento del corpo di Aldo Moro in via Caetani.

Coincidenze sospette

Abbiamo già detto di come Valerio Morucci prese al volo le uniche due borse indispensabili tra le cinque che Moro portava con sé. Un tempismo e un colpo d'occhio davvero eccezionali da parte del brigatista, tanto che qualcuno ha avanzato l'ipotesi che in realtà quelle due borse siano state prelevate da via Fani nel corso delle prime indagini da soggetti non identificati vicini alle forze dell'ordine. Inoltre anche se Aldo Moro era una persona molto abitudinaria in realtà la sua auto non faceva sempre lo stesso percorso, anzi, ogni mattina gli agenti della scorta decidevano all'ultimo minuto quale strada percorrere tra tre diversi itinerari preselezionati. E allora come mai quel 16 marzo i brigatisti tagliarono le gomme del camioncino di un fioraio che aveva il negozio in via Fani per impedirgli di arrivare presto al lavoro?

Il sabotaggio venne effettuato per avere la certezza che l'uomo non riuscisse ad aprire in orario il suo negozio, evitando così di avere un testimone scomodo dell'agguato. Il blackout telefonico che invece paralizzò interamente la zona di via Fani nel periodo immediatamente successivo alla strage è facilmente spiegabile con un collasso delle linee a causa del sovraccarico del traffico. In molti parlano sempre di questo "misterioso" blackout quando invece le coincidenze sospette sui telefoni sono ben altre, come ad esempio l'inspiegabile interruzione contemporanea di tutte e sei le linee di derivazione della redazione del Messaggero proprio quando si stava aspettando una telefonata delle BR. Particolare che rese impossibile per la DIGOS risalire al luogo di origine della chiamata.

La strana "coincidenza" si ripeté in occasione di tutte le telefonate fatte ai giornali dalle Brigate Rosse, particolare che fece dire all'allora capo della DIGOS che durante il sequestro Moro non c'era stata nessuna collaborazione da parte della SIP. Michele Principe, direttore della SIP all'epoca dei fatti, risultò in seguito un iscritto alla Loggia Massonica P2 di Licio Gelli.

La Loggia Massonica P2

Da più parti c'è stato chi ha tentato di collegare il sequestro e l'omicidio dalla Loggia P2 di Licio Gelli, dato che molti iscritti alla loggia massonica erano presenti nei comitati di esperti che si occuparono del rapimento di Aldo Moro, come ad esempio il criminologo Franco Ferracuti, che abbiamo già citato, che peraltro fu uno dei più strenui sostenitori dell'ipotesi che il Presidente Moro fosse stato colpito dalla sindrome di Stoccolma durante il rapimento.

La Propaganda 2, meglio nota come P2, era una loggia massonica aderente al Grande Oriente d'Italia. Sotto il comando di Licio Gelli, il Maestro Venerabile della loggia, divenne una loggia deviata rispetto all'originale statuto massonico, tanto che nel luglio del '76 venne ufficialmente sospesa dal Grande Oriente d'Italia. Era troppo tardi ormai, dato che Licio Gelli aveva già intessuto una fitta trama di relazioni con alcuni dei nomi più importanti dell'Italia del tempo che diedero una forte spinta eversiva alla P2, tanto che la commissione parlamentare d'inchiesta Anselmi definirà senza mezzi termini la Loggia P2 come un'organizzazione criminale ed eversiva.

La P2 balzò agli onori della cronaca il 17 marzo 1981 quando i giudici Gherardo Colombo e Giuliano Turone, nell'ambito di una inchiesta sul presunto rapimento di Michele Sindona, fecero perquisire alcune proprietà di Licio Gelli ad Arezzo. All'interno della fabbrica Giole venne rinvenuta una lista con più di mille nomi di aderenti alla P2, tra i quali spiccavano Michele Sindona, il Comandante Generale della Guardia di Finanza Orazio Giannini, due ministri del Governo (Enrico Manca, PSI e Franco Foschi, DC), 5 sottosegretari (Costantino Belluscio, PSDI; Pasquale Bandiera, PRI; Franco Fossa, PSI ; Rolando Picchioni, DC e Anselmo Martoni, PSDI) e tantissimi altri pezzi grossi dell'esercito, delle forze di polizia e dello Stato italiano. In quella lista, che molti sostengono fosse incompleta, c'erano infatti 44 parlamentari,12 generali dei Carabinieri, 5 generali della Guardia di Finanza, 22 generali dell'esercito italiano, 4 dell'aeronautica militare, 8 ammiragli, vari magistrati e funzionari pubblici, oltre a tutti i capi dei servizi segreti italiani e ai loro principali collaboratori. Ma tra gli iscritti alla Loggia P2 c'erano anche personaggi noti e faccendieri come Silvio Berlusconi, Vittorio Emanuele di Savoia, Maurizio Costanzo, Claudio Villa, Roberto Calvi, Umberto Ortolani, Leonardo Di Donna (presidente dell'ENI) e Duilio Poggiolini. La lista fece scalpore dato che sembrava chiaro a tutti che si trattasse di un vero e proprio "stato nello stato".

Nel corso degli anni diverse inchieste giornalistiche, oltre alle inchieste giudiziarie, tentarono di fare chiarezza sul ruolo effettivamente svolto dalla P2 nell'Italia degli anni di piombo. Il giornalista Mino Pecorelli, freddato da quattro colpi di pistola in un agguato la sera del 20 marzo 1979 in circostanze che non sono mai state del tutto chiarite, aveva apertamente sostenuto che la P2 fosse coinvolta in modo diretto nel rapimento di Aldo Moro. Tommaso Buscetta, il killer mafioso diventato poi uno dei più celebri pentiti di Cosa Nostra, nel 1992 dichiarò che a decidere la morte di Pecorelli fu proprio la Mafia. Per compiere materialmente il delitto vennero però utilizzati uomini della banda della Magliana. Il motivo dell'omicidio? Buscetta disse tranquillamente che si trattava di un favore a Giulio Andreotti, preoccupato di alcune informazioni che Pecorelli aveva sul Caso Moro. Sempre secondo Buscetta infatti Pecorelli aveva ricevuto direttamente dal Generale Della Chiesa le copie delle lettere originali di Aldo Moro, lettere che contenevano accuse molto precise nei confronti dell'On. Andreotti (che al termine dei tre gradi di giudizio è stato comunque assolto dall'accusa di mandante dell'omicidio Pecorelli).

Un giornalista scomodo

Mino Pecorelli è senza dubbio una figura chiave del Caso Moro. In molti hanno ipotizzato che anche la sua drammatica morte sia da ricondurre al sequestro del Presidente della Democrazia Cristiana. Il fondatore dell'agenzia di stampa Osservatore Politico infatti dimostrò di essere a conoscenza di molti particolari del caso ignoti perfino agli inquirenti, perlomeno da un punto di vista ufficiale, come risulta evidente dall'ironica cartolina inviata alle BR nel covo di via Gradoli e di cui abbiamo già detto.

Pecorelli aveva scritto che il generale Dalla Chiesa in realtà era riuscito a scoprire il covo di via Montalcini in cui era rinchiuso Moro, ma che Andreotti in persona gli avrebbe impedito di intervenire a causa del parere contrario di una non meglio specificata "loggia di Cristo in Paradiso", loggia che tutti gli analisti hanno identificato immediatamente con la Loggia P2. C'è poi chi è arrivato a sospettare addirittura che il vero capo della P2 fosse Giulio Andreotti, peraltro coinvolto in un lungo processo come mandante dell'omicidio Pecorelli come abbiamo ricordato, ma qui siamo nel campo della fanta-politica.

Mino Pecorelli comunque era un giornalista di razza, un vero reporter d'inchiesta che aveva dimostrato di saper utilizzare al meglio la rete di contatti con alcuni uomini dei servizi segreti che era riuscito a crearsi nel corso degli anni. Durante i giorni del sequestro Moro Pecorelli scrisse una serie di articoli in cui dimostrava di conoscere il memoriale di Moro, quando ancora nessuno ne sospettava neppure l'esistenza. E lo stesso vale per il contenuto di alcune lettere dello statista imprigionato dalle BR, lettere che Pecorelli a quanto pare conosceva già nei dettagli prima che le forze dell'ordine le pubblicassero a mezzo stampa. L'ipotesi di Pecorelli è che esistesse una spaccatura tra le Brigate Rosse, da una parte un commando di militari professionisti che aveva effettuato l'agguato in via Fani e dall'altra i brigatisti che invece avevano poi gestito il sequestro:

«Aspettiamoci il peggio. Gli autori della strage di via Fani e del sequestro di Aldo Moro sono dei professionisti addestrati in scuole di guerra del massimo livello. I killer mandati all'assalto dell'auto del presidente potrebbero invece essere manovalanza reclutata in piazza. È un particolare da tenere a mente»[37].

Pecorelli arriva poi ad ipotizzare addirittura che il nucleo storico delle Brigate Rosse, composto da Renato Curcio, Alberto Franceschini e dagli altri brigatisti che nei giorni del sequestro erano sotto processo a Torino, fosse del tutto estraneo all'organizzazione del rapimento di Aldo Moro.

La *longa manus* del Vaticano

Abbiamo già scritto di come il Vaticano si sia attivato per tentare di mediare tra lo Stato e le Brigate Rosse. C'è stato chi ha ipotizzato che questa mediazione silenziosa e sotterranea fosse arrivata ad un risultato clamoroso, ovvero la liberazione di Moro. Secondo questa teoria all'ultimo momento però alcuni brigatisti decisero comunque di giustiziare il loro prigioniero, e questo nonostante ci si fosse già accordati sulla dinamica del salvataggio. A sostenere questa tesi sono stati i giornalisti Giovanni Fasanella e Giuseppe Rocca in un libro che lo stesso Francesco Cossiga definì "bellissimo", particolare che rende tutto ancora più inquietante. Da più parti infine si è detto che Don Antonello Mennini, il confessore personale di Aldo Moro, venne condotto in via

---

[37] Alfredo Carlo Moro, *Storia di un delitto annunciato. Le ombre del caso Moro*, Editori Riuniti, 1998.

Montalcini per impartire a Moro i sacramenti. Francesco Cossiga arrivò a dichiarare che

«Don Antonello Mennini raggiunse Aldo Moro nel covo delle Brigate Rosse e noi non lo scoprimmo. Ci scappò Don Mennini»[38].

Queste voci però sono sempre state smentite categoricamente dai brigatisti, tutti concordi nel ripetere che nel covo di via Montalcini non è mai entrato nessuno esterno. Un'altra serie di indiscrezioni identificava in Don Mennini il canale segreto attraverso il quale il Vaticano attivò la sua personale trattativa con le Brigate Rosse per tentare di liberare l'On. Moro.

Mennini, figlio del vicepresidente dello Ior quando l'Istituto era presieduto da monsignor Paul Marcinkus, all'epoca del rapimento Moro era viceparroco della chiesa di Santa Lucia a Roma ma, subito dopo il ritrovamento del cadavere del Presidente della DC, è stato destinato dal Vaticano alla carriera diplomatica e si è spostato in Turchia, Bulgaria, nella Federazione Russa, poi in Uzbekistan e, infine, in Gran Bretagna.

A questo proposito interessante leggere quanto dichiarato dal diplomatico Mario Scialoja in commissione stragi:

«[...] per me c'è una specie di discreta area di patto di silenzio. Questo non me lo ha detto nessuno, ma credo di aver potuto capire o intuire (e posso sbagliarmi) che per quello che riguarda la tutela di una certa privacy di Moro, la tutela di certi fatti molto personali riguardanti Moro e la salvaguardia di suoi amici, collaboratori e anche universitari, c'è stata una specie di patto, ovviamente non detto, che si è verificato nei fatti, per tutelare queste persone. Per fare un altro esempio, poi, c'è la vicenda di don Mennini.

Non ci sono le prove che don Mennini sia andato nella prigione del popolo, però ci sono molti elementi che fanno pensare questo, tant'è vero che nella sceneggiatura del film sul caso Moro, alla cui stesura hanno partecipato Morucci e Faranda, guarda caso c'è la visita del prete. Quando ho chiesto a Morucci il motivo per cui avevano inserito questa visita del prete, nel film, lui non ha dato una risposta chiara. Comunque vi sono elementi che fanno pensare; questo don Mennini – come voi sapete meglio di me – è stato fatto scomparire nell'Africa profonda [...]»[39]

Convocato dalla Commissione stragi nel 1995, il religioso aveva infatti risposto con una lettera in cui rifiutava di deporre. A mettere a tacere ogni voce però c'ha pensato Papa Francesco che nel marzo del 2014 ha deciso di far testimoniare Don Antonello Mennini di fronte alla Commissione d'inchiesta sul Caso Moro. Mennini, che nel frattempo è diventato Arcivescovo e, come abbiamo ricordato, Nunzio Apostolico nel Regno Unito, era ufficialmente esentato a rispondere ad ogni tipo di richiesta di questo tipo dall'immunità di cui godono tutti gli ambasciatori vaticani, ma Papa Francesco ha preferito che l'Arcivescovo Mennini rinunciasse a questo suo privilegio. Il Papa ha anche deciso che fosse Mennini ad andare a deporre di fronte alla Commissione, a San Mancuto, senza obbligare la commissione a spostarsi a Londra. L'Arcivescovo di fronte alla commissione parlamentare ha categoricamente negato di essere mai stato nel covo di via Montalcini:

«Non sono mai stato nella prigione delle Brigate Rosse per confessare Aldo Moro. Purtroppo non ne ho avuto la possibilità, ma nella coscienza dei miei doveri sacerdotali ne sarei stato molto contento. [...] In ogni caso, se avessi avuto un'opportunità del genere credete che sarei stato così imbelle, che sarei andato lì dove tenevano prigioniero Moro

---

[38] *Mennini: «Non sono entrato nel covo delle BR a confessare Moro»*, Andrea Tornielli, La Stampa, 9 marzo 2015.

[39] *Atti della Commissione parlamentare di inchiesta sul terrorismo in Italia e sulle cause della mancata individuazione dei responsabili delle stragi*, Doc. XXIII n. 64 VOLUME SECONDO Tomo V.

senza tentare di fare niente? Sicuramente mi sarei offerto di prendere il suo posto, anche se non contavo nulla, avrei tentato di intavolare un discorso, come minimo di ricordare il tragitto fatto. E poi, diciamo la verità, di che cosa doveva confessarsi quel povero uomo? [...] Di un'eventuale confessione non avrei potuto dire nulla, né sui contenuti né sulle circostanze temporali e logistiche, ma non avrei difficoltà alcuna ad ammettere di essere andato nel covo delle BR. È che non ci sono mai stato.

[...] Immagino che il Santo Padre volesse che Moro fosse liberato, ma il clima che c'era era tale, con queste adunate oceaniche dei sindacati che dicevano che non si doveva trattare, le trasmissioni radio di Gustavo Selva sbilanciate per il "no", La Malfa che parlava di pena di morte, il governo e lo stesso PCI attestati sulla linea della fermezza.... Che poteva fare il povero Papa, che tra l'altro stava già male? Quindi ha cercato un'altra strada, quella del riscatto. Due o 3 anni più tardi mi raccontarono che il Santo Padre aveva chiesto di mettere a disposizione 10 miliardi di lire, perché si era fatto balenare l'idea che le BR potessero accontentarsi solo di un riscatto.

[...] Se Fanfani avesse detto "trattiamo", questi si sarebbero fermati. Io ho avuto la convinzione e l'ispirazione di servire una persona a cui volevo molto bene e tentare nel mio piccolo di sottrarlo a quella morte immeritata. [...] Fummo ricevuti al Viminale dove ci tennero a bagnomaria per 3 o 4 ore, ogni tanto Cossiga entrava e chiedeva a Tritto se era possibile avere qualche indumento di Moro, qualche scritto, ipotizzando pure il coinvolgimento del sensitivo consultato nel caso dell'omicidio di Milena Sutter.

[...] ogni tanto veniva il capo di gabinetto che parlava di una fila di persone importanti che chiedevano biglietti omaggio per lo spettacolo pasquale dell'Opera. A me fu rimproverato di non aver informato la polizia del contatto telefonico con le BR, ma non volevo rischiare di bloccarlo, volevo solo essere utile a una persona alla quale volevo bene e fare nel mio piccolo tutto quello che potevo. E poi, quello che ho visto quel giorno al Viminale mi era bastato. Tornato a casa, parlando con i miei dissi "Se le cose funzionano così, Moro può salvarlo solo la Madonna o la Provvidenza"»[40].

L'appartamento di via Monte Nevoso

Il 1° ottobre 1978 i carabinieri effettuarono un blitz a sorpresa in un appartamento in via Monte Nevoso 8, a Milano. In quell'operazione vengono arrestati i brigatisti Nadia Mantovani, Lauro Azzolini, Antonio Savino, Biancamelia Sivieri, Paolo Sivieri, Maria Russo, Flavio Amico, Domenico Gioia, Franco Bonisoli. Viene ritrovata nell'appartamento una parte dei testi scritti da Moro durante la prigionia, si tratta del cosiddetto "Memoriale Moro". Le forze dell'ordine sostengono di aver letteralmente "scarnificato" l'appartamento alla ricerca di ogni possibile indizio, eppure nel 1990, durante dei banali lavori di ristrutturazione dello stabile, un muratore trova in un'intercapedine del muro una versione più estesa del Memoriale Moro oltre ad una serie di banconote ormai fuoricorso. Per essere più precisi vengono ritrovati 60 milioni di lire di origine mai chiarita (forse facevano parte del riscatto dell'armatore Pietro Costa), un mitragliatore, una pistola Walther PPK e 421 fogli, tra cui molte lettere scritte da Moro, il memoriale integrale e le sue ultime volontà. Di quei 421 fogli 229 sono fotocopie dei manoscritti originali di Moro con le sue risposte al cosiddetto interrogatorio dei brigatisti e, rispetto al memoriale noto pubblicamente fino ad allora, ci sono 53 pagine in più.

Quindi, per fare un po' di chiarezza, nel 1978 viene ritrovata una prima stesura del Memoriale, e poi nel 1990 una seconda, più estesa. Eppure i conti non tornano perché nel 1983, durante il congresso di Verona del Psi, Bettino Craxi legge una delle lettere scritte da Aldo Moro durante

---

[40] *Atti della Commissione parlamentare di inchiesta sul rapimento e sulla morte di Aldo Moro*, 23esima seduta, 9 marzo 2015.

la prigionia, una lettera in cui Moro aveva scritto parole molto dure nei confronti della Democrazia Cristiana. Quella lettera però non risultava in nessuno degli atti pubblicati fino ad allora, come se Bettino Craxi volesse dimostrare alla DC di essere in possesso degli scritti integrali di Aldo Moro, scritti che vennero ritrovati "pubblicamente" soltanto nel 1990 in maniera a dir poco rocambolesca (per non dire molto sospetta) in via Monte Nevoso.

Domande senza risposta

La mattina del 16 marzo, all'incirca alle 8:30, diverse persone hanno raccontato di aver ascoltato su Radio Città Futura, nota emittente radiofonica romana vicina ai movimenti extraparlamentari, qualcuno che parlava della possibilità di un attentato contro un non meglio precisato personaggio politico molto noto. Renzo Rossellini, all'epoca dei fatti direttore di Radio Città Futura, rispose così agli inquirenti:

«Negli ambienti dell'estrema sinistra circolava la notizia: che, in occasione della formazione de nuovo governo di unità nazionale, le Brigate Rosse stessero per tentare, molto prossimamente, forse lo stesso giorno, un'azione spettacolare, forse contro Aldo Moro»[41].

Un altro punto oscuro mai chiarito riguarda invece la presenza in via Fani del colonnello Camillo Guglielmi, ufficiale del Sismi da più parti ritenuto molto vicino all'organizzazione para-militare Gladio. Naturalmente anche lui venne interrogato dagli inquirenti, ma si limitò a dare una risposta piuttosto banale:

«Stavo andando a pranzo da un collega che abitava in via Stresa, a pochi passi dal luogo della strage»[42].

Nessuno ha mai ritenuto di dover indagare oltre, anche sei "buchi" e i misteri su quanto successo in via Fani non finiscono qui. Diversi testimoni infatti hanno raccontato che quella mattina in via Fani sfrecciò una motocicletta Honda con a bordo due persone, una delle quali sparò anche alcuni colpi di mitra.

In una recente intervista Enrico Rossi, ex ispettore di polizia, racconta di una lettera anonima (anche se da più parti si ipotizza che a scriverla sia stato un ex agente dei servizi segreti italiani) spedita nel 2009 e che spostò l'attenzione delle forze dell'ordine su questa non meglio specificata moto Honda.

La lettera viene citata dal giornalista Ansa Paolo Cucchiarelli:

«Quando riceverete questa lettera, saranno trascorsi almeno sei mesi dalla mia morte come da mie disposizioni. Ho passato la vita nel rimorso di quanto ho fatto e di quanto non ho fatto e cioè raccontare la verità su certi fatti. Ora è tardi, il cancro mi sta divorando e non voglio che mio figlio sappia.

La mattina del 16 marzo ero su di una moto e operavo alle dipendenze del colonnello Guglielmi, con me alla guida della moto un altro uomo proveniente come me da Torino; il nostro compito era quello di proteggere le BR nella loro azione da disturbi di qualsiasi genere.

Io non credo che voi giornalisti non sappiate come veramente andarono le cose ma nel caso fosse così, provate a

---

[41] *I dieci misteri irrisolti del caso Moro*, Daniele Biacchessi, Il Sole 24 Ore, 15 marzo 2008.

[42] Ib.

parlare con chi guidava la moto, è possibile che voglia farlo, da allora non ci siamo più parlati, anche se ho avuto modo di incontralo ultimamente [...]»[43].

Abbiamo già visto come la presenza di Guglielmi in via Fani quel 16 marzo sia un fatto accertato, Guglielmi che non solo era un ufficiale dei servizi segreti italiani ma, molto probabilmente, era anche coinvolto direttamente nell'organizzazione Gladio. Questo punto non è mai stato chiarito in alcun modo, né dalle forze dell'ordine né dai brigatisti (Mario Moretti e Valerio Morucci durante i processi diranno che quella fantomatica moto Honda "non era roba nostra"), anche se in molti sono convinti che Alessio Casimirri potrebbe sapere più di quanto si creda su quella misteriosa moto Honda avvistata in via Fani il 16 marzo 1978.

Ecco cos'ha dichiarato a questo proposito Raimondo Etro, il brigatista che la mattina del 16 marzo prese in consegna le armi utilizzate nell'agguato, durante un interrogatorio nel 1994:

«Ricordo anche di avere appreso da Casimirri che era successo qualcosa di imprevisto che potrebbe riguardare una moto e chi la guidava. Ricordo che mi disse "sono passati due cretini con la moto", o forse, "sono passati quei due cretini con la moto" [....]».

Wikileaks e il Caso Moro

Dopo lo scandalo Wikileaks che ha investito l'amministrazione americana sono stati divulgati anche una serie di documenti direttamente collegati al Caso Moro. Si tratta in tutto di 372 dispacci inviati dall'ambasciata romana a Washington, testi che abbiamo avuto modo di leggere e analizzare uno per uno. Soltanto 35 dispacci erano classificati come Top Secret e, molto verosimilmente, molti degli altri dispacci inviati in quei giorni sono ancora ancora bloccati tra i documenti classificati e verranno resi noti soltanto fra qualche anno.

Il quadro che emerge dai documenti oggi in nostro possesso, compresi quelli catalogati Top Secret, è tutto sommato molto banale e dimostra che gli americani furono davvero di scarso aiuto nel caso. In un cable del 30 marzo viene descritto un incontro con il sottosegretario agli Interni Nicola Lettieri durante il quale il consigliere politico americano lo informa di non avere notizie utili sulle Brigate Rosse. Lettieri viene a conoscenza durante quel colloquio del fatto che gli USA non hanno praticamente raccolto nessuna informazione sul terrorismo interno in Italia, particolare che appare quantomeno bizzarro. Inoltre durante i 55 giorni del sequestro l'ambasciata USA si preoccupa di riferire a Washington la situazione generale senza dimostrare particolare interesse per il rapimento, anche se appare chiaro che per gli osservatori americani si tratta di una situazione di estrema rilevanza. Poco rilevanti anche i dettagli su Stephen Pieczenik che, in un primo momento, collaborava solo ed esclusivamente con Francesco Cossiga.

La latitanza felice di Alessio Casimirri

Contrariamente a quanto si creda non tutti i brigatisti coinvolti nel sequestro di Aldo Moro sono stati arrestati. Alessio Casimirri, uno degli uomini che era parte attiva del commando in via Fani, vive tutt'ora in piena libertà. Si tratta di una situazione davvero paradossale dato che Casimirri, anche

---

[43] *«Agenti segreti in via Fani coprirono il commando Br»*, Il Gazzettino, 24 marzo 2014.

se ufficialmente latitante, non si nasconde assolutamente, anzi, tutti sanno perfettamente dove si trova. Anche se condannato in via definitiva per i tanti reati commessi durante la sua militanza all'interno delle Brigate Rosse Casimirri vive in Nicaragua, dove si è risposato ed ha anche aperto diversi ristoranti (la sua prima moglie era Rita Algranati, anche lei arruolata nelle BR). Attualmente possiede il locale "La cueva del Buzo" a Managua.

Casimirri non è mai stato estradato perché cittadino nicaraguense in seguito al suo matrimonio, ma a quanto pare ad aver protetto il brigatista che all'epoca della lotta armata si faceva chiamare "Camillo" ci sono i buoni rapporti con molti politici locali, e non solo. I più maliziosi infatti hanno sottolineato come Casimirri non fosse un brigatista come gli altri, dato che suo padre era capo ufficio stampa dell'Osservatore Romano e responsabile della sala stampa vaticana sotto Pio XII, Giovanni XXIII e Paolo VI.

A sollevare molti dubbi le parole dell'ex brigatista Raimondo Etro:

«Non ho mai capito come Alessio Casimirri e Rita Algranati riuscirono a scappare in Nicaragua: erano insieme in Francia, Antonio Savasta stava collaborando e dovevano cercare riparo. Per una settimana sparirono e poi vengo a sapere che sono fuggiti in America Latina. E poi ancora: perché Casimirri è ancora libero e Rita Algranati, che lasciò il Nicaragua alla volta dell'Algeria, fu poi "venduta" e catturata durante il governo Berlusconi. Sarà forse perché il padre di Casimirri era molto amico del generale Santovito? Certamente non quadrano molte cose, la sua latitanza fa davvero pensare a quella assicurata a Delfo Zorzi»[44].

L'On. Beppe Fioroni, presidente della Commissione parlamentare d'inchiesta sul Caso Moro, ha dichiarato nel marzo del 2015 che le trattative per riportare Casimirri in Italia sono apertissime, anche perché l'ex brigatista «sa tanto e può dirci tanto del Caso Moro».

Giuliano Turone, pm che ha indagato su casi delicati come quello Sindona e sull'omicidio Ambrosoli, ha chiesto per motivi di studio all'Archivio storico del Senato di consultare una serie di documenti inerenti al Caso Moro. Eppure, anche se il Governo Renzi aveva appena declassificato migliaia di documenti sugli anni di piombo, la richiesta di Turone è stata respinta per due dei cinque documenti richiesti perché

«l'Agenzia informazioni e sicurezza interna ha stabilito la proroga della classifica fino al 2019»[45].

Sarà un caso ma entrambi i documenti che sono rimasti Top Secret erano due informative dei Servizi relative ad Alessio Casimirri.

L'Ing. Altobelli

Per anni tutti i brigatisti hanno escluso categoricamente che nel covo di via Montalcini ci fosse anche un quarto uomo, quello che era noto alle forze dell'ordine come il misterioso Ing. Altobelli. Negli anni '90, in seguito alle dichiarazioni di Adriana Faranda, venne arrestato Germano Maccari che aveva lasciato le Brigate Rosse poco tempo dopo il sequestro Moro e, nonostante si trovasse in una posizione a dir poco pericolosa, aveva continuato a vivere a Roma come se nulla fosse. Perché? Era convinto che qualcuno lo avrebbe protetto? E, soprattutto, com'è possibile

---

[44] Stefania Limiti, Doppio livello: Come si organizza la destabilizzazione in Italia, Chiarelettere, 2013.

[45] *Alessio Casimirri, il mistero dell'ex Br latitante da 30 anni,* Fabrizio Colarieti, lettera43, 25 marzo 2015.

che i brigatisti abbiano fatto uscire dall'organizzazione senza nessun problema un uomo che aveva giocato un ruolo così rilevante all'interno del sequestro Moro? Oppure era a conoscenza di segreti che secondo lui gli garantivano la libertà? Condannato all'ergastolo dopo un travagliato processo, Germano Maccari morì a 47 anni nel carcere di Rebibbia nel 2001, secondo alcune fonti per aneurisma cerebrale, per altri invece la sua morte è da imputare a un infarto.

Giovanni Senzani

Giovanni Senzani è una delle figure chiave delle Brigate Rosse, di cui fu il capo militare nel periodo successivo all'arresto di Mario Moretti. Oggi Senzani, che durante il carcere non si è mai ufficialmente dissociato dal suo passato di brigatista, è a tutti gli effetti un uomo libero, dato che nel 2010 ha finito di scontare la sua pena (venne arrestato nel 1982). Va subito precisato che Senzani è senza dubbio un brigatista particolare, atipico: ha stretti legami con la camorra e con la malavita organizzata, ma frequenta anche la celebre scuola di lingue francese Hyperion, un noto centro di spionaggio e contro-spionaggio internazionale. È un uomo molto colto, un intellettuale, un professore universitario, tanto che è stato a lungo consulente del Ministero dell'Interno conducendo una sorta di doppia vita: di giorno criminologo al di sopra di ogni sospetto, di notte brigatista dalla ferocia inaudita.

Ecco come lo descrive verso la fine degli anni '90 Alberto Franceschini, uno dei fondatori delle Brigate Rosse, nella sua deposizione alla Commissione Parlamentare d'inchiesta sul terrorismo in Italia e sulla causa della mancata individuazione dei responsabili delle stragi:

«Senzani è uno di questi soggetti molto strani, per tutta una serie di motivi. [...] Senzani, a detta di suo cognato, era un consulente del Ministero di grazia e giustizia [...]. Fu inquisito nel 1976 per essere un fiancheggiatore delle Brigate Rosse, a Firenze, perché in casa sua ospitava riunioni di un certo tipo. Nonostante ciò, nel 1977, mi sembra, andò negli Stati Uniti, in California a studiare il sistema carcerario dei minori come esperto del Ministero di grazia e giustizia. E in quegli anni andare negli Stati Uniti era impossibile, credo che neanche qualche esponente del PCI vi sia riuscito.

Ho provato l'anno scorso ad andare negli Stati Uniti; sono andato all'ambasciata e ho presentato la richiesta, ma il Dipartimento di Stato mi ha rifiutato il visto, dicendo che, nonostante siano passati tutti questi anni, secondo loro sono ancora un terrorista pericoloso. Avevo anche specificato che mi sono dissociato.

Per questi motivi, ritengo sia davvero strano il fatto che questo soggetto sia riuscito ad andare negli Stati Uniti per compiere i suoi studi (credo nel 1979). Nel 1980, ritornò nuovamente nelle BR. È un soggetto che tende a mettersi in mostra - questo non l'ho mai capito -, si fa ricercare. Ad esempio, nella storia dell'intervista durante il sequestro D'Urso, fa in modo che i giornalisti lo riconoscano. A quel punto, si rende clandestino.

Le operazioni condotte da questo soggetto sono stranissime. Ad esempio, ad un certo punto a Rebibbia si fa cadere da un panino, durante la perquisizione, la lista di tutti i compagni del partito Guerini. Certamente era uno smemorato, da questo punto di vista. Alcune persone sono state condannate proprio per questo biglietto, nel quale era specificato quali soggetti erano compagni e quali non lo erano. Credo sia rimasto due anni in isolamento insieme ad Alì Agca. Alì Agca, quando ha elaborato la pista bulgara, aveva Senzani nella cella accanto, e costoro stavano insieme durante l'ora d'aria [...]»[46].

---

[46] *Atti della Commissione parlamentare d'inchiesta sul terrorismo in Italia e sulle cause della mancata individuazione dei responsabili delle stragi*, 50esima seduta, 17 marzo 1999.

Attivo in un primo momento soprattutto nell'area metropolitana di Firenze, Senzani fu poi il protagonista principale del sequestro, dell'interrogatorio e dell'esecuzione di Roberto Peci, fratello di Patrizio Peci, il primo brigatista che si pentì e collaborò attivamente con lo stato. Tutto l'*affaire* Peci (che venne anche filmato dalle Br) venne gestito in prima persona da Giovanni Senzani, che ricostruì in maniera pressoché perfetta il rapimento Moro. Peci infatti venne ucciso con 11 colpi di arma da fuoco dopo 55 giorni di detenzione, proprio come era successo ad Aldo Moro. Per questo motivo molti pensano che in realtà Senzani stesse lanciando un messaggio in codice a tutte le persone coinvolte nel Caso Moro per evitare che uscissero allo scoperto i segreti rimasti custoditi gelosamente fino a quel momento.

Ma cosa c'entra Senzani con il rapimento Moro? Secondo la verità ufficiale infatti Senzani entrò ufficialmente nelle BR soltanto dopo il rapimento e l'omicidio del Presidente della Democrazia Cristiana, per la precisione nel 1979. Eppure da alcune frasi riportate da Prospero Gallinari si evince che il covo fiorentino di via Pisana delle Brigate Rosse, l'appartamento in cui venne redatta la Stesura 2 del Memoriale Moro e che in molti ritengono essere il vero centro decisionale di tutta l'operazione, era già attivo dal 1977. Gallinari continua dicendo che quell'appartamento era a disposizione di Senzani, che era in contatto diretto con Gallinari e Bonisoli (i due residenti nel covo che, tra l'altro, fecero parte del corpo di fuoco in via Fani). Senza dimenticare che il giorno della scoperta del covo di via Gradoli Mario Moretti si era recato a Firenze per un'importante riunione del comitato direttivo delle Brigate Rosse.

Ecco dunque che tutto cambia e di colpo sembra per lo meno verosimile che Senzani fosse a conoscenza dell'intera operazione Moro, tanto che in molti sono arrivati a ipotizzare che a Firenze ci fosse una sorta di direzione strategica di tutta l'operazione Moro. Il Generale Nicola Bozzo, stretto collaboratore del Generale Dalla Chiesa ai tempi del sequestro del Presidente della DC, ha dichiarato alla Commissione parlamentare d'inchiesta sul Caso Moro di aver saputo che Giovanni Senzani, quando era ufficialmente "soltanto" un professore universitario, conosceva e frequentava il colonnello dei Carabinieri Franco Delfino. Ma chi è questo Franco Delfino? Calabrese, poco prima di morire venne accusato pubblicamente di essere presente in via Fani il 16 marzo 1978. In seguito venne accusato di una serie di altri reati molto gravi tanto che venne addirittura degradato a carabiniere semplice. E adesso salta fuori che fosse anche intimo di Senzani, l'uomo che dopo l'arresto di Moretti divenne il capo militare delle Brigate Rosse. Dalle indagini emerge dunque uno scenario inquietante che vedrebbe (usiamo il condizionale perché si tratta di semplici ipotesi) Senzani addirittura vicino alla RAF tedesca e ai Servizi Segreti italiani, tanto che qualcuno è arrivato a supporre che Senzani fosse in qualche modo un collaboratore diretto dei nostri servizi, o perlomeno di un settore deviato dei servizi.

L'ex procuratore generale della Toscana Tindari Baglione però non crede affatto a quest'ipotesi:

«*L'ex BR e professore Giovanni Senzani secondo me, sul territorio fiorentino ci abitava, ma non operava. Senzani era proiettato a Roma, ministero della difesa o forse degli interni e credo che avesse la cattedra a Genova. Che vi fossero contatti fra Senzani e il comitato toscano delle BR a mio avviso era da escludere*»[47].

---

[47] *I familiari delle vittime di via Fani chiedono: "Indagate su quella casa di Firenze"*, La Repubblica (ed. di Firenze), 15 marzo 2015.

Molto polemico su Senzani invece l'On. Fioroni, che presiede la Commissione Parlamentare d'inchiesta sul Caso Moro:

«[...] Ci sono tanti fatti da chiarire ancora, ad esempio capire se Gallinari e la Braghetti avessero all'epoca la capacità di condurre l'interrogatorio di Moro, fare contro-deduzioni, gestire. Ecco rimane l'idea che loro, anche se si aggiunge Moretti, non siano la "testa pensante" dell'interrogatorio. E non capisco perché un giorno sì e uno no io riceva dall'avvocato di Giovanni Senzani una diffida verso un organismo parlamentare che ha poteri come quelli della magistratura a indagare su di lui».

LA TRATTATIVA

«[...] c'era un canale di ritorno che stando alle conoscenze fino ad oggi acquisite, si interrompe intorno al 5 maggio, poco prima o poco dopo».
(On. Giuseppe Fioroni)

Uno dei punti critici di tutto l'affaire Moro è quello riguardante le presunte trattative con le Brigate Rosse per liberare il Presidente della Democrazia Cristiana. Parliamo di "trattative" e non di "trattativa" perché, in questa selva di silenzi, depistaggi, sospetti e chi più ne ha più ne metta, si è parlato più volte di diverse trattative in corso: un filo aperto direttamente tra la DC e le Brigate Rosse, una presunta trattativa condotta dagli uomini del Vaticano, il canale aperto con la famiglia Moro, altre trattative sotterranee portate avanti da uomini vicini alla sinistra extraparlamentare romana di quegli anni.

Il fronte del "No" compatto... forse

La linea ufficiale dello Stato italiano è sempre stata quella di negare ogni tipo di trattativa, con l'On. Giulio Andreotti simbolo di questa posizione intransigente nei momenti più drammatici, anche quando era palese che sarebbe bastato aprire anche un timido spiraglio con i brigatisti per riuscire a risolvere positivamente tutta la faccenda. Nel corso degli anni però sono emerse diverse testimonianze che dimostrano come effettivamente ci sia stata una trattativa tra i brigatisti e lo Stato e, inoltre, che tra la famiglia e le BR ci fosse un canale di comunicazione aperto in entrambi i sensi. Infatti se è palese che Moro ha sempre comunicato con l'esterno durante la sua prigionia, nessuno aveva mai dimostrato che dall'esterno qualcuno era stato in grado di comunicare con Moro, anche se queste eventuali comunicazioni sarebbero state comunque filtrate dalle Brigate Rosse. Si tratterebbe di una rivelazione importante, decisiva, e che spiegherebbe in parte i tanti misteri sul Memoriale Moro, che potrebbe essere stato epurato dalle Brigate Rosse (o da elementi delle forze dell'ordine) da ogni riferimento a queste presunte missive recapitate all'interno del covo di via Caetani.

La prima rivelazione decisiva in questa direzione è stata quella dell'Arcivescovo Mennini che, durante la sua audizione di fronte alla Commissione parlamentare d'inchiesta sul Caso Moro, ha fatto capire in modo esplicito come in quei giorni si fosse aperto un canale diretto tra la famiglia Moro e le Brigate Rosse.

Il canale di ritorno

Come abbiamo visto l'Arcivescovo Mennini ha definitivamente smentito la voce che lo voleva presente in via Montalcini per un'ultima disperata confessione ad Aldo Moro prima che venisse ucciso dalle BR. Con le sue dichiarazioni però Mennini ha aperto in maniera del tutto inaspettata un nuovo filone di indagini:

«*Il 20 aprile 1978, vestito da prete, andai a ritirare un messaggio delle BR nascosto nei pressi di un bar. Lì vidi un uomo con i baffi che in seguito riconobbi dalle foto segnaletiche: era Valerio Morucci. Solo che in tutte le foto segnaletiche pubblicate, dopo la fine del sequestro, Morucci è senza baffi*»[48].

Gli inquirenti si trovano in maniera del tutto inaspettata di fronte alla prova certa di un "canale di ritorno", per usare le parole dell'On. Giuseppe Fioroni, presidente della commissione:

«*Mennini ha comunicato una cosa per tutti noi totalmente nuova: che il professor Nicolai (nome di battaglia di Valerio Morucci, ndr) nella telefonata del 5 maggio lancia un messaggio finale alla signora Moro, comunicandole che la persona da lei indicata e che dovevano rintracciare non era stata reperita e che quindi si doveva tornare a far ricorso a don Mennini per lasciare la missiva in cui il presidente Moro annunciava la fine della propria vita di lì a pochi giorni. Questo conferma che c'era un canale di ritorno che stando alle conoscenze fino ad oggi acquisite, si interrompe intorno al 5 di maggio, poco prima o poco dopo. Per la prima volta Mennini fa riferimento chiaramente a un canale di ritorno, un canale che non c'è più. È un dato: il canale di ritorno c'era ed improvvisamente al 5 maggio o non viene reperito o non c'era più*»[49].

Tra le Brigate rosso e la famiglia dell'On. Moro c'era dunque un canale di comunicazione diretto e, a quanto pare, non filtrato dalle forze dell'ordine, anche se il fatto che a un certo punto questo canale si interrompa misteriosamente alza un velo di sospetto su un probabile intervento dei servizi. L'On. Fioroni ha sottolineato come questo sospetto riecheggi anche in altre dichiarazioni dell'Arcivescovo Mennini, soprattutto quando il religioso dice espressamente che Eleonora Moro aveva fatto riferimento ad altre persone che non avevano portato a termine il loro lavoro di "postino", come invece aveva fatto Don Mennini. Arrivati a questo punto però l'ipotesi che dietro a questa operazione ci sia la *longa manus* di qualche potere occulto è molto concreta, dato che è cosa nota che il telefono del prelato fosse intercettato dalle forze dell'ordine e, soprattutto, è questa la sensazione che emerge chiara da un altro particolare di cui parla in maniera esplicita l'On. Fioroni:

«*[...] Se si aggiunge che la bobina di quella conversazione è scomparsa e che nell'ordinanza Ciampoli si afferma che alla fine Moro muore perché c'erano dei canali aperti, poi ristretti a uno che infine non c'era più, questi nuovi fatti non possono che avere rilevanza*»[50].

---

[48] *Atti della Commissione parlamentare di inchiesta sul rapimento e sulla morte di Aldo Moro*, 23esima seduta, 9 marzo 2015.

[49] *Caso Moro, monsignor Mennini: "Mai stato nella prigione delle Br. Paolo VI mise da parte 10 miliardi per pagare il riscatto"*, La Repubblica, 9 marzo 2015.

[50] Ib.

La trattativa tra DC e BR

Nell'aprile del 2015 i giornalisti Stefania Limiti e Sandro Provvisionato hanno pubblicato *Complici*, libro in cui si afferma in modo chiaro che durante i 55 giorni del rapimento Moro è stata portata avanti una trattativa segreta tra DC e BR. Gli autori sono assolutamente certi che in via Fani le cose non siano andate come sostengono i brigatisti coinvolti nella strage. Limiti e Provvisionato infatti sono convinti che ad aiutare il commando brigatista in via Fani ci fossero anche elementi esterni alle BR, elementi che ricoprirono un ruolo attivo in quell'operazione.

Al di là di queste teorie e ricostruzioni alternative, condivisibili o meno, i due giornalisti poi sono molto chiari a proposito della trattativa tra Democrazia Cristiana e Brigate Rosse:

«[..] Ricomponendo i mille pezzi di quel maledetto puzzle che va sotto il nome di "Caso Moro", abbiamo cercato di dimostrare che almeno una parte dei tanti misteri sono racchiusi nei contatti e nelle trattative tra una parte della Democrazia Cristiana e i vertici delle Brigate Rosse; trattative che, al di fuori di quelle conosciute, cominciano addirittura quando il sequestro Moro è ancora in corso. Nella complicità tra i due principali attori visibili di questa tragedia tutta italiana – il terzo era Moro che cercò disperatamente una via d'uscita – si racchiude la massa enorme di contraddizioni, di mezze bugie e di mezze verità che hanno reso la vicenda un'inestricabile matassa, una nube tossica che ha occultato e protetto i personaggi invisibili. [...] Abbiamo così seguito il filo della loro complicità che ha reso il "Caso Moro" una lunga trattativa, pressoché infinita, tra la Democrazia Cristiana e le Brigate Rosse, che forse si è conclusa con la scarcerazione degli uomini e delle donne più in vista dell'organizzazione. La DC non poteva permettere che venisse alla luce il suo sbandamento e la sua responsabilità per la perdita della vita dell'ostaggio Aldo Moro»[51].

I silenzi delle BR

Ma perché, se ci fu una trattativa aperta tra la Democrazia Cristiana e le Brigate Rosse, nessun brigatista ha mai ammesso niente? Tutti i terroristi arrestati infatti hanno sempre smentito l'esistenza di un dialogo diretto con la DC, anche quelli che hanno già scontato definitivamente la loro pena e che, di conseguenza, non hanno nulla da temere dalla legge italiana. L'ipotesi che ci sentiamo di azzardare è che, dopo tutti questi anni, gli ormai ex-brigatisti vogliano continuare a convincersi di aver agito in maniera "pura", indipendente, coltivando una sorta di sogno romantico che dia un senso a tutta quella maledetta stagione di sangue.

Ammettere l'esistenza di una trattativa con il Governo o con la DC infatti significherebbe riconoscere di essere stati semplici burattini nelle mani di quel potere che le Brigate Rosse volevano abbattere. Significherebbe dimostrare in maniera chiara che le forze dell'ordine avrebbero potuto intervenire in forze in via Montalcini, stroncando definitivamente il piano eversivo messo in atto dalle BR.

Significativa a questo proposito una dichiarazione di Prospero Gallinari del 2006 in cui, di fatto, rivendica con orgoglio tutta la gestione del sequestro Moro da parte delle Brigate Rosse:

«È tutto chiaro nell'attività delle BR. Nonostante le ironie fatte, più volte, io non posso che ripetere: è storicamente dimostrato che Moro è roba nostra. È per quello che siamo stati condannati.

---

51 Stefania Limiti, Sandro Provvisionato, *Complici. Caso Moro. Il patto segreto tra DC e BR*, Chiarelettere, 2108.

340

Non c'entrano nulla la mafia, non c'entrano nulla i servizi segreti. Questi ultimi possono magari essere intervenuti, ma per manipolare i partiti e il parlamento, non certo noi[52].

La seconda ipotesi invece è ben diversa: il silenzio dei brigatisti è diretta conseguenza di una serie di benefici carcerari e di sconti di pena di cui hanno goduto praticamente tutti gli uomini e le donne delle Brigate Rosse.

---

[52] *Gallinari su Moro: «Sono in pace con lui, eravamo in guerra»*, lettera43, 14 gennaio 2013.

I PROCESSI

«[...] Non posso, le ripeto… vede purtroppo so che fa una brutta impressione, però questi dettagli, e moltissimi altri, non avrei alcuna difficoltà a chiarirli perché sono delle banalità che non spostano nulla nella valutazione storica e politica sull'episodio e sull'intera storia delle Brigate Rosse, non aggiungerebbero niente di significativo. È che ciascuna di queste specificazione porterebbe quasi certamente della gente in galera, perché questa storia che politicamente è finita non è una storia giuridicamente finita».

(Mario Moretti)

Ricostruire l'intera storia processuale relativa alle vicende legate al rapimento e all'uccisione di Aldo Moro non è cosa da poco. Stiamo parlando infatti di ben cinque processi (anche se i primi due vennero unificati poi in un unico procedimento), senza tener conto delle commissioni parlamentari che si sono occupate del caso (una attiva anche adesso mentre stiamo scrivendo). Cercheremo dunque di fare una sintesi dei processi sottolineando gli aspetti essenziali di ogni singolo dibattimento.

Moro-Uno e Moro-Bis

Severino Santiapichi presiede la Prima Corte d'Assise che il 24 gennaio 1983 emette la sentenza del processo per la strage di via Fani e per il successivo rapimento e uccisione di Aldo Moro. Il procedimento, che unifica i processi Moro-Uno e Moro-Bis, condanna all'ergastolo 32 persone: Renato Arreni, Lauro Azzolini, Barbara Balzerani, Franco Bonisoli, Anna Laura Braghetti, Giulio Cacciotti, Raffaele Fiore, Prospero Gallinari, Vincenzo Guagliardo, Maurizio Iannelli, Natalia Ligas, Alvaro Loiacono, Mario Moretti, Rocco Micaletto, Luca Nicolotti, Mara Nanni, Cristoforo Piancone, Alessandro Padula, Remo Pancelli, Francesco Piccioni, Nadia Ponti, Salvatore Ricciardi, Bruno Seghetti, Pietro Vanzi, Gian Antonio Zanetti, Valerio Morucci, Adriana Faranda, Carla Maria Brioschi, Enzo Bella, Gabriella Mariani, Antonio Marini e Caterina Piunti.

Nel 1985 la Corte d'Assise d'appello riduce al pena per Natalia Ligas, Mara Nanni, Gian Antonio Zanetti, Valerio Morucci, Adriana Faranda, Carla Maria Brioschi, Enzo Bella, Gabriella Mariani, Antonio Marini e Caterina Piunti. Vengono invece confermate le altre 22 condanne all'ergastolo.

Nel 1985 infine la Cassazione conferma quasi integralmente la sentenza, tranne per le posizioni di 17 imputati minori per i quali si chiede la rideterminazione della pena.

Moro-Ter

Il terzo processo relativo al Caso Moro si conclude il 12 ottobre 1988 con ben 153 condanne, per un totale di 1.800 anni complessivi di detenzione. Il processo Moro-Ter, come viene ribattezzato, si occupa più in generale di una serie di azioni compiute dalle Brigate Rosse a Roma tra il 1977 e il 1982. A presiedere la 2a Corte d'Assise è Sergio Sorichilli.

In questa occasione vengono condannati all'ergastolo Susanna Berardi, Barbara Balzerani, Vittorio Antonini, Roberta Cappelli, Marcello Capuano, Renato Di Sabbato, Vincenzo Guagliardo, Maurizio Iannelli, Cecilia Massara, Paola Maturi, Franco Messina, Luigi Novelli, Sandra Padula, Remo Pancelli, Stefano Petrella, Nadia Ponti, Giovanni Senzani, Paolo Sivieri, Pietro Vanzi, Enrico Villimburgo, i latitanti Rita Algranati e Alessio Casimirri e gli imputati in libertà per decorrenza dei termini di detenzione Eugenio Pio Ghignoni, Carlo Giommi, Alessandro Pera e Marina Petrella.

Nel 1992 arriva la conferma della terza Corte d'Assise d'appello che conferma l'ergastolo per tutti e 20 gli imputati del Moro-Ter. Ad Alessandro Pera, Eugenio Ghignoni, Paola Maturi e Franco Messina e ad altri due imputati viene invece ridotta la pena.

Infine nel maggio del 1993 la sentenza della prima sezione penale della Corte di Cassazione conferma le condanne emesse in appello per gli imputati del Moro-ter. Viene invece annullata la sentenza nei riguardi di Eugenio Ghignoni, condannato in appello a 15 anni, che viene rinviata ad altra sezione penale della corte di Roma.

Moro-Quater

Il processo Moro-Quater si conclude nel dicembre del 1994. Si tratta di un procedimento che si concentra su alcuni punti lasciati in sospeso nei precedenti processi, ma anche su alcuni episodi che erano stati stralciati dal processo Moro-ter, La sentenza della prima Corte di Assise presieduta da Severino Santiapichi condanna all'ergastolo Alvaro Loiacono, già detenuto in Svizzera per altre vicende criminali, che viene riconosciuto colpevole di concorso nel rapimento e nell'uccisione di Aldo Moro e di altri omicidi. La sentenzia viene confermata anche dalla Corte di Assise (1996) e dalla Cassazione (1997).

Moro-Quinquies

Il processo Moro-Quinquies arriva a sentenza il 16 luglio 1996. La Corte di Assise condanna all'ergastolo Germano Maccari per concorso nel sequestro e nell'omicidio di Aldo Moro e nell'eccidio della scorta, mentre Raimondo Etro viene condannato 24 anni e sei mesi Etro, non presente in via Fani, aveva ricevuto e custodito le armi utilizzate dai suoi compagni delle Brigate Rosse durante l'agguato. Nel 1997 Maccari si vede la pena ridotta in Appello a 30 anni, mentre la Cassazione in seguito disporrà un nuovo processo. La sentenza arriva nel 1998: Maccari viene condannato a 26 anni, Etro invece a 20 anni e 6 mesi. Mentre per Etro la condanna diventa effettiva dal 1999, Maccari viene invece di nuovo processato in appello e si vedrà la pena ridotta a 23 anni.

LE CONDANNE,
IL CARCERE, LA LIBERTÀ

«So con certezza che oggi vi sono persone, magari giornalisti o sindacalisti che ricoprono incarichi importanti, che allora tifavano ed erano onorate di avere in casa il cavaliere impavido. Il terrorista, il guerrigliero era una figura affascinante, romantica, ovviamente in quegli anni. Vi sono anche filosofi e sociologi, insomma, l'intellighenzia di sinistra. Non nascondiamoci dietro queste cose».
(Germano Maccari)

Dopo tutti questi anni la maggior parte dei brigatisti coinvolti nel Caso Moro (e non solo) o sono morti o hanno scontato la loro condanna. Ripercorriamo brevemente la storia giudiziaria delle BR che svolsero un ruolo di primo piano in questa contorta vicenda.

Rita Algranati

Membro di primo piano delle Brigate Rosse, Rita Algranati, latitante del 1985, viene arrestata nel 2004 a El Cairo dopo una lunga latitanza tra Nicaragua, Cuba, Angola e Algeria. Non è mai stata fatta luce sugli aiuti di cui ha goduto durante la sua latitanza. Tra i fatti più importanti di cui è stata accusata, oltre al delitto Moro, ci sono gli omicidi del giudice Riccardo Palma (febbraio 1978); del consigliere provinciale di Roma della DC Italo Schettini (1979); del generale Antonio Varisco (13 luglio 1979); e l'assalto alla sede della DC in piazza Nicosia, a Roma (3 maggio 1979), nel quale vennero uccisi due agenti di polizia. Sta scontando una condanna all'ergastolo.

Lauro Azzolini

Entrato in clandestinità già nel 1974, Azzolini ai tempi del sequestro Moro faceva parte del comitato direttivo delle BR. Arrestato a Milano durante il blitz nell'appartamento di via Monte Nevoso, è stato poi condannato a quattro ergastoli. In carcere si è ufficialmente dissociato dalla lotta armata e ha goduto dei relativi benefici, approfittando della semi-libertà per iniziare a lavorare in una cooperativa che si occupa di no-profit, settore disabili, per la Compagnia delle Opere. Oggi è un uomo libero.

Barbara Balzerani

Entrata nelle Brigate Rosse nel 1975, Barbara Balzerani, soprannominata la "Primula Rossa" durante la sua latitanza, viene arrestata soltanto nel 1985 assieme a Gianni Pelosi. Condannata all'ergastolo, la Balzerani non si è mai pentita né dissociata dalla lotta armata, anche se non viene considerata una "irriducibile" in seguito ad alcune sue posizioni comunque piuttosto sfumate sulla lotta armata. Nel dicembre del 2006 inizia a godere della libertà condizionale e dal 2011 è definitivamente in libertà grazie ai benefici della legge Gozzini. Attualmente oltre a lavorare per una cooperativa di informatica è autrice di diversi libri. Nel corso degli anni ha alimentato diverse polemiche con alcune sue dichiarazioni poco felici sui social network, come quando nel 2018 ha scritto:

«C'è una figura, la vittima, che è diventato un mestiere, questa figura stramba per cui la vittima ha il monopolio della parola. Io non dico che non abbiano diritto a dire la loro, figuriamoci. Ma non ce l'hai solo te il diritto, non è che la storia la puoi fare solo te»[53].

Oppure, sempre nel 2018, in occasione dei quarant'anni del massacro di via Fani:

«Chi mi ospita oltreconfine per i fasti del quarantennale?»

Polemiche che sono continuate anche negli anni successivi a causa di una certa sovraesposizione nei media e di un atteggiamento arrogante di malcelato orgoglio per la sua attività all'interno delle Brigate Rosse.

Franco Bonisoli

Esponente di spicco delle Brigate Rosse, Bonisoli viene arrestato il 1° ottobre 1978 insieme a Nadia Mantovani, Lauro Azzolini e Antonio Savino nel covo di via Monte Nevoso a Milano. Viene condannato all'ergastolo nel 1983 e, durante gli anni del carcere, si è pubblicamente dissociato dall'esperienza brigatista. È stato il primo BR tra quelli legati al caso Moro ad ottenere il permesso di lavorare fuori dal carcere. Attualmente è un uomo libero, vive a Milano e lavora in una società di servizi ambientali.

Anna Laura Braghetti

Anna Laura Braghetti era l'intestataria dell'appartamento di via Montalcini, l'appartamento in cui secondo la versione ufficiale venne imprigionato Aldo Moro durante i 55 giorni del sequestro. All'epoca dei fatti la Braghetti era incensurata, entra in clandestinità soltanto dopo l'uccisione del Presidente della DC. Arrestata nel maggio del 1980, viene condannata all'ergastolo per tutta una serie di crimini commessi durante la sua permanenza all'interno delle Brigate Rosse. Nel 1981 sposa in carcere il brigatista Prospero Gallinari. Nel corso degli anni non ha mai usufruito di sconti

---

[53] *Cinismo-shock dell'ex br Balzerani: "Vittima è diventato un mestiere...". Polemica a Firenze, rabbia di Fida Moro*, di Gerardo Adinolfi e Laura Montanari, La Repubblica, 17 marzo 2018.

di pena, è stata ammessa a libertà condizionale nel 2002 ed è stata definitivamente scarcerata nel dicembre del 2005.

Alessio Casimirri

Della "felice latitanza" di Alessio Casimirri abbiamo già parlato in precedenza. Ricordiamo brevemente che Casimirri vive libero e alla luce del sole in Nicaragua e non ha mai scontato un solo giorno di galera in vita sua.

Adriana Faranda

Adriana Faranda, all'epoca dei fatti compagna di Valerio Morucci, entra nelle Brigate Rosse nell'estate 1976. Nel gennaio del '79, in seguito ad una serie di contrasti sulle scelte strategiche del gruppo terrorista, decide di lasciare le BR. Viene arrestata insieme a Valerio Morucci nel maggio del 1979. Negli anni ottanta si è dissocia pubblicamente dall'esperienza terroristica potendo così beneficiare di una serie di riduzioni di pena previste dalla legge. Torna in libertà nel 1994.

Raffaele Fiore

Fiore entra nelle Brigate Rosse nella prima parte del 1977. In via Fani è uno degli uomini che compongono il cosiddetto "gruppo di fuoco". Arrestato nel marzo del 1979 a Torino, viene condannato all'ergastolo. Nel corso degli anni non si è mai pentito né dissociato. Dal 1997 gode della libertà condizionale, confermata nel 2007. Mai pentito né dissociato, Fiore non ha mai rinnegato la lotta armata. Vive in libertà condizionata a Sarmato, in provincia di Piacenza, dove lavora per la Cooperativa Sociale Futura.

Prospero Gallinari

Prospero Gallinari era un brigatista della prima ora dato che faceva parte del cosiddetto nucleo storico che nel 1970 fondò le Brigate Rosse. Arrestato per la prima volta nel 1974, riesce a evadere dal carcere di Treviso nel 1977. Arrestato nuovamente nel settembre del 1979, viene poi condannato definitivamente all'ergastolo nel 1983. È considerato uno degli ultimi "irriducibili", dato che durante gli anni della detenzione non solo non si è mai dissociato dalla lotta armata, ma ha anche mantenuto un rigido atteggiamento di non-collaborazione con le forze dell'ordine.

Nonostante tutto Gallinari dichiarò comunque conclusa l'esperienza della lotta armata, prendendo anche apertamente le distanze dalle formazioni terroristiche che sono state chiamate "Nuove Brigate Rosse". Negli 1996 a causa di gravi problemi di salute beneficia della sospensione della pena, così può scontare agli arresti domiciliari nella sua casa di Reggio Emilia, pur godendo però della possibilità di uscire per lavorare. Proprio a causa del suo atteggiamento di "irriducibile" gli è sempre stata rifiutata la semilibertà o la libertà condizionale, che Gallinari richiede per l'ultima volta nel 2010. Muore nel gennaio del 2013 a causa di un arresto cardiaco.

Alvaro Lojacono

Figlio dell'economista ed esponente del PCI romano Giuseppe Lojacono, Alvaro Lojacono entra a far parte delle Brigate Rosse nel 1978. Sfrutta il fatto che sua madre, Ornella Baragiola, è cittadina svizzera e così prende la cittadinanza svizzera con il nome di Alvaro Baragiola. Viene arrestato proprio in Svizzera, dove viene condannato a 17 anni di prigione per l'assassinio del giudice Tartaglione, di cui ne sconta soltanto 11 uscendo poi per buona condotta. In Italia è stato condannato in contumacia a 16 anni di carcere per l'assassinio dello studente greco Miki Mantakas e poi successivamente all'ergastolo in contumacia al termine del processo Moro-Quater.

Nel 1988 in Svizzera viene riaperto un procedimento a suo carico per accertare il suo coinvolgimento nella strage di via Fani, procedimento che però viene presto archiviato per mancanza di testimoni. La Svizzera inoltre non prevede l'estradizione dei propri cittadini quindi per lo Stato italiano non ci sono margini di manovra da un punto di vista diplomatico. Nel giugno del 2000 viene arrestato sulla spiaggia dell'Isola Rossa, vicino Bastia, in Corsica, su mandato di cattura della magistratura italiana. Viene però scarcerato perché il diritto francese non riconosce la condanna in contumacia. Attualmente vive libero in Svizzera mantenendo un alto profilo mediatico.

Germano Maccari

Del suo ruolo nel Caso Moro e della sua storia particolare abbiamo già parlato in precedenza. Arrestato nel 1993, Maccari è morto in carcere il 25 agosto 2001.

Mario Moretti

Membro di spicco delle Brigate Rosse e vero e proprio leader delle BR durante l'operazione Moro, Mario Moretti viene arrestato a Milano il 4 aprile 1981 (era entrato a far parte delle BR nel 1971, dal 1972 viveva in clandestinità). Il tribunale lo condanna a 6 ergastoli e, anche se tecnicamente non si è mai dissociato dalla lotta armata, nel 1987 ha ammesso pubblicamente il fallimento della lotta armata. In tutti questi anni comunque non ha mai voluto collaborare apertamente con le autorità, tanto che in molti sono convinti che Moretti sia uno degli ultimi depositari dei segreti del Caso Moro. Dal 1997 Moretti è in stato di semi-libertà: di giorno lavora nel centro di recupero "Giorno dopo", la notte invece rientra nel carcere milanese di Opera.

Valerio Morucci

Valerio Morucci entra nelle Brigate Rosse nel 1976 insieme alla sua compagna, Adriana Faranda. Fa parte anche del gruppo di fuoco in via Fani e durante la gestione del sequestro ha un ruolo di primo piano nelle azioni dei brigatisti. Esce dalle BR insieme a Faranda nel '79 in seguito a una rottura con il comitato direttivo e, in particolare, con Mario Moretti. Poco dopo viene arrestato insieme alla sua compagna. Condannato all'ergastolo, a partire dal 1984 inizia a collaborare in maniera attiva con le forze dell'ordine, contribuendo a chiarire molti aspetti fino a quel momento ancora oscuri dell'operazione Moro. Nel 1985 si dissocia pubblicamente dalle Brigate Rosse leggendo durante il processo d'appello per il sequestro Moro il documento "Per riaprire un dialogo con la società. Manifesto dei detenuti politici", documento firmato da 170 detenuti.

Al termine del processo d'appello la sua condanna venne ridotta a 30 anni di reclusione. Durante la prigionia Morucci ha continuato a collaborare e le verità giudiziarie emerse nei processi Moro-Ter e Moro-Quater sono basate principalmente sul memoriale scritto dall'ex brigatista mentre era in carcere. Dopo una serie di ulteriori riduzioni di pena nei processi successivi, Morucci ha finito di scontare la sua pena nel 1994 e da allora è un uomo libero. Attualmente vive a Roma e si occupa di informatica.

Bruno Seghetti

Seghetti era membro del Comitato direttivo delle Brigate Rosse e capo della colonna romana e di quella napoletana dal 1977 al 1980, anno del suo arresto. Negli anni del carcere dimostra sempre un atteggiamento molto duro ed intransigente, fino al 1988 quando dichiara che l'epoca della lotta armata è definitivamente tramontata. Nell'aprile del 1995 gli è stata concessa la semilibertà, beneficio momentaneamente revocato nel 2001 per infrazioni delle disposizioni previste.

L'ITALIA DOPO IL CASO MORO, UN'ANALISI

«In due parole si può dire che fino al rapimento Moro c'è una crescita esponenziale delle BR e del terrorismo nel suo insieme (uso un termine che non è mio, ma tanto per farci capire). Poi, c'è una caduta verticale: c'è l'incapacità di affrontare il dopo Moro».
(Alfredo Bonavita)

Non è possibile affrontare la seconda parte del Novecento italiano senza interrogarsi su cos'è successo davvero in via Fani quel 16 marzo 1978 e, soprattutto, su come sia cambiata l'Italia dopo il ritrovamento del corpo senza vita dello statista democristiano all'interno di quella R4 in via Caetani. Da un punto di vista prettamente politico le conseguenze più evidenti dell'uccisione di Moro furono principalmente due: da un lato l'affermazione di Giulio Andreotti come unico leader della Democrazia Cristiana, dall'altro la "condanna" all'opposizione per il PCI per tutti gli anni a seguire. Una cosa è certa: per le Brigate Rosse il Caso Moro ha rappresentato l'inizio della fine, come ha lucidamente capito anche Alfredo Bonavita, uno dei fondatori storici delle Br:

«In due parole si può dire che fino al rapimento Moro c'è una crescita esponenziale delle BR e del terrorismo nel suo insieme (uso un termine che non è mio, ma tanto per farci capire). Poi, c'è una caduta verticale: c'è l'incapacità di affrontare il dopo Moro»[54].

Possiamo tranquillamente parlare del Caso Moro come di un punto di non ritorno, è il momento in cui la lotta armata smette di essere popolare tra una serie di fasce ben precise della popolazione italiana. Come ha ricordato nel 1998 l'ex brigatista Germano Maccari infatti fino all'uccisione di Moro la lotta armata poteva contare su un appoggio piuttosto diffuso all'interno di determinati ambienti della società italiana.

«So con certezza che oggi vi sono persone, magari giornalisti o sindacalisti che ricoprono incarichi importanti, che allora tifavano ed erano onorate di avere in casa il cavaliere impavido. Il terrorista, il guerrigliero era una figura affascinante, romantica, ovviamente in quegli anni. Vi sono anche filosofi e sociologi, insomma, l'intellighenzia di

---

[54] Sergio Zavoli, op. cit.

sinistra. Non nascondiamoci dietro queste cose. Quando nel 1973 ho sparato alle gambe del povero caporeparto Uras, un fascistoide che toccava il sedere alle operaie, il suo nome mi fu indicato da operai del sindacato, del consiglio di fabbrica che mi dissero: "Quello è un mascalzone, magari gli succedesse qualcosa". È fuori discussione che in quegli anni le Brigate Rosse avessero un minimo di consenso popolare [...]»[55].

Molto lucida anche l'analisi di Paul Ginsborg:

«I brigatisti si erano mostrati risoluti ed efficienti, ma la loro non fu una vittoria. La decisione di uccidere Moro creò gravi dissensi al loro interno, mentre all'esterno si diffuse un profondo sentimento di ripulsa per quanto avevano fatto.

È generalmente riconosciuto che la crisi del terrorismo italiano prese l'avvio dall'uccisione di Moro. A posteriori sembra quindi corretto riconoscere che avevano ragione i paladini dell'intransigenza: se Moro fosse stato scambiato con uno o più terroristi in prigione, le Brigate Rosse sarebbero apparse allo stesso tempo invulnerabili e propense al compromesso, col risultato che il loro fascino sarebbe quasi certamente cresciuto.

[...] Dopo la morte di Moro la democrazia italiana non solo si difese ma si rafforzò».

Lo stesso Francesco Cossiga rivendicherà con orgoglio la gestione da parte della DC di tutto il sequestro Moro, convinto che in quel modo si sia preservata l'integrità e il valore dello Stato italiano:

«Quando, con il PCI di Berlinguer, ho optato per la linea della fermezza, ero certo e consapevole che, salvo un miracolo, avevamo condannato Moro a morte. Altri si sono scoperti trattativisti in seguito; la famiglia Moro, poi, se l'è presa solo con me, mai con i comunisti.

Il punto è che, a differenza di molti cattolici sociali, convinti che lo Stato sia una sovrastruttura della società civile, io ero e resto convinto che lo Stato sia un valore. Per Moro non era così: la dignità dello Stato, come ha scritto, non valeva l'interesse del suo nipotino Luca»[56].

Una dichiarazione discutibile, viste le tante ombre sul ruolo di Francesco Cossiga e dello Stato italiano negli gli anni di piombo, nelle cosiddette stragi di stato e anche nello stesso terrorismo.

Colpo di stato?

Giovanni Galloni, all'epoca del rapimento Moro Vice-Segretario vicario della Democrazia Cristiana, è convinto che in via Fani il 16 marzo 1978 andò in scena un vero e proprio colpo di stato:

«L'eccidio di via Fani e l'eliminazione del Presidente della Democrazia Cristiana, ovvero del partito cardine del sistema democratico italiano, hanno rappresentato l'equivalente di un colpo di stato. Non so dire fino a che punto le Brigate Rosse fossero eterodirette, certamente erano strumentalizzate. È un pensiero che Moro coltivava, non celando a riguardo i suoi timori.

La dinamica dell'eccidio di via Fani rivela una capacità di esecuzione altamente sofisticata. Ancora bisogna capire

[55] *Atti della Commissione parlamentare d'inchiesta sul terrorismo in Italia e sulle cause della mancata individuazione dei responsabili delle stragi*, 60esima seduta, 21 gennaio 2001.

[56] *Cossiga compie 80 anni: Moro? Sapevo di averlo condannato a morte*, Aldo Cazzullo, Corriere della Sera, 8 luglio 2008.

MISTERI ITALIANI - IL CASO MORO

quanti uomini vi parteciparono, quali dispositivi di comando entrarono in funzione, cosa sia realmente accaduto, a chi fece capo realmente la regia dell'operazione»[57].

Certo, parlare di "colpo di stato" può forse essere esagerato, ma di sicuro con il Caso Moro si rompe qualcosa, si spezza in maniera irrimediabile il rapporto di fiducia di buona parte della popolazione italiana con lo Stato. Sul lungo periodo le Brigate Rosse hanno perso, su questo non ci sono dubbi, ma dopo il rapimento e l'assassinio di Aldo Moro diventa evidente a tutti che la Democrazia Cristiana e l'intera classe dirigente italiana non sono all'altezza di un Paese democratico, come peraltro verrà tristemente confermato negli anni successivi.

La "verità ufficiale" sul Caso Moro infatti presenta lacune enormi, come abbiamo visto, e come ha fatto notare a suo tempo un intellettuale come Leonardo Sciascia:

«Si può sfuggire alla polizia italiana – alla polizia italiana così come è istruita, organizzata e diretta – ma non al calcolo delle probabilità. E stando alle statistiche diffuse dal ministero degli Interni, relative alle operazioni condotte dalla polizia nel periodo che va dal rapimento di Moro al ritrovamento del cadavere, le Brigate Rosse appunto sono sfuggite al calcolo delle probabilità. Il che è verosimile, ma non può essere vero e reale».

Da questa brutta storia dunque escono tutti sconfitti, tutti, nessuno escluso, compreso lo stesso Aldo Moro che verrà pesantemente criticato per le lettere scritte durante il sequestro, come avremo modo di vedere.

Ecco come ha sintetizzato tutto ciò in poche battute il giornalista Enrico Deaglio:

«Penso veramente che il caso Moro sia stata la svolta. 55 giorni prigioniero il leader che sta aprendo ai comunisti, ma dove può succedere? E poi la gestione della caccia ai rapitori... l'artificio della seduta spiritica per indicare il covo dove lo tengono... le trattative che coinvolgono i mafiosi...».

Le ombre si allungano

Come abbiamo già avuto modo di sottolineare Aldo Moro fu senza dubbio un grande statista, uno dei politici più importanti dell'Italia repubblicana. Nonostante la sua fine drammatica negli anni successivi alla sua morte venne comunque coinvolto in alcuni scandali, come il celebre "scandalo dei petroli", che non solo portò all'arresto del Comandante Generale della Guardia di Finanza, ma che coinvolse anche Sereno Ferato, uno dei più stretti e fidati collaboratori dell'ex Presidente della Democrazia Cristiana. Si parlerà anche di un presunto coinvolgimento di Aldo Moro in una serie di tangenti relative alla gestioni di alcuni appalti in Puglia, ma niente di più.

---

[57] *Caso Moro: forse in un covo fiorentino la regia del rapimento*, Il Tirreno, 15 marzo 2015.

TUTTO QUELLO CHE SAPPIAMO
SUL CASO MORO È FALSO?

Nel corso degli anni il Caso Moro sembra essere diventato un buco nero che assorbe tutto, verità e bugie, segreti e complotti. Il 6 dicembre 2018, a più di quarant'anni dai drammatici eventi che abbiamo raccontato, è stata infatti pubblicata la terza e ultima Relazione della Commissione, approvata il 6 dicembre e depositata per l'approvazione dell'Aula alla Camera.

L'On. Giuseppe Fioroni, presidente della Commissione, ha spiegato a una sala stampa attonita che Moro non è stato ucciso sul pianale della Renault 4 rossa parcheggiata nel garage di Via Montalcini 8, come appurato dalla verità giudiziaria. Le perizie effettuate dai RIS dei Carabinieri infatti hanno appurato che quell'automobile no avrebbe potuto neppure avere il cofano aperto, tanto piccolo era il box in cui, secondo quanto confessato dai Brigatisti, Moro sarebbe stato ucciso.

La relazione approvata dalla commissione illustra poi come sarebbe bastata un'auto blindata per salvare la vita del Presidente Moro, dato che alcune fonti palestinesi del colonnello Giovannone avevano segnalato già più di un mese prima che le BR si preparavano a sequestrare Moro. Ma le rivelazioni non finiscono qui, dato che dalle carte emerge come anche il Vaticano fosse direttamente coinvolto in questa storiaccia. La commissione ha infatti individuato una palazzina in via Massimi 91 a Roma, palazzina di proprietà dello IOR, frequentata da cardinali, prelati e dallo stesso presidente dello Ior, Paul Marcinkus, in cui aveva sede una società statunitense che in realtà lavorava per la NATO; nella stessa palazzina però vivevano in affitto anche esponenti tedeschi dell'Autonomia, finanzieri libici e due persone contigue alle Brigate Rosse:

«[...] complesso edilizio che, anche alla luce della posizione, potrebbe essere stato utilizzato per spostare Aldo Moro dalle auto utilizzate in via Fani a quelle con cui fu successivamente trasferito oppure potrebbe aver addirittura svolto la funzione di prigione dello statista»[58].

Ma c'è di più: secondo la relazione infatti in questo stabile si nascose per diversi mesi Prospero Gallinari, anzi si arriva a ipotizzare che la vera prigione utilizzata dalle BR durante il sequestro Moro fosso proprio all'interno del palazzo di via Massimi 91. La commissione è giunta a queste conclusione analizzando una quantità impressionante di documenti dei servizi e delle forze

---

[58] *Relazione della Commissione Parlamentare di inchiesta sul rapimento e sulla morte di Aldo Moro*, 6 dicembre 2018.

dell'ordine che sono stati declassificati in seguito alla "direttiva Renzi". La tesi sostenuta nell'ultima relazione della commissione dunque è che la «*narrativa*» ufficiale del sequestro e della morte di Moro, ovvero quella che abbiamo raccontato e che si basa principalmente sulle rivelazioni dei brigatisti, soprattutto di Morucci e Faranda, fosse soltanto una «*versione ufficiale e di Stato*» confezionato a tavolino con l'aiuto di Francesco Cossiga e dall'establishment politico italiano.

In buona sostanza all'opinione pubblica è stata raccontata soltanto una verità che si poteva raccontare per scrivere una parola fine sugli anni di piombo. La relazione fa nomi e cognomi degli autori di questa verità di stato: esponenti delle forze dell'ordine, politici, magistrati, brigatisti.

Ma sentiamo cos'ha scritto a proposito l'On. Fioroni:

«*Alla luce delle indagini compiute, comunque il rapimento e l'omicidio di Aldo Moro non appaiono affatto come una pagina puramente interna dell'eversione di sinistra, ma acquisiscono una rilevante dimensione internazionale [...] Al di là dell'accertamento materiale dei nomi e dei ruoli dei brigatisti impegnati nell'azione di fuoco di via Fani e poi nel sequestro e nell'omicidio di Moro, emerge infatti un più vasto tessuto di forze che, a seconda dei casi, operarono per una conclusione felice o tragica del sequestro, talora interagendo direttamente con i brigatisti, più spesso condizionando la dinamica degli eventi, anche grazie alla presenza di molteplici aree grigie, permeabili alle influenze più diverse*»[59].

Non ha usato mezzi termini invece il l'ex senatore Sergio Flamigni, autore di *Rapporto sul Caso Moro*[60], che dalle pagine del Il Fatto quotidiano ha commentato con parole durissime i risultati del lavoro della commissione presieduta dall'On. Fioroni:

«*Uno scandalo veramente senza fine. Gli elementi raccolti dalla Commissione sono riusciti a confermare che la verità di Stato sul delitto Moro - confezionata dalla Dc di Francesco Cossiga insieme agli ex Br Valerio Morucci e Mario Moretti e avallata dalla magistratura romana - è una colossale menzogna*»[61].

In quattro anni di attività la commissione ha raccolto 700mila pagine di documenti, una mole impressionante di carta che ricostruisce in maniera approfondita gli anni '70 e che, a oggi, nessuno ha ancora avuto modo di studiare in maniera approfondita ovviamente. Di una cosa, invece, siamo sicuri: finché i protagonisti di quella tragica stagione di sangue continueranno a non raccontare la verità sarà impossibile sapere come andate davvero le cose.

---

[59] *Relazione della Commissione Parlamentare di inchiesta sul rapimento e sulla morte di Aldo Moro*, 6 dicembre 2018.

[60] Kaos Edizioni, 2019.

[61] *"La commissione Moro ha nascosto la verità". Le accuse di Sergio Flamigni nel suo ultimo libro*, Gianni Barbaceto, Il Fatto Quotidiano, 2 novembre 2019.

APPENDICE:
I COMUNICATI DELLE BR

«Giovedì 16 marzo un nucleo armato delle Brigate Rosse ha catturato e rinchiuso in un carcere del popolo ALDO MORO, presidente della Democrazia Cristiana. La sua scorta armata, composta da cinque agenti dei famigerati Corpi Speciali, è stata completamente annientata».
(Brigate Rosse)

Comunicato n. 1

Giovedì 16 marzo un nucleo armato delle Brigate Rosse ha catturato e rinchiuso in un carcere del popolo ALDO MORO, presidente della Democrazia Cristiana. La sua scorta armata, composta da cinque agenti dei famigerati Corpi Speciali, è stata completamente annientata. Chi è ALDO MORO è presto detto: dopo il suo degno compare De Gasperi, è stato fino ad oggi il gerarca più autorevole, il "teorico" e lo "stratega" indiscusso di quel regime democristiano che da trent'anni opprime il popolo italiano. Ogni tappa che ha scandito la controrivoluzione imperialista di cui la DC è stata artefice nel nostro paese, dalle politiche sanguinarie degli anni '50, alla svolta del "centro-sinistra" fino ai giorni nostri con "l'accordo a sei" ha avuto in ALDO MORO il padrino politico e l'esecutore più fedele delle direttive impartite dalle centrali imperialiste. È inutile elencare qui il numero infinito di volte che Moro è stato presidente del Consiglio o membro del Governo in ministeri chiave, e le innumerevoli cariche che ha ricoperto nella direzione della DC, (tutto è ampiamente documentato e sapremo valutarlo opportunamente), ci basta sottolineare come questo dimostri il ruolo di massima e diretta responsabilità da lui svolto, scopertamente o "tramando nell'ombra", nelle scelte politiche di fondo e nell'attuazione dei programmi controrivoluzionari voluti dalla borghesia imperialista. Compagni, la crisi irreversibile che l'imperialismo sta attraversando, mentre accelera la disgregazione del suo potere e del suo dominio, innesca nello stesso tempo i meccanismi di una profonda ristrutturazione che dovrebbe ricondurre il nostro paese sotto il controllo totale delle centrali del capitale multinazionale e soggiogare definitivamente il proletariato. La trasformazione nell'area europea dei superati Stati-nazione di stampo liberale in Stati imperialisti delle Multinazionali (SIM) è un processo in pieno svolgimento anche nel nostro paese. Il SIM, ristrutturandosi, si predispone a svolgere il ruolo di cinghia di trasmissione degli interessi economici-strategici globali dell'imperialismo, e nello stesso tempo ad essere organizzazione della controrivoluzione preventiva rivolta ad annichilire ogni "velleità" rivoluzionaria del proletariato. Questo ambizioso progetto per potersi affermare necessita di una condizione pregiudiziale: la creazione di un personale politico-economico-militare che lo realizzi. Negli ultimi anni questo personale politico strettamente legato ai circoli imperialisti È emerso in modo egemone in tutti i partiti del cosiddetto "arco costituzionale", ma ha la sua massima concentrazione e il suo punto di riferimento principale nella Democrazia Cristiana. La DC è così la forza centrale e strategica della gestione imperialista dello Stato. Nel quadro dell'unità strategica degli Stati Imperialisti, le maggiori potenze che stanno alla testa della catena gerarchica richiedono alla DC di funzionare da polo politico nazionale della controrivoluzione. È sulla macchina del potere democristiano, trasformata e "rinnovata", è sul nuovo regime da essa imposto che dovrà marciare la riconversione dello Stato-nazione in anello efficiente della catena imperialista e potranno essere imposte le feroci politiche economiche e le profonde trasformazioni istituzionali in funzione apertamente repressiva richieste dai partner forti della catena: Usa, RFT. Questo regime, questo partito sono oggi la filiale nazionale, lugubremente efficiente, della più grande multinazionale del crimine che l'umanità abbia mai conosciuto. Da tempo le avanguardie comuniste hanno individuato nella DC il nemico più feroce del proletariato, la congrega più bieca di ogni manovra reazionaria. Questo oggi non basta. Bisogna stanare dai covi democristiani, variamente mascherati, gli agenti controrivoluzionari che nella "nuova" DC rappresentano il fulcro della ristrutturazione dello SIM, braccarli ovunque, non concedere loro tregua. Bisogna estendere e approfondire il processo al regime che in ogni parte le avanguardie combattenti hanno già saputo indicare con la loro pratica di combattimento. È questa una delle direttrici su cui è possibile far marciare il Movimento di Resistenza Proletario Offensivo, su cui sferrare l'attacco e disarticolare il progetto imperialista. Sia chiaro quindi che con la cattura di ALDO MORO, ed il processo al quale verrà sottoposto da un Tribunale del Popolo, non intendiamo "chiudere la partita" né tantomeno sbandierare un "simbolo", ma sviluppare una parola d'ordine su cui tutto il Movimento di Resistenza Offensivo si sta già misurando, renderlo più forte, più maturo, più incisivo e organizzato.

Intendiamo mobilitare la più vasta e unitaria iniziativa armata per l'ulteriore crescita della GUERRA DI CLASSE PER IL COMUNISMO. PORTARE L'ATTACCO ALLO STATO IMPERIALISTA DELLE MULTINAZIONALI. DISARTICOLARE LE STRUTTURE, I PROGETTI DELLA BORGHESIA IMPERIALISTA, ATTACCANDO IL PERSONALE POLITICO-ECONOMICO-MILITARE CHE NE È L'ESPRESSIONE. UNIFICARE IL MOVIMENTO RIVOLUZIONARIO, COSTRUENDO IL PARTITO COMUNISTA COMBATTENTE.

16/3/78
Per il comunismo
Brigate Rosse

Comunicato n. 2

1. - IL PROCESSO AD ALDO MORO

Lo spettacolo fornitoci dal regime in questi giorni ci porta ad una prima considerazione. Vogliamo mettere in evidenza il ruolo che nello SIM vanno ad assumere i partiti costituzionali. A nessuno è sfuggito come il quarto governo Andreotti abbia segnato il definitivo esautoramento del parlamento da ogni potere, e come le leggi speciali appena varate siano il compimento della più completa acquiescenza dei partiti del cosiddetto "arco costituzionale" alla strategia imperialista, diretta esclusivamente dalla DC e dal suo governo. Si è passati cioè dallo Stato come espressione dei partiti, ai partiti come puri strumenti dello Stato. Ad essi viene affidato il ruolo di attivizzare i loro apparati per le luride manifestazioni di sostegno alle manovre controrivoluzionarie, contrabbandandole come manifestazioni "popolari"; più in particolare al partito di Berlinguer e ai sindacati collaborazionisti spetta il compito (al quale sembra siano ormai completamente votati) di funzionare da apparato poliziesco antioperaio, da delatori, da spie del regime. La cattura di Aldo Moro, al quale tutto lo schieramento borghese riconosce il maggior merito del raggiungimento di questo obiettivo, non ha fatto altro che mettere in macroscopica evidenza questa realtà. Non solo, ma Aldo Moro viene citato (anche dopo la sua cattura!) come il naturale designato alla presidenza della Repubblica. Il perché è evidente. Nel progetto di "concentrazione" del potere, il ruolo del Capo dello Stato Imperialista diventa determinante. Istituzionalmente il Presidente accentra già in sé, tra le altre, le funzioni di capo della Magistratura e delle Forze Armate; funzioni che sino ad ora sono state espletate in maniera più che altro simbolica e a volte persino da corrotti buffoni (vedasi Leone). Ma nello SIM il Capo dello Stato (ed il suo apparato di uomini e strutture) dovrà essere il vero gestore degli organi chiave e delle funzioni che gli competono. Chi meglio di Aldo Moro potrebbe rappresentare come capo dello SIM gli interessi della borghesia imperialista? Chi meglio di lui potrebbe realizzare le modifiche istituzionali necessarie alla completa ristrutturazione dello SIM? La sua carriera però non comincia oggi: la sua presenza, a volte palese a volte strisciante, negli organi di direzione del regime è di lunga data. Vediamone le tappe principali, perché di questo dovrà rendere conto al Tribunale del Popolo.

1955 - Moro è ministro di Grazia e Giustizia nel governo Segni.

1957 - Moro è ministro della Pubblica Istruzione nel governo Zoli, retto dal Movimento Sociale Italiano.

1959-60 - Viene eletto segretario della DC. Sono gli anni del governo Tambroni, dello scontro frontale sferrato dalla borghesia contro il Movimento Operaio. La ferma resistenza operaia viene affrontata con la più dura repressione armata: nel luglio '60 si conteranno i proletari morti, massacrati dalla polizia di Scelba.

1963 - In quest'anno parte la strategia americana di recupero della frangia di "sinistra" della borghesia italiana con l'inglobamento del PSI nel governo, nel tentativo di spaccare il Movimento Operaio. È la "svolta" del centro-sinistra e Moro se ne assumerà la gestione per tutti gli anni successivi come Presidente del Consiglio.

1964 - È Presidente del Consiglio. Emergono le manovre del S1FAR, di De Lorenzo e di Segni, che a conti fatti risulterà un'abile macchinazione ricattatoria perfettamente funzionale alla politica del suo governo. Quando la sporca trama verrà completamente allo scoperto, come un vero "padrino" che si rispetti, Moro affosserà il tutto e ricompenserà con una valanga di "omissis" i suoi autori.

1965-68 - È ininterrottamente Presidente del Consiglio.

1968-72 - In tutto questo periodo è ministro degli Esteri. La pillola del centrosinistra perde sempre più la sua efficacia narcotizzante e riprende l'offensiva del Movimento Operaio con un crescendo straordinario. La risposta dell'Imperialismo è stata quella che va sotto il nome di "strategia della tensione".

1973-74 - È sempre ministro degli Esteri.

1974-78 - Assume di nuovo la Presidenza del Consiglio e nel '76 diventa Presidente della DC. È in questi anni che la borghesia imperialista supera le sue maggiori contraddizioni e procede speditamente alla realizzazione del suo progetto. È in questi anni che Moro diventa l'uomo di punta della borghesia, quale più alto fautore di tutta la ristrutturazione dello SIM. Su tutto questo ed altro ancora, è in corso l'interrogatorio ad Aldo Moro. Esso verte: a chiarire le politiche imperialiste e antiproletarie di cui la DC è portatrice; a individuare con precisione le strutture internazionali e le filiazioni nazionali della controrivoluzione imperialista; a svelare il personale politico-economico-militare sulle cui gambe cammina il progetto delle multinazionali; ad accertare le dirette responsabilità di Aldo Moro per le quali, con i criteri della GIUSTIZIA PROLETARIA, verrà giudicato.

2. - IL TERRORISMO IMPERIALISTA E L'INTERNAZIONALISMO PROLETARIO

A livello militare è la NATO che pilota e dirige i progetti continentali di controrivoluzione armata nei vari SIM europei. I nove paesi della CEE hanno creato L'ORGANIZZAZIONE COMUNE DI POLIZIA che è una vera e propria centrale internazionale del terrore. Sono i paesi più forti della catena e che hanno già collaudato le tecniche più avanzate della controrivoluzione ad assumersi il compito di trainare, istruire, dirigere le appendici militari nei paesi più deboli che non hanno ancora raggiunto i loro livelli di macabra efficienza. Si spiega così l'invasione inglese e tedesca dei super-specialisti del SAS (Special Air Service), delle BKA (Bunderskriminalamt) e dei servizi segreti israeliani. Gli specialisti americani invece non hanno avuto bisogno di scomodarsi, sono installati in pianta stabile in Italia dal 1945. ECCOLA QUI L'INTERNAZIONALE DEL TERRORISMO. Eccoli qui i boia imperialisti massacratori dei militanti dell'IRA, della RAF, del popolo Palestinese, dei guerriglieri comunisti dell'America Latina che sono corsi a dirigere i loro degni compari comandati da Cossiga. È una ulteriore dimostrazione della completa subordinazione dello SIM-Italia alle centrali imperialiste, ma è anche una visione chiara di come per le forze rivoluzionarie sia improrogabile far fronte alla necessità di calibrare la propria strategia in un'ottica europea, che tenga conto cioè che il mostro imperialista va combattuto nella sua dimensione continentale. Per questo riteniamo che una pratica effettiva dell'INTERNAZIONALISMO PROLETARIO debba cominciare oggi anche stabilendo tra le Organizzazioni Camuniste Combattenti che il proletariato europeo ha espresso un rapporto di profondo confronto politico, di fattiva solidarietà, e di concreta collaborazione. Certo, faremo ogni sforzo, opereremo con ogni mezzo perché si raggiunga fra le forze che in Europa combattono per il comunismo la più vasta integrazione politica possibile. Non dubitino gli strateghi della controrivoluzione e i loro ottusi servitorelli revisionisti vecchi e nuovi, che contro l'internazionale del terrore imperialista sapremo costruire l'unità strategica delle forze comuniste. Ciò detto va fatta una chiarificazione. Sin dalla sua nascita la nostra Organizzazione ha fatto proprio il principio maoista "contare sulle proprie forze e lottare con tenacia". Applicare questo principio, nonostante le enormi difficoltà, è stato per la nostra Organizzazione più che una scelta giusta una scelta naturale; il proletariato italiano possiede in sé un immenso potenziale di intelligenza rivoluzionaria, un patrimonio infinito di conoscenze tecniche e di capacità materiali che con il proprio lavoro ha saputo collettivamente accumulare una volontà e una disponibilità alla lotta che decenni di battaglie per la propria liberazioni ha forgiato e reso indistruttibile. Su questo poggia tutta la costruzione della nostra Organizzazione, la crescita della sua forza ha le solide fondamenta del proletariato italiano, si avvale dell'inestimabile contributo che i suoi figli migliori e le sue avanguardie danno alla costruzione del PARTITO COMUNISTA COMBATTENTE. Mentre riaffermiamo con forza le nostre posizioni sull'Internazionalismo Proletario, diciamo che la nostra Organizzazione ha imparato a combattere, ha saputo costruire ed organizzare autonomamente i livelli politico-militari adeguati ai compiti che la guerra di classe impone. Organizzare la lotta armata per il Comunismo costruire il Partito Comunista Combattente, prepararsi anche militarmente ad essere dei soldati della rivoluzione è la strada che abbiamo scelto, ed è questo che ha reso possibile alla nostra Organizzazione di condurre nella più completa autonomia la battaglia per la cattura ed il processo ad Aldo Moro. Intensificare con l'attacco armato il processo al regime, disarticolare i centri della controrivoluzione imperialista. Costruire l'unità del movimento rivoluzionario nel Partito Combattente. Onore ai compagni Lorenzo Jannucci e Fausto Tinelli assassinati dai sicari del regime.

25/3/1978
Per il Comunismo
Brigate Rosse

Comunicato n. 3

L'interrogatorio, sui contenuti del quale abbiamo già detto, prosegue con la completa collaborazione del prigioniero. Le risposte che fornisce chiariscono sempre più le linee controrivoluzionarie che le centrali imperialiste stanno attuando; delineano con chiarezza i contorni e il corpo del "nuovo" regime che, nella ristrutturazione dello Stato Imperialista delle Multinazionali si sta instaurando nel nostro paese e che ha come perno la Democrazia Cristiana. Proprio sul ruolo che le centrali imperialiste hanno assegnato alla DC, sulle strutture e gli uomini che gestiscono il progetto controrivoluzionario sulla loro interdipendenza e subordinazione agli organismi imperialisti internazionali, sui finanziamenti occulti. sui piani economici-politici-militari da attuare in Italia il prigioniero Aldo Moro ha cominciato a fornire le sue "illuminanti" risposte. Le informazioni che abbiamo così modo di recepire, una volta verificate verranno rese note al movimento rivoluzionario che saprà farne buon uso nel prosieguo del processo al regime che con l'iniziativa delle forze combattenti si è aperto in tutto il paese. Perché proprio di questo si tratta. La cattura e il processo ad Aldo Moro non è che un momento, importante e chiarificatore, della Guerra di Classe Rivoluzionaria che le forze comuniste armate hanno assunto come linea per la costruzione di una società comunista, e che indica come obbiettivo primario l'attacco allo stato imperialista e la liquidazione dell'immondo e corrotto regime democristiano. Aldo Moro, che oggi deve rispondere davanti ad un Tribunale del Popolo, è perfettamente consapevole di essere il più alto gerarca di questo regime, di essere il responsabile al più alto livello delle politiche antiproletarie che l'egemonia imperialista ha imposto nel nostro paese, della repressione delle forze produttive, delle condizioni di sfruttamento dei lavoratori, dell'emarginazione e miseria di intere fasce di proletariato, della disoccupazione, della controrivoluzione armata scatenata dalla DC; e sa che su tutto questo il proletariato non ha dubbi, che si è chiarito le idee guardando lui e il suo partito nei trent'anni in cui è al potere, e che il tribunale del Popolo saprà tenerlo in debito conto. Ma Moro è anche consapevole di non essere il solo, di essere, appunto, il più alto esponente del regime; chiama quindi gli altri gerarchi a dividere con lui le responsabilità, e rivolge agli stessi un appello che suona come un'esplicita chiamata di "correità". Ha chiesto di scrivere una lettera segreta (le manovre occulte sono la normalità per la mafia democristiana) al governo ed in particolare al capo degli sbirri Cossiga. Gli è stato concesso, ma siccome niente deve essere nascosto al popolo ed è questo il nostro costume la rendiamo pubblica. Compagni, in questa fase storica, a questo punto della crisi la pratica della violenza rivoluzionaria è l'unica politica che abbia la possibilità reale di affrontare e risolvere la contraddizione antagonistica che oppone proletariato metropolitano e borghesia imperialista. In questa fase la lotta di classe assume per iniziativa delle Avanguardie rivoluzionarie la forma della Guerra. Proprio questo impedisce al nemico di "normalizzare la situazione" e cioè di riportare una vittoria tattica sul movimento di lotta degli ultimi dieci anni, e sui bisogni, le aspettative, le speranze che essa ha generato. Certo siamo noi a volere la guerra! Siamo anche consapevoli del fatto che la pratica della violenza rivoluzionaria spinge il nemico ad affrontarla, lo costringe a muoversi, a vivere sul terreno della guerra anzi ci proponiamo di fare emergere, di stanare la controrivoluzione imperialista dalle pieghe della società "democratica" dove in tempi migliori se ne stava comodamente nascosta Ma detto questo, è necessario fare chiarezza su un punto: non siamo noi a "creare" la controrivoluzione. Essa è la forma stessa che assume l'imperialismo nel suo divenire: non è un "aspetto ma la sostanza", l'imperialismo è controrivoluzione. Fare emergere attraverso la pratica della Guerriglia questa fondamentale verità è il presupposto necessario della guerra di classe nelle metropoli. In questi ultimi anni abbiamo visto snodarsi i piani della controrivoluzione; abbiamo visto le maggiori città italiane poste in stato d'assedio, lo scatenarsi dei "corpi speciali" e degli apparati militari del regime contro il proletariato e la sua avanguardia; abbiamo visto le leggi speciali, i Tribunali Speciali, i campi di concentramento abbiamo visto l'attacco feroce alla classe operaia e alle sue condizioni di vita, l'opera di sabotaggio e repressione delle lotte dei berlingueriani e l'infame compito che si sono assunti per la delazione, lo spionaggio, la schedatura poliziesca nelle fabbriche. Ma abbiamo visto anche dispiegarsi il Movimento di Resistenza Proletario Offensivo (MRPO). L'iniziativa proletaria non si è fermata, anzi si è estesa ed ha assunto i contenuti e le forme della Guerra di Classe Rivoluzionaria. L'interesse del proletariato, l'antagonismo degli sfruttati verso il loro oppressore, i bisogni e la volontà di lottare per il Comunismo, vivono oggi nella capacita' dimostrata del MRPO di sferrare l'attacco armato contro il nemico imperialista. Questo bisogna fare oggi. Estendere l'iniziativa armata contro centri economici-politici-militari della controrivoluzione, concentrare l'attacco sulle strutture e gli uomini che ne sono i fondamentali portatori, disarticolare a tutti i livelli i piani delle multinazionali imperialiste. È fondamentale pure realizzare quei salti politici e organizzativi che la guerra di classe impone, costruire la direzione del MRPO, assumersi la responsabilità di guidarlo, costruire in sostanza il Partito Comunista Combattente. Solo così è possibile avviarsi verso la vittoria strategica del proletariato. La violenza e il terrorismo dello Stato Imperialista delle Multinazionali che si abbattono quotidianamente sul proletariato dimostrano che la belva imperialista possiede sì artigli d'acciaio, ma dicono anche che è possibile colpirla a morte, che è possibile annientarla strategicamente. Come pure non incantano nessuno gli isterismi piagnucolosi di chi, intrappolato nella visione legalistica e piccolo borghese della lotta di classe, si è già arreso ed ha accettato la sconfitta finendo inesorabilmente ad essere grottesco reggicoda di ogni manovra reazionaria. Il MRPO è ben altra cosa e il dispiegarsi della guerra di classe Rivoluzionaria lo sta dimostrando. Portare l'attacco allo Stato Imperialista delle Multinazionali. Estendere e intensificare l'iniziativa armata contro i centri e gli uomini della controrivoluzione imperialista. Unificare il Movimento Rivoluzionario, costruendo il Partito Comunista Combattente.

29/3/1978
Per il Comunismo
Brigate Rosse

Comunicato n. 4

IL PROCESSO A MORO

Moro afferma nelle sue lettere che si trova in una situazione "eccezionale" privo della "consolazione" dei suoi compari, e perfettamente consapevole di cosa lo aspetti. In questo una volta tanto siamo d'accordo con lui. Che uno dei più alti dirigenti della DC si trovi sottoposto ad un processo popolare, che debba rispondere ad un Tribunale del Popolo di trent'anni di regime democristiano, che il giudizio popolare nella sua prevedibile durezza avrà certamente il suo corso, è una situazione che fino ad ora è stata "eccezionale". Ma le cose stanno cambiando. L'attacco sferrato negli ultimi tempi dal Movimento Proletario, la Resistenza Offensiva contro le articolazioni del potere democristiano, contro le strutture e gli uomini della controrivoluzione imperialista, stanno modificando radicalmente questa situazione. Si sta attuando in tutto il paese, con l'iniziativa delle avanguardie combattenti, il PROCESSO AL REGIME che pone sotto accusa i servi degli interessi delle Multinazionali, che smaschera i loro piani antiproletari, che è rivolto a distruggere la macchina dell'oppressione imperialista, lo Stato Imperialista delle Multinazionali. Il processo al quale è sottoposto Moro è un momento di tutto questo. Deve essere chiaro quindi che il Tribunale del Popolo non avrà né dubbi né incertezze, quanto meno secondi o "segreti" fini ma saprà giudicare Moro per quanto lui e la DC hanno fatto e stanno facendo contro il movimento proletario. La manovra messa in atto dalla stampa di regime, attribuendo alla nostra Organizzazione quanto Moro ha scritto di suo pugno nella lettera a Cossiga, è stata subdola quanto maldestra. Lo scritto rivela invece, con una chiarezza che sembra non gradita alla cosca democristiana, il suo punto di vista e non il nostro. Egli si rivolge agli altri democristiani (nella seconda lettera che ha chiesto di scrivere a Zaccagnini e che noi recapitiamo e rendiamo pubblica, li chiama tutti per nome), li invita ad assumersi le loro responsabilità presenti e passate (le responsabilità che essi dovranno assumersi di fronte al Movimento Rivoluzionario, e che nel corso dell'interrogatorio il prigioniero sta chiarendo, sono ben altre da quelle accennate da Moro nella sua lettera), li invita a considerare la sua posizione di prigioniero politico in relazione a quella dei combattenti comunisti prigionieri nelle carceri di regime. Questa è la sua posizione che, se non manca di realismo politico nel vedere le contraddizioni di classe oggi in Italia, è utile chiarire che non è la nostra. Abbiamo più volte affermato che uno dei punti fondamentali del programma della nostra Organizzazione è la liberazione di tutti i prigionieri comunisti e la distruzione dei campi di concentramento e dei lager di regime. Che su questa linea di combattimento il movimento rivoluzionano abbia già saputo misurarsi vittoriosamente è dimostrato dalla riconquistata libertà dei compagni sequestrati nei carceri di Casale, Treviso, Forlì, Pozzuoli, Lecce ecc. Certo perseguiremo ogni strada che porti alla liberazione dei comunisti tenuti in ostaggio dallo Stato Imperialista, ma denunciamo come manovre propagandistiche e strumentali i tentativi del regime di far credere nostro ciò che invece cerca di imporre: trattative segrete, misteriosi intermediari, mascheramento dei fatti. Per quel che ci riguarda il processo ad Aldo Moro andrà regolarmente avanti, e non saranno le mistificazioni degli specialisti della controguerriglia-psicologica che potranno modificare il giudizio che verrà emesso. Compagni, il proletariato metropolitano non ha alternative. Per uscire dalla crisi deve porsi a risolvere la questione centrale del potere. USCIRE DALLA CRISI VUOL DIRE COMUNISMO! Vuol dire: ricomposizione del lavoro manuale ed intellettuale organizzazione della produzione in funzione dei bisogni del popolo del "valore d'uso" e non più del "valore di scambio" vale a dire dei profitti di un pugno di capitalisti e di multinazionali. Tutto questo oggi è storicamente possibile. Necessario e possibile! È possibile utilizzare l'enorme sviluppo raggiunto dalle forze produttive per liberare finalmente l'uomo dallo sfruttamento bestiale, dal lavoro salariato, dalla miseria, dalla degradazione sociale in cui lo inchioda l'imperialismo. È possibile stravolgere la crisi imperialista in rottura rivoluzionaria e questa ultima in punto di partenza di una società che costruisce ed è costruita da UOMINI SOCIALI mettendo al SUO centro l'espansione e la soddisfazione crescente dei molteplici bisogni di ciascuno e di tutti. L'Imperialismo delle Multinazionali è l'Imperialismo che sta percorrendo fino in fondo. ormai senza illusioni, la fase storica del suo declino, della sua putrefazione. Non ha più nulla da proporre, da offrire, neppure in termini di ideologia. La mobilitazione reazionaria delle masse in difesa di se stesso, che sta alla base della sua affannosa ricerca di consenso, non può appoggiarsi in questa fase su alcuna base economica. La controrivoluzione preventiva come soluzione per ristabilire "la governabilità delle democrazie occidentali" si smaschera ora come fine a sé. LA FORZA è LA SUA UNICA RAGIONE! La congiuntura attuale è caratterizzata dal passaggio dalla fase della "pace armata" a quella della "guerra". Questo passaggio viene manifestandosi come un processo estremamente contraddittorio che contemporaneamente si identifica con la ristrutturazione dello Stato in Stato Imperialista delle Multinazionali. Si tratta quindi di una congiuntura estremamente importante la cui durata e specificità dipendono dal rapporto che si stabilisce tra rivoluzione e controrivoluzione: non è comunque un processo pacifico ma, nel suo divenire, assume progressivamente la forma della GUERRA. Per trasformare il processo di guerra civile strisciante, ancora disperso e disorganizzato, in una offensiva generale, diretta da un disegno unitario è necessario sviluppare e unificare il MOVIMENTO DI RESISTENZA PROLETARIO OFFENSIVO, costruendo il PARTITO COMUNISTA COMBATTENTE. Movimento e Partito non vanno però confusi. Tra essi opera una relazione dialettica, ma non un rapporto di identità. Ciò vuol dire che è dalla classe che provengono le spinte, gli impulsi, le indicazioni, gli stimoli, i bisogni che l'avanguardia comunista deve raccogliere, centralizzare, sintetizzare, rendere TEORIA e ORGANIZZAZIONE STABILE e infine, riportare nella classe sotto forma di linea strategica di combattimento, programma, strutture di massa del potere proletario. Agire da Partito vuol dire collocare la propria iniziativa politico-militare all'interno e al punto più alto dell'offensiva proletaria, cioè sulla contraddizione principale e sul suo aspetto dominante in ciascuna congiuntura, ed essere così, di fatto, il punto di unificazione del MRPO, la sua prospettiva di potere. Agire da Partito vuol dire anche dare all'iniziativa armata un duplice carattere: essa deve essere rivolta a disarticolare e a rendere disfunzionale la macchina dello Stato, e nello stesso tempo deve anche proiettarsi nel movimento di massa, essere di indicazione politico-militare per orientare, mobilitare, dirigere ed organizzare il MRPO verso la GUERRA CIVILE ANTIMPERIALISTA. Questo ruolo di disarticolazione, di propaganda e di organizzazione, va svolto a tutti i livelli dell'oppressione statale capitalista e a tutti i livelli della composizione di classe. Non esistono quindi livelli di scontro "più alti" o "più bassi". Esistono invece, livelli di scontro che incidono ed intaccano il progetto imperialista, ed organizzano strategicamente il proletariato oppure no. Organizzare il potere proletario oggi, significa individuare le linee strategiche su cui fare marciare lo scontro rivoluzionario, ed articolare ovunque a partire da questa, l'attacco armato contro i centri fondamentali politici, economici, militari dello Stato Imperialista. Organizzare il potere proletario oggi significa organizzare strategicamente la nuova situazione. Non bisogna spaventarsi di fronte alla ferocia del nemico e sopravvalutarne la forza e l'efficacia dei suoi strumenti di annientamento. SI PUO' E SI DEVE VIVERE CLANDESTINAMENTE IN MEZZO AL POPOLO, perché questa è la condizione di esistenza e di sviluppo della guerra di classe rivoluzionaria nello Stato Imperialista. In questo senso parliamo di "contenuto strategico della clandestinità", di "strumento indispensabile della lotta rivoluzionaria in questa fase" e nello stesso tempo mettiamo in guardia contro ogni altra interpretazione "difensiva" o "mitica" che sia. Nelle fabbriche, nei quartieri, nelle scuole, nelle carceri e ovunque si manifesti l'oppressione imperialista, ORGANIZZARE IL POTERE PROLETARIO significa:

portare l'attacco alle determinazioni specifiche dello Stato Imperialista e nel contempo costruire l'unità del proletariato metropolitano nel MRPO e l'unità dei comunisti nel PARTITO COMUNISTA COMBATTENTE. PORTARE L'ATTACCO ALLO STATO IMPERIALISTA DELLE MULTINAZIONALI. ESTENDERE E INTENSIFICARE L'INIZIATIVA ARMATA CONTRO I CENTRI E GLI UOMINI DELLA CONTRORIVOLUZIONE IMPERIALISTA. UNIFICARE IL MOVIMENTO RIVOLUZIONARIO COSTRUENDO IL PARTITO COMUNISTA COMBATTENTE.

4/4/1978
Per il Comunismo
Brigate Rosse

Comunicato n. 5

L'interrogatorio del prigioniero prosegue e, come abbiamo già detto, ci aiuta validamente a chiarire le linee antiproletarie, le trame sanguinarie e terroristiche che si sono dipanate nel nostro Paese (che Moro ha sempre coperto), ad individuare con esattezza le responsabilità dei vari boss democristiani, le loro complicità, i loro protettori internazionali, gli equilibri di potere che sono stati alla base di trent'anni di regime DC, e quelli che dovranno stare a sostegno della ristrutturazione dello SIM. L'informazione e la memoria di Aldo Moro non fanno certo difetto ora che deve rispondere davanti a un tribunale del popolo. Mentre confermiamo che tutto verrà reso noto al popolo e al movimento rivoluzionario che saprà utilizzarlo opportunamente, anticipiamo tra le dichiarazioni che il prigioniero Moro sta facendo, quella imparziale ed incompleta, che riguarda il teppista di Stato Emilio Taviani. Non vogliamo fare nessun commento a ciò che Moro scrive perché, pur nel contorto linguaggio moroteo che quando afferma delle certezze assume la forma di "velate allusioni", esprime con chiarezza il suo punto di vista su ciò che riguarda Taviani, i suoi giochi di potere nella DC, e le trame in cui è implicato. Ma anche la nostra memoria non fa difetto, ricordiamo il teppista Taviani e la sua cricca genovese con in testa il "fu" Coco, Sossi, Castellano, Catalano, montare pezzo per pezzo il processo di regime contro il gruppo rivoluzionario XXII Ottobre, distribuire ai comunisti combattenti secoli di galera che nella sua ottusità controrivoluzionaria avrebbe dovuto essere una tremenda lezione per il proletariato genovese, togliergli ogni speranza e possibilità di lottare per il Comunismo. Le cose non sono andate così e questo pupazzo manovrato, finanziato, protetto da vari padroni americani sappia che ogni cosa ha un prezzo e che prima o poi anche a lui toccherà pagarlo. Nonostante quanto già abbiamo detto nei precedenti comunicati, gli organi di stampa del regime continuano la loro campagna di mistificazione, volendo far credere l'esistenza di "trattative segrete" o di misteriosi "patteggiamenti"; riteniamo necessario ribadire che questo è ciò che vorrebbe il REGIME, mentre la posizione della nostra Organizzazione è sempre stata e rimane: NESSUNA TRATTATIVA SEGRETA. NIENTE DEVE ESSERE NASCOSTO AL POPOLO! Compagni, lo SIM, incapace di dare una risposta politica al processo contro il regime in atto nel Paese da parte delle forze rivoluzionarie, ha risposto con l'unica arma che gli rimaneva: la forza bruta del suo apparato militare. Con la collaborazione attiva dei berlingueriani, ha dichiarato la guerra controrivoluzionaria a tutto il proletariato metropolitano. L'attacco che lo Stato ha sferrato nelle ultime settimane con perquisizioni, fermi e arresti indiscriminati, tende infatti a colpire non più solo le avanguardie che praticano la lotta armata, ma l'intero movimento di classe. Nonostante questo attacco repressivo, al quale dobbiamo aggiungere l'opera sempre più scoperta di polizia antiproletaria, delatori e spie del regime da parte dei revisionisti del PCI, è cresciuta nelle fabbriche l'opposizione operaia allo SIM e alla politica collaborazionista dei berlingueriani e, nel contempo, è continuata l'iniziativa del MRPO e delle Organizzazioni rivoluzionarie contro i covi e gli uomini della DC, della Confindustria, dell'apparato militare, approfondendo e dando risalto al processo contro il regime. Per questo oggi più che mai, non bisogna spaventarsi dalla ferocia repressiva dello Stato e tanto meno fermarsi a contemplare i successi dell'iniziativa rivoluzionaria, ma bisogna mobilitarsi, a estendere e approfondire l'iniziativa armata contro i centri politici, economici, militari dello SIM, concentrare l'attacco sulle strutture e gli uomini che ne sono i fondamentali portatori, disarticolare a tutti i livelli. i progetti delle multinazionali imperialiste. Ma se è necessario sviluppare l'iniziativa armata, è altresì fondamentale ORGANIZZARSI! E fondamentale realizzare quei salti politici e organizzativi che la guerra di classe impone costruire la direzione del MRPO, assumersi la responsabilità di guidarlo, costruire in sostanza il PARTITO COMUNISTA COMBATTENTE. PORTARE L'ATTACCO ALLO STATO IMPERIALISTA DELLE MULTINAZIONALI. ESTENDERE ED INTENSIFICARE L'INIZIATIVA ARMATA CONTRO I CENTRI E GLI UOMINI DELLA CONTRORIVOLUZIONE IMPERIALISTA. UNIFICARE IL MOVIMENTO RIVOLUZIONARIO, COSTRUENDO IL PARTITO COMUNISTA COMBATTENTE.

Per il comunismo
Brigate Rosse

Comunicato n. 6

L'interrogatorio al prigioniero Aldo Moro è terminato. Rivedere trenta anni di regime democristiano, ripercorrere passo passo le vicende che hanno scandito lo svolgersi della controrivoluzione imperialista nel nostro paese, riesaminare i vari momenti delle trame di potere, da quelle "pacifiche" a quelle più sanguinarie, con cui la borghesia ha tessuto la sua offensiva contro il movimento proletario, individuare attraverso le risposte di Moro le specifiche responsabilità della DC, di ciascuno dei suoi boss, nell'attuazione dei piani voluti dalla borghesia imperialista e dei cui interessi la DC è sempre stata massima interprete, non ha fatto altro che confermare delle verità e delle certezze che non da oggi sono nella coscienza di tutti i proletari. Non ci sono segreti che riguardano la DC, il suo ruolo di cane da guardia della borghesia, il suo compito di pilastro dello Stato delle Multinazionali, che siano sconosciuti al proletariato. Il perché è molto semplice. I proletari, gli operai, tutti gli sfruttati conoscono bene che cosa significa il regime democristiano, perché l'hanno vissuto e lo vivono sulla loro pelle; contro il potere della borghesia hanno sempre opposto la più strenua resistenza, hanno lottato e combattuto contro la schiavitù del lavoro salariato, per la liberazione delle infinite energie che un pugno di padroni e di multinazionali ha continuamente saccheggiato e rapinato, contro uno Stato che è sempre servito a perpetuare il dominio della classe più feroce che la storia abbia mai prodotto: la borghesia imperialista. Quali misteri ci possono essere del regime DC da De Gasperi a Moro che i proletari non abbiano già conosciuto e pagato con il loro sangue? "Centrismo", "centro-sinistra", "strategia della tensione", "governo delle astensioni", ecc. sono i termini con cui la DC e i suoi complici si sono incaricati di mantenere sotto il giogo imperialista il nostro paese, di costringere il proletariato alle ferree condizioni di sfruttamento che la borghesia vorrebbe perpetuare in eterno, di condannare all'emarginazione e alla miseria quelle parti di proletariato che l'interesse del capitale multinazionale non ritiene "conveniente utilizzare", di scatenare il terrore e i massacri dei sicari fascisti e di Stato ogni qual volta la lotta proletaria ha messo in discussione il loro potere. Ed oggi che tutto il sistema di dominio dell'imperialismo sta attraversando l'ultimo atto di una crisi mortale, che cosa hanno da offrire la DC, la borghesia e il suo Stato? Ancora sfruttamento, ancora disoccupazione, ancora emarginazione, ancora il genocidio politico delle avanguardie comuniste con cui vorrebbe annientare l'esigenza del proletariato di lottare per una società diversa senza più sfruttati e sfruttatori, per una società comunista. L'essenza dello Stato Imperialista, di cui la DC come sempre si è fatta massima rappresentante, è oggi sotto i nostri occhi in tutta la sua evidenza, senza il mistificante velo di una "democrazia" formale di cui si era ammantata: rastrellamenti e arresti in massa, stato d'assedio, leggi speciali, tribunali speciali, campi di concentramento. Stendere una cappa di terrore controrivoluzionario sull'intera società è l'unico sistema con cui questo Stato, questo regime DC sorretto dall'infame complicità dei partiti cosiddetti di "sinistra" vorrebbe soffocare ed allontanare lo spettro di un giudizio storico che il proletariato ha già decretato. Non ci sono quindi "clamorose rivelazioni" da fare, ma nostro compito e quello di tutti i rivoluzionari è di organizzare il proletariato, di costruire la forza che eseguirà in modo definitivo la condanna della borghesia e dei suoi servi. Certo, l'interrogatorio ad Aldo Moro ha rivelato le turpi complicità del regime, ha additato con fatti e nomi i veri e nascosti responsabili delle pagine più sanguinose della storia degli ultimi anni, ha messo a nudo gli intrighi di potere, le omertà che hanno coperto gli assassini di Stato, ha indicato l'intreccio degli interessi personali, delle corruzioni, delle clientele che lega in modo indissolubile i vari personaggi della putrida cosca democristiana e questi, (nessuno si stupirà), agli altri dei partiti loro complici. Gli scandali, le corruttele, le complicità dei boss democristiani, se li rendono ancora più odiosi, non sono però l'aspetto principale; fanno parte certamente della logica con cui questo putrido partito ha sempre governato, ma quello che conta è la funzione controrivoluzionaria della DC, il suo "servizio" agli ordini delle multinazionali, la sua trentennale opera antiproletaria. Comunque, come abbiamo già detto, tutto sarà reso noto al popolo, e a questo punto facciamo una scelta. La stampa di regime è sempre al servizio del nemico di classe; la menzogna, la mistificazione sono per essa la regola, ed in questi giorni ne ha dato una prova superlativa, il suo compito quello di "utilizzare" l'informazione come arma contro il proletariato, e le organizzazioni rivoluzionarie. Le informazioni in nostro possesso quindi, verranno diffuse attraverso la stampa e i mezzi di divulgazione clandestini delle Organizzazioni Combattenti, e soprattutto verranno utilizzate per proseguire con altre battaglie il processo al regime ed allo Stato. Per quel che ci riguarda il processo ad Aldo Moro finisce qui. Processare Aldo Moro non è stato che una tappa, un momento del più vasto processo allo Stato ed al regime che è in atto nel paese e che si chiama: GUERRA DI CLASSE PER IL COMUNISMO. Le responsabilità di Aldo Moro sono le stesse per cui questo Stato è sotto processo. La sua colpevolezza è la stessa per cui la DC ed il suo regime saranno definitivamente battuti, liquidati e dispersi dalle iniziative delle forze comuniste combattenti. Non ci sono dubbi. ALDO MORO è COLPEVOLE E VIENE PERTANTO CONDANNATO A MORTE. ESTENDERE ED INTENSIFICARE IL PROCESSO AL REGIME E L'ATTACCO ALLO STATO IMPERIALISTA DELLE MULTINAZIONALI. CREARE, ORGANIZZARE OVUNQUE IL POTERE PROLETARIO ARMATO. RIUNIFICARE IL MOVIMENTO RIVOLUZIONARIO COSTRUENDO IL PARTITO COMUNISTA COMBATTENTE.

Per il comunismo
Brigate Rosse

Comunicato n. 7 (falso)

IL PROCESSO AD ALDO MORO

Oggi 18 aprile 1978, si conclude il periodo "dittatoriale" della DC che per ben trent'anni ha tristemente dominato con la logica del sopruso. In concomitanza con questa data comunichiamo l'avvenuta esecuzione del presidente della DC Aldo Moro, mediante "suicidio". Consentiamo il recupero della salma, fornendo l'esatto luogo ove egli giace. La salma di Aldo Moro è immersa nei fondali limacciosi (ecco perché si dichiarava impantanato) del lago Duchessa, alt. mt. 1800 circa località Cartore (RI), zona confinante tra Abruzzo e Lazio. È soltanto l'inizio di una lunga serie di "suicidi": il "suicidio" non deve essere soltanto una "prerogativa" del gruppo Baader Meinhof. Inizino a tremare per le loro malefatte i vari Cossiga, Andreotti, Taviani e tutti coloro i quali sostengono il regime.

P.S. - Rammentiamo ai vari Sossi, Barbaro, Corsi, ecc. che sono sempre sottoposti a libertà "vigilata".

18/4/1978
Per il Comunismo
Brigate Rosse

Comunicato n. 7 (vero)

È passato più di un mese dalla cattura di Aldo Moro, un mese nel quale Aldo Moro è stato processato così come è sotto processo tutta la DC e i suoi complici; Aldo Moro è stato condannato, così come è stata condannata la classe politica che ha governato per trent'anni il nostro Paese, con le infamie, con il servilismo alle centrali imperialiste, con la ferocia antiproletaria. La condanna di Aldo Moro verrà eseguita, così come il Movimento Rivoluzionario s'incaricherà di eseguire quella storica e definitiva contro questo immondo partito e la borghesia che rappresenta. Detto questo occorre fare chiarezza su alcuni punti.

1 - In questo mese abbiamo avuto modo di vedere una volta di più la DC e il suo vero volto è quello cinico e orrendo dell'ottusa violenza controrivoluzionaria. Ma abbiamo visto anche fino a che punto arriva la sua viltà. Ancora una volta la DC, come ha fatto per trent'anni, ha cercato di scaricare le proprie responsabilità, di confondere con l'aiuto dei suoi complici la realtà di uno Stato Imperialista che si appresta ad annientare il movimento rivoluzionario, che si appresta al genocidio politico e fisico delle avanguardie comuniste. In Italia, come d'altronde nel resto dell'Europa "democratica" esistono dei condannati a morte: sono i militanti combattenti comunisti. Le leggi speciali, i tribunali speciali, i campi di concentramento sono la mostruosa macchina che dovrebbe stritolare nei suoi meccanismi chi combatte per il comunismo. Gli specialisti della tortura, dell'annientamento politico, psicologico e fisico, ci hanno spiegato sulle pagine dei giornali nei minimi dettagli (l'hanno detto, mentendo con la consueta spudoratezza, a proposito del "trattamento" subito da Aldo Moro, che invece è stato trattato scrupolosamente come un prigioniero politico e con i diritti che tale qualifica gli conferisce; niente di più ma anche niente di meno), quali effetti devastanti e inumani producano lo snaturare l'identità politica dell'individuo,

l'isolamento prolungato, le raffinate ed incruente sevizie psicologiche, i sadici pestaggi ai quali sono sottoposti i prigionieri comunisti. E dovrebbe esserlo per secoli, tanti quanti ne distribuiscono con abbondanza i tribunali speciali. E quando questo non basta c'è sempre un medico compiacente, un sadico carceriere che si possono incaricare di saldare la partita. Questo è il genocidio politico che da tempo e per i prossimi anni la DC e i suoi complici si apprestano a perpetrare. Noi sapremo lottare e combattere perché tutto ciò finisca, e non rivolgiamo nessun appello che non sia quello del Movimento Rivoluzionario di combattere per la distruzione di questo Stato, per la distruzione dei campi di concentramento, per la libertà di tutti i comunisti imprigionati. L'appello "umanítario" lo lancia invece la DC. E qui siamo nella più grottesca spudoratezza. A quale "umanità" si possono mai appellare i vari Andreotti Fanfani, Leone, Cossiga, Piccoli, Rumor e compari? Ma ora è arrivato il tempo in cui la DC non può più scaricare le proprie responsabilità politiche, può sceglersi i complici che vuole, ma sotto processo prima di tutto c'è questo immondo partito, questa lurida organizzazione del potere dello Stato. Per quanto riguarda Aldo Moro ripetiamo - la DC può far finta di non capire ma non riuscirà a cambiare le cose - che è un prigioniero politico condannato a morte perché responsabile in massimo grado di trent'anni di potere democristiano di gestione dello Stato e di tutto quello che ha significato per i proletari. Il problema al quale la DC deve rispondere è politico e non di umanità; umanità che non possiede e che non può costituire la facciata dietro la quale nascondersi, e che, reclamata dai suoi boss, suona come un insulto. Nei campi di concentramento dello Stato imperialista ci sono centinaia di prigionieri comunisti, condannati alla "morte lenta" di secoli di prigionia. Noi lottiamo per la libertà del proletariato, e parte essenziale del nostro programma politico è la libertà per tutti i prigionieri comunisti. Il rilascio del prigioniero Aldo Moro può essere preso in considerazione solo in relazione della LIBERAZIONE DI PRIGIONIERI COMUNISTI. La DC dia una risposta chiara e definitiva se intende percorrere questa strada; deve essere chiaro che non c'è ne sono altre possibili. La DC e il suo governo hanno 48 ore di tempo per farlo a partire dalle ore 15 del 20 aprile; trascorso questo tempo ed in caso di un ennesima viltà della DC noi risponderemo solo al proletariato ed al Movimento Rivoluzionario, assumendoci la responsabilità dell'esecuzione della sentenza emessa dal Tribunale del Popolo.

2 - Il comunicato falso del 18 aprile.

È incominciata con questa lugubre mossa degli specialisti della guerra psicologica, la preparazione del "grande spettacolo" che il regime si appresta a dare, per stravolgere le coscienze, mistificare i fatti, organizzare intorno a sé il consenso. I mass-media possono certo sbandierare, ne hanno i mezzi, ciò che in realtà non esiste; possono cioè montare a loro piacimento un sostegno ed una solidarietà alla DC, che nella coscienza popolare invece è solo avversione, ripugnanza per un partito putrido ed uno Stato che il proletariato ha conosciuto in questi trent'anni e nei confronti dei quali, nonostante la mastodontica propaganda del regime, ha già emesso un verdetto che non è possibile modificare. C'è un altro aspetto di questa macabra messa in scena che tutti si guardano bene dal mettere in luce, ed è il calcolo politico e l'interesse personale dei vari boss DC. Come sempre è accaduto per la DC, i giochi di potere sono un elemento ineliminabile della sua corruzione, del suo modo di gestire lo Stato. Sono un elemento secondario ma molto concreto, e ci illuminano ancora di più di quale "umanità" è pervasa la cosca democristiana. Aldo Moro che rinchiuso nel carcere del popolo ormai ne è fuori, ce li indica senza reticenze, e nel caso che lo riguarda vede come in particolare il suo compare Andreotti cercherà con ogni mezzo di trasformarlo in un "buon affare" (così lo definisce Moro), come ha sempre fatto in tutta la sua carriera e che ha avuto il suo massimo fulgore con le trame iniziate con la strage di piazza Fontana, con l'uso oculato e molto personale dei servizi segreti che vi erano implicati. Andreotti ha già le mani abbondantemente sporche di sangue, e non ci sono dubbi che la sceneggiata recitata dai vari burattini di Stato ha la sua sapiente regia. La statura morale dei democristiani è nota a tutti, rilevarla può solo renderceli più odiosi, e rafforzare il proposito dei rivoluzionari di distruggere il loro putrido potere. Di tutto dovranno rendere conto e mentre denunciamo, come falso e provocatorio il comunicato del 18 aprile attribuito alla nostra Organizzazione, ne indichiamo gli autori: Andreotti e i suoi complici.

LIBERTA' PER TUTTI I COMUNISTI IMPRIGIONATI ! CREARE ORGANIZZARE OVUNQUE IL POTERE PROLETARIO ARMATO! RIUNIFICARE IL MOVIMENTO RIVOLUZIONARIO, COSTRUENDO IL PARTITO COMUNISTA COMBATTENTE!

20/4/1978
Per il Comunismo
Brigate Rosse

Comunicato n. 8

LA RISPOSTA DELLA Democrazia Cristiana

Alle nostre richieste del comunicato n. 7 la DC ha risposto con un comunicato di due frasi. Di questo comunicato si può dire tutto tranne che è "chiaro" e "definitivo". Nella prima frase la DC afferma la sua "indefettibile fedeltà allo Stato, alle sue istituzioni, alle sue leggi". Che di questo Stato della borghesia imperialista la DC è il pilastro fondamentale non è una novità; le leggi dello Stato imperialista la DC non solo le rispetta ma, scegliendosi di volta in volta i complici, le leggi le fa, le impone, e le applica sulla pelle del proletariato. Basta ricordare l'ultimo pacchetto di leggi speciali varate con un decreto del governo Andreotti con cui si sancisce il diritto delle varie polizie del regime di perquisire, arrestare, torturare, chiunque e dovunque, senza alcun limite alla propria ferocia. Per fare queste leggi la DC e il suo Governo hanno impiegato poco più di un quarto d'ora e i loro complici le hanno felicemente approvate. Quindi, la prima frase del comunicato della DC non dice con chiarezza assolutamente nulla rispetto alla nostra richiesta dello scambio di prigionieri politici. Da parte nostra riaffermiamo che Aldo Moro è un prigioniero politico e che il suo rilascio è possibile solo se si concede la libertà ai prigionieri comunisti tenuti in ostaggio nelle carceri del regime. La DC e il suo Governo hanno la possibilità di ottenere la sospensione della sentenza del Tribunale del Popolo, e di ottenere il rilascio di Aldo Moro: diano la libertà ai comunisti che la barbarie dello Stato imperialista ha condannato a morte, la "morte lenta" dei campi di concentramento. Nessun equivoco è più possibile, ed ogni tentativo della DC e del suo Governo di eludere il problema con ambigui comunicati e sporche e dilatorie manovre, sarà interpretato come il segno della loro viltà e della loro scelta (questa volta chiara e definitiva) di non voler dare alla questione dei prigionieri politici l'unica soluzione possibile. Da più parti ci viene chiesto di precisare in concreto quali sono i prigionieri comunisti a cui la DC e il suo Governo devono dare la libertà. Innanzi tutto nelle carceri, nei lager di regime sono rinchiusi a centinaia dei proletari comunisti l'avanguardia del movimento proletario che lotta e combatte per una società comunista. Tra questi ci sono dei condannati alla "morte lenta": sono quei compagni che nel seno della lotta proletaria hanno imbracciato il fucile, hanno scelto di porsi alla testa del movimento rivoluzionario e di costruire l'organizzazione strategica per la vittoria della rivoluzione comunista e l'instaurazione del potere proletario. Mentre ribadiamo che sapremo lottare per la liberazione di TUTTI i comunisti imprigionati, dovendo, realisticamente, fare delle scelte prioritarie è di una parte di questi ultimi che chiediamo la libertà. Chiediamo quindi che vengano liberati: SANTE NOTARNICOLA, MARIO ROSSI, GIUSEPPE BATTAGLIA, AUGUSTO VIEL, DOMENICO DELLI VENERI,

PASQUALE ABATANGELO, GIORGIO PANIZZARI, MAURIZIO FERRARI, ALBERTO FRANCESCHINI, RENATO CURCIO, ROBERTO OGNIBENE, PAOLA BESUSCHIO e, oltre che per la sua militanza di combattente comunista, in considerazione del suo stato fisico, dopo le ferite riportate in battaglia, CRISTOFORO PIANCONE. Chi cerca di vedere per il prigioniero Aldo Moro una soluzione analoga a quella a suo tempo adottata dalla nostra Organizzazione a conclusione del processo a Mario Sossi, ha sbagliato radicalmente i suoi conti. A questo punto le nostre posizioni sono completamente definite e solo una risposta immediata e positiva della DC e del suo Governo data senza equivoci, e concretamente attuata potrà consentire il rilascio di Aldo Moro. SE COSI NON SARA', TRARREMMO IMMEDIATAMENTE LE DEBITE CONSEGUENZE ED ESEGUIREMO LA SENTENZA A CUI ALDO MORO è STATO CONDANNATO. La DC e il suo Governo nel tentativo di scaricare le proprie responsabilità incaricano (ma anche in questo caso non vogliono essere chiari) la Caritas Internationalis a prendere "contatti". Noi allo stato attuale delle cose non abbiamo bisogno di alcun "mediatore", di nessun intermediario. Se la DC e il suo governo designano la Caritas Internationalis come loro rappresentante e la autorizzano a trattare la questione dei prigionieri politici, lo facciano esplicitamente e pubblicamente. Noi non abbiamo niente da nascondere, né problemi politici da discutere in segreto o "privatamente".

GLI APPELLI UMANITARI

Alcune personalità del mondo borghese e alcune autorità religiose, ci hanno inviato con molto clamore appelli cosiddetti umanitari per il rilascio di Aldo Moro. Ne prendiamo atto ma non possiamo fare a meno di nutrire qualche sospetto; che cioè dietro il presunto spirito umanitario ci sia invece un concreto sostegno politico e propagandistico alla Democrazia Cristiana, e sia in realtà un "far quadrato" intorno alla cosca democristiana come sta avvenendo per tutte le componenti Nazionali ed Internazionali della borghesia imperialista e delle sue organizzazioni, da quelle americane e quelle europee. Ora queste insigni personalità hanno tredici nomi di altrettanti uomini condannati a morte, e per la liberazione dei quali hanno la possibilità di appellarsi alla DC e al suo governo in nome della stessa "umanità", "dignità cristiana" o altri "supremi ideali" ai quali dicono di riferirsi, dimostrando così la loro proclamata imparzialità ed estraneità ad ogni calcolo politico. Sta ad essi ora dimostrare che il loro appello si pone veramente al di sopra delle parti e non è invece una turpe e subdola mistificazione, e che i nostri sospetti nei loro confronti sono soltanto dei pregiudizi.   LIBERTA PER TUTTI I COMUNISTI IMPRIGIONATI! CREARE, ORGANIZZARE OVUNQUE IL POTERE PROLETARIO ARMATO! RIUNIFICARE IL MOVIMENTO RIVOLUZIONARIO, COSTRUENDO IL PARTITO COMUNISTA COMBATTENTE!

Per il comunismo
Brigate Rosse

Comunicato n. 9

ALLE ORGANIZZAZIONI COMUNISTE COMBATTENTI, AL MOVIMENTO RIVOLUZIONARIO, A TUTTI I PROLETARI.

Compagni, la battaglia iniziata il 16 marzo con la cattura di Aldo Moro è arrivata alla sua conclusione. Dopo l'interrogatorio ed il Processo Popolare al quale è stato sottoposto, il Presidente della Democrazia Cristiana è stato condannato a morte. A quanti tra i suoi compari della DC, del governo e dei complici che lo sostengono, chiedevano il rilascio, abbiamo fornito una possibilità, l'unica praticabile, ma nello stesso tempo concreta e reale: per la libertà di Aldo Moro, uno dei massimi responsabili di questi trent'anni di lurido regime democristiano la libertà per tredici Combattenti Comunisti imprigionati nei lager dello Stato imperialista. LA LIBERTA QUINDI IN CAMBIO DELLA LIBERTA'. In questi 51 giorni la risposta della DC, del suo governo e dei complici che lo sostengono, è arrivata con tutta chiarezza, e più che con le parole e con le dichiarazioni ufficiali, l'hanno data con i fatti, con la violenza controrivoluzionaria che la cricca al servizio dell'imperialismo ha scagliato contro il movimento proletario. La risposta della DC, del suo governo e dei complici che lo sostengono, sta nei rastrellamenti operati nei quartieri proletari, ricalcando senza troppa fantasia lo stile delle non ancora dimenticate SS naziste nelle leggi speciali che rendono istituzionale e "legale" la tortura e gli assassinii dei sicari del regime negli arresti di centinaia di militanti comunisti (con la lurida collaborazione dei berlingueriani) con i quali si vorrebbe annientare la resistenza proletaria. Lo Stato delle multinazionali ha rivelato il suo vero volto, senza la maschera grottesca della democrazia formale, è quello della controrivoluzione imperialista armata, del terrorismo dei mercenari in divisa, del genocidio politico delle forze comuniste. Ma tutto questo non ci inganna. La ferocia, la violenza sanguinaria che il regime scaglia contro il proletariato e le sue avanguardie, sono soltanto le convulsioni di una belva ferita a morte e quello che sembra la sua forza dimostra invece la sua sostanziale debolezza. In questi 51 giorni la DC e il suo governo non sono riusciti a mascherare, neppure con tutto l'armamentario della controguerriglia psicologica, quello che la cattura, il processo e la condanna del Presidente della DC Aldo Moro, è stato nella realtà: una vittoria del Movimento Rivoluzionario, ed una cocente sconfitta delle forze imperialiste. Ma abbiamo detto che questa è stata solo una battaglia, una fra le tante che il Movimento Proletario di Resistenza Offensivo sta combattendo in tutto il paese, una fra le centinaia di azioni di combattimento che le avanguardie comuniste stanno conducendo contro i centri e gli uomini della controrivoluzione imperialista, imprimendo allo sviluppo della Guerra di Classe per il Comunismo un formidabile impulso. Nessun battaglione di "teste di cuoio", nessun super-specialista tedesco, inglese o americano, nessuna spia o delatore dell'apparato di Lama e Berlinguer, sono riusciti minimamente ad arrestare la crescente offensiva delle forze Comuniste Combattenti. A questa realtà la maggiore sconfitta delle forze imperialiste. Estendere l'attività di combattimento, concentrare l'attacco armato contro i centri vitali dello Stato imperialista, organizzare nel proletariato il Partito Comunista Combattente è la strada giusta per preparare la vittoria finale del proletariato, per annientare definitivamente il mostro imperialista e costruire una società comunista. Questo oggi bisogna fare per inceppare e vanificare i piani delle multinazionali imperialiste, questo bisogna fare per non permettere la sconfitta del Movimento Proletario e per fermare gli assassini capeggiati da Andreotti. Per quanto riguarda la nostra proposta di uno scambio di prigionieri politici perché venisse sospesa la condanna e Aldo Moro venisse rilasciato, dobbiamo soltanto registrare il chiaro rifiuto della DC, del governo e dei complici che lo sostengono e la loro dichiarata indisponibilità ad essere in questa vicenda qualche cosa di diverso da quello che fino ad ora hanno dimostrato di essere: degli ottusi, feroci assassini al servizio della borghesia imperialista. Dobbiamo soltanto aggiungere una risposta alla "apparente" disponibilità del PSI. Va detto chiaro che il gran parlare del suo segretario Craxi è solo apparenza perché non affronta il problema reale: lo scambio dei prigionieri. I suoi fumosi riferimenti alle carceri speciali, alle condizioni disumane dei prigionieri politici sequestrati nei campi di concentramento, denunciano ciò che prima ha sempre spudoratamente negato; e cioè che questi infami luoghi di annientamento esistono, e che sono stati istituiti anche con il contributo e la collaborazione del suo partito. Anzi i "miglioramenti" che il segretario del PSI come un illusionista cerca di far intravedere, provengono dal cappello di quel manipolo di squallidi "esperti" che ha riunito intorno. a sé, e che sono (e la cosa se per i proletari detenuti non fosse tragica sarebbe a dir poco ridicola) gli stessi che i carceri speciali li hanno pensati, progettati e realizzati. Combattere per la distruzione delle carceri e per la liberazione dei prigionieri comunisti, è la nostra parola d'ordine e ci affianchiamo alla lotta che i compagni e il proletariato detenuto sta conducendo all'interno dei lager dove sono sequestrati e lo faremo non solo idealmente ma con tutta la nostra volontà militante e la nostra capacità combattente. Le cosiddette "proposte umanitarie" di Craxi; qualunque esse siano, dal momento che escludono la liberazione dei tredici compagni sequestrati, si qualificano come manovre per gettare fumo negli occhi, e che rientrano nei giochi di potere, negli interessi di partito od elettorali che non ci riguardano. L'unica cosa chiara e che sullo scambio dei prigionieri la posizione del PSI è la stessa, di ottuso rifiuto, della DC e del suo governo, e questo ci basta. A parole non abbiamo più niente da dire alla DC, al suo governo e ai complici che lo sostengono. L'unico linguaggio che i servi dell'imperialismo hanno dimostrato di saper intendere è quello delle armi, ed è con questo che il proletariato sta imparando a parlare. Concludiamo quindi la battaglia iniziata il 16 marzo, eseguendo la sentenza a cui Aldo Moro è stato condannato. PORTARE L'ATTACCO ALLO STATO IMPERIALISTA DELLE MULTINAZIONALI! ATTACCARE LIQUIDARE DISPERDERE LA DC ASSE PORTANTE DELLA CONTRORIVOLUZIONE IMPERIALISTA! RIUNIFICARE IL MOVIMENTO RIVOLUZIONARIO COSTRUENDO IL PARTITO COMUNISTA COMBATTENTE!

Per il Comunismo
Brigate Rosse

JACOPO PEZZAN & GIACOMO BRUNORO

Entrambi padovani, Pezzan e Brunoro si sono conosciuti sui banchi del liceo nei primi anni '90. Hanno raccontato i misteri italiani, i delitti del vaticano, le storie nere dei serial killer e alcuni dei più celebri fatti di cronaca legati alle icone pop contemporanee. Il loro podcast, TRUE CRIME DIARIES, è disponibile in tutte le principali piattaforme digitali.

LA CASE BOOKS

LA CASE Books è un progetto editoriale nato nel 2010 da un'idea di Jacopo Pezzan e Giacomo Brunoro. Agli inizi del 2010 Pezzan, che vive a Los Angeles, capisce che quella dell'editoria digitale non è una semplice scommessa sul futuro ma una realtà concreta. Così, quando in Italia non era ancora possibile acquistare ebook su iTunes, e Kindle Store era attivo soltanto negli USA, LA CASE Books inizia a pubblicare ebook e audiolibri in italiano e in inglese sul mercato mondiale.

Nel 2020, per celebrare i primi dieci anni di attività della casa editrice, iniziano anche le pubblicazioni in formato cartaceo. Oggi LA CASE Books ha un catalogo di più di 600 titoli tra libri cartacei, ebook e audiolibri in inglese, italiano, tedesco, francese, spagnolo, russo e polacco, ed è presente in tutti i più importanti digital store internazionali.

www.lacasebooks.com

MISTERI ITALIANI
Jacopo Pezzan & Giacomo Brunoro

Copyright © 2021 LA CASE
Copyright © 2010-2021 LA CASE
ISBN 9781953546753
Tutti i diritti riservati

2021 - 1a Edizione Cartacea
2021 - 1a Edizione eBook

LA CASE Books
PO BOX 931416, Los Angeles, CA, 90093
info@lacasebooks.com || www.lacasebooks.com

www.ingramcontent.com/pod-product-compliance
Lightning Source LLC
Chambersburg PA
CBHW080324270326
41927CB00014B/3089